Considéré comme le père spirituel de Raymond Carver et d'André Dubus III, Richard Yates (1926-1992) n'est pas seulement le grand auteur de nouvelles que son recueil *Onze hstoires de solitude* a révélé au public français. C'est aussi un romancier qui, au fil de son œuvre, a tracé un portrait doux-amer des États-Unis de la seconde moitié du XXe siècle, digne pendant à sa façon du célèbre *Babbit* de Sinclair Lewis. La publication complète de ses nouvelles a été un événement dans son pays, qui le reconnaît enfin comme l'un des maîtres de la littérature américaine contemporaine. Ses romans, *Easter Parade* comme *Un destin d'exception* et *La Fenêtre panoramique*, indiquent que nombre d'auteurs américains de la seconde moitié du XXe siècle, de James Salter à Richard Ford, et bien d'autres encore, ont comme une dette à l'égard de cet écrivain majeur qu'il était bien temps de sortir du purgatoire où un décès prématuré l'avait fait entrer.

La fenêtre panoramique

Richard Yates

La fenêtre panoramique

Traduit de l'anglais (États-unis)
par Robert Latour

PAVILLONS POCHE

Robert Laffont

Titre original : REVOLUTIONARY ROAD

ISBN 978-2-221-21592-0
(édition originale : Little, Brown, New York)

Dépôt légal : septembre 2017

Première partie

1.

Lorsqu'à la fin de la répétition générale mourut le dernier écho de la dernière réplique, les acteurs de la Compagnie du Laurier n'eurent plus qu'à demeurer figés sur place, silencieux, impuissants et clignant des yeux vers la salle vide par-dessus les lumières de la rampe. À peine osèrent-ils respirer quand leur directeur, petit et solennel, émergea d'un fauteuil pour aller les rejoindre sur le plateau ; ils le regardèrent tirer bruyamment un marchepied des coulisses, grimper trois marches, se tourner vers eux ; et puis, après s'être gratté la gorge, le directeur leur déclara qu'ils avaient tous un sacré talent, et que c'était un plaisir de travailler avec eux.

— Nous avons eu du mal, leur dit-il en promenant de droite à gauche ses lunettes qui miroitaient. Les problèmes, ici, n'ont pas manqué, et tout à fait franchement je m'étais plus ou moins résigné à ne pas espérer de grands résultats. Eh bien, écoutez-moi. Je vais peut-être avoir l'air d'énoncer une banalité, mais je dois vous dire qu'il s'est passé quelque chose ici, ce soir. Ce soir, pendant que j'étais assis là-bas, j'ai senti soudain, et très fort, que pour la première fois vous mettiez tous tout votre cœur à bien faire…

Il étala les doigts d'une main sur la poche de sa chemise pour montrer que le cœur était une chose simple, physique ; puis il referma cette même main et il agita son poing lentement et sans parler, pour une longue pause dramatique, tout en fermant un œil et en retroussant sa lèvre inférieure dans une grimace de triomphe et d'orgueil.

— … Recommencez demain soir, dit-il, et nous aurons un succès du tonnerre.

De soulagement ils en auraient pleuré. Encore tout tremblants, ils acclamèrent leur directeur et échangèrent en riant des poignées de main ou des baisers ; l'un d'entre eux alla chercher une caisse de bières, et ils chantèrent en chœur autour du piano d'audition jusqu'à ce qu'à l'unanimité ils convinssent qu'ils feraient mieux d'aller dormir.

— À demain… À demain…

Heureux comme des enfants, ils sautèrent dans leurs voitures et ils découvrirent tout en roulant au clair de lune qu'ils pouvaient baisser les vitres et aspirer les parfums revigorants de la terre végétale et des jeunes fleurs. Pour la plupart des acteurs de la Compagnie du Laurier, c'était la première fois qu'ils songeaient à constater l'avènement du printemps.

L'année ? 1955. Le lieu ? une partie du Connecticut de l'Ouest où trois villages en plein développement s'étaient depuis peu amalgamés autour d'une grande route bruyante qui s'appelait la Route n° 12. La Compagnie du Laurier était une troupe d'amateurs, ce qui ne l'empêchait pas d'être prometteuse et très sérieuse car elle avait été recrutée avec soin parmi les jeunes adultes des trois cités, et elle allait faire ses débuts publics. Tout l'hiver, à force de se réunir à tour de rôle chez l'un ou chez l'autre, pour discuter passionnément d'Ibsen, de Shaw et d'O'Neill, pour se ranger derrière une majorité sensée qui s'était prononcée en faveur de *La Forêt pétrifiée*, enfin pour se distribuer les rôles, ils avaient senti leur vocation s'affirmer de semaine en semaine. Dans leur for intérieur il leur arrivait certes de considérer leur directeur comme un drôle de petit bonhomme (et en un sens, c'en était bien un : il paraissait incapable de s'exprimer autrement que sur un ton très convaincu, et il ponctuait souvent ses observations d'un léger coup de tête qui faisait trembloter ses joues), mais ils l'aimaient et ils le respectaient, et ils croyaient pleinement en presque tout ce qu'il leur disait. « N'importe quelle pièce mérite le meilleur de n'importe quel acteur », leur déclara-t-il une fois. Et en une autre occasion, il leur dit encore : « Rappelez-vous ceci : il ne s'agit pas seulement de jouer une pièce ici ; il s'agit de fonder un théâtre pour le public, et voilà le plus important de toute l'entreprise. »

Par malheur, les acteurs avaient vécu depuis le premier jour dans la crainte de se révéler ridicules, et à cette crainte s'était combiné l'effroi d'en convenir. Au début ils avaient répété chaque samedi, par l'un de ces après-midi sans vent de février ou de mars où le ciel est blanc, les arbres noirs, et où les champs bruns et les monts s'étalent dans leur nudité fragile entre des grumeaux congelés de neige ridée. Quand les acteurs de la Compagnie du Laurier sortaient alors de chez eux par la porte de la cuisine et s'attardaient une minute pour boutonner leurs manteaux ou enfiler leurs gants, ils avaient sous les yeux un paysage auquel ne semblaient appartenir que quelques très vieilles maisons, très patinées ; de ce fait, leurs propres demeures leur donnaient l'impression d'être provisoires, sans base solide, aussi peu à leur place que des jouets neufs qui auraient été laissés dehors toute une nuit sous une pluie battante. Et leurs automobiles n'étaient pas davantage dans la note : spacieuses sans nécessité, couleur de bonbons ou de crèmes glacées, prenant un air maussade à chaque éclaboussure, elles rampaient avec un air de s'excuser parce qu'elles empruntaient les chemins défoncés qui, de toutes les directions, aboutissaient à la grande chaussée lisse de la Route n° 12 ; une fois arrivées là, les voitures paraissaient enfin capables de se relaxer dans un décor bien digne d'elles : une longue vallée brillante de plastiques colorés, de vitres, d'aciers immaculés (*King Kone*, *Mobilgas*, *Shoporama*, *Eat…*) ; mais un peu plus loin, elles étaient obligées de tourner, les unes derrière les autres, et de suivre les méandres d'une route secondaire qui montait vers l'école supérieure centrale, puis de ralentir et de s'arrêter dans le parking paisible situé devant la salle des fêtes de l'école.

— Ohé ! s'interpellaient timidement les acteurs.

— Ohé !... Ohé !...

Et ils entraient à contrecœur.

Piétinant avec leurs lourdes galoches sur la scène, séchant leur nez avec du kleenex, butant sur les fautes de frappe de leurs manuscrits, ils finissaient par se détendre mutuellement en piquant des fous rires, et ils se répétaient à l'envi qu'ils avaient bien le temps de parvenir à la perfection. Mais ils n'avaient pas tellement de temps, et ils le savaient bien : leurs répétitions duraient le double ou le triple du temps prévu, et ce supplément d'efforts n'était guère payant. Longtemps après la date fixée par le directeur pour ce qu'il appelait « enlever la pièce réellement au-dessus du sol, la faire vivre pour de bon », elle demeura une masse statique, inhumainement lourde, informe, inanimée ; sur le plateau, ils n'avaient qu'à se regarder pour pressentir la certitude de l'échec ; et quand ils se séparaient, les signes de tête ou les sourires qu'ils s'adressaient ressemblaient à autant de manifestations de condoléances ; il fallait voir la hâte avec laquelle ils sautaient dans leurs voitures et fonçaient chez eux, quelles que fussent les faillites plus anciennes et moins explicites qui pouvaient les attendre là-bas.

Or voilà que ce soir, vingt-quatre heures avant la première, ils avaient réussi à « enlever la pièce ». Étourdis par la sensation neuve du maquillage et des costumes en cette première soirée tiède de l'année, ils avaient oublié d'avoir peur ; rien n'avait entravé le mouvement de la pièce ; ils s'étaient laissé porter par elle et ils l'avaient traversée comme une vague ; en effet c'était peut-être une banalité (et puis après ?) que de dire qu'ils avaient mis tous tout leur cœur à bien faire ; mais c'était vrai. Que pouvait-on leur demander de plus ?

Très sérieux aussi étaient les spectateurs qui arrivèrent le lendemain soir en une longue file de voitures bien lavées. Comme les acteurs de la Compagnie du Laurier, ils appartenaient pour la plupart au secteur jeune de la génération intermédiaire, et ils portaient avec goût ce que les tailleurs de New York baptisaient les « Impromptus de la campagne ». Ils se situaient visiblement au-dessus de la moyenne dans le triple domaine de l'instruction, de la situation, de la santé ; et il était à peine moins évident qu'ils accordaient à cette soirée une signification particulière. Ils savaient tous, bien sûr, et ils se le répétaient en allant occuper leurs fauteuils, que *La Forêt pétrifiée* pouvait difficilement passer pour l'une des meilleures pièces du monde. Mais c'était après tout un bon morceau de théâtre dont les idées de base n'avaient rien perdu de leur valeur depuis les années 30. (« Elles sont encore plus valables, pour peu qu'on réfléchisse », disait un mari à sa femme qui se mordit les lèvres et approuva d'un signe de tête en comprenant l'allusion.) En vérité la grande affaire était moins la pièce en soi que la troupe : quelle heureuse initiative, pleine d'espoirs pour l'avenir, que la création, ici même, dans la région, d'un bon théâtre ! C'était surtout cela qui les avait conduits vers la salle des fêtes qu'ils remplissaient plus qu'à moitié, qui les fit se taire et se raidir de plaisir quand les lumières s'éteignirent.

Le rideau se leva sur un décor dont le mur du fond tremblait encore du choc provoqué par la fuite *in extremis* d'un machiniste, et les premières répliques furent noyées par divers bruits de coulisses imprévus. Ces petits accidents étaient les effets de la nervosité grandissante qui assaillait la Compagnie du Laurier ; mais de l'autre côté de la rampe ils semblaient tout bonnement confirmer que tout allait se passer au mieux, comme s'ils disaient d'une manière engageante : « Attendez une minute ; nous n'avons pas encore réellement démarré. Tous, nous sommes un petit peu nerveux ; mais s'il vous plaît, soyez indulgents. » Et bientôt les excuses ne furent plus nécessaires, car l'assistance avait les yeux fixés sur l'actrice qui jouait le rôle de l'héroïne, Gabrielle.

Elle s'appelait April Wheeler ; lorsqu'elle pénétra sur la scène, le mot « charmante » courut sur toutes les lèvres. Quelques instants plus tard, il y eut dans la salle des coups de coude ravis et des chuchotements : « Elle joue bien ! » Les quelques personnes qui avaient appris qu'elle avait suivi, dix ans auparavant, les cours de l'une des écoles d'art dramatique les mieux cotées de New York se rengorgeaient en l'écoutant. Elle avait vingt-neuf ans. C'était une grande femme blonde aux cheveux cendrés, dont la beauté patricienne ne risquait guère d'être compromise par un éclairage d'amateur. Elle paraissait idéalement faite pour le rôle. Il importait peu qu'ayant donné le jour à deux enfants elle eût un soupçon de lourdeur aux hanches et aux cuisses, car elle se mouvait avec la grâce timide et sensible d'une jeune fille. Si quelqu'un avait lancé un coup d'œil à Frank Wheeler, le jeune homme joufflu aux yeux intelligents qui se mordait le poing au dernier rang des fauteuils, il lui aurait trouvé l'air d'un soupirant bien plus que d'un mari.

— *Parfois je me sens comme si je pétillais et moussais par-dessus bord*, récitait-elle, *et j'ai envie de sortir et de faire des choses qui seraient absolument folles, et merveilleuses...*

Derrière le décor, serrés les uns contre les autres et l'oreille tendue, les autres acteurs se mirent brusquement à l'adorer. Ou du moins, ils se trouvèrent disposés à l'adorer, même ceux qui avaient souffert de ses quelques manques d'humilité aux répétitions, car elle était devenue soudain leur unique espérance.

Le premier rôle masculin s'était levé le matin avec une grippe intestinale. Il était arrivé tout grelottant d'une forte fièvre, et il avait assuré qu'il pourrait néanmoins tenir fort bien sa place ; mais cinq minutes avant le lever du rideau, il avait commencé à vomir dans sa loge, et le directeur n'avait eu rien d'autre à faire que de le renvoyer chez lui et de le remplacer au pied levé. Cela s'était passé si vite que personne n'avait eu le temps de penser à faire une annonce au public pour lui indiquer la substitution ; certains petits rôles ne s'en étaient même aperçus que lorsqu'ils avaient entendu sur le plateau la voix de leur directeur articulant les mots familiers que devait déclamer la vedette masculine. De tout son cœur il faisait pour le mieux, délivrait chaque réplique avec un talent de professionnel, mais évidemment il n'était pas du tout le personnage indiqué pour le rôle d'Alan Squiers. Courtaud et déjà chauve, il ne voyait pratiquement rien sans lunettes, et il avait décidé de ne pas en porter sur la scène. À partir du moment où il fit son entrée, il sema le désarroi parmi les petits rôles qui, ne sachant plus où se tenir, s'embrouillèrent dans leurs textes ; et en plein milieu de sa grande tirade du premier acte sur sa propre futilité (*Oui, un cerveau sans dessein ; du bruit sans résonance ; une forme sans substance...*) il heurta d'une main un verre d'eau qui, se renversant, inonda la table. Il tenta de donner le change par un petit rire nerveux accompagné d'une improvisation :

Vous voyez ? Vous voyez bien que je ne suis bon à rien ! Attendez, je vais vous aider à éponger… Mais le reste de la tirade tomba à plat. Le virus du malheur, assoupi mais menaçant depuis tant de semaines, s'était maintenant réveillé ; de la loge où le premier rôle avait désespérément vomi, il se répandit à travers la troupe et contamina tous les acteurs, sauf April Wheeler.

— *N'aimeriez-vous pas que je vous aime ?* disait-elle.

— *Si, Gabrielle*, répondait le directeur luisant de sueur. *J'aimerais que vous m'aimiez.*

— *Vous me trouvez donc séduisante ?*

Sous la table, la jambe du directeur entama une série de sautillements en prenant pour ressort le pied fléchi.

— *Il existe des mots qui conviennent mieux à ce que vous êtes.*

— *Alors pourquoi ne commencerions-nous pas tout de suite ?*

Seule contre tous, elle faiblissait à chaque réplique. Avant la fin du premier acte, le public et les acteurs comprirent que le contrôle de la situation lui échappait, et tout le monde se sentit gêné pour elle. April Wheeler alternait maintenant de fausses attitudes de théâtre avec une immobilité rigide ; elle rentrait le cou dans les épaules ; sous le fard épais, la fièvre de l'humiliation perçait.

Puis Shep Campbell fit son entrée bondissante sur la scène. C'était un jeune ingénieur aux cheveux roux et à la carrure impressionnante, qui jouait le rôle du gangster Duke Mantee. Depuis le début, toute la troupe s'était fait beaucoup de soucis au sujet de Shep, mais ils étaient, lui et sa femme Milly qui avait apporté son concours pour les décors et la publicité, si sympathiques et si enthousiastes que personne n'avait eu le courage de suggérer son remplacement. Le résultat de cette indulgence et du sentiment exaspérant de culpabilité qu'éprouvait Campbell fut qu'il omit l'une de ses répliques essentielles, qu'il prononça les autres d'une voix si ténue et dans un débit si rapide qu'elles ne franchirent pas le sixième rang, et qu'il donna moins l'impression d'un hors-la-loi que d'un obligeant commis-épicier dodelinant du chef, retroussant ses manches, etc.

À l'entracte, les spectateurs se précipitèrent dehors pour fumer et prendre un peu l'air ; par petits groupes mal à l'aise, ils se promenèrent dans le couloir de l'école, examinèrent les affiches de l'établissement, essuyèrent leurs paumes moites sur leurs pantalons bien coupés ou sur leurs jolies jupes de cotonnade. Aucun n'avait très envie de rentrer dans la salle pour supporter les deuxième et dernier actes ; tous cependant regagnèrent leurs fauteuils.

Et les acteurs de la Compagnie du Laurier reprirent leurs places ; ils n'avaient qu'une seule idée : mettre le plus rapidement possible un terme à cette regrettable aventure. Or la représentation se traînait comme si elle ne devait jamais finir, se transformait en une cruelle épreuve d'endurance dans laquelle April Wheeler se montrait sous un jour aussi mauvais, sinon pire, que ses camarades. Au cours du tableau capital, où pour corser la scène du meurtre les consignes directoriales exigeaient *des coups de feu tirés de l'extérieur et des explosions dans la mitraillette de Duke*, Shep Campbell manœuvra à contretemps et la fusillade correspondante dans les coulisses fut si terrible que les phrases des amants se perdirent dans la fumée et dans un vacarme assourdissant. Quand le rideau tomba enfin, ce fut une vraie miséricorde.

Pas trop vifs, les applaudissements se prolongèrent toutefois suffisamment pour permettre deux rappels. Le premier surprit tous les acteurs battant en retraite vers les coulisses ; ils firent demi-tour et se cognèrent les uns contre les autres ; le deuxième révéla une brève image de la désolation humaine : le directeur clignant ses yeux de myope, Shep Campbell qui pour la première fois de la soirée arborait un air féroce, April Wheeler paralysée dans un sourire conventionnel.

Les lumières se rallumèrent dans la salle ; personne ne savait quoi dire ni quelle tête faire. D'une voix mal assurée, Mrs. Helen Givings, l'agent immobilier de la région, répéta plusieurs fois :

— Très, très bon ! Très bon !

Mais elle ne recueillit aucun écho ; guindés, les spectateurs cherchèrent une cigarette dans leurs poches, se levèrent et se mirent en marche dans les allées.

Un bon élève de l'école supérieure, dont les services avaient été requis pour aider à l'éclairage, sauta sur la scène en faisant gémir ses espadrilles caoutchoutées, et il héla un associé invisible dans les cintres pour recevoir des instructions. Posant un moment devant les feux de la rampe, il s'arrangea pour camoufler vers l'ombre son acné juvénile et pour exhiber fièrement ses outils d'électricien (un couteau, des pinces et des rouleaux de fil) bien rangés dans un étui de cuir huilé qui pendait au-dessous du fond rembourré de son bleu. Mais la rampe s'éteignit ; alors le jeune garçon s'éclipsa, et le rideau devint une muraille terne de velours vert passé avec des sillons de poussière. Il n'y avait plus rien à regarder, sinon les têtes des spectateurs qui se pressaient vers la sortie.

Soucieux, l'œil rond, ils avançaient deux par deux comme si une fuite méthodique et ordonnée était soudain devenue pour eux la grande nécessité vitale ; comme si, en fait, ils étaient incapables de recommencer à vivre avant d'avoir quitté le gravier crissant du parking et gagné le large où le ciel noir montait à l'infini avec ses centaines de milliers d'étoiles.

2.

Franklin H. Wheeler fut l'un des rares à ne pas se diriger vers la sortie ; il fendit le flot des spectateurs avec lenteur et (du moins l'espérait-il) avec dignité, remonta à pas souples l'allée qui menait à la porte des coulisses en répétant : « Excusez-moi… Excusez-moi… » sans oublier d'adresser des signes de tête et des sourires aux personnes qu'il connaissait ; il avait enfoui une main dans une poche afin d'en dissimuler et sécher les jointures qu'il avait sucées ou mordues pendant les deux actes.

Solidement bâti et soigné de sa personne, il allait avoir trente ans dans quelques jours ; avec ses cheveux noirs coupés court et son bon regard bienveillant, il aurait pu être choisi par le photographe d'une agence publicitaire pour symboliser le consommateur avisé d'un produit de bonne qualité mais bon marché (Pourquoi Payer Plus Cher ?). Mais à défaut de distinction naturelle, son visage possédait une mobilité extraordinaire, révélait une personnalité totalement différente de la précédente à chaque changement d'expression. Quand il souriait, il passait pour un homme qui savait fort bien que l'échec d'une représentation d'amateurs n'avait qu'une importance très relative pour un mari gentil et compréhensif qui allait trouver exactement les mots qu'il fallait pour consoler sa femme dans sa loge. Mais entre ses sourires, tandis que, l'épaule en avant, il fendait la foule et que dans ses yeux luisait la petite fièvre chronique de la désorientation, il donnait par contre l'impression que c'était lui personnellement qui avait besoin d'être consolé.

Il faut dire que, pour son malheur, il avait passé tout l'après-midi à New York, aux prises avec l'absurdité de ce qu'il lui plaisait d'appeler « la situation la plus assommante qui se puisse humainement concevoir », et qu'il avait puisé le courage d'y faire face dans la projection mentale du déroulement des épisodes de la soirée à venir. Il se dépêcherait pour rentrer chez lui, parmi de grands éclats de rire il ferait sauter ses enfants au-dessus de sa tête, il avalerait un coktail, il bavarderait gentiment avec sa femme au cours du dîner servi de bonne heure ; ensuite il la conduirait lui-même à l'école supérieure en posant une main rassurante sur sa cuisse chaude et dure (« Si seulement je n'étais pas aussi énervée, Frank ! ») ; et puis, tout enivré de fierté, il s'assiérait et ne se lèverait que pour participer à l'ovation monstre qui saluerait le baisser du rideau ; radieux et ébouriffé, il bousculerait tout le monde pour arriver sur le plateau où il réclamerait devant la troupe en liesse le premier baiser d'une April ravie et tout en pleurs (« Est-ce que c'était vraiment bien, chéri ? Vraiment bien ? ») ; après quoi tous les deux s'arrêteraient pour boire un verre dans la compagnie admirative de Shep et Milly Campbell, et leurs mains se rejoindraient sous la table pendant qu'ils repasseraient en revue les incidents de la soirée. Nulle part dans ces perspectives il n'avait prévu le poids et le choc de la réalité ; rien ne l'avait averti qu'il risquait d'être comblé par la vision rayonnante, ondoyante et neuve d'une jeune femme dont chaque coup d'œil, chaque geste était capable de le faire suffoquer de désirs (*N'aimeriez-vous pas que je vous aime ?*), et qu'ensuite sous ses yeux cette vision allait se diluer, se transformer en l'image de la femme malheureuse et sans grâce dont tous les jours il essayait de nier l'existence, mais qu'il connaissait aussi bien et aussi douloureusement que lui-même : une femme farouche, nouée, dont les yeux rougis lançaient des éclairs de reproche, dont le sourire conventionnel devant le rideau n'était pas plus appétissant que ses pieds endoloris à lui, son maillot de corps trempé et remonté en boule sous sa chemise, ou l'odeur aigre de sa propre peau.

Devant la porte, il s'arrêta pour examiner la main aux macules rouges qu'il avait enfouie dans sa poche ; il s'attendait presque à voir une pulpe de sang et de cartilage. Après avoir rajusté son manteau, il poussa le battant et grimpa l'escalier pour aboutir dans une pièce haute et poussiéreuse qui baignait dans la lumière crue et les ombres profondes projetées par des ampoules nues ; les acteurs de la Compagnie du Laurier, encore tout luisants de fards, discutaient en petits groupes agités avec des visiteurs aux mines longues. Elle n'était pas là.

— Non, je parle sérieusement ! disait l'un d'eux. Pouviez-vous m'entendre, oui ou non ?

Et un autre bougonnait :

— Bah, après tout, nous nous sommes bien amusés !

Au centre d'un cercle d'amis de New York, le directeur tirait goulûment sur une cigarette et hochait la tête. Shep Campbell, suant à grosses gouttes, tenait encore sa mitraillette mais, visiblement redevenu lui-même, il étreignait de son bras libre sa petite femme toute chiffonnée ; tous deux manifestaient résolument leur intention de prendre l'affaire à la rigolade.

— Frank ?…

Dressée sur la pointe des pieds et faisant de grands gestes, Milly Campbell le héla avec ses mains en porte-voix, comme si elle voulait faire croire que la foule était nombreuse et bruyante.

— … Frank ! Nous nous revoyons tout à l'heure, vous et April, n'est-ce pas ? Pour boire un verre ?

— Parfait ! cria-t-il en guise de réponse. Dans deux minutes !…

Il lança un clin d'œil à l'adresse de Shep qui le salua avec sa mitraillette à la manière d'un comique troupier.

Dans un coin, l'un des petits gangsters de la pièce bavardait avec une fille bien en chair qui avait provoqué une panne de trente secondes au premier acte parce qu'elle avait oublié le début de sa tirade d'entrée ; naturellement elle avait versé des flots de larmes, mais à présent elle se cognait les tempes en se pâmant et elle criait : « Mon Dieu ! Dire que j'aurais voulu me tuer ! » Le gangster essuya le gras de sa bouche, pour lui répondre :

— Moi, tu comprends, je dis que nous nous sommes bien amusés, hein ? C'est tout de même l'essentiel, dans une affaire comme celle-ci !

— Excusez-moi ! dit Frank Wheeler en se glissant derrière eux pour atteindre la porte de la loge que sa femme partageait avec d'autres actrices.

Il frappa, attendit ; quand il crut l'avoir entendue dire : « Entrez ! », il entrebâilla la porte et jeta un coup d'œil à l'intérieur.

Elle était seule ; assise très droite devant un miroir, elle se démaquillait. Elle avait encore les yeux rouges et frémissants, mais elle lui dédia une brève réédition de son sourire du rappel devant le rideau avant de se retourner devant la glace.

— Ohé ! dit-elle. Tu es prêt à partir ?

Il referma la porte et se dirigea vers elle ; avec les coins de la bouche tirés en arrière, il s'était composé une expression qu'il espérait pleine d'amour, de bonne humeur et de compassion. Il avait projeté de s'incliner sur son épaule, de l'embrasser et de dire : « Écoute, tu as été merveilleuse ! » Mais un recul imperceptible de ses épaules lui apprit qu'elle ne tenait pas à ses caresses ; alors il ne sut plus quoi faire de ses mains et, en même temps, il se demanda si le « Tu as été merveilleuse » qu'il avait prévu ne serait pas une bêtise : quelque chose de trop condescendant, voire de naïf et de bêtement sentimental, de beaucoup trop sérieux en un mot.

— Eh bien, dit-il en changeant ses batteries, je pense que ça n'a pas été tout à fait un triomphe, n'est-ce pas ?

D'un air désinvolte, il plaça une cigarette entre ses lèvres et l'alluma avec son briquet.

— C'est aussi mon avis, répondit-elle. Je serai prête dans une minute.

— Ne te presse pas. Prends ton temps.

Il mit ses deux mains dans ses poches, retroussa ses orteils fatigués dans ses chaussures qu'il fixa d'un œil méditatif. Après tout, le « Tu as été merveilleuse » n'aurait-il pas été plus opportun ? Il lui parut maintenant que n'importe quelle phrase aurait été plus heureuse que celle qu'il avait dite. Mais il réfléchirait plus tard à ce qu'il avait dit et à ce qu'il aurait dû dire.

Pour l'instant il n'avait qu'à se tenir debout, immobile, en pensant au double bourbon qu'il boirait quand ils s'arrêteraient avec les Campbell sur le chemin du retour. Il s'examina dans la glace, crispa ses mâchoires et tourna la tête de trois quarts pour avoir l'air moins bouffi et plus autoritaire : l'air qu'il prenait devant la glace depuis son enfance et qu'aucune photographie n'avait jamais rendu tout à fait. Il tressaillit quand il s'aperçut qu'elle l'observait. Oui, les yeux d'April étaient là, dans le miroir, ils croisèrent son regard pendant quelques instants gênants, puis ils s'abaissèrent pour s'arrêter sur le bouton du milieu de son manteau.

— Écoute, lui dit-elle, veux-tu me rendre service ? Voici…

On aurait dit qu'elle avait besoin de toute la force fragile de son dos pour empêcher sa voix de trembler.

— … Voici : Milly et Shep tenaient à ce que nous sortions ensemble après la représentation. Veux-tu aller leur dire que c'est impossible ? Prends pour prétexte la baby-sitter, par exemple.

Il fit quelques pas, s'immobilisa, dos voûté, jambes raides, mains aux poches, tel un avocat de théâtre méditant sur un joli point de droit.

— C'est, déclara-t-il enfin, que j'ai déjà donné mon accord. Je les ai rencontrés sur le plateau en venant ici, comprends-tu, et je leur ai dit que c'était entendu.

— Oh ! Alors, voudrais-tu aller les retrouver pour leur dire que tu t'es trompé ? Cela ne devrait pas soulever de difficultés.

— Attention ! Ne te mets pas à réagir de cette manière. En vérité, j'avais pensé que cette petite sortie pourrait être une distraction, voilà tout. En outre, tu me demandes de commettre quelque chose qui ressemble fort à de l'incorrection, n'est-ce pas ?...

— Tu veux dire que tu ne veux pas y aller...

Elle ferma les yeux pour ajouter :

— ... Très bien, j'irai moi-même, alors. Merci beaucoup.

Dans le miroir, son visage démaquillé et luisant de cold-cream vieillit brusquement, et sembla se décomposer sous l'emprise d'une douleur physique : on lui aurait donné quarante ans.

— Attends une seconde, lui dit-il. Ne te fais pas de bile, veux-tu ? Je n'ai pas dit cela. J'ai dit qu'ils trouveraient le procédé cavalier, voilà tout. Et ça, tu peux en être sûre. Je n'y peux rien.

— Très bien. Va avec eux si tu en as envie, et laisse-moi les clefs de la voiture.

— Oh, Jésus, ne te braque pas maintenant sur les clefs de la voiture ! Pourquoi faut-il que toujours, tu...

— Je te préviens, Frank...

Ses yeux étaient toujours fermés.

— … Je ne sortirai pas avec ces gens-là. Je ne me sens pas très bien, et je…

— Okay…

Il recula, en tendant devant lui ses deux mains tremblantes, comme un pêcheur qui voudrait décrire avec exactitude la longueur d'un petit poisson.

— … Okay. Okay. Je regrette. Je vais leur dire. Je reviens tout de suite. Je suis navré.

Sous ses pieds le plancher lui fit l'effet du pont d'un navire en haute mer ; il revint vers les coulisses où quelqu'un prenait des photographies avec une caméra miniature. (« Ne bougez plus… Très bien. Parfait ! ») Et le père de Gabrielle était en train d'expliquer à la jeune fille bien en chair, qui semblait près de fondre en larmes à nouveau, qu'elle n'avait rien de mieux à faire que de considérer toute l'affaire comme une expérience, sans plus.

— Alors, vous deux ? Êtes-vous bientôt prêts ? demanda Shep Campbell.

— Eh bien, répondit Frank, en réalité j'ai peur que nous ne soyons obligés de vous lâcher. April avait promis à sa baby-sitter que nous serions de retour de bonne heure, voyez-vous ; alors, réellement…

Les physionomies des Campbell s'allongèrent ; ils étaient choqués et déçus. Milly se mordilla la lèvre inférieure.

— Ça va, dit-elle. Je suppose qu'April a du chagrin, n'est-ce pas ? Pauvre gosse !

— Non, pas du tout. Réellement ce n'est pas cela. Elle est okay. C'est uniquement à cause de la baby-sitter…

Il venait de proférer le premier mensonge de ce genre depuis deux ans qu'ils étaient amis ; du coup, ils baissèrent le nez tous les trois tout en se pliant au rite des sourires et des bonsoirs ; mais Frank n'avait pu faire autrement.

Elle l'attendait dans la loge ; elle s'était composé une figure aimable pour le cas où ils auraient rencontré sur leur passage l'un des acteurs de la Compagnie du Laurier, mais ils réussirent à les éviter. Elle le fit passer par une porte latérale, et tous deux s'engouffrèrent sans échanger un mot dans un couloir vide de cinquante mètres ; leurs pas résonnaient étrangement en traversant les rayons oblongs du clair de lune qui jouaient sur le marbre du plancher.

L'odeur de l'école dans l'obscurité, une odeur de crayons, de pommes et de colle forte, lui piqua les yeux d'une douce nostalgie ; il se revit tel qu'il était à quatorze ans ; c'était l'année où il avait habité Chester, Pennsylvanie… non, Englewood dans le New Jersey, et où il avait consacré tous ses loisirs à projeter un voyage en chemin de fer jusqu'à la côte du Pacifique. Il avait tracé plusieurs itinéraires possibles sur une carte des voies ferrées, et il avait répété bien des fois la manière dont il manœuvrerait (poliment, mais en cas de nécessité avec ses poings) dans les jungles de trimardeurs en cours de route ; il avait même choisi les éléments de sa garde-robe dans la vitrine d'un magasin de l'Armée et de la Marine : une veste et un pantalon de marin, une chemise kaki genre militaire avec des pattes aux épaules, des chaussures montantes d'ouvrier avec bouts ferrés. Un vieux chapeau mou de son père pourrait lui servir de couvre-chef, à condition qu'il mît un rouleau de papier-journal sous le cuir intérieur, et lui conférerait un air de pauvreté honnête ; tout le surplus, il l'emporterait dans son sac de boy-scout, dont il camouflerait l'emblème sous un ruban adhésif. Il avait gardé sur ce plan le silence le plus absolu, jusqu'au jour où, dans le couloir de l'école, il avait proposé impulsivement à un gros garçon qui s'appelait Krebs et qui était à peu près son meilleur ami de l'année de partir avec lui. Krebs avait été ahuri. « Sur un train de marchandises, tu voudrais… » Et il avait éclaté de rire : « … Tiens, tu me feras mourir de rigolade, Wheeler ! Tu crois que tu iras jusqu'où, sur un train de marchandises ? Où diable as-tu pêché des idées pareilles ? Au ciné ? Veux-tu que je te dise quelque chose, Wheeler ? Veux-tu savoir pourquoi tout le monde te prend pour un crétin ? Parce que tu es un vrai crétin, tiens ! Voilà le pourquoi. »

Se retrouvant maintenant au milieu des mêmes odeurs et regardant le profil pâle et indécis d'April à son côté, il engloba sa femme et la triste enfance qu'elle avait vécue dans le sentiment poignant qui se levait en lui. Il n'en avait guère l'occasion, car elle n'évoquait de souvenirs personnels que sur un ton tranchant qui évitait toute sentimentalité (« Je me suis toujours rendu compte que personne ne se souciait de moi, et j'ai toujours fait comprendre à tout le monde que je m'en rendais compte »), mais cette ambiance de l'école lui remit brusquement en mémoire une histoire qu'elle lui avait racontée. Un matin, à Rye Country Day, en plein milieu d'une classe, elle s'était trouvée indisposée par des règles d'une soudaineté et d'une abondance inhabituelles. « D'abord, je n'ai pas bougé et je suis restée assise », lui avait-elle expliqué. « C'était une idiotie, car après il était trop tard. » Il l'imagina se levant de son banc, se précipitant hors de la salle de classe avec une tache rouge grosse comme une feuille d'érable sur le fond de sa jupe blanche, sous les yeux ébahis d'une trentaine de garçons et de filles ; une fois dans le couloir silencieux, elle était passée devant d'autres classes remplies de murmures plus ou moins studieux, laissant tomber ses livres et les ramassant, et elle avait repris sa course en semant derrière elle des gouttes de sang bien espacées ; elle s'était dirigée vers l'infirmerie, mais elle avait eu peur d'y rentrer et elle s'était lancée dans un nouveau couloir pour atteindre une porte de secours ; derrière la porte, elle avait retiré son cardigan et l'avait noué autour de ses hanches ; et puis, entendant ou croyant entendre des pas qui suivaient ses traces, elle s'était enfuie à travers le jardin ensoleillé, en direction de sa maison ; elle avait songé à ralentir son pas et à garder la tête haute pour que tous les gens susceptibles de l'apercevoir de leurs fenêtres fussent bien persuadés qu'elle revenait de l'école pour une cause tout à fait normale, et qu'elle portait son sweater d'une manière tout à fait normale.

Sans doute s'était-elle composé ce jour-là le même visage que celui qu'elle arborait maintenant, quand ils ouvrirent une autre porte latérale et traversèrent d'autres cours d'école (pas tellement loin de Rye, après tout). Sans doute aussi avait-elle marché de la même manière.

Il avait espéré que dans la voiture elle s'assoirait tout contre lui (il aimait la tenir par les épaules pendant qu'il conduisait) mais elle se recroquevilla contre la portière et tourna la tête vers les ombres et les lumières fugitives de la route. Déconcerté, il fit la moue et regarda droit devant lui en passant ses vitesses jusqu'à ce que, finalement, et après avoir humecté ses lèvres d'un rapide coup de langue, il se décidât à dire quelque chose.

— Tu veux savoir ? Eh bien, tu as été la seule valable dans toute cette représentation. Je ne blague pas, April. Je le pense sérieusement.

— Très bien, répondit-elle. Merci.

— Tout simplement nous n'aurions jamais dû accepter que tu sois mêlée à cette maudite aventure, voilà tout…

De sa main libre, il déboutonna le col de sa chemise, à la fois pour se rafraîchir le cou et pour puiser une nouvelle assurance dans le contact de la cravate de soie et de la chemise en oxford.

— … J'aurais bien voulu tordre le cou à ce jean-foutre. Ce directeur, tiens…

— Il n'y était pour rien.

— Alors à tous les autres ! Dieu sait s'ils ont été mauvais ! Tu vois, tout au début, nous aurions dû être plus prudents. C'est-à-dire, en somme, moi j'aurais dû me méfier davantage. Jamais tu n'aurais fait partie de cette troupe de malheur si, les Campbell et moi, nous n'avions pas insisté. Tu te rappelles la première fois où nous en avons entendu parler ? Tu avais dit que tous ces gens-là en fin de compte se ridiculiseraient comme des imbéciles. Eh bien, j'aurais dû t'écouter, voilà tout !

— Très bien. Ne pourrions-nous pas parler d'autre chose maintenant ?

— Bien sûr que si…

Il essaya de lui caresser la cuisse, mais elle était hors d'atteinte, à l'autre bout de ce grand siège.

— … Bien sûr que si. Simplement je ne voudrais pas que tu aies de la peine à cause de ça, voilà tout.

Avec une aisance confiante et douce, il quitta la mauvaise route secondaire pour déboucher dans la grande ligne droite de la Route n° 12 ; au moins là, en conduisant, il se sentait sur un terrain solide. Un vent frais fouettant ses cheveux courts le calma : il commença à entrevoir dans sa véritable perspective le fiasco de la Compagnie du Laurier. Non, vraiment, il n'y avait pas de quoi avoir de la peine. Des gens intelligents, réfléchis, pouvaient encaisser des avatars de cet ordre ; ils encaissaient bien de plus grandes absurdités, par exemple des situations mortellement assommantes à New York et des maisons mortellement assommantes en banlieue ! Les circonstances économiques pouvaient obliger n'importe qui à vivre dans une pareille ambiance : l'essentiel était de ne pas se laisser contaminer. L'essentiel, toujours, était de se rappeler qui l'on était.

Et maintenant, comme cela se produisait souvent quand il s'efforçait de se rappeler qui il était, son esprit se reporta à quelques années en arrière, tout de suite après la guerre, vers un immeuble délabré de Bethune Street, dans ce quartier de New York où l'aimable lisière ouest du Village s'écaille en de silencieux entrepôts face à la mer, où la brise salée du soir et les trompes graves sur le fleuve pendant les heures nocturnes enrichissent l'atmosphère d'une promesse de voyages. Quand il n'avait pas beaucoup plus que vingt ans et qu'il portait la fière étiquette d'« ancien combattant » et d'« intellectuel » aussi courageusement que sa vieille veste de tweed et son pantalon kaki délavé, il avait possédé l'une des trois clefs d'un appartement d'une pièce dans cette rue. Les deux autres clefs, ainsi que le droit « d'usage des lieux » deux semaines sur trois, appartenaient à deux de ses condisciples du collège de Columbia ; ils payaient chacun un tiers de la location soit neuf dollars. Les deux copropriétaires de Frank, l'un ancien pilote de chasse et l'autre ancien marin, étaient plus âgés que lui, et aussi plus décontractés dans leurs relations mondaines ; on aurait juré qu'ils n'avaient qu'à se baisser pour cueillir dans des réserves inépuisables des filles qui consentaient à user des lieux avec eux. Mais Frank ne tarda pas à les rattraper ; il en fut stupéfait tout le premier, et un peu embarrassé quand s'ouvrit une époque de conquêtes étonnamment rapides ; cependant sa confiance en soi s'affermit d'une manière vertigineuse. Le solitaire penché sur des cartes des voies ferrées n'avait jamais sauté dans son train de marchandises, mais les probabilités diminuaient qu'un nouveau Krebs se hasardât à le traiter de crétin. L'armée l'avait enrôlé quand il avait dix-huit ans, lancé dans la dernière offensive de printemps contre l'Allemagne, gratifié pendant toute une année d'un tour d'Europe désordonné certes, mais émoustillant, avant de le démobiliser. Depuis lors, la vie l'avait comblé de forces neuves successives. Les fils relâchés de son personnage (tous ces traits de caractère qui l'avaient maintenu dans une solitude rêveuse parmi les écoliers et plus tard parmi les soldats) semblèrent se nouer soudainement pour constituer un ensemble solide et séduisant. Pour la première fois de sa vie, il suscita de l'admiration ; des femmes avaient bel et bien envie de coucher avec lui ? soit ; mais il y avait à peine moins remarquable : des hommes, et des hommes intelligents ma foi, avaient bel et bien envie de l'écouter parler. À l'école ses notes avaient rarement dépassé la moyenne ; pourtant dans les conversations qui se prolongeaient toute la nuit autour de verres de bière et dont il était devenu le pivot ainsi que le centre d'attraction, il s'élevait alors nettement au-dessus de la moyenne ; et ces discussions se terminaient souvent par un murmure général d'approbation, accompagné d'un significatif hochement de tête : épatant, ce vieux Wheeler ! Il n'aurait besoin, disait-on, que de temps et de liberté pour trouver sa voie. On lui prédisait diverses carrières à succès ; de l'avis unanime, son travail se situerait quelque part « dans les humanités », sinon plus précisément dans les arts (travail qui en tout cas exigerait une vocation durable et impérieuse) et impliquerait probablement qu'il se retirât sans tarder en Europe – cette Europe qu'il avait souvent décrite comme la seule partie du monde où la vie valait d'être vécue. Frank personnellement, quand il déambulait à l'aube après quelques-unes de ces discussions, ou quand il réfléchissait dans son lit de Bethune Street pendant les nuits où il avait droit à l'usage des lieux mais qu'il ne partageait pas avec une femme, ne doutait presque pas de la qualité exceptionnelle de ses propres mérites. Les biographies des grands hommes ne comportaient-elles pas toutes le même chapitre d'une jeunesse tâtonnante, d'une sorte de révolte contre leurs pères et contre la manière de vivre de leurs pères ? D'ailleurs, en un certain sens, il pouvait même se montrer reconnaissant de ne pas avoir été voué à un secteur d'intérêt particulier : en évitant des buts spécifiques, il avait évité des limitations spécifiques. Le monde entier, la vie elle-même s'offraient maintenant à son choix comme champ de manœuvres.

Mais au collège de Columbia, à la longue, il commença à être tourmenté par d'innombrables petits découragements ; la fréquence de ceux-ci s'accentua quand il eut terminé ses études supérieures, quand les deux autres locataires se servirent de moins en moins de leurs clefs, quand il se retrouva pratiquement seul à Bethune Street, quand il accepta des emplois bizarres qui lui permettaient de manger tandis qu'il poursuivait ses méditations. Il était agacé, notamment, par le fait qu'aucune des femmes qu'il avait connues jusqu'ici ne lui avait procuré un sentiment de triomphe sans mélange. L'une était très jolie mais elle avait des chevilles inexcusablement fortes ; une autre, certainement très intelligente, manifestait une tendance ennuyeuse à le considérer comme son enfant… Il était bien obligé de convenir qu'il n'avait jamais couché avec une femme supérieure. Or il savait exactement ce qu'il entendait par « femme supérieure », bien qu'il n'en eût pas encore fréquenté une d'assez près pour lui caresser la main. Dans les diverses écoles supérieures où il avait été admis, il en avait remarqué deux ou trois, qui avaient dédaigné de lever les yeux sur lui parce que seuls les intéressaient les garçons inscrits dans des collèges de banlieue. Dans l'armée, les rares qu'il avait aperçues n'avaient été que des silhouettes entrevues de loin, le temps d'une danse, à travers les fenêtres éclairées d'un mess d'officiers. Depuis son retour à New York il en avait rencontré des quantités, mais elles montaient ou descendaient toujours d'un taxi, accompagnées par des bonshommes sinistres qui semblaient n'avoir jamais été jeunes.

Pourquoi dans ce cas ne pas se fier aux événements ? À un personnage de Jean-Paul Sartre, d'un sérieux exagéré, taché de nicotine, la logique ne commandait-elle pas qu'il ne connût que des sartriennes, d'un sérieux exagéré et tachées de nicotine ? Mais c'était là le conseil du défaitisme et, un soir, soutenu par quatre verres de whisky avalés d'un trait au cours d'une petite fête à Morningside Heights, il avait suivi le conseil de la victoire.

— Je crois que je n'ai pas compris votre prénom, avait-il dit à une jeune femme exceptionnellement supérieure dont les cheveux éclatants et les jambes splendides l'avaient attiré à l'autre bout d'une chambrée pleine d'inconnus. Est-ce vous, Pamela ?

— Non, avait-elle répondu. Pamela est là-bas. Moi je m'appelle April. April Johnson.

Moins de cinq minutes après, il avait découvert qu'il pouvait faire rire April Johnson, que non seulement il était capable de capter l'attention soutenue de ses grands yeux gris, mais qu'il parvenait à animer ses pupilles, à les faire se mouvoir par petits arcs de haut en bas, de gauche à droite tandis qu'il lui parlait, comme si la forme de son visage et le grain de sa peau étaient autant de motifs d'un intérêt absorbant.

— Que faites-vous ?

— Je suis docker.

— Non. Répondez-moi la vérité.

— Je vous dis la vérité…

Il lui aurait volontiers montré les paumes de ses mains en guise de preuve s'il n'avait craint qu'elle ne sût la différence entre le cal et les ampoules. Car la semaine précédente, chaperonné par un ami de collège mal dégrossi, il s'était fait les muscles tous les matins sur les docks en titubant sous le poids de cageots de fruits.

— … Lundi prochain, tout de même, j'aurai un meilleur emploi. Caissier de nuit dans une cafétéria.

— Oui, mais je ne vous demande pas des choses comme celles-là. Je voudrais savoir ce qui vous intéresse réellement.

— Mon chou…

Il était encore assez jeune pour rougir de son audace à appeler « mon chou » quelqu'un qu'il connaissait si peu.

— … Mon chou, si je répondais à cette question-là, je parie qu'au bout d'une demi-heure je nous aurais mortellement épuisés d'ennui.

Cinq minutes plus tard, dansant avec elle, il avait constaté que le creux des reins d'April Johnson obéissait à sa main aussi parfaitement que s'il avait été créé dans ce seul but ; et une semaine après, presque jour pour jour, miraculeusement étendue toute nue à côté de lui aux premières lueurs bleues du matin dans Bethune Street, elle avait promené délicatement son index entre son front et son menton en murmurant :

— C'est vrai, Frank. Tu peux me croire : tu es l'être le plus intéressant que j'aie jamais rencontré.

— Parce que ça n'en vaut pas la peine, voilà tout !… déclarait-il maintenant en autorisant l'aiguille du compteur de vitesse à dépasser le cent à l'heure pour le dernier mile de la Route n° 12.

Ils étaient presque arrivés. Ils boiraient un ou deux verres ; elle pleurerait peut-être un peu (les larmes lui faisaient toujours du bien) et puis ils se mettraient à rire de toute cette histoire, et ils s'enfermeraient dans leur chambre, et ils se déshabilleraient, et au clair de lune ses petits seins bien ronds se balanceraient, lui feraient signe, pointeraient vers lui, et il n'y avait aucune raison pour que la soirée ne se terminât pas comme au bon vieux temps.

— … Tu comprends, c'est déjà assez désagréable de vivre au milieu de tous ces maudits petits banlieusards (et j'inclus dans le nombre les Campbell, pour être tout à fait franc), c'est déjà assez désagréable de vivre au milieu d'eux pour que nous n'ayons nul besoin de nous laisser meurtrir par des tas d'autres imbéciles… Qu'est-ce que tu dis ?

Il se détourna une seconde de la route et fut tout étonné de voir, à la lumière du tableau de bord, qu'elle avait enfoui sa tête entre ses deux mains.

— Je dis oui. Je dis : très bien. Maintenant pourrais-tu, s'il te plaît, cesser de parler avant que tu me rendes folle ?…

Il freina assez brusquement, dirigea la voiture sur une banquette de sable en haut de la côte, coupa les gaz et éteignit les lumières. Puis il se glissa à travers le siège et essaya de la prendre dans ses bras.

— … Non, Frank, je t'en prie, ne fais pas cela. Laisse-moi tranquille, tout simplement. Okay ?

— Mon bébé, c'est seulement que je voudrais…

— Laisse-moi tranquille ! Laisse-moi tranquille !

Il se réinstalla au volant, ralluma ses phares ; mais ses mains se refusèrent à remettre la voiture en marche. Il demeura assis sans bouger pendant une bonne minute, à écouter son sang battre dans ses tympans.

— Je trouve, dit-il enfin, qu'il y a un certain nombre de malentendus qui planent par ici. Tu sembles disposée à faire une assez bonne imitation de Mme Bovary et je voudrais éclaircir deux ou trois points. Premièrement, ce n'est pas ma faute si la pièce a été une abomination. Deuxièmement, ce n'est bigrement pas ma faute si tu ne t'es pas révélée une grande actrice, et plus tôt tu seras guérie de ta manie théâtrale, mieux nous nous porterons tous. Troisièmement, il se trouve que le rôle d'un mari de banlieue muet et insensible ne me convient pas ; tu as tenté de me le faire jouer depuis que nous sommes arrivés ici ; mais je préférerais crever plutôt que l'assumer. Quatrièmement…

S'échappant de la voiture, elle s'enfuit en courant dans le faisceau des phares, légère et gracieuse, à peine un peu trop lourde des hanches. L'espace d'une seconde, quand il sortit à son tour et s'élança à sa poursuite, il crut qu'elle voulait se suicider (elle pouvait faire n'importe quoi dans des moments pareils) mais elle s'arrêta à trente mètres de la voiture, dans les herbes folles noirâtres du bas-côté de la route, à côté d'un signal lumineux INTERDIT DE DOUBLER. Il arriva derrière elle et s'immobilisa à son tour, indécis, haletant, gardant ses distances. Elle ne pleurait pas ; elle se tenait là, tout simplement, et elle lui tournait le dos.

— … Mais nom d'un chien !… dit-il. Nom d'un chien, qu'est-ce que cela veut dire ? Reviens à la voiture !

— Non. Dans une minute. Laisse-moi toute seule ici, rien qu'une minute ; d'accord ?

Il leva et baissa les bras ; puis, comme le bruit d'un moteur et des lumières annonçaient le passage d'une voiture, il enfonça une main dans sa poche et, pour sauvegarder les apparences, fit quelques pas. La voiture révéla son numéro minéralogique et son profil aérodynamique, les doubla ; ses feux arrière s'éloignèrent et le bourdonnement de ses pneus s'estompa, mourut. Sur leur droite, dans un marécage noir, les grenouilles du printemps chantaient désespérément à tue-tête. Tout droit, à deux ou trois cents mètres plus loin, la terre s'élevait nettement au-dessus des fils téléphoniques pour former le Mont de la Révolution sur lequel scintillaient les fenêtres amicales du Domaine du Mont de la Révolution. Les Campbell habitaient l'une des maisons du Domaine ; les Campbell pouvaient fort bien se trouver dans l'une des voitures que précédait le cortège de plusieurs phares.

— April ?...

Elle ne répondit pas.

— ... Voyons, reprit-il, ne pourrions-nous pas nous asseoir dans la voiture et parler posément de cette histoire ? Au lieu de nous livrer à un match de course-poursuite sur la Route n° 12 ?

— Je croyais avoir clairement indiqué que je ne tenais pas particulièrement à parler de cette histoire.

— Okay, dit-il. Okay. Jésus ! April, j'essaie de toutes mes forces d'être gentil au sujet de cette histoire, mais je...

— Comme c'est aimable de ta part ! dit-elle. Très, terriblement aimable, en vérité !

— Attends une minute…

Il tira une main de sa poche et se tint droit, mais il se hâta de la remettre parce que d'autres voitures approchaient.

— … Écoute-moi une minute…

Il voulut avaler sa salive, mais il avait la gorge sèche.

— … Je ne sais pas ce que tu cherches à prouver en ce moment, et franchement je ne pense pas que tu réussisses à prouver quoi que ce soit. Mais il y a une chose que je sais, moi. Je sais fichtrement bien que je ne mérite pas cette scène.

— Tu es toujours si merveilleusement catégorique, n'est-ce pas, pour trancher entre ce que tu mérites ou ne mérites pas…

Sur ces mots, elle fit demi-tour et se dirigea vers la voiture.

— Non, attends une minute !…

Il trébucha dans les herbes en courant derrière elle. D'autres voitures débouchaient dans les deux sens et les doublaient, mais il ne s'en souciait plus. Il répéta :

— … Attends une minute, bon Dieu !…

Elle appuya ses mollets contre le pare-chocs et croisa les bras ; une véritable statue de la résignation ! Frank alla agiter sous son nez un index vengeur.

— … Tu vas m'écouter. Cette fois-ci tu ne t'en sortiras pas en déformant la moindre de mes paroles.

Et cette fois-ci, figure-toi, je sais pertinemment que je n'ai pas tort. Sais-tu ce que tu es quand tu te conduis ainsi ?

— Oh mon Dieu, si seulement tu étais resté ce soir à la maison !

— Tu sais ce que tu es quand tu te conduis ainsi ? Une malade, une maboule, ma petite !

— Et toi, sais-tu ce que tu es ?...

Elle le toisa de toute sa hauteur.

— ... Tu es un dégoûtant personnage !...

Alors le duel perdit toute mesure. Un appétit de querelle secoua de frissons leurs bras et leurs jambes, tordit de haine leurs deux visages, les précipita à l'assaut de leurs points faibles respectifs, leur découvrit des moyens astucieux pour échapper aux prises, pour feinter, pour riposter à toute vitesse. Et leur mémoire s'en fut aussitôt rechercher dans les années de vie commune les vieilles armes les plus aptes à arracher la croûte des vieilles plaies. La fièvre monta...

— ... Oh, tu ne m'as jamais fait illusion, Frank, pas un instant, jamais ! Toutes tes précieuses maximes morales, et ton « amour », et tes doucereuses petites... Penses-tu que j'ai oublié la fois où tu m'as giflée parce que je disais que je ne voulais pas te pardonner ? Oh, j'ai toujours su que je devais être ta conscience et ton courage... et aussi ton punching-ball. Parce que tu as réussi à me prendre au piège, tu imagines...

— Toi prise au piège ? Toi dans un piège ! Jésus, ne me fais pas rire !

— Oui, moi !…

Elle serra les poings et les plaqua sur ses clavicules.

— … Moi. Moi. Moi. Oh, pauvre petit, va, avec tes illusions perdues !… Mais regarde-toi ! Regarde-toi et dis-moi comment, par quel effort d'imagination…

Elle secoua dédaigneusement la tête, et le large sourire de ses dents se dessina tout blanc au clair de lune.

— … tu peux te prendre pour un homme !

Il brandit un poing frémissant pour la frapper d'un revers au visage ; elle eut peur : elle se blottit contre l'aile de la voiture ; mais au lieu de la gifler, il effectua quelques sautillements comme un boxeur avant d'abattre son poing, de toutes ses forces, sur le toit de l'auto. Il l'abattit quatre fois : Bong ! Bong ! Bong ! Bong ! Elle se redressa, le regarda. Quand il eut fini, le chant strident des grenouilles fut le seul bruit audible dans la campagne.

— Va-t'en au diable ! dit-il posément. Va-t'en au diable, April.

— Très bien. En attendant, pourrions-nous, s'il te plaît, aller maintenant à la maison ?

La bouche sèche, la tête vacillante, le souffle court, les membres brisés, ils s'installèrent dans la voiture comme de très vieilles personnes très fatiguées. Il mit le contact et démarra lentement, vira en bas du Mont de la Révolution et attaqua les tournants de la Route de la Révolution.

C'était par là qu'ils étaient passés, deux ans plus tôt, en qualité de passagers dans la voiture de l'agent immobilier de la région, Mrs. Helen Givings. Au téléphone elle s'était montrée polie mais réservée (tant de citadins avaient l'habitude de venir et de lui faire perdre son temps en réclamant des conditions impossibles !) mais dès qu'elle les avait vus descendre du train (ainsi que plus tard elle le raconta à son mari) elle avait tout de suite reconnu en eux le genre de couple pour lequel on pouvait bien se donner un peu de mal, même s'il n'y avait qu'une petite affaire en vue. « Ils sont charmants », avait-elle dit à Mr. Givings. « La jeune femme est absolument ravissante, et le garçon doit avoir une très brillante situation à New York... Il est gentil, plutôt discret... Réellement, que c'est rafraîchissant d'avoir affaire à des personnes de ce milieu-là ! »

Mrs. Givings avait immédiatement compris qu'ils avaient envie de quelque chose sortant un peu de l'ordinaire : une petite grange ou un hangar à voitures reconvertis, ou un vieux cottage, bref une habitation pourvue d'un charme intrinsèque ; et elle avait éprouvé un vrai chagrin à leur expliquer que ces « trouvailles » étaient maintenant « introuvables ». Mais elle les avait suppliés de ne pas perdre courage : elle connaissait un coin qu'ils aimeraient peut-être…

— Évidemment, par ici, la route n'est pas merveilleuse… avait-elle expliqué pendant que son regard, furtif comme celui d'un oiseau, quittait le volant pour se tourner vers les deux visages attentifs.

Elle venait d'exécuter le virage qui les éloignait de la Route n° 12.

— … Comme vous voyez, ce sont de petites maisons de pacotille pour plombiers, menuisiers, enfin pour gens modestes. Tandis que là-haut…

Elle avait braqué un doigt raide comme un pistolet vers le pare-brise, dans un cliquetis de bracelets métalliques.

— … Là-haut, la route aboutit à un lotissement tout à fait horrible : le Domaine du Mont de la Révolution ; on a nivelé à flanc et au sommet de la colline de grands espaces plans ; et on les a coiffés de maisons pastel qui donnent mal au cœur et qui coûtent terriblement cher, je me demande bien pourquoi. Rassurez-vous : l'endroit que je veux vous montrer n'a aucun rapport avec cela. L'un de nos braves petits architectes du cru a fait construire juste après la guerre, avant que soient entreprises ces horreurs. C'est vraiment une gentille petite maison, dans un gentil petit cadre. Simple, des lignes nettes, de bonnes pelouses, une merveille pour les enfants. Tout de suite après le prochain tournant. Vous ne trouvez pas que la route est meilleure maintenant ? Tenez, vous allez la voir… Là ! Cette petite maison blanche ? Gentille, n'est-ce pas ? Avec cet air dégagé pour s'asseoir en haut de sa petite côte ?

— Oh oui !… s'était écriée April quand la maison avait émergé à travers des troncs fuselés de chênes dans leur deuxième croissance pour se présenter à eux, pas grande et toute en bois, chevauchant hardiment sa fondation en béton, avec une fenêtre centrale immense qui ressemblait à un grand miroir noir.

— … Oui, je pense que c'est ce genre de… Jolie, n'est-ce pas, mon chéri ? Et elle a une fenêtre panoramique ; je suppose que par ici on ne peut pas éviter une fenêtre panoramique ?

— Cela m'étonnerait, dit Frank. Remarque que je ne pense pas qu'une fenêtre panoramique détruise forcément nos personnalités.

— Oh, que c'est bien dit ! s'était exclamée Mrs. Givings.

Et le rire de l'agent immobilier les avait enveloppés d'une atmosphère de flatterie pendant que la voiture gravissait l'allée et qu'ils mettaient pied à terre pour visiter la maison. Ils s'étaient promenés sur les planchers nus en se chuchotant diverses spéculations, et Mrs. Givings les avait accompagnés, rassurante et protectrice. La maison ne manquait pas de possibilités. Leur canapé pourrrait être logé ici, la grande table là ; la muraille de leurs livres compenserait cette maudite fenêtre panoramique ; quelques petits arrangements, adroitement faits, rachèteraient l'aspect modestement banlieusard de ce living-room par trop symétrique. Mais, d'autre part, cette symétrie des lieux présentait des avantages : par exemple, les pièces étaient exactement rectangulaires, chaque plancher était honnêtement horizontal, les portes bien assises se fermaient du premier coup. À force d'ouvrir et de fermer celles-ci, ils avaient commencé à se sentir chez eux. En inspectant la salle de bains sans défaut, ils avaient par avance apprécié le plaisir de se baigner dans une grande baignoire fumante. Ils avaient vite imaginé leurs enfants courant pieds nus dans un couloir exempt de moisissures, d'échardes, de blattes, de saletés. Oui, cette maison leur offrait de larges possibilités. Leur vie de plus en plus désordonnée pourrait encore s'organiser et s'adapter à cette maison au milieu des arbres ; et quelle importance si cet aménagement prenait du temps ? Qui pourrait avoir peur dans une construction aussi vaste que claire, aussi propre que paisible ?

Mais à présent, alors que la maison toute proche surgissait des ténèbres, avec les lumières revigorantes de la cuisine et du garage, ils avaient les épaules tendues et les mâchoires crispées. April entra la première, tituba éblouie dans la cuisine, s'arrêta quelques secondes contre le frigidaire pour retrouver un peu de calme ; Frank la suivit en clignant des yeux. Puis elle alla toucher un commutateur sur le mur, et le living-room fut inondé de clarté. Sous le choc de la lumière, il sembla flotter, avec tous ses meubles à la dérive ; même une fois immobilisé il donna une impression de provisoire. Le canapé était pourtant là, ainsi que la grande table ; mais leurs emplacements auraient tout aussi bien pu être inversés ; il y avait la muraille de bouquins, qui rivalisait de taille avec la fenêtre panoramique, mais elle aurait pu tout aussi bien être une bibliothèque de livres prêtés. Des autres meubles, avait été résolument bannie toute idée de distinction aristocratique, mais aucune autre qualité n'était venue la remplacer. Chaises, table à café, bureau, lampadaire, ils avaient l'air d'objets arbitrairement rassemblés pour une vente à l'encan. Un seul coin de la pièce montrait les traces d'une agréable fraternité humaine (un tapis usé, des coussins bosselés, des cendriers pleins à ras bord) : c'était l'alcôve qu'ils avaient installée non sans répugnance six mois plus tôt : la province de la télévision. (« Pourquoi n'en aurions-nous pas une ? Nous la devons bien aux enfants ! De plus, c'est idiot de continuer à mépriser la télévision… »)

Mrs. Lundquist, la baby-sitter, s'était endormie sur le canapé et était couchée, presque invisible, derrière son dossier. Elle se dressa tout à coup, s'assit en lançant des regards obliques et essaya de sourire de toutes ses fausses dents ; ses mains coururent à la recherche d'épingles dans ses cheveux blancs dénoués.

— Maman ?…

La voix aiguë et très éveillée de Jennifer (six ans) retentit depuis la chambre d'enfants.

— … Maman ? La pièce a-t-elle bien marché ?

En reconduisant Mrs. Lundquist chez elle, Frank faillit manquer deux virages. Mrs. Lundquist, ballottée entre la portière et le tableau de bord, tenta de masquer son effroi derrière un sourire adressé à la nuit ; elle pensa qu'il avait trop bu. Seul pour le retour, Frank conduisit d'une main et appliqua l'autre sur sa bouche. Il fit de son mieux pour recomposer mentalement la dispute, mais en vain. Il n'aurait même pas su dire s'il était fâché ou contrit, s'il avait envie de pardonner ou d'être pardonné. Il avait la gorge éraillée par les cris qu'il avait poussés et la main meurtrie parce qu'il avait tapé trop fort sur la voiture (de cela, il se souvenait assez bien), mais pour le reste il ne se rappelait plus que la manière dont elle avait rentré le cou dans les épaules pour le rappel au baisser de rideau, et son faux sourire blessé ; cela suffisait néanmoins pour qu'il se sentît faible sous le poids du remords. Penser que cette nuit-ci, entre toutes les nuits, il s'était querellé avec April ! Il dut reprendre le volant à deux mains parce que les lumières de la route se brouillaient et se noyaient dans ses yeux.

La maison n'était plus éclairée ; quand en grimpant la côte il aperçut cette longue forme laiteuse au milieu des noirs plus profonds des arbres et du ciel, il pensa à la mort. Il traversa rapidement la cuisine et le living-room, descendit le couloir sur la pointe des pieds, passa devant la chambre des enfants et pénétra dans la chambre conjugale dont il referma doucement la porte derrière lui.

— April, écoute… dit-il à voix basse.

Il retira sa veste et alla s'asseoir au bord du lit dans l'attitude classique du pécheur repentant.

— … Écoute-moi, je te prie. Je ne te toucherai pas… Je veux simplement te dire que je… enfin, que je te demande pardon…

Il s'était mis dans une mauvaise passe ; cette affaire-là ne serait pas classée avant plusieurs jours. Mais du moins ils étaient là, seuls et au calme dans leur propre chambre, au lieu de vociférer sur la route ; du moins l'affaire entrait maintenant dans sa seconde phase, une phase plus ou moins longue qui toujours jusqu'ici, même quand les apparences avaient été contraires, avait préludé à une réconciliation. Maintenant elle ne fuirait plus, et il n'y avait aucune chance pour qu'il piquât une nouvelle crise de fureur ; tous les deux, ils étaient trop fatigués. Au début de son mariage, ces périodes d'apathie lui avaient paru pires encore que le vacarme humiliant qui avait tout déclenché ; en chaque occasion il s'était dit : « Cette fois, rien à faire pour sortir de là dignement. » Et pourtant il y avait toujours eu un moyen, digne ou non, grâce au simple processus qui commençait par des excuses et qui se poursuivait par une attente au cours de laquelle il essayait de ne pas trop réfléchir. Depuis quelque temps, cette attitude lui était aussi familière qu'un vieux manteau peu seyant mais confortable ; il pouvait le porter avec aisance et volupté, car l'exercice de sa volonté et sa fierté s'en trouvaient totalement suspendus.

— … Je ne sais pas ce qui s'est passé tout à l'heure, reprit-il, mais en tout état de cause, crois-moi, je… April ?…

Sa main tâtonnante découvrit que le lit était vide. La forme allongée à laquelle il venait de parler était un amas de couvertures rejetées et d'oreillers. Elle avait fait lit à part.

— … April ?

Épouvanté, il traversa en courant la salle de bains et le couloir.

— Va-t'en, s'il te plaît, dit la voix d'April.

April s'était enroulée dans une couverture sur le canapé du living-room, là où Mrs. Lundquist avait dormi.

— Écoute-moi une minute. Je ne te toucherai pas. Je veux tout juste te dire que je te demande pardon.

— Merveilleux. Maintenant veux-tu, s'il te plaît, me laisser tranquille ?

3.

Un geignement métallique aigu troua le silence de son sommeil. Il essaya de s'en protéger en se pelotonnant plus serré dans la fraîche obscurité où flottaient encore les brumes d'un rêve absorbant ; mais le geignement recommença, se prolongea suffisamment pour que se yeux s'entrouvrissent à la lumière du soleil.

C'était samedi matin, et il était onze heures passées. Il eut l'impression que ses narines étaient bouchées par du mastic ; il avait la migraine ; la première mouche de la saison rampait à l'intérieur d'un verre de whisky qui était posé sur le plancher à côté d'une bouteille presque vide. Après avoir fait ces découvertes, il commença à se rappeler les événements de la nuit… Oui, il était resté assis là à boire jusqu'à quatre heures du matin, en se grattant méthodiquement la tête avec ses deux mains, persuadé qu'il ne pourrait pas dormir. Une fois précisés ces souvenirs, son esprit se concentra pour trouver une explication au bruit qui l'avait réveillé : c'était sa propre tondeuse à gazon, qui était rouillée et qui avait bien besoin d'huile ; quelqu'un coupait l'herbe dans la cour du fond, besogne qu'il avait juré de faire pendant le dernier week-end.

Lourdement il se mit debout, chercha son peignoir de bains et tourna sa langue dans sa bouche sèche. Puis il alla jeter un coup d'œil par la fenêtre. Vêtue d'une chemise d'homme et d'un pantalon de marin aux pattes amples, April poussait et traînait la vieille tondeuse ; les deux enfants s'ébattaient derrière elle, avec de l'herbe coupée plein les mains.

Dans la salle de bains, il utilisa suffisamment d'eau froide, de dentifrice et de Kleenex pour redonner vie aux parties actives de sa tête ; il parvint à aspirer de l'oxygène et à soumettre ses traits à un certain contrôle musculaire. Mais pour ses mains, rien à faire : boursouflées et pâles, elles étaient sensibles comme si on les avait amputées de tous leurs os ; si Frank avait reçu l'ordre de les serrer et de se servir de ses poings, il se serait effondré à genoux. En les contemplant, et en regardant plus spécialement ses ongles rongés auxquels il n'avait jamais accordé la moindre chance de pousser, il eut envie de les cogner et de les meurtrir davantage contre le rebord du lavabo. Il revit alors les mains de son père, et cette pensée lui rappela que juste avant la tondeuse à gazon, la migraine et le soleil, il avait rêvé d'une lointaine période de sa vie, confuse mais magnifiquement tranquille. Ses parents se tenaient auprès de son lit, et il avait entendu sa mère qui disait : « Oh, ne le réveille pas, Earl ! Laisse-le dormir. » Il essaya de se remémorer tout son rêve, mais sans succès ; toutefois l'accent de tendresse qui résonnait encore dans ses oreilles lui fit venir les larmes aux yeux avant de s'estomper et de disparaître.

Ses parents étaient morts tous deux depuis plusieurs années, et il était quelquefois ennuyé de ne plus pouvoir très bien se représenter leurs traits. Pour autant qu'il se souvenait sans le concours d'aucune photographie, son père était chauve, avait des sourcils épais et une bouche à jamais figée dans une expression d'exaspération ou de mécontentement ; quant à sa mère, elle portait une paire de lunettes non cerclées, un filet sur ses cheveux et un timide soupçon de rouge à lèvres. Il se rappelait aussi les avoir toujours vus tous deux fatigués. Lorsqu'il était né, ils n'étaient plus de la première jeunesse et ils s'étaient déjà usés à élever deux autres fils ; avec les années, leur fatigue n'avait fait que croître jusqu'à ce que finalement ils se fussent laissés mourir dans leur lit, à six mois de distance l'un de l'autre. Mais sur les mains de son père il n'y avait jamais eu la moindre trace de fatigue ; ni le temps ni l'oubli n'avaient terni l'image que Frank en avait gardée.

« Ouvre-la ! » Voilà l'un de ses plus anciens souvenirs : le défi à desserrer un gros poing fermé, et les efforts fantastiques, toujours vains, de ses deux petites menottes pour décoller un seul doigt de cette main serrée frémissante, tandis que le rire de son père faisait trembler les murs de la cuisine. Mais c'était moins la force des mains de son père qu'il enviait, que leur sûreté, leur sensibilité (quand elles tenaient un objet, on voyait la sensation qu'il procurait) et l'espèce de supériorité qu'elles conféraient instantanément à tout ce qu'utilisait Earl Wheeler : la poignée en peau de porc de sa serviette de voyageur de commerce, les manches de ses outils pour le travail du bois, la crosse et la détente de son fusil de chasse... Quand Frank avait cinq ou six ans, la serviette le fascinait particulièrement ; le soir elle reposait dans l'ombre du vestibule, et quelquefois après le dîner il s'avançait virilement vers elle et s'imaginait qu'elle lui appartenait. Comme elle était lisse et jolie, mais comme la poignée lui semblait épaisse ! Elle était lourde (oh là là !) et cependant, le matin, elle paraissait légère au flanc de son père ! Plus tard, quand il avait dix ou douze ans, il avait jeté son dévolu sur les outils de menuisier, mais il n'en avait gardé aucun souvenir agréable. « Non, mon garçon, non ! » criait son père en entendant les gémissements de la scie. « Tu vas me l'abîmer ! Ne vois-tu donc pas que tu l'abîmes ? Ce n'est pas ainsi que l'on se sert d'un outil ! » Et l'outil, qu'il s'agît d'un ciseau, d'une gouge, d'un vilebrequin ou de Dieu sait quoi d'aussi obstiné, était aussitôt retiré d'un piteux chef-d'œuvre en gestation, brandi en l'air et minutieusement vérifié ; puis suivait une conférence sur l'entretien et le maniement des outils, avec démonstrations gratuites à l'appui (au cours desquelles la sciure de bois s'accrochait comme des grains d'or aux poils de l'avant-bras de son père), mais qui plus fréquemment s'achevait sur le soupir de la patience masculine parvenue à son point de rupture et sur ces mots : « Ça suffit. Tu ferais mieux de monter te coucher. » Oui, voilà comment prenaient fin les soirées dans l'atelier de menuisier, et maintenant encore Frank ne pouvait flairer l'odeur de la sciure de bois sans un sentiment d'humiliation. Par bonheur, le fusil de chasse n'avait jamais été soumis à un test. Lorsqu'il fut assez grand pour accompagner son père à une partie de chasse (et il y eut de moins en moins de parties de chasse) la discorde chronique qui régnait entre eux en interdisait même l'hypothèse. Jamais il ne serait venu à l'esprit du vieux père de suggérer que Frank essayât le fusil de chasse, et d'ailleurs (c'était à cette époque-là que Frank rêvait à sa fugue sur trains de marchandises) jamais Frank n'aurait souhaité entendre une suggestion pareille. Ce n'était pas lui qui avait envie de s'asseoir dans une mare et de tuer quantité de canards. Pas lui qui, dans ce but, veillait scrupuleusement sur ses outils de maniaque. Pas lui qui avait désiré, surtout, devenir un vulgaire commis voyageur, manipulant comme beaucoup d'autres une serviette remplie de catalogues fastidieux, et vantant toute la journée des machines compliquées devant des directeurs muets qui fumaient le cigare.

Et pourtant en ce temps-là et plus tard, même lorsque Frank en était arrivé à se révolter dans Bethune Street, quand son père était devenu un vieil idiot maussade et grognon qui s'endormait sur le *Reader's Digest*, il avait continué de croire, comme à présent, que les mains de son père étaient quelque chose d'unique et de splendide.

Sur son lit de mort, quand Earl Wheeler était tout contracté, aveugle et hoquetant (« Qui est-ce ? Frank ? Est-ce Frank ? »), la sèche étreinte de ses mains avait été aussi vivante que par le passé, et lorsqu'il avait cessé pour toujours de bouger, ses mains posées sur les draps de l'hôpital avaient paru plus fortes et plus saines que celles de son fils.

« Ma parole, je crois que les psychiatres ne s'embêteraient pas avec moi ! » disait-il volontiers à ses amis en faisant la grimace. « Je pense que l'histoire de mes rapports avec mon père, à elle seule, vaudrait un gros livre ; et je ne parle pas de ma mère. Jésus, quel petit nid de névrosés nous devions être ! » Mais tout de même, dans des moments de solitude difficile comme ceux qu'il traversait actuellement, il était content de pouvoir glaner quelques vestiges d'une affection filiale sincère. Dans sa maturité, il avait certes connu bien des déboires ; mais il se félicitait d'avoir auparavant vécu dans une ambiance suffisamment tranquille et pacifique pour en retirer encore des rêves agréables. Et il n'avait pas tout à fait tort de supposer que par là s'expliquait qu'il fût au fond plus stable que sa femme. Les psychiatres ne s'embêteraient peut-être pas avec lui ; mais Dieu seul savait quelles délectations April leur procurerait !

À travers les rares anecdotes qu'elle lui avait rapportées sur ses propres parents, ceux-ci lui avaient paru aussi étrangers à sa compréhension et à sa sympathie que n'importe quel personnage des romans d'Evelyn Waugh. Se pouvait-il que des êtres pareils eussent réellement existé ? Il se les représentait comme des caricatures scintillantes des années 20, l'oisif à belle prestance et la pucelle à petite tête, mystérieusement riches, désœuvrés et cruels, mariés par le capitaine d'un paquebot en plein milieu de l'Atlantique et divorcés moins d'un an après la naissance de leur unique enfant.

— Je pense que ma mère a dû me conduire chez Tante Mary en sortant de la maternité, lui avait raconté April. Je ne crois pas avoir jamais habité chez quelqu'un d'autre que Tante Mary avant ma sixième année ; et puis il y a eu un couple d'autres tantes, ou d'amies à elle ou de je ne sais quoi, avant que j'aie été conduite à Rye, chez Tante Claire.

Le reste de l'histoire se résumait à ceci : son père s'était suicidé en 1938 dans une chambre d'hôtel à Boston, et sa mère était morte quelques années plus tard après une longue cure de désintoxication alcoolique sur la côte du Pacifique.

— Jésus !… avait murmuré Frank quand elle lui avait révélé cela par une brûlante nuit d'été dans Bethune Street.

Sur le moment, tandis qu'il hochait la tête, il s'était demandé s'il ressentait du chagrin à cause de cette enfance lamentable, ou de la jalousie parce qu'il venait d'entendre une histoire bien plus dramatique que la sienne.

— … Eh bien, j'espère que ta tante a toujours été une vraie mère pour toi, malgré tout ? Non ? avait-il questionné.

Mais April avait haussé les épaules, tiré légèrement la bouche sur le côté d'une manière qu'il n'aimait guère depuis quelque temps (son air « pas commode »).

— De quelle tante parles-tu ? Je me souviens à peine de Mary ou des autres dans l'intervalle, et j'ai toujours détesté Claire.

— Allons, allons ! Comment peux-tu dire que tu l'as toujours détestée ? Avec le recul des années, tu vois tes sentiments de cette façon-là, mais tout de même elle a bien dû te donner un certain sentiment de… tu vois bien ce que je veux dire : de tendresse, de sécurité, etc.

— Eh bien non ! Les seuls plaisirs vrais que j'aie eus, c'était quand mon père ou ma mère venait me voir. C'étaient eux que j'aimais.

— Mais ils n'allaient presque jamais te voir ! Tu ne pouvais donc pas avoir beaucoup le sentiment qu'ils étaient tes parents ; tu ne les connaissais même pas. Comment pouvais-tu les aimer ?

— Pourtant je les aimais, c'est tout.

Et elle avait commencé à sortir de son coffret à bijoux des souvenirs qu'elle avait étalés devant lui sur le lit : des instantanés d'elle-même à différents âges, sur différentes pelouses, à côté de sa mère ou de son père ; une miniature de la jolie figure de sa mère ; une photo jaunie, bordée de cuir, de ses parents, élégamment vêtus devant un palmier, avec l'inscription « Cannes, 1925 » ; l'alliance de sa mère ; une broche ancienne contenant une boucle des cheveux de sa grand-mère maternelle ; un minuscule cheval blanc en plastique qui ne valait pas plus de deux ou trois *cents*, mais qu'elle avait conservé malgré les années, parce que « mon père me l'a donné ».

— Bon, très bien ! avait-il concédé. Peut-être te semblaient-ils romantiques, éblouissants, ensorcelants. Mais la question n'est pas là. Je parlais d'affection, d'amour.

— Moi aussi, interrompit-elle. Et vraiment je les aimais, oui !…

Le silence grave dans lequel elle s'était cantonnée après cette déclaration, tout en bouclant le fermoir du coffret à bijoux, lui avait fait croire qu'elle en avait fini avec ce sujet. D'ailleurs il était bien résolu à ne pas rouvrir le débat, du moins pour le moment : la nuit était décidément trop chaude pour une discussion. Mais il avait dû se rendre à l'évidence : le silence d'April n'était qu'une pause au cours de laquelle elle réfléchissait et choisissait les mots qu'elle allait prononcer pour traduire avec exactitude sa pensée. Et quand enfin elle avait recommencé à parler, elle avait si parfaitement pris l'air de la petite fille des photos, qu'il avait eu honte de lui.

— … J'aimais leur façon de s'habiller, avait-elle dit. J'aimais leur manière de s'exprimer. J'aimais les entendre parler de leur existence.

Alors il n'avait pu résister au désir de la prendre dans ses bras, le cœur plein de pitié pour la pauvreté des trésors d'April, plein aussi de la promesse respectueuse, muette, et qu'il ne devait pas tenir longtemps, de ne jamais plus les dénigrer.

Une petite tache de lait et de céréales sur la table était la seule trace du petit déjeuner des enfants ; le reste de la cuisine étincelait dans une perfection industrielle de propreté. Il décida que, dès qu'il aurait pris son café, il s'habillerait, sortirait, et lui retirerait des mains la tondeuse à gazon, au besoin par la force, afin de rétablir un tant soit peu l'équilibre de la matinée. Mais il était encore dans son peignoir de bain, non rasé et maniant maladroitement les boutons de la cuisinière électrique quand la voiture de Mrs. Givings fit irruption dans l'allée. Pendant une seconde, il songea à se cacher, mais il n'avait plus le temps. Elle l'avait déjà aperçu à travers la porte, et April, piétinant à l'autre bout de la cour du fond, s'était déjà débarrassée d'elle en lui adressant de loin un signe de la main avant de se remettre à tondre l'herbe. Il se trouvait coincé. Il fut bien obligé d'ouvrir la porte, de se tenir sur le seuil et d'adopter une attitude accueillante. Pourquoi cette bonne femme venait-elle donc les empoisonner constamment ?

— Je ne peux même pas rester une minute ! cria-t-elle en chancelant sous le poids d'une boîte en carton humide, pleine de terre et d'une végétation en transes. Je voulais tout juste vous apporter ce sedum pour le coin caillouteux qui est au bas de votre allée. Ma parole, vous n'avez pas l'air en forme, ce matin !

Il se courba gauchement, essayant de retenir d'un pied la porte ouverte pendant qu'il la soulageait de son fardeau.

— Merci bien ! dit-il en souriant très près du visage crispé et poudré de la visiteuse.

Le maquillage de Mrs. Givings donnait toujours l'impression qu'il avait été appliqué à toute vitesse, dans l'impatience d'en avoir fini au plus vite avec cette corvée. D'ailleurs Mrs. Givings elle-même était animée du mouvement perpétuel ; c'était une alerte quinquagénaire à la peau tannée, dont les yeux exprimaient la conviction quasi religieuse qu'il était très important de s'affairer constamment. Dans les rares instants où elle se tenait tranquille, il y avait encore de l'énergie cinétique dans le port des épaules, dans l'ajustement de ses vêtements amples et furieusement boutonnés. Si elle était contrainte de s'asseoir, elle choisissait toujours des chaises droites, et elle se posait sur le bord. Il était très difficile de l'imaginer allongée, ou endormie, libérée de la contrainte de ses sourires conventionnels, de ses petits rires mondains, de son bavardage.

— Je pense que c'est vraiment ce qu'il vous faut à cet endroit-là, disait-elle. Avez-vous déjà eu cette espèce de sedum ? Vous vous apercevrez que c'est le plus merveilleux végétal qui soit pour recouvrir le sol, même le sol acide de par ici.

— Merci bien, répéta-t-il. C'est très gentil. Merci beaucoup, Mrs. Givings...

Elle leur avait demandé, quelques mois plus tôt, de l'appeler Helen ; mais Frank avait constaté que sa bouche était incapable de prononcer ce nom-là. Généralement il résolvait le problème en ne l'appelant pas du tout et en comblant cette déficience par des signes de tête et des sourires amicaux ; elle aussi s'était habituée à ne pas l'appeler. Pour l'heure ses petits yeux découvrirent tout à coup que la femme de Frank tondait l'herbe tandis que Frank lui-même flânait paresseusement dans la cuisine, en peignoir de bain ; alors ils se regardèrent en souriant et, pour des motifs différents, leurs yeux s'allumèrent. Il laissa la porte se fermer derrière lui, ajusta sa prise sur la boîte qui vacilla entre ses bras et un filet de sable fin s'en échappa pour tomber sur sa cheville nue.

— … Et que devrions-nous… que devrions-nous faire ? lui demanda-t-il. Je veux dire, pour le faire pousser et le soigner ?

— Oh, presque rien ! Simplement les premiers jours un tout petit peu d'eau, et puis vous le verrez prospérer. Il ressemble à la joubarbe d'Europe, vous verrez. Sauf que, bien entendu, la joubarbe a une jolie fleur rose, et que le sedum a une fleur jaune.

— Ah bon ! dit-il. La rhubarbe !…

Elle lui expliqua encore bien d'autres choses sur les plantes grasses tandis qu'il la regardait, hochait la tête, et n'avait qu'une envie : qu'elle partît, d'autant plus que le geignement ronflant de la tondeuse à gazon lui déchirait les oreilles.

— … Très bien, se hâta-t-il de dire quand Mrs. Givings interrompit sa conférence pour reprendre haleine. C'est très aimable à vous, merci beaucoup. Puis-je… vous offrir une tasse de café ?

— Oh non, je vous remercie infiniment…

Elle recula de trois ou quatre pas comme s'il lui avait présenté un mouchoir sale pour se moucher. Puis, dans la sécurité de sa nouvelle position, elle découvrit toutes ses grandes dents pour un sourire étudié.

— … N’oubliez pas de dire à April que nous avons beaucoup aimé la pièce hier soir… Ou, attendez plutôt : je vais le lui dire moi-même…

Elle se tordit le cou, loucha dans le soleil, calcula la distance qu’elle devait faire franchir à sa voix et cria :

— April ! April ! Je voulais simplement vous dire que nous avons beaucoup aimé la pièce !

Sa figure tendue sous l’effort de ce cri aurait assez bien symbolisé une femme à l’agonie.

Au bout d’une seconde, le fracas de la tondeuse s’arrêta et la voix lointaine d’April se fit entendre.

— Qu’y a-t-il ?

— J’ai dit que nous avions beaucoup aimé la pièce !

Dès qu’elle comprit la réponse d’April : « Oh… merci, Helen ! » sa physionomie se détendit. Elle se retourna vers Frank, qui était toujours embarrassé de sa boîte en carton.

— En vérité, vous avez une femme très douée. Je ne sais pas comment vous dire à quel point Howard et moi, nous avons apprécié son jeu.

— Bon, répondit-il. En réalité, je crois que de l’avis général la pièce n’a pas été jugée avec beaucoup d’indulgence. Du moins, à mon avis, la plupart des gens ont eu l’air de ne guère l’apprécier.

— Pas du tout ! C’était une soirée charmante. J’ai trouvé que votre bon ami qui habite là-haut sur la colline n'était pas fameux dans son rôle… Mr. Crandall ?… Mais à part cela…

— Campbell, oui. Vraiment, je ne l'ai pas trouvé pire que les autres ; et d'ailleurs il avait un rôle difficile.

Il considérait toujours qu'il était de son devoir de défendre les Campbell contre Mrs. Givings, dont l'opinion semblait être que tous les habitants du Domaine du Mont de la Révolution ne méritaient qu'une condescendance hautaine (au mieux).

— Vous avez peut-être raison. J'ai été surprise de ne pas avoir vu Mrs. Crandall dans la troupe… ou Campbell, est-ce son nom ? Il est vrai qu'elle ne doit guère avoir de temps, avec tous ces enfants.

— Elle a travaillé dans les coulisses…

Il essayait de tenir la boîte en équilibre pour que le sable ne s'échappât plus, ou qu'il tombât ailleurs.

— … Elle a déployé beaucoup d'activité dans toute cette affaire, en fait.

— Ah bon ! Le contraire m'aurait étonnée. Une petite âme si gentille, si pleine de bonne volonté…

Elle commença à se diriger de biais vers sa voiture.

— … Je ne veux pas vous retenir plus longtemps…

C'était pour elle le moment ou jamais de dire : « Oh, autre chose, pendant que j'y pense !… » Elle faillit le faire, car cette autre chose représentait réellement l'objet essentiel de sa visite. Mais elle hésita ; elle se demanda si elle allait se lancer ou non ; et puis sa physionomie révéla sa décision de se taire, étant donné les circonstances. Sa confidence, quelle qu'elle fût, attendrait.

— … Très bien, donc. Mon Dieu, que j'aime ce petit chemin dallé que vous avez aménagé à partir du haut de la pelouse !

— Oh ! fit-il. Merci. J'ai à peine commencé.

— Oh, je sais ! C'est un gros travail.

Elle émit sur deux notes un gracieux bonsoir et se tortilla pour rentrer dans sa voiture, qui s'éloigna lentement.

— Maman, viens voir ce que papa a reçu ! appela Jennifer. C'est Mrs. Givings qui le lui a apporté.

Et Michael, qui avait quatre ans, cria :

— C'est des fleurs ! C'est des fleurs, ou quoi ?

Ils accouraient à travers l'herbe tondue ras, tandis qu'April avançait à pas pesants en traînant derrière elle la tondeuse et en rejetant en arrière des mèches de cheveux humides ; elle avait la lèvre inférieure arrogante ; tout en elle paraissait résolu à démontrer, avec une intransigeance emphatique, qu'elle n'avait jamais eu envie d'être autre chose qu'une honnête maîtresse de maison, et que tout ce dont elle avait jamais eu envie dans le domaine de l'amour, c'était d'un mari qui de temps à autre tondrait le gazon au lieu de passer la journée à dormir.

— Ta boîte fuit, papa, dit Jennifer.

— Je le sais bien, qu'elle fuit. Reste tranquille une minute. Écoute, dit-il à sa femme sans oser la regarder bien en face, voudrais-tu me dire, je te prie, ce que je suis censé faire avec ce truc-là ?

— Comment veux-tu que je te le dise ? Qu'est-ce que c'est, d'abord ?

— Je n'en sais fichtre rien. C'est une espèce de rhubarbe d'Europe, quelque chose comme ça.

— De la... quoi ?

— Ah non ! Attends un peu. C'est comme de la rhubarbe, mais c'est rose au lieu d'être jaune. Ou jaune au lieu d'être rose. Je pensais que tu étais au courant.

— Je me demande bien pourquoi j'aurais été au courant...

Elle s'approcha des plantes et tâta du doigt la tige grasse de l'une d'entre elles.

— ... À quoi ça sert-il ? Elle ne te l'a pas dit ?

Sa mémoire, à lui, n'était qu'un vaste trou sans fond.

— Attends. Elle a appelé ça du bicham... Non, du sicham. Je suis à peu près sûr que c'est un sicham...

Il se lécha les lèvres, changea la boîte de place entre ses bras.

— ... C'est merveilleux sur du sol acide. Ça ne te dit rien ?

Les enfants regardaient alternativement leur père et leur mère ; Jennifer commençait à désespérer.

April mit ses mains dans ses poches.

— Merveilleux pour quoi ? Enfin, voyons, tu ne lui as même pas demandé ?

Les plantes tremblaient dans les bras de Frank.

— Écoute. Ça ne te ferait rien de ne pas t'énerver ? Je n'ai pas encore pris mon café, et…

— Oh, très bien ! Et que veux-tu que je fasse, moi, avec ce truc-là ? Et que veux-tu que je dise à cette bonne femme la prochaine fois que je la verrai ?

— Tu lui diras la première chose qui te passera par la tête. Et tu pourrais peut-être lui conseiller aussi qu'elle se mêle de ses propres affaires. Ça la changerait.

— Papa, ne crie pas !

Jennifer sautillait sur place ; son petit pantalon de marin était tout taché de vert ; elle battit des mains et commença à pleurer.

— Je ne crie pas ! protesta-t-il avec toute l'indignation d'un père de famille calomnié.

Jennifer se calma et mit son pouce dans sa bouche, ce qui la fit loucher ; Michael, qui se cramponnait solidement au fond du pantalon de son père, recula de deux pas et prit un air grave, embarrassé.

April soupira et rejeta une mèche en arrière.

— Très bien, dit-elle. Descends-le à la cave, alors. Le moins que nous puissions faire est de ne pas le laisser dehors. Ensuite tu ferais bien de t'habiller. Il va être l'heure de déjeuner.

Il transporta la boîte au bas de l'escalier de la cave, la laissa tomber ; elle fit un bruit mat et de la poussière jaillit ; d'un coup de pied, il l'expédia dans un coin, et il ressentit une douleur aiguë au tendon de son gros orteil.

Il passa l'après-midi, dans une chemise déchirée et un vieux pantalon de l'armée, à travailler sur le chemin dallé. Son idée était d'aménager une longue allée depuis la porte de la façade jusqu'à la route, afin d'ôter aux visiteurs l'envie de s'introduire par la cuisine. Pendant le dernier week-end, quand il avait commencé, cette tâche lui avait semblé relativement facile ; mais à présent, comme la déclivité du terrain s'accentuait, il découvrit que des pierres plates ne faisaient pas l'affaire : il fallait installer de vraies marches, avec des pierres presque aussi hautes que larges qui ne se trouvaient que dans le petit bois en pente situé derrière la maison ; Frank était donc obligé, d'abord, de les extraire, puis de les transporter (sur des jambes flageolantes) jusqu'à la pelouse du devant ; de plus, chaque marche nécessitait un trou préalablement creusé, et le sol était si rocailleux que Frank mettait dix bonnes minutes pour atteindre une profondeur de vingt-cinq centimètres. Ce travail devenait fastidieux, ingrat ; à la fois il épuisait et irritait Frank parce que les progrès étaient trop lents, parce que tout l'été ne serait pas de trop pour l'achever.

Et pourtant, après les premiers essoufflements et étourdissements, Frank commença à prendre plaisir à son effort musculaire, à la sueur qui l'inondait, à l'odeur de la terre. Au moins était-ce là un labeur d'homme. Au moins, quand il s'asseyait en tailleur pour se reposer sur la pente du petit bois, pouvait-il regarder sa maison au-dessous de lui et la découvrir telle que devait être une honnête maison par un beau jour de printemps : bien assise sur un tapis de verdure, fragile sanctuaire blanc de l'amour d'un mari, d'une femme, et des enfants de cet homme. Une idée aussi solennelle lui fit baisser les yeux, et il contempla non sans satisfaction sa cuisse fléchie, musclée et tendue sous son vieux pantalon de l'armée, son bras aux grosses veines posé en travers, et sa main sale qui pendait (non certes qu'elle fût comparable à l'une des mains de son père, mais c'était tout de même une brave main qui lui rendait bien service). Du coup ses tempes lui firent mal quand, dans son zèle triomphant, il souleva un morceau de roche et le fit basculer hors de son trou plein de vers blancs ; parce qu'il était un homme, il le culbuta sur la pente de terreau, le suivit jusqu'au bord de la pelouse du fond, s'accroupit au-dessus de lui, grogna, le souleva jusqu'à mi-cuisses, puis jusqu'à ses hanches et enfin le cala dans le creux de ses bras. À la suite de quoi il avança, les yeux embués, titubant sur l'herbe tendre, fit le tour de la maison, s'engagea sous le soleil qui tapait sur la pelouse du devant, alla jusqu'au chemin dallé ; là il laissa tomber sa grosse pierre ; pour un peu, il se serait effondré à sa suite.

— Nous allons t'aider, papa, n'est-ce pas ? dit Jennifer.

Les deux enfants étaient venus s'asseoir sur l'herbe à côté de lui. Le soleil dessinait sur leurs deux têtes blondes des cercles dorés et rendait leurs chemises blanches aveuglantes.

— Bien sûr que oui ! répondit-il.

— Oui, parce que tu es content quand nous te tenons compagnie, n'est-ce pas ?

— Ça, c'est bien vrai, bébé ! Mais ne t'approche pas trop, sinon tu tomberais dans le trou.

Il se mit à l'ouvrage avec une bêche à long manche pour approfondir le trou qu'il avait creusé ; le grincement de la bêche contre les cailloux enterrés lui plaisait énormément.

— Papa ? interrogea Michael. Pourquoi la bêche fait-elle des étincelles ?

— Parce qu'elle attaque du roc ; quand tu frappes du silex avec de l'acier, tu produis une étincelle.

— Pourquoi ne sors-tu pas les cailloux ?

— C'est bien ce que j'essaie de faire. Ne reste pas aussi près ; tu pourrais attraper un mauvais coup.

Les plus gros cailloux, enfin, furent retirés ; il s'agenouilla pour gratter les plus petits, de façon à ajuster la taille et la profondeur du trou. Puis il fit rouler la pierre qui tomba juste à la place voulue ; il la cala soigneusement ; une nouvelle marche était posée. Un petit essaim de moustiques vint faire de la voltige autour de sa tête ; ils étaient à peine visibles, mais ils le chatouillaient au passage.

— Papa ? demanda Jennifer. Comment se fait-il que maman ait dormi sur le canapé ?

— Je ne sais pas. Elle a dû en avoir envie, je suppose. Attendez-moi ici, tous les deux, pendant que je vais chercher une autre pierre.

Plus il y pensait, tout en cheminant à travers les arbres derrière la maison, plus il trouvait qu'il n'aurait pu fournir une meilleure réponse, tant du point de vue de la simple franchise que du tact. Eh oui, elle en avait eu envie ! Après tout, c'était bien la seule raison. Et elle n'avait jamais eu de motifs moins égoïstes, plus compliqués pour faire quoi que ce fût dans sa vie.

— Je t'aime quand tu es gentil, lui avait-elle dit un jour avant leur mariage.

Il avait été furieux.

— Ah non, ne dis pas cela ! Pour l'amour du Christ, tu ne vas pas aimer les gens quand ils sont gentils. Ne vois-tu pas à quoi ça ressemble ? Autant dire : qu'y a-t-il pour moi là-dedans ? Écoute…

Ils se trouvaient aux environs de minuit sur la Sixième Avenue, et il l'avait tenue à bout de bras, avec les mains posées fermement de chaque côté de sa cage thoracique toute chaude sous la veste de polo.

— … Écoute-moi bien : ou tu m'aimes ou tu ne m'aimes pas, et tu es priée de te décider sans tarder.

Oh, elle s'était vite décidée, et dans le bon sens ! Dans Bethune Street, rien de plus facile que d'opter pour l'amour, pour le plaisir de se promener nue et fière sur la carpette verte d'un appartement qui accueillait le soleil du matin parmi ses chaises branlantes, ses affiches françaises de voyage et sa bibliothèque en planches de caisses… Un appartement où la moitié de l'agrément d'avoir une liaison amoureuse se résumait en une phrase lapidaire : « C'est comme si nous étions mariés », et où, plus tard, après un aller et retour à la mairie et la collecte cérémonieuse des deux autres clefs des deux autres locataires, la moitié de l'agrément d'être mariés se résumait pareillement en quelques mots : « C'est comme si nous n'étions pas mariés. » Elle s'était décidée en faveur de cela, très vite. Et pourquoi pas ? N'était-ce pas le premier amour, la première tendresse qu'elle eût jamais connue ? Et aussi sur le plan des avantages pratiques, la tentation avait dû être forte ; cet arrangement la tirait hors du cercle épineux des déceptions qu'autrement elle aurait affrontées en qualité de lauréate à petit talent et à enthousiasme modéré de son école d'art dramatique : il lui permettait de languir avec son charme dans un emploi de bureau à temps partiel (« simplement jusqu'à ce que mon mari ait trouvé le genre de travail qu'il a vraiment envie de faire »), tout en économisant le meilleur de son énergie pour se lancer dans des discussions animées sur des livres ou des films ou des imperfections d'autres personnes, pour essayer de nouvelles coiffures et de nouvelles parures bon marché (« Dis-moi si tu aimes mes sandales, ou si tu ne leur trouves pas trop un air du Village ? »), et pour passer des heures d'oisiveté et de badinage amoureux au plus profond de leur lit à deux places. Mais même à cette époque-là, elle s'était toujours tenue sur le bout d'une branche, prête à s'envoler : prête, toujours, à partir à la minute même où elle aurait envie de partir (« Ne me parle pas sur ce ton, Frank, ou alors je pars ; et je le ferais ! ») ou à la minute où entre eux quelque chose clocherait sérieusement.

Et voilà que bientôt, quelque chose de très important avait cloché. Ils avaient envisagé de fonder une famille de quatre personnes ; très bien ! Mais lorsqu'elle s'était trouvée enceinte la première fois, cette grossesse précédait de sept ans la date qu'ils lui avaient réservée dans leur plan. Cet accident avait été leur première difficulté grave. Si Frank avait mieux connu April, il aurait pu deviner quelle allait être sa réaction et de quoi elle aurait envie. Mais à l'époque, alors qu'il la raccompagnait à Bethune Street après avoir consulté le gynécologue, il n'était pas encore éclairé. Elle lui avait refusé tout regard ; elle gardait la tête droite, avec une expression choquée, ou incrédule, ou réprobatrice, ou irritée ; pour autant qu'il la connaissait, il avait le choix entre l'une des quatre hypothèses, ou les quatre à la fois, sinon une cinquième. Serré contre elle dans l'autobus, en sueur, il avait crispé sa mâchoire pour arborer un sourire courageux, et il avait essayé de penser à ce qu'il devrait dire ; mais il ne savait qu'une chose : tout allait de travers. Quoi que vous éprouviez en apprenant qu'un bébé est en route, même si c'est du chagrin et non de la joie, n'est-ce pas malgré tout un sentiment à partager à deux ? Et votre femme, en principe, ne doit pas vous tourner le dos, n'est-ce pas ? Vous n'êtes pas tenu de la cajoler, de la presser, de la faire rire ou de lui tenir la main comme si vous aviez peur de la voir s'évaporer à l'annonce de cette première complication de votre vie commune ? Non, n'est-ce pas ? Alors, que diable avait-elle en tête ?

Un peu moins d'une semaine plus tard, en rentrant à la maison, il l'avait trouvée en train de marcher à grands pas dans l'appartement ; bras croisés, le regard lointain, elle avait cet air particulier qui signifiait qu'elle avait pris une décision et qu'elle n'en démordrait pour rien au monde.

— Écoute, Frank. Essaie de ne pas m'interrompre avant que j'aie fini. Contente-toi de m'écouter…

Et d'une voix bizarrement saccadée, comme si elle avait répété mentalement son petit discours à plusieurs reprises sans tenir compte du fait qu'elle serait obligée de reprendre haleine de temps à autre, elle lui avait parlé d'une de ses anciennes compagnes de l'école d'art dramatique qui connaissait, par expérience personnelle, un truc infaillible pour provoquer une fausse couche ; un truc d'une facilité enfantine : il suffisait d'attendre le moment propice, la fin du troisième mois, et alors de prendre une sonde en caoutchouc stérilisé, un peu d'eau stérilisée, puis, très soigneusement, de…

À l'instant où il avait rempli d'air ses poumons pour crier plus fort, il s'était rendu compte que ce n'était pas l'idée elle-même à quoi il répugnait (l'idée elle-même, Dieu le savait, avait de quoi lui plaire plus qu'un peu) ; c'était le fait qu'elle avait agi de sa propre initiative, en secret, pour rechercher la fille en question, pour lui arracher son « truc », pour acheter la sonde en caoutchouc, pour répéter son petit discours ; le fait que si par hasard elle avait songé à Frank, ç'avait été comme on envisage un contretemps possible dans l'exécution d'un plan ; elle n'avait dû voir en lui qu'une source d'objections pénibles dont il lui faudrait se débarrasser si le truc devait être fait avec le maximum d'efficacité. Voilà ce qui était intolérable, et ce qui avait fait trembler la voix de Frank d'un accent outragé.

— Au nom du Christ, ne sois pas idiote ! Tu as envie de te tuer ? Je ne veux plus en entendre parler.

Elle avait poussé un soupir de patience.

— Très bien, Frank. Dans un cas pareil, il n'est certainement pas nécessaire que tu en entendes parler.

Je ne te l'ai dit que parce que je croyais que tu consentirais à m'aider dans cette intervention. Évidemment, j'aurais bien dû me douter…

— Écoute. Écoute-moi bien ! Si tu fais cela… fais-le, et je jure devant Dieu que…

— Que tu feras quoi ? Que tu me quitteras ? Toute la question est de savoir si j'interprète ton défi comme une menace ou comme une promesse d'espérance…

Et la querelle s'était prolongée toute la nuit ; ils en étaient venus à se dire des choses horribles, à se colleter et à se frapper par-dessus une chaise avant de se poursuivre dans l'escalier, puis dans la rue (« Va-t'en loin de moi ! Loin de moi ! ») jusque devant la haute barrière en fil de fer d'un entrepôt face à la mer… et là, un poivrot des docks s'était approché, les avait regardés sous le nez ; ils avaient dû regagner Bethune Street…

Encore maintenant, appuyé contre un arbre et environné de moustiques, il ressentit la panique et la honte qu'il avait éprouvées alors. La seule chose qui l'avait sauvé, qui lui permît à présent de s'accroupir pour arracher une nouvelle pierre et de suivre sa dégringolade le long de la rampe du pas régulier et digne d'un homme dont l'amour-propre était intact, ç'avait été que le lendemain il avait gagné la partie. Le lendemain, pleurant dans ses bras, elle avait consenti à se laisser dissuader.

— Oh, je sais, je sais ! avait-elle chuchoté contre sa chemise. Je sais que tu as raison. Je te demande pardon. Je t'aime. Nous l'appellerons Frank, nous l'enverrons au collège, et tout et tout. Je promets, je promets !

En ce samedi, il lui sembla qu'à aucune heure de sa vie il n'avait glané une meilleure preuve de sa virilité, qu'il ne s'était jamais senti davantage un homme : serrant contre lui cette jeune femme apprivoisée, soumise, et répétant : « Oh, mon amour ! Oh, ma tendresse ! » pendant qu'elle lui promettait de garder l'enfant. Après avoir trébuché, vacillé sous le poids de la pierre au soleil, l'avoir laissée tomber enfin et avoir essuyé ses mains douloureuses, il ramassa la bêche et se remit à l'ouvrage : autour de lui, les voix des enfants résonnaient de leurs tons flûtés et menus, aussi insidieusement torturantes que les moustiques.

Et dire que je ne désirais même pas un bébé ! pensait-il tout en creusant le sol. N'est-ce pas le plus extraordinaire de toute l'affaire ? Pas plus qu'elle je ne désirais un bébé… Mais n'était-il pas vrai que dans sa vie, depuis ce moment-là, tout s'était déroulé sous la forme d'une suite de choses qu'il ne désirait nullement faire ? Il avait pris un emploi désespérément ennuyeux pour prouver qu'il pouvait assumer des responsabilités autant que n'importe quel chargé de famille ; il s'était installé dans un appartement coquet mais cher pour prouver qu'il croyait enfin dans les principes fondamentaux de l'ordre et de l'hygiène ; il avait eu un deuxième enfant pour prouver que le premier n'avait pas été une erreur ; il avait acheté une maison à la campagne parce que c'était l'étape suivante normale et qu'il avait voulu prouver qu'il était capable de l'entreprendre. Prouver, prouver... Et pour prouver encore, il avait épousé une femme qui s'était plus ou moins arrangée pour le maintenir constamment sur la défensive, qui l'aimait quand il était gentil, qui vivait selon ce qu'elle avait envie de faire, et qui pouvait à n'importe quel moment (c'était bien le comble !) à n'importe quel moment du jour ou de la nuit avoir envie de partir et de le quitter. C'était aussi grotesque, et aussi simple que cela.

— Tu tapes encore sur des cailloux, papa.

— Pas cette fois-ci, répondit-il. C'est une racine. Je pense qu'elle est trop profonde pour me gêner, heureusement. Si tu me laissais le champ libre, maintenant, j'essaierais de loger la pierre.

À genoux, il fit basculer la pierre dans le trou, mais elle ne cadra pas. Mal calée, elle était instable, et elle dépassait le niveau du sol de huit ou neuf centimètres.

— Elle est trop haute, papa.

— Je le vois bien, bébé...

Courageusement, il retira la grosse pierre et s'attaqua à la racine : il voulait la couper, et il se servait de la bêche comme d'une hache. La racine lui opposait la résistance têtue d'un cartilage.

— … Ma petite fille, je t'ai dit de ne pas te placer si près. Tu fais tomber de la terre dans le trou avec tes pieds.

— Mais je veux t'aider, papa !

Jennifer eut un regard surpris de bête blessée, et il crut qu'elle allait recommencer à pleurer. Il se fit le plus doux possible.

— Écoutez, vous deux. Pourquoi ne trouvez-vous pas autre chose à faire ? Vous avez tout le reste de la cour pour jouer. Éloignez-vous un peu. Tenez, je vous appellerai si j'ai besoin que vous m'aidiez.

Mais une minute plus tard, ils étaient revenus, ils s'étaient assis trop près et ils jacassaient tranquillement. Ébloui par l'effort et aveuglé par la sueur, il s'était installé au-dessus du trou, les jambes écartées ; tenant la bêche verticalement, il la levait haut pour la rabattre de toutes ses forces sur la racine. Il avait infligé à celle-ci une blessure qui mettait à découvert sa chair blanche et humide ; mais elle ne se rompait pas, elle résistait toujours, et les enfants éclataient de rire chaque fois que la bêche rebondissait et vibrait. Le son délicieux de leurs rires, la vue de leur peau douce comme une tulipe et de leurs crânes bronzés aussi fragiles que des coquilles d'œuf faisaient un étonnant contraste avec la sensation de l'acier qui mordait, de la pulpe qui s'écrasait, et ce fut la découverte de ce contraste qui fit commettre à ses yeux une déformation de la vérité. Le temps d'un éclair, le temps qu'il rabattît la bêche, il crut voir le pantalon blanc de Michael se glisser entre la bêche et le trou. Tout en détournant et en jetant au loin la bêche qui retomba dans un grand bruit métallique, il sut que l'imprudence n'avait pas été réellement commise (mais elle aurait pu avoir été commise, et c'était là l'important) ; sa colère fut si prompte qu'il empoigna le petit garçon par la ceinture, le fit tourner en l'air et lui administra deux fortes claques sur les fesses ; la vigueur de la punition l'étonna autant que le rugissement qu'il laissa échapper.

— Fiche-moi le camp d'ici ! Fiche-moi le camp !...

Bondissant et se tortillant, saisissant à pleines mains le fond de son pantalon, Michael fut pris d'un besoin de pleurer si soudain et si impérieux que pendant plusieurs secondes après le premier cri perçant qu'il poussa il fut incapable d'émettre aucun son. Ses yeux fermés se rétrécirent, sa bouche s'ouvrit et demeura figée tandis que ses poumons luttaient pour respirer ; puis il laissa échapper un long gémissement aigu de chagrin et d'humiliation. Jennifer l'observait, les yeux ronds ; à son tour son visage se déforma, s'affaissa et elle se mit à pleurer.

— ... Je vous l'avais dit et répété ! leur expliqua-t-il en agitant ses bras. Je vous avais prévenus que ça irait mal si vous vous approchiez par trop. Vous avais-je prévenus, oui ou non ? Maintenant, ça suffit. Filez, vous deux !

Ils ne se le firent pas répéter deux fois. Ils s'éloignèrent en larmes, traversèrent la pelouse, et se retournèrent pour lui adresser un regard chargé d'une infinité de reproches. En deux secondes, il aurait pu les rattraper et s'excuser un peu ; il aurait pu se mettre à pleurer, lui aussi, s'il n'avait été obligé de ramasser la bêche et de s'attaquer à nouveau à la racine ; tout en travaillant, il prépara dans l'anxiété un silencieux plaidoyer pour sa propre défense. Zut ! Je le leur avais dit et répété, marmonnait-il. D'ailleurs mentalement il avait généreusement corrigé les faits. Le gosse avait mis son pied juste sous la bêche, nom de Dieu ! Si je n'avais pas détourné l'outil à temps, il aurait un pied en moins, nom de Dieu…

Quand il releva la tête, il constata qu'April était sortie par la porte de la cuisine, qu'elle avait contourné la maison, que les enfants couraient vers elle et se cachaient la tête entre les jambes de son pantalon de marin.

4.

Ensuite, ce fut dimanche ; dans le living-room régnait la torpeur prodiguée par les journaux dominicaux ; Frank Wheeler et sa femme n'avaient échangé aucune parole depuis ce qui semblait une année. April était allée seule à la deuxième et dernière représentation de *La Forêt pétrifiée* ; au retour elle avait encore dormi sur le canapé.

Pour le moment il s'efforçait de se décontracter dans un fauteuil en parcourant le magazine du *Times*, tandis que les enfants jouaient paisiblement dans un coin et qu'April lavait la vaisselle dans la cuisine. Il avait déjà feuilleté le magazine, l'avait posé sur le plancher, l'avait repris ; ce manège s'était renouvelé plusieurs fois ; lorsqu'il le ramassait, c'était pour le rouvrir à la même page : une immense photographie, avec un éclairage théâtral et un sous-titre qui commençait ainsi : « Une robe franchement flatteuse, résolument féminine, pour aller joyeusement n'importe où... » Le mannequin était une grande et belle fille, fière de ses seins et de ses hanches, que Frank trouvait plus généreux que ceux dont étaient généralement pourvus les modèles de la couture. D'abord il trouva qu'elle ressemblait à une employée de son bureau qui s'appelait Maureen Grube ; à la réflexion il décida que le mannequin avait plus d'allure et sans doute plus d'intelligence. Pourtant, il existait entre elles bien des traits communs, et, à force d'étudier cette fille franchement flatteuse et résolument féminine, son esprit s'égara dans une rêverie érotique embrouillée ; lors de la dernière fête de Noël à son bureau, pas tout à fait aussi ivre qu'il avait fait semblant de l'être, il avait coincé Maureen Grube contre un grand classeur, et il l'avait embrassée longtemps et passionnément sur la bouche.

Mécontent de lui, il laissa tomber le journal sur le tapis et alluma une cigarette sans remarquer qu'une autre, presque intacte, se consumait dans son cendrier. Puis, peut-être seulement parce qu'il faisait beau, que les enfants étaient sages et que sa querelle conjugale était plus vieille d'un jour, il se rendit dans la cuisine et saisit les coudes d'April tandis qu'elle était penchée sur un évier plein de mousse de savon.

— Écoute, lui chuchota-t-il à l'oreille, peu m'importe qui a raison ou qui a tort ou ce que signifie toute cette comédie. Ne pourrions-nous pas mettre un point final et, pour changer, commencer à nous comporter comme des êtres humains ?

— Jusqu'à la prochaine fois, tu veux dire ? Tout arranger gentiment et faire ami-ami jusqu'à la prochaine fois ? Je crains que non, merci bien. Ce jeu me fatigue.

— Ne vois-tu donc pas comme tu as été injuste ? Que veux-tu de moi ?

— Deux choses, pour l'instant. Je veux que tu retires tes mains et je veux que tu ne cries pas.

— Voudrais-tu me dire simplement ceci ? Voudrais-tu me dire ce que tu comptes faire ?

— Certainement. Je compte laver la vaisselle.

— Papa ? dit Jennifer quand il revint dans le living-room.

— Qu'y a-t-il ?

— Voudrais-tu, s'il te plaît, nous lire les bandes dessinées ?

La timidité du ton de la requête, et le spectacle de leurs yeux confiants lui donnèrent envie de pleurer.

— Bien sûr que je veux bien ! dit-il. Asseyons-nous tous les trois sur le canapé, et nous allons lire les bandes dessinées.

Il eut du mal à vaincre un enrouement sentimental quand il commença à lire à haute voix, parce que leurs deux têtes étaient collées de chaque côté contre ses flancs et que leurs petites jambes grêles s'étiraient sur les coussins, toutes chaudes contre les siennes. Eux au moins savaient ce qu'était le pardon. Eux l'acceptaient pour le meilleur ou pour le pire. Ils l'aimaient, eux. Pourquoi fallait-il qu'elle compliquât tout ?

Le seul ennui, c'était que les bandes dessinées n'en finissaient plus ; il avait beau tourner des pages denses où quantité de dessins se succédaient en désordre, il avait l'impression qu'il n'arriverait jamais au bout. Bientôt sa voix était devenue un débit précipité, monotone, et son genou droit avait entrepris une petite danse impatiente sur place.

— Papa, nous avons sauté une bulle.

— Non, ma chérie. C'était une annonce publicitaire. Tu ne voudrais pas que je vous lise aussi les annonces ?

— Si, je le voudrais.

— Moi aussi.

— Mais ce n'est pas de la bande dessinée ! C'est une publicité qui est faite comme une bande dessinée : une réclame pour un dentifrice.

— Lis-la-nous.

Il s'efforça d'être calme. Tous les nerfs à la racine de ses dents semblaient noués avec tous les nerfs à la racine de ses cheveux.

— Très bien, dit-il. Voyez-vous, dans le premier dessin, cette dame a envie de danser avec ce gentleman, mais il ne tient pas à l'inviter ; et ici, dans le deuxième dessin, elle pleure à côté d'une amie qui lui dit que s'il n'a pas voulu danser avec elle c'est peut-être parce qu'elle a une haleine pas trop fraîche ; dans le troisième dessin, elle parle à son dentiste, et il lui conseille…

Il eut l'impression qu'il s'enfonçait sans espoir au milieu des coussins, des journaux et des corps de ses enfants comme un homme dans des sables mouvants. Lorsque les bandes dessinées furent enfin épuisées, il se leva péniblement, reprit son souffle et resta quelques instants debout au milieu du tapis, serrant les poings dans ses poches pour s'empêcher de faire la seule et unique chose au monde dont il avait envie réellement, sincèrement : s'emparer d'une chaise et la lancer à toute volée dans la fenêtre panoramique.

Bon Dieu, quelle vie était-ce là donc ? À quoi rimait une existence pareille ? Quel sens, quel but avait-elle ?

Quand le soir tomba, il commença à espérer, alourdi par la bière, parce que les Campbell allaient venir. Dans de tout autres circonstances, il les aurait voués à l'enfer (« Pourquoi ne voyons-nous jamais d'autres gens ? Te rends-tu compte qu'ils sont pratiquement les seuls amis que nous ayons ? »). Mais ce soir leur visite lui parut pleine de promesses. Au moins, April serait obligée de rire, de parler en leur présence, de lui sourire de temps à autre et même de l'appeler « chéri ». En outre, il était indéniable que les Campbell avaient le don d'extraire et de mettre en valeur le meilleur de Frank et d'April.

— Ohé ! s'interpellèrent-ils.

— Ohé !… Ohé !…

Ces deux syllabes allègres, jaillies du crépuscule et redoublées à la porte de la cuisine des Wheeler, étaient le messager traditionnel d'une bonne soirée. Il y eut ensuite les poignées de main, les embrassades de bon aloi, les soupirs d'une relaxation aimable (« Ah-h-h !... Bouh-h-h !... ») comme si des miles de sable chaud avaient été franchis pour découvrir cette oasis, ou que le souffle de la vie avait été douloureusement suspendu dans l'attente de cette détente. Une fois dans le living-room, après s'être rafraîchis et avoir grimacé de plaisir devant le bord glacé de leurs verres, ils reprirent leurs esprits pour se complimenter mutuellement ; ensuite ils sombrèrent dans diverses attitudes d'effondrement contrôlé. Milly Campbell retira ses chaussures et se tortilla pour s'enfoncer au plus profond des coussins du canapé, les pieds bien au chaud sous les fesses, son visage levé en l'air et chiffonné par un sourire de bonne humeur ; elle n'était peut-être pas la plus jolie fille du monde, mais elle était gentille, vive, et elle aimait rire.

À côté d'elle, Frank se laissa glisser sur le dos jusqu'à ce que sa jambe repliée arrivât à la hauteur de sa tête. Il avait déjà l'œil allumé par les préliminaires de la conversation, et sa bouche mince dessinait des arcs spirituels, comme s'il roulait une petite pastille amère sur sa langue.

Massif et sûr de lui, Shep qui exerçait une influence apaisante sur les trois autres écarta ses genoux charnus et desserra sa cravate, afin d'avoir la gorge libre pour les crises de fou rire.

Et enfin, dernière à s'asseoir, April s'installa avec une grâce nonchalante sur le fauteuil pliant et rejeta la tête en arrière pour exhaler en direction du plafond des ronds maussadement aristocratiques de fumée. Ils étaient prêts à commencer.

À l'étonnement et au soulagement général, il apparut dès le début que le délicat sujet de la Compagnie du Laurier serait vite expédié. Quelques menus propos, des petits rires méprisants, des hochements de tête auraient suffi à le liquider si Milly n'avait insisté pour assurer que la deuxième représentation avait été nettement supérieure à la première.

— Je veux dire que les spectateurs avaient l'air plus… ma foi ils avaient l'air d'apprécier davantage la pièce, à mon avis. Tu ne trouves pas, mon amour ?

Shep répondit que personnellement il était ravi que cette maudite aventure fût terminée. Et April, vers qui leurs trois regards inquiets se tournaient maintenant, les mit à l'aise par un sourire.

— Pour dire quelque chose de neuf, déclara-t-elle, nous nous sommes bien amusés malgré tout. C'est terrible, le nombre de gens qui ont prononcé cette phrase hier soir ! J'ai dû l'entendre au moins cinquante fois.

Immédiatement après, la conversation bifurqua sur les enfants et les maladies (l'aîné des garçons de Campbell ne pesait pas un poids normal, et Milly se demandait s'il ne souffrait pas d'une mystérieuse anémie, mais Shep lui répondit qu'anémie ou pas il n'avait rien perdu de sa force pour lancer sa balle dans les carreaux). Partis de là, ils admirent volontiers que l'école élémentaire faisait du bon travail, surtout en tenant compte de l'administration réactionnaire dont elle était affublée ; ensuite ils se lamentèrent sur les prix incroyablement élevés du supermarket. Ce fut au milieu d'une dissertation de Milly sur les côtes d'agneau qu'un sentiment de malaise presque palpable s'établit dans la pièce. Ils s'agitaient sur leurs sièges, ils comblaient des silences embarrassants par des politesses compliquées pour remplir ou rafraîchir leurs verres, ils évitaient de se regarder, et ils faisaient de leur mieux pour esquiver l'idée inquiétante mais indiscutable qu'ils n'avaient rien à se dire. C'était une expérience nouvelle.

Deux ans ou même un an plus tôt, elle n'aurait jamais eu lieu, car à défaut d'autre sujet il y avait toujours l'état indigne, outrageant, de la nation sur lequel ils auraient pu embrayer. « Comment jugez-vous cette affaire Oppenheimer ? » aurait demandé l'un d'entre eux, et les autres se seraient déchaînés avec une ardeur révolutionnaire. L'influence cancéreuse du sénateur McCarthy avait empoisonné les États-Unis. Au deuxième ou au troisième verre, ils se seraient considérés comme les représentants d'une clandestinité d'intellectuels en perte de vitesse mais disposés à se battre ; ils auraient exhumé des coupures de l'*Observer* ou du *Manchester Guardian*, pour les lire à haute voix, parmi des hochements de tête approbateurs et respectueux. Frank se serait mis à parler de l'Europe d'un air songeur et nostalgique (« Dieu, comme nous partirions pour là-bas à la première occasion ! »), ce qui aurait déclenché aussitôt un désir général d'expatriation : « Partons tous ! » (Une fois, la discussion avait été poussée si loin qu'ils avaient commencé à calculer ce que leur coûteraient le passage en bateau, le loyer, les classes des enfants ; mais Shep, après avoir bu un café pour remettre de l'ordre dans ses idées, avait raconté ce qu'il avait lu sur les conditions défavorables du marché du travail à l'étranger.)

Et même lorsque la politique pâlissait, il existait encore des thèmes interminables et absorbants comme le conformisme, la banlieue, Madison Avenue, la société américaine d'aujourd'hui… « Oh Jésus ! aurait pu soupirer Shep. Vous connaissez ce personnage qui habite la porte à côté de chez nous ? Donaldson ? Celui qui est constamment dehors à jouer avec sa tondeuse mécanique ? Écoutez, alors : vous ai-je raconté ce qu'il m'a dit au sujet de la fosse de son barbecue ?… » Et il aurait alors raconté une anecdote sur la suffisance extrême des banlieusards, qui les aurait faits se pâmer de rire. « Oh non, ce n'est pas vrai ? » aurait insisté April. « Parle-t-il vraiment sur ce ton ? »

Et Frank aurait développé le topo suivant : « En réalité ce ne serait pas tellement inquiétant si ce n'était aussi typique. Parce qu'il ne s'agit pas seulement des

Donaldson : il y a aussi les Cramer, les Wingate, les Machin et les Chose, tous les idiots qui sont chaque jour mes compagnons de train. Il y en a des millions. C'est une maladie. Personne ne pense plus, ne sent plus, ne s'occupe plus de rien. Personne ne s'intéresse et ne croit à rien, en dehors de sa propre petite médiocrité confortable. »

Milly Campbell se serait tortillée de plaisir : « Oh, c'est pourtant si vrai ! N'est-ce pas, chéri ? »

Ils auraient tous été d'accord, en sous-entendant joyeusement qu'ils étaient les seuls, eux quatre, à faire péniblement figure de vivants au sein d'une civilisation de moribonds et de blasés. Ç'avait été à la lumière de cette défiance et aussi pour essayer d'échapper à leur isolement qu'ils avaient discuté des buts et des moyens de la Compagnie du Laurier. Milly avait annoncé la nouvelle : certaines personnes de sa connaissance, qui habitaient de l'autre côté du Mont, essayaient de mettre sur pied une troupe théâtrale ; elles songeaient à louer les services d'un directeur de New York et à jouer des pièces sérieuses, à condition que le public s'intéressât suffisamment à cette initiative. Oh, le résultat probablement ne serait pas brillant, avait prophétisé Milly ; mais elle avait timidement demandé s'il ne serait pas amusant d'y participer. La première réaction d'April avait été du dédain : « Oh, Seigneur, je connais ces petites affaires d'amateur ! Il y aura une femme aux cheveux bleus et aux perles en bois qui aura été présentée une fois à Max Reinhardt, et il y aura deux ou trois jeunes gens homosexuels sur les bords, plus six ou sept jeunes filles de mauvais genre... » Mais une annonce alléchante avait un beau jour paru dans le journal local (« Nous cherchons des acteurs... »). Ensuite les Wheeler avaient rencontré dans une « party » les gens de l'autre côté du Mont, et sans eux, la « party » aurait été mortellement ennuyeuse : les Wheeler avaient dû convenir qu'ils étaient, pour reprendre l'expression d'April, « en or ». Vers Noël, ils avaient fait la connaissance du directeur et ils avaient accordé à Shep qu'il avait l'air d'un homme connaissant son métier. Moins d'un mois après, ils étaient tous enrôlés. Frank lui-même, tout en refusant de tenir un rôle (« Je serais grotesque »), avait aidé à la rédaction du matériel publicitaire, qu'il avait fait photocopier à son bureau ; et ç'avait été lui qui s'était le plus emballé sur les possibilités sociales et philosophiques de l'affaire. Un vrai théâtre, un théâtre sérieux s'établissant pour le public régional, ne serait-ce point un pas en avant dans la bonne direction ? Pas question certes d'inspirer aux Donaldson du génie (et qui s'en souciait ?) mais du moins les Donaldson réfléchiraient peut-être, entreverraient peut-être un mode de vie se situant au-delà du train de banlieue, du parti républicain et de la fosse du barbecue. Et puis enfin, qu'avaient-ils à perdre ?

Oui, eh bien, ils avaient perdu, maintenant ! La faillite de la Compagnie du Laurier pouvait difficilement être attribuée au conformisme, à la banlieue ou à la société américaine d'aujourd'hui. Comment plaisanter désormais leurs voisins, alors que ces mêmes voisins s'étaient dérangés et avaient sué sang et eau en les écoutant ? Les Donaldson, les Cramer, les Wingate, tous les autres étaient allés voir *La Forêt pétrifiée* avec l'esprit étonnamment, généreusement ouvert, et ils étaient repartis déçus.

À présent, Milly parlait jardinage, et soulignait la difficulté d'avoir une pelouse bien saine sur le Mont de la Révolution. La panique commença à se lire dans ses yeux. Depuis dix minutes ou davantage sa voix seule animait la pièce, et elle avait parlé sans être interrompue. Elle paraissait bien s'en rendre compte, mais elle se rendait compte également que si elle s'arrêtait, la maison serait remplie d'un silence aussi profond que l'eau d'un étang sans fond où elle s'abattrait et se noierait.

Frank vint à son secours.

— Oh, Milly, écoutez un peu ! J'ai une question à vous poser. Savez-vous ce que c'est qu'un bicham ? ou un sicham ? une espèce de plante ?

— Sicham ? répéta-t-elle en faisant semblant de réfléchir alors que son visage rayonnait de gratitude. À première vue j'ai peur de ne pas savoir, Frank. Mais je peux le rechercher pour vous, si vous voulez. Nous avons un livre à la maison…

— Oh, c'est sans grande importance, je suppose, dit-il. Tout simplement, Mrs. Givings est venue nous casser la tête ici, hier, et elle nous a apporté une grosse boîte de ce satané…

— Mrs. Givings ! s'écria Milly soulagée et extasiée par la remontée d'un souvenir à la surface de sa mémoire. Oh bonté divine ! Mais je ne vous ai pas raconté ! Je crois même que je n'en ai pas parlé à Shep, n'est-ce pas, mon amour ? Au sujet de leur fils ? C'est fantastique !

À nouveau, elle se lançait ; mais ce n'était plus du tout le même genre de monologue : tout le monde l'écoutait. Sa voix pressante, l'espèce de passion avec laquelle elle se pencha en avant pour tirer sa jupe sur ses genoux rugueux galvanisèrent ses trois auditeurs : un thème nouveau était-il en vue ? Savourant l'ascendant qu'elle exerçait, Milly s'attacha à ne lâcher sa révélation qu'au compte-gouttes… Voyons, d'abord et avant tout, les Wheeler savaient-ils que les Givings avaient un fils ?

Bien sûr, ils le savaient ! Et Milly se borna à approuver de la tête d'un air entendu, tandis qu'ils décrivaient la photographie d'un marin jeune et mince leur souriant de la cheminée des Givings, la seule et unique fois où ils avaient été invités à dîner. Ils se souvenaient aussi des explications fournies par Mrs. Givings : il s'agissait de John qui, dégoûté de la marine, avait merveilleusement suivi les cours d'une école d'ingénieurs, et qui maintenant était un merveilleux professeur de mathématiques dans une université de l'Ouest.

— … Eh bien, dit Milly, il n'enseigne plus les mathématiques et il n'est pas davantage dans l'Ouest. Savez-vous où il se trouve ? Savez-vous où il est depuis deux mois ? Tout près d'ici. À Greenacres. Vous savez bien, ajouta-t-elle devant leurs regards inexpressifs. L'hôpital psychiatrique de l'État. L'asile d'aliénés…

Alors ils se mirent tous à parler à la fois, en se rapprochant et en se grisant de mots dans la fumée des cigarettes ; à croire que le bon vieux temps était revenu. Voyons, mais c'était la chose la plus invraisemblable, la plus affreuse, la plus stupéfiante du monde ! Milly était-elle absolument certaine de ce qu'elle avançait ?

Oh oui, oh oui, elle en était certaine !

— … Et le comble, poursuivit-elle, c'est qu'il n'est pas allé à Greenacres. Non, il y a été conduit et enfermé par la police de l'État…

Une Mrs. Macready, qui lavait le linge des Givings, avait dévoilé toute l'affaire à Milly pas plus tard qu'hier, au marché, sans vouloir croire qu'elle l'ignorait.

— … Elle m'a dit qu'elle pensait que l'histoire était maintenant de notoriété publique. En tout cas, il semble bien que depuis longtemps il était… dérangé du cerveau, quoi. Elle assure qu'ils se sont pratiquement ruinés en lui payant une maison de santé privée en Californie ; il y serait resté plusieurs mois de suite, puis il en serait sorti (c'est sans doute à ce moment-là qu'il aurait été professeur) et il aurait été obligé d'y retourner. Ensuite il serait redevenu normal pendant une période assez longue, et puis, brusquement, il aurait quitté son poste là-bas et disparu. Le fait est qu'il est arrivé ici sans prévenir, qu'il a tout cassé chez les Givings, et c'est tout juste s'il ne les a pas retenus prisonniers pendant trois jours…

Elle eut un petit rire gêné, car la phrase « il les a retenus prisonniers » risquait de paraître trop mélodramatique pour être vraie.

— … De toute façon, voilà ce que m'a raconté Mrs. Macready. Vous comprenez, il n'avait pas sur lui, sans doute, de revolver ou de couteau ou d'arme quelconque, mais il a dû néanmoins les terroriser. Surtout Mr. Givings, qui est si âgé et qui a une maladie de cœur. Savez-vous ce qu'il a fait ? Il les a enfermés, il a coupé les fils du téléphone et il a déclaré qu'il ne s'en irait pas avant qu'ils lui eussent remis ce qu'il était venu chercher ; seulement il n'a jamais voulu dire ce qu'il était venu chercher. Une fois il a dit que c'était son acte de naissance ; alors ils ont fouillé dans tous leurs vieux papiers jusqu'à ce qu'ils l'aient trouvé ; ils le lui ont donné ; il l'a déchiré en deux. Le reste du temps, il marchait, parlait sans arrêt (il délirait, probablement) et il cassait n'importe quoi : des meubles, des tableaux qu'il arrachait aux murs, de la vaisselle, n'importe quoi. Et voici qu'au beau milieu de ce scandale, Mrs. Macready se présente pour laver le linge ! Il l'a enfermée elle aussi (c'est pourquoi elle a découvert le pot aux roses, vous comprenez) et je crois qu'elle est restée enfermée dix heures dans la buanderie avant qu'elle ait pu s'échapper par le garage. Alors elle a couru à la police de l'État ; les policiers sont venus et ils l'ont conduit à Greenacres.

— Mon Dieu ! soupira April. La police de l'État. C'est épouvantable !

Ils hochèrent tous la tête dans une manifestation d'approbation solennelle.

Mais Shep était enclin à suspecter la véracité du récit de la blanchisseuse.

— Après tout, l'histoire ne repose que sur des on-dit…

Les autres le firent taire. On-dit ou pas, il y avait dans tout cela une note de sincérité qui ne trompait pas.

April ajouta qu'elle avait enfin trouvé le vrai motif des si fréquentes visites sans objet précis que lui faisait Mrs. Givings.

— Le plus étrange, c'est que j'ai toujours eu l'impression qu'elle avait envie de quelque chose, ou qu'elle désirait nous dire quelque chose et qu'elle ne se décidait jamais à prononcer les mots. Tu ne l'as pas senti toi aussi ?...

Elle s'était tournée vers son mari, mais sans toutefois le regarder franchement, et sans ajouter le « mon chéri » ou même le « Frank » qui aurait rempli d'espoir le cœur de celui-ci. Il marmonna qu'il avait eu la même impression.

— ... Dieu, que c'est triste ! dit April. Elle doit mourir d'envie d'en parler, ou d'apprendre ce que nous savons au juste...

Allègrement détendue, Milly voulut alors explorer le sujet sous l'angle féminin. Que pouvait ressentir une mère en apprenant que son fils unique était cérébralement infirme ? Shep rapprocha son siège de celui de Frank et, excluant les deux jeunes femmes du débat, se lança dans un exposé serré des aspects pratiques du problème. De quoi s'agissait-il ? Un homme pouvait-il être ainsi emmené de force dans un asile ? Du point de vue légal, strictement légal, l'affaire ne semblait-elle pas un peu louche ?

Frank ne tarda pas à conjecturer que s'il laissait les choses suivre leur cours, la surexcitation engendrée par la nouvelle tomberait avant peu ; or, privée de cette surexcitation, la soirée dégénérerait en une « manière de tuer le temps en banlieue », en ce genre de réunions qu'il estimait réservées aux Donaldson, aux Cramer et aux Wingate : les femmes consultant d'autres femmes pour des recettes ou des points de tricot, les hommes discutant entre eux de voitures et de métiers. D'ici une minute, Shep lui demanderait : « Alors, Frank, comment va le boulot ? » avec un sérieux terrible, comme si Frank n'avait pas proclamé cent fois que son « boulot » était ce qui l'intéressait le moins dans l'existence, comme s'il n'y avait jamais fait allusion autrement qu'avec ironie et dérision… Oui, il était temps de réagir.

Il but une longue gorgée d'alcool, se pencha en avant, et haussa le ton suffisamment pour faire savoir qu'il entendait s'adresser au groupe tout entier. N'était-ce pas là, demanda-t-il, une histoire magnifiquement représentative de l'époque et de l'endroit ? Un homme pouvait jouer les énergumènes, tout casser, se colleter avec la police de l'État, et cependant les appareils d'arrosage tournaient chaque soir au-dessus des pelouses, et la télévision bourdonnait dans tous les living-rooms. Le fils unique d'une femme pouvait rentrer à la maison dans un état patent d'aliénation mentale, lui faire endurer Dieu savait quels chagrins et quels remords, et cependant cette femme continuait à s'affairer pour son agence immobilière, à distribuer de petits bonjours aux voisins et des boîtes en carton remplies de plantes pour jardins.

— On parle de décadence, poursuivit-il, et on se demande comment une société peut devenir décadente. Regardez donc ! Ce pays est probablement la capitale psychiatrique, psychanalytique du monde. Le vieux

Freud lui-même n'aurait jamais rêvé d'une collection de disciples aussi zélés que la population des États-Unis. N'est-ce pas vrai ? Toute notre maudite civilisation a embrayé là-dessus ; c'est la nouvelle religion ; c'est le su-sucre intellectuel et spirituel de n'importe qui. Or malgré tout, considérez ce qui se passe quand un homme perd réellement la boule. On appelle la police, on le fait disparaître en vitesse, on le coffre et on le boucle avant qu'il ait réveillé les voisins. Au nom du Christ, chaque fois qu'on arrive à un test, on se retrouve au Moyen Âge ! Tout se passe comme si tout un chacun acceptait tacitement de vivre dans un état d'illusion totale. Au diable les réalités ! Ayons plutôt quantité de jolies petites routes en épingle à cheveux et de jolies petites maisons peintes en blanc, en rose pastel et en bleu bébé. Soyons plutôt de bons consommateurs, vivons en troupeaux, élevons nos enfants dans un bain de sentimentalité… Papa est un grand homme parce qu'il a une situation qui nous fait vivre. Maman est une grande bonne femme parce qu'elle a collé à papa pendant toutes ces années-là… Et si la vieille réalité pointe par hasard son nez et dit Bouh, alors tous nous faisons semblant d'être très occupés, de ne l'avoir ni vue ni entendue…

C'était le genre d'explosion qui normalement soulevait leur bruyante approbation, ou qui du moins arrachait à Milly un : « Oh, c'est bien vrai ! » Mais elle parut cette fois-ci sans effet. Tous trois le regardèrent poliment pendant son petit discours ; quand il s'arrêta, ils eurent l'air gentiment soulagés, comme des écoliers à la fin d'une classe.

Il ne lui restait plus qu'à se lever, ramasser les verres et battre en retraite à la cuisine, où il s'attaqua violemment au freezer. La fenêtre noire lui offrit un reflet de sa figure : ronde, avec beaucoup de faiblesses inscrites sur ses traits ; il l'examina avec dégoût. Puis il se rappela quelque chose (et la pensée parut suivre plutôt que précéder l'air accablé qu'il lisait sur son visage réfléchi par la fenêtre), quelque chose qui le bouleversa d'abord, et qui le remplit ensuite d'un sentiment de justice ironique. Le visage sur la fenêtre, semblant à nouveau anticiper plus qu'interpréter son humeur, avait pris cette fois un air malin, souriant, qu'il salua à plusieurs reprises. Il se hâta de préparer d'autres boissons, car il était pressé de retrouver les trois autres. Il s'agissait d'un souvenir qui, en tout état de cause, méritait une bonne diffusion.

— Je viens de me rappeler quelque chose, annonça-t-il aux Campbell et à April qui le regardèrent avec curiosité. Demain, c'est mon anniversaire.

— Bravo ! dirent ensemble les Campbell sur un ton de congratulation forcée.

— Je vais avoir trente ans. Qui dit mieux ?

— Moi malheureusement, répondit Shep qui était âgé de trente-deux ans.

Milly, qui en avait trente-quatre, secoua énergiquement les cendres de cigarette tombées sur sa jupe.

— C'est amusant, dit Frank en reprenant place sur le canapé, de penser que je sors pour toujours de la décade qui commence par deux. On dirait... vous savez, la fin d'une époque, quelque chose comme ça...

Il avait beaucoup bu ; il était déjà ivre. Avant une minute, il dirait des choses encore plus stupides, et il rabâcherait... Il en était sûr, et cette certitude désespérante allait d'autant plus l'inciter à parler.

— Les anniversaires, dit-il, c'est étonnant comme ils se confondent tous quand on se reporte en arrière. Il y en a un, pourtant, que je me rappelle bien, le vingtième...

Et il se mit à leur raconter comment il l'avait célébré, la dernière semaine de la guerre, cloué au sol par des tirs de mortier et de mitrailleuse. Une petite circonvolution sobre et froide de son cerveau savait pourquoi il l'évoquait : tout bonnement parce que les histoires drôles sur l'armée et la guerre s'étaient révélées plus d'une fois comme le suprême sauvetage d'une soirée avec les Campbell. Au fond, Shep adorait ce genre de souvenirs. Certes, les femmes riaient parfois au mauvais moment et soutenaient en plaisantant qu'elles ne comprendraient jamais rien à ce qui intéressait les hommes et pouvait les rendre sincères et loyaux ; mais enfin dans leurs regards attentifs s'allumait indéniablement une flamme de romanesque.

L'une des soirées les plus mémorables de leur amitié avait en fait commencé par une succession d'histoires militaires bien troussées et avait atteint son apogée dans un chœur de voix masculines. Riant aux larmes, suant à grosses gouttes, baignant dans l'aura d'admiration qui émanait de leurs épouses, Shep Campbell et Frank Wheeler avaient scandé à coups de poing sur la table à café la cadence d'une chanson de marche (à trois heures du matin) :

Oh-h-h-h…
Abrutis, saouls à tomber,
Christ Tout-puissant,
Qui diable sommes-nous ?
Flim, flam, merde,
C'est nous l'infanterie…

Alors il conta son anecdote, en apportant à son récit un maximum de soins, en le parsemant de tous les trucs du dénigrement de soi-même qui caractérisait le style de ses souvenirs militaires. Ce fut seulement lorsqu'il arriva à ce tournant : « … j'ai donc secoué le type qui se trouvait à côté de moi et je lui ai demandé : Eh, quel jour sommes-nous ? », qu'il se sentit mal à l'aise ; mais il était trop tard ; il n'avait plus qu'à terminer. « Ce fut ainsi que j'appris que c'était mon anniversaire. » Pardieu oui, il avait déjà raconté cette histoire aux Campbell, et presque dans les mêmes termes ! Probablement le jour où il avait fêté avec eux son vingt-neuvième anniversaire.

Mais les Campbell, consciencieusement, rirent de bon cœur ; puis Shep consulta discrètement sa montre. Hélas ! Le pire (le pire de tout le week-end, sinon de sa vie jusqu'ici) fut la manière dont April le regarda. Jamais il n'avait vu dans ses yeux un tel écœurement mêlé à tant de pitié.

Ce regard le hanta toute la nuit, pendant qu'il dormait seul, et le poursuivit encore le matin tandis qu'il avalait son café et gagnait la gare à bord de sa vieille Ford bosselée. Dans le train qui le conduisait à son travail, il était l'un des voyageurs les plus jeunes et les plus sains ; mais il s'assit avec l'air d'un homme condamné à une mort très lente, sans douleurs. Il se sentait très vieux.

5.

Les architectes du building Knox n'avaient pas perdu du temps à essayer de le faire paraître plus haut que ses vingt étages : si bien qu'il paraissait plus petit. Ils ne s'étaient pas davantage souciés de le rendre beau : il était donc laid, avec des murs dallés de marbre, un toit plat, une étroite corniche vert épinard en surplomb. Situé dans un quartier convenablement banal du centre de New York, le building Knox avait été destiné, dès le jour de son inauguration (au début du siècle) à s'implanter profondément au sein de cette agglomération enfumée d'innombrables édifices rectangulaires, de laquelle émergent, sur les photos aériennes, les tours plus imposantes de la grande ville.

Mais en dépit de toute sa simplicité, le building Knox s'inspirait d'un bon sens massif. S'il manquait de majesté, au moins il avait du volume ; et s'il n'évoquait rien de particulièrement héroïque, il n'éveillait aucune idée de frivolité ; ce building-là se voulait « d'affaires ».

— Nous y sommes, Frank, dit Earl Wheeler à son fils par un matin d'été de 1935. Juste en face. Voici le siège social. Il vaut mieux que tu prennes ma main : le carrefour est dangereux…

Ce fut l'unique fois où Frank se trouva conduit à New York par son père ; cet événement était l'aboutissement crucial de plusieurs semaines d'excitation qui, avec le recul des années, semblaient avoir été la seule période où son père s'était montré à peu près jovial. En ce temps-là l'expression mystérieuse « Oat Fields » avait voleté avec une exubérance joyeuse dans les conversations à la table de famille, en compagnie de « New York » et de « Siège Social », ce qui avait amené sa mère à répéter plusieurs fois : « Oh, c'est merveilleux, Earl ! » et : « Oh ! je suis si contente ! » Frank avait fini par deviner qu'« Oat Fields » n'avait absolument rien à voir avec Quaker Oats, et que c'était là le nom bizarre d'un être humain (Mr. Oat Fields), personnalité remarquable non seulement par sa corpulence physique (« l'un des plus gros bonnets du Siège Social ») mais aussi par la finesse de son intelligence. À peine avait-il réussi cette déduction que sa mère lui avait annoncé une nouvelle étonnante : Mr. Oat Fields, ayant appris que Mr. Earl Wheeler avait un fils de dix ans, avait invité ce fils à accompagner son père dans une visite au Siège Social ; le père et le fils seraient à déjeuner les hôtes de Mr. Fields ; après quoi Mr. Fields les emmènerait à un match de base-ball au Yankee Stadium. Les jours suivants, l'attente avait atteint un degré d'anxiété si difficilement supportable que tout faillit se gâter au matin de leur randonnée : la tension, le roulement du train mirent Frank à deux doigts de rendre son petit déjeuner pendant le trajet, et il l'aurait peut-être fait dans le taxi s'ils n'étaient descendus pour franchir à pied les deux cents derniers mètres. L'air frais l'ayant remis d'aplomb, il eut l'impression que tout serait magnifique.

— … Là, dit son père quand ils eurent traversé la rue. Voici le coiffeur, chez qui nous allons nous faire couper les cheveux, et le métro… Tu vois comment l'entrée de la bouche du métro a été construite à l'intérieur du building ? Regarde par là : c'est la salle d'exposition. À partir d'ici les fenêtres couvrent toute la longueur du building. C'est fichtrement plus grand que notre coquette petite salle des fêtes, chez nous, hein ? Maintenant, voici quelques articles que nous fabriquons : des machines à écrire, bien sûr, des additionneuses, des machines à calculer, et quelques spécimens de machines à classer… Dans ce coin, c'est la nouvelle machine comptable. Maintenant, regarde dans cette vitrine : ce sont des machines à perforer pour la mécanographie ; le gros truc, là, est un tabulateur ; le petit à côté est une trieuse. Une démonstration de ce joujou-là, c'est un spectacle à ne pas manquer, crois-moi ! Un type prend un paquet de cartes perforées, les met en tas, les passe là-dedans, presse un bouton, et voilà toutes les cartes qui filent par la fente…

Mais les yeux de Frank préféraient aux machines sa propre image que réfléchissait la glace de vitrage. Il se trouvait miraculeusement plein d'une dignité nouvelle grâce à son costume neuf, à son manteau et à sa cravate qui ressemblaient à ceux de son père ; et il était tout content de regarder le couple qu'ils formaient, le père et le fils, au milieu de la foule des passants sur le trottoir. Au bout d'une minute, il recula de quelques pas et leva la tête jusqu'à ce que son col lui sciât la nuque. Alors, oh ! Il avait certes compté voir un gratte-ciel, mais il ne fut plus question de déception après la longue contemplation qui l'absorba. Au-dessus de lui, plus haut, et encore bien plus haut, des rangées de fenêtres se superposaient, de plus en plus petites, jusqu'à ce que leurs croisées et leurs linteaux, qui allaient en se rétrécissant, semblassent se confondre. Imaginez une chute depuis l'étage supérieur ! Ensuite il vit que la haute, haute corniche se déplaçait lentement et régulièrement en avant contre le ciel… le building allait-il tomber sur eux ? Mais il comprit son erreur avant de s'affoler : c'était le ciel qui se déplaçait ; des nuages blancs qui défilaient par-dessus le rebord du toit… Aussitôt que son esprit se concentra sur cette découverte, un frisson d'admiration parcourut sa colonne vertébrale : cette énorme puissance de granit, cette solidité à toute épreuve du building… Houh !

— … Tu as tout enregistré ? lui demandait son père. Alors, entrons chez le coiffeur et, dès que nous serons présentables, nous prendrons l'ascenseur qui nous élèvera jusqu'au dernier étage.

Étant donné le cours ultérieur des événements, cette halte préliminaire sur le trottoir fut le meilleur moment de la journée. Le salon de coiffure se révéla assez coquet, ainsi que le grand vestibule sonore qui sentait le cigare et les parfums féminins. Mais à partir de là, les agréments suivirent une courbe décroissante. Au lieu d'une sensation de vol, l'ascenseur procura à Frank une impression de suffocation et des nausées. De l'étage supérieur et du bureau, il ne se rappela plus tard qu'une rangée de lampes blanches et une dame très maigre dont la blouse ajourée laissait entrevoir un nombre incroyable de pattes d'étoffe qui apparemment étaient reliées à sa combinaison ; elle l'appela Fiston et lui montra comment fonctionnait le refroidisseur d'eau. (« Regarde, Fiston ; tu vois la grosse bulle qui monte quand je presse le bouton ?... Floc !... N'est-ce pas amusant ? Fais-le à ton tour. ») Mais il ne devait jamais oublier la répulsion instantanée que souleva en lui le spectacle de Mr. Oat Fields, lequel était peut-être un grand cerveau, mais pour sûr l'homme le plus gras qu'il eût jamais aperçu. Les lunettes d'Oat Fields réfléchissaient les lampes du bureau, si bien qu'il était impossible de voir ce que faisaient ses yeux pendant qu'il parlait ; et il parlait d'une voix particulièrement forte, sans faire attention aux réponses.

— Ma parole, mais tu es un grand gaillard ! Comment t'appelles-tu ? Ah ? Aimes-tu l'école ? Voilà qui est bien. Aimes-tu le base-ball ? Hein ?

Sa bouche était ce qu'il avait de moins ragoûtant : elle était si mouillée qu'une douzaine de fils de salive s'étiraient et frémissaient entre ses lèvres ; et ce fut cette bouche, autant que le reste, qui gâta le plaisir de Frank au déjeuner qui eut lieu dans le restaurant d'un grand hôtel. La bouche d'Oat Fields ne se fermait pas quand il mastiquait, et elle déposait des aliments en sillons blanchâtres sur le bord de son verre d'eau. À un moment donné il amollit le croûton d'un petit pain on le trempant dans la saucière, et quand le croûton fut bien imbibé, il le porta vers ses lèvres qui s'avançaient à sa rencontre ; hélas, une partie du croûton tomba sur la veste d'Oat Fields où il fit une grosse tache marron.

— Vous avez absolument raison, Oat ! disait sans cesse Earl Wheeler au cours du repas.

Ou bien :

— Je suis complètement d'accord avec vous là-dessus.

Les rares fois où il lança un coup d'œil à Frank, ce fut pour lui adresser un regard étonné, comme s'il était surpris de le voir assis à cette table.

Le base-ball fut également une déception ; personne n'accomplit de course au but, et Frank avait beau n'avoir du jeu que des connaissances limitées, il savait quand même qu'une course au but était tout ce qui comptait. Pendant la dernière heure de la partie, le soleil darda sur son front ses rayons obliques, et il eut mal à la tête ; il aurait bien voulu aller aux toilettes, mais il n'osa pas aborder ce sujet. Ensuite il y eut le défilé des stations de métro crasseuses jusqu'à la gare et, concurremment, les reproches amers de son père parce qu'il n'avait pas dit à Oat Fields : « Merci beaucoup, j'ai passé une excellente journée. » Dans la lumière blafarde de la gare, ils attendirent sur le quai et il remarqua sur la figure de son père les stigmates de l'épuisement physique et d'une défaite morale ; Earl Wheeler lui parut très vieux, très abattu. Baissant les yeux, il s'aperçut que la jambe de son père battait nerveusement le sol.

Telles furent les dernières images qu'il garda de cette journée. Lorsqu'il alla, le soir, aux toilettes, le souvenir de la bouche d'Oat Fields lui souleva le cœur, et il vomit plusieurs fois.

Il lui fallut attendre quelques années pour donner à ce puzzle une explication cohérente. S'étant cramponné à un poste de directeur adjoint d'une succursale à Newark en dépit des licenciements et des restrictions de la Grande Dépression, Earl Wheeler avait plus ou moins attiré l'attention du Siège Social qui avait songé à lui pour le nommer adjoint d'Oat Fields (Frank ne comprit que bien plus tard l'origine de ce nom : dans un monde où les diminutifs étaient de règle, dans une corporation regorgeant de Bill, de Jack, de Herb, de Ted et où un prénom comme Earl, inabrégeable, avait certainement constitué un handicap, Oat était la seule abréviation possible pour Otis). Mais cette promotion n'avait pas eu lieu ; des instances supérieures avaient décrété qu'Oat Fields pouvait fort bien se passer d'un adjoint, et Earl Wheeler avait dû en être informé, ou l'avoir deviné, soit pendant le déjeuner soit pendant la partie de base-ball.

Bien que son père eût été obligé d'avaler sa déception, Frank comprit qu'il ne s'expliqua jamais, jusqu'à la fin de ses jours, son échec. Échec qui fut sans doute le premier des nombreux événements qui passèrent la compréhension d'Earl Wheeler, car il se situa au commencement de son déclin. Dans les années qui suivirent, il reçut un certain nombre d'affectations diverses jusqu'à sa retraite peu après la guerre (et peu après la mise à la retraite et la mort d'Oat Fields lui-même) ; il descendit par paliers successifs jusqu'à l'emploi de représentant à Harrisburg, Pennsylvanie. Et au cours de ces années, au sein d'une stupéfaction croissante, il ne comprit pas davantage l'affaiblissement de sa santé, le rapide et douloureux vieillissement de sa femme, l'indifférence de ses fils aînés… et, pour finir, la révolte brutale, la désertion et l'effondrement moral de son dernier-né.

Un débardeur ! Un caissier dans une cafétéria ! Un garçon mou, ingrat, dépité, grossier, constamment en ribote dans Greenwich Village avec Dieu savait quels compagnons ! Un mauvais garnement qui avait failli faire perdre la raison à sa mère parce qu'il restait six mois, huit mois sans lui écrire, et puis qui un jour avait posté une lettre, sans donner son adresse mais avec ce post-scriptum : « Me suis marié la semaine dernière ; vous la présenterai sous peu. »

Earl Wheeler eut donc bien de la chance de ne pas se trouver dans un bar minable aux environs de l'université de Columbia en 1948 à l'heure du déjeuner, quand son fils vint tenir une conférence avec un autre mollasson qui s'appelait Sam, qui était diplômé de philosophie et qui travaillait à temps partiel dans le bureau de placement des étudiants du collège.

— Alors quel est ton problème, Frank ? Je te croyais reparti pour l'Europe.

— Tu parles ! April est enceinte.

— Oh, Jésus !

— Écoute-moi. Il y a différentes manières de considérer une chose comme celle-là, Sam. Considère-la sous un angle un peu particulier, veux-tu ? Il me faut une situation ; okay. Y a-t-il la moindre raison pour que cette situation doive obligatoirement m'abrutir ? Voyons, tout ce que je désire, c'est de gagner assez de fric pour que nous soyons solvables pendant une année environ, jusqu'à ce que je puisse me débrouiller ; pendant ce temps, je tiens à sauvegarder ma personnalité. Je veux donc éviter toute espèce de travail qui puisse être qualifié « d'intéressant » en soi. Je voudrais quelque chose qui ne m'entame pas, tu comprends ? Je voudrais une grosse vieille corporation bien dodue, qui aurait amassé de l'argent pendant un sommeil de cent ans, qui aurait besoin des services de huit types pour un seul emploi parce qu'aucun des huit ne pourrait raisonnablement s'intéresser au travail stupide qu'il serait censé accomplir. Je voudrais me présenter dans ce genre d'endroit et dire : « Regardez-moi bien. Vous pourrez avoir mon corps et mon joli sourire de collégien pendant tant d'heures par jour, en échange de tant de dollars. Passé ce temps, chacun pour soi. » Tu as pigé ?

— Je crois que oui, répondit le diplômé de philosophie. Viens à mon bureau.

Et là, ayant chaussé ses lunettes et feuilleté un cartonnier, Sam inscrivit sur une feuille de papier une liste de sociétés qui répondaient aux conditions exprimées par Frank : une grande chaudronnerie, une firme gigantesque qui fabriquait toutes sortes de sacs en papier, une grande société d'utilité publique...

Mais quand Frank vit sur la liste le nom impressionnant des Machines Knox, il pensa que Sam avait commis une petite erreur.

— Holà, non, attends une minute ; je sais que tu te trompes...

Et il brossa un bref résumé de la carrière de son père, ce qui provoqua chez le diplômé en philosophie un petit rire amusé.

— J'ai l'impression que tu t'apercevras que les choses ont un peu changé depuis l'époque de ton vieux père, Frank. C'était alors la Grande Dépression, le Grand Marasme, ne l'oublie pas. En outre, il travaillait à l'extérieur, tandis que toi, tu serais au Siège Social. En réalité, cette place est exactement celle que tu cherches. Je sais par hasard que dans ce service ils emploient des types qui ne lèvent jamais un doigt sauf pour ramasser leur chèque à la fin du mois. Quand tu te présenteras, mentionne néanmoins le nom de ton père : cela ne fera pas mal dans le tableau.

Mais tandis qu'il foulait l'ombre du building Knox avec les fantômes de sa précédente visite qui trottaient dans sa tête (« Il vaut mieux que tu prennes ma main ; le carrefour est dangereux… ») Frank décida brusquement qu'il serait plus plaisant de ne pas mentionner son père au cours de l'entretien qu'il allait avoir. Et il n'en parla pas, et il obtint le jour même une situation au quinzième étage, dans un truc qui s'appelait « Département de la Promotion des Ventes ».

— Département de quoi ? s'enquit April. Promotion des Ventes ? Ça veut dire quoi, au juste ? Et que seras-tu censé faire ?

— Qui diable le sait ? On me l'a expliqué pendant une demi-heure, et je ne le sais pas encore ; je pense qu'ils ne le savent pas non plus. Non, mais tu ne trouves pas l'histoire amusante ? Ces vieilles Machines Knox ! Attends un peu que je le dise à mon père. Et quand il apprendra que je ne me suis même pas servi de son nom…

Ainsi le travail de Frank débuta comme une bonne plaisanterie. D'autres auraient pu ne pas en apprécier l'humour ; mais Frank Wheeler était envahi par une délectation secrète quand il s'acquittait de ses fonctions de paresseux : il déambulait au quinzième étage d'une façon qui lui était devenue presque habituelle (sinon tout à fait caractéristique) depuis que sa femme l'avait dépeint comme « terriblement charnel » : son pas lent de matou fièrement musclé exprimait un dédain apathique pour tout ce qui était tension ou précipitation. Et le meilleur de la plaisanterie se déroulait chaque après-midi à cinq heures. Boutonné jusqu'au col et souriant au milieu des employés des Machines Knox, distribuant de la tête des bonsoirs quand l'ascenseur lui rendait sa liberté, il prenait un autobus jusqu'à Bethune Street ; là il grimpait deux étages aux marches usées, gémissantes, il ouvrait une porte blanche si surchargée par quantité de générations de peinture souillée et écaillée que sa surface ressemblait à un champignon vénéneux, et il pénétrait dans une grande chambre propre qui fleurait la cigarette, la bougie, l'écorce de mandarine et l'eau de Cologne ; là l'attendait une belle et jolie fille ébouriffée, une fille qui évoquait aussi peu la femme d'un employé des Machines Knox que l'appartement pouvait passer pour la demeure d'un employé des Machines Knox.

En guise d'apéritifs-cocktails, ils faisaient l'amour-apéritif, tantôt sur le lit, tantôt par terre ; parfois il était dix heures quand ils se relevaient pour aller dîner dehors ; le building Knox aurait aussi bien pu être situé à mille kilomètres de là.

À la fin de la première année, la plaisanterie avait perdu de son piment, et l'incapacité des autres à en discerner l'humour devenait déprimante. « Oh, vous voulez dire que votre père avait là une situation ? » lui disaient-ils quand il essayait de le leur faire toucher du doigt, et leur regard, le plus souvent, ressemblait alors à celui que les gens réservent aux jeunes hommes sérieux, obéissants, ennemis de l'aventure. Depuis longtemps (depuis, en fait, la fin de sa deuxième année, chez Knox, quand ses parents s'étaient éteints tous les deux) il avait renoncé à souligner ce côté plaisant, mais il s'était employé à faire ressortir d'autres aspects comiques de sa situation : l'absurde désaccord entre ses idéaux personnels et ceux des Machines Knox ; l'abîme qui séparait la somme d'énergie qu'il était censé dépenser pour la société et le total qu'il lui consacrait réellement. « Savez-vous quel est le grand avantage d'une place comme celle que j'ai chez Knox ? C'est que chaque matin à neuf heures je peux mettre ma cervelle en veilleuse et l'y laisser toute la journée : personne ne s'aperçoit de la différence. »

Ces derniers temps, et notamment depuis qu'il était devenu banlieusard, il avait pris l'habitude d'aborder ce thème le moins possible, et si on lui demandait ce qu'il faisait dans la vie, il répondait qu'en vérité il ne faisait rien et qu'il avait la situation la plus assommante qui se pût humainement concevoir.

Le lundi matin qui suivit l'échec de la Compagnie du Laurier, il se dirigea vers le building Knox comme un automate. Les vitrines d'exposition avaient été modifiées : des figurines en carton clair représentaient de minces jeunes femmes bien habillées qui, avec un large sourire, pointaient leurs crayons vers la liste des avantages des produits maison (*Rapidité, Exactitude, Contrôle*) ; derrière elles, sur le tapis de la vitrine, un généreux échantillonnage desdits produits maison était disposé pour des démonstrations. Quelques-uns, les plus élémentaires, ressemblaient grandement aux machines qui avaient enflammé l'enthousiasme paternel vingt ans plus tôt, bien que les modèles noirs et angulaires eussent tous été modifiés pour cadrer avec les formes sculpturales et globulaires de leur nouveau coffrage, lequel avait une couleur « chair d'huître » ; mais il y en avait d'autres, conçus et fabriqués pour travailler à une rapidité qu'Earl Wheeler n'aurait jamais osé rêver. Ces derniers, prêts à ronronner et à cligner de l'œil, grâce à leur mystère électronique, s'étalaient dans un ordre de plus en plus impressionnant pour s'achever sur le chef-d'œuvre : la grosse et insondable calculatrice électronique Knox 500, machine qui, à en croire le carton apposé à la base, pouvait « exécuter en trente minutes le travail d'une vie d'homme avec un calculateur à clavier ».

Mais Frank passa devant les vitrines sans leur accorder un regard et, lorsqu'il pénétra dans le vestibule, il se comporta comme un robot parfait. Il obéit machinalement au doigt allongé du garçon d'ascenseur, de même qu'il ne remarqua pas auquel des six garçons d'ascenseur il avait affaire (il ne le remarquait d'ailleurs que lorsque le hasard le mettait en face de l'un des deux dont la présence lui était plutôt désagréable : le très vieil homme qui avait des genoux si développés que des boules pénibles à voir faisaient des bosses sous son pantalon, ou le gamin énorme à qui un désordre glandulaire avait attribué les hanches hautes d'une femme et le visage imberbe et velouté d'un bébé). Poliment repoussé dans le fond de la cabine, il entendit la porte coulissante se refermer et la porte de sécurité s'ébranler ensuite ; puis, quand la cabine s'éleva, il se trouva cerné par les conversations bruyantes de ses collègues. Il entendit une voix profonde, grave et mesurée (une voix des Grandes Plaines) qui évoquait irrésistiblement les voyages, les distances, les meilleurs hôtels (« … naturellement, nous avons rencontré un peu de mauvais temps en arrivant à Chicago… ») et à qui faisait contrepoint l'accent rude de New York (« … alors j'ai dit : à quoi joues-tu ? Il m'a dit : non, écoute, je ne blague pas… »), tandis qu'un panaché plus moelleux de huit ou dix voix, masculines et féminines, répétait les phrases conventionnelles du matin sous le vrombissement du ventilateur ; et puis vint le moment où commença la cérémonie des signes de tête et des stations de biais pour que pussent sortir les gens qui se dirigeaient vers la porte avec des « Excusez-moi… Pardon… Vous descendez ? » et il n'y avait plus qu'à attendre que la porte s'ouvrît et se refermât, s'ouvrît à nouveau et se refermât… Huitième étage, onzième étage, douzième étage, quatorzième étage…

À première vue, tous les étages supérieurs du building Knox se ressemblaient. Chacun consistait en une immense salle dont le plafond resplendissait de lumières fluorescentes et qui avait été divisée en un dédale de couloirs et de cabines par des cloisons qui arrivaient à hauteur d'épaule. Les panneaux supérieurs de ces cloisons, de la taille à l'épaule, étaient en une épaisse glace sans tain, qui avait été légèrement striée pour obtenir une demi-transparence bleu clair. L'effet général produit par cet aménagement, pour quelqu'un qui sortait de l'ascenseur et qui observait l'ensemble de la salle, était une grande piscine couverte où se déplaçaient des nageurs : les uns droit devant eux, certains nageant debout, d'autres fendant la surface ou sombrant, et beaucoup complètement noyés, avec des figures transformées en taches roses brouillées oscillantes et submergées devant leurs bureaux. Mais l'illusion se dissipait rapidement ; il suffisait de faire quelques pas dans la salle : l'air en effet y était d'une sécheresse accablante, suffisante, comme se lamentait parfois Frank Wheeler, « pour faire évaporer toute l'eau des globes des yeux ».

Malgré ses récriminations, il éprouvait parfois, non sans un vague sentiment de culpabilité, une espèce de plaisir au sein même de ce manque de confort. Quand il disait, et il le disait depuis des années, que sans blague le vieux Knox lui manquerait quand il partirait, il entendait par là, bien sûr, que ce seraient ses collègues qui lui manqueraient (« Ma foi, ils constituent une population assez convenable ; plusieurs, en tout cas ») ; et cependant, en toute franchise, il ne pouvait renier l'affection bourgeoise qu'il ressentait à l'égard de l'endroit où il travaillait, le quinzième étage. Les années passant, il avait découvert de légères distinctions entre ce quinzième étage et tous les autres du building ; non qu'il fût plus, ou moins, agréable, mais il était différent puisque c'était « son » étage, c'est-à-dire son épreuve quotidienne dans la sécheresse et les lumières, sa mesure personnelle d'ennui. Il y avait appris de nouvelles manières pour chiffrer les heures de la journée : c'était presque l'heure du café ; presque l'heure de sortir pour déjeuner ; presque l'heure de rentrer à la maison. Et il en était arrivé à s'accommoder de ces sinistres gaspillages de temps entre ces plaisirs, tout comme un infirme parvient à s'accommoder de la certitude que ses souffrances vont revenir. Son quinzième étage était une part de lui-même.

— Bonjour, Frank, lui dit Vince Lathrop.

— Bonjour, Frank, lui dit Ed Small.

— Bonjour, Mr. Wheeler, lui dit Grace Mancuso qui travaillait avec Herb Underwood à l'Étude des Marchés.

Ses pieds savaient où prendre le virage du couloir marqué PROMOTION DES VENTES, et ils savaient aussi combien de pas l'amèneraient au-delà des trois premières cabines et où ils devraient virer à nouveau pour pénétrer dans la quatrième. Il aurait pu arriver dans sa cabine en dormant.

— Hello ! lui dit Maureen Grube qui, réceptionniste de l'étage, travaillait dans l'équipe de dactylos de Mrs. Jorgensen.

Elle lui dit ce « Hello ! » d'une manière franchement flatteuse, résolument féminine, et, quand elle se rangea en balançant sa croupe pour le laisser passer, il eut envie de la prendre par la taille et de l'emmener quelque part (dans la salle des expéditions ? dans le monte-charge ?) où il pourrait s'asseoir, l'installer sur ses genoux, lui retirer son sweater bleu roi et s'emplir la bouche de l'un, puis de l'autre de ses seins.

Ce n'était pas la première fois qu'il y songeait ; la différence avec les autres fut que cette fois-ci l'idée ne l'eût pas plus tôt effleuré qu'il se dit : « Pourquoi pas ? »

Ses pieds l'avaient conduit à l'entrée de la cabine où une plaque en plastique indiquait :

J. R. ORDWAY
F. H. WHEELER

Il s'arrêta là, posa une main sur le bord de la vitre, et se retourna pour la regarder. Elle se dirigeait vers le bout du couloir et sa croupe ondulait joliment sous sa jupe de flanelle ; il la contempla jusqu'à ce qu'elle disparût au-dessous de la ligne de flottaison des cloisons pour prendre place à son bureau de réceptionniste.

Du calme ! se dit-il. Une chose comme celle-ci nécessite un minimum de préparation. La première chose à faire, il le savait, consistait à entrer dans sa cabine, à dire bonjour à Jack Ordway, à retirer son manteau et à s'asseoir. Il n'y manqua pas. À partir du moment où il s'installa de biais devant son bureau, les orteils de son pied droit allant automatiquement se poser sur un tiroir inférieur entrouvert dont il utilisait le bord à cet effet (le poids de sa chaussure avait fini par y creuser une petite brèche), tout ce qui se trouvait à l'extérieur des cloisons de sa cabine disparut à sa vue. Mais il permit à une vague lente de plaisir de déferler en lui. Pourquoi pas ? Depuis des mois ne lui avait-elle pas prodigué tous les encouragements possibles et imaginables ? Cette façon d'onduler de la croupe en passant près de lui dans le couloir, son habitude de se pencher tout contre lui pour lui remettre un dossier, ce sourire oblique, spécial, qu'elle lui réservait exclusivement... Et lors de la fête de Noël (il se rappelait encore le goût de sa bouche) n'avait-elle pas tremblé entre ses bras ? ne lui avait-elle pas murmuré : « Vous savez bien embrasser » ?

Pourquoi pas ? Non, non ! Ni dans le monte-charge ni dans la salle des expéditions ! Elle devait avoir quelque part un appartement qu'elle partageait sans doute avec une amie ; probablement l'amie s'absentait toute la journée...

Jack Ordway lui parlait ; Frank fut obligé, contre son gré, de lever la tête et de dire :

— Pardon ! Pourriez-vous répéter ?...

Pratiquement, n'importe quel autre collègue aurait pu intervenir sans le déranger : il aurait hoché la tête et bien répondu tout en gardant sa tête libre pour Maureen Grube ; mais avec Ordway, c'était différent.

— Je disais que j'allais avoir besoin de votre concours, ce matin, Franklin, répéta Ordway. Une circonstance critique... Je suis terriblement sérieux, mon petit vieux...

Apparemment il étudiait une liasse de feuillets dactylographiés posés sur son bureau, et il était l'image de la concentration faite homme ; seul, quelqu'un qui aurait su bien chercher aurait pu dire que la main qui semblait abriter ses yeux empêchait en réalité la tête de s'affaisser, et que les yeux étaient clos. Ordway avait quarante ans ; svelte, tiré à quatre épingles, le cheveu grisonnant et un beau visage intelligent d'acteur romantique, il était le genre d'alcoolique dont le salut semblait se situer dans la possibilité inépuisable de rire de son vice ; c'était le héros sentimental du bureau. Tout le monde aimait Jack Ordway. Aujourd'hui il portait son costume anglais (le costume qu'il avait commandé plusieurs années auparavant à un tailleur itinérant de Londres, le costume qui lui avait coûté un demi-mois de salaire, le costume dont les boutons de parement se boutonnaient réellement, le costume dont le pantalon haut de fond ne pouvait tenir qu'avec des bretelles, le costume enfin qu'on ne voyait jamais sans un impeccable mouchoir de fil qui débordait de la poche supérieure du veston), mais ses longs pieds plats étroits, qui reposaient sous le bureau avec une gaucherie puérile, soulignaient pitoyablement une origine cent pour cent américaine : ils étaient enveloppés dans des mocassins brun-orange bon marché, méchamment écornés ; cette fausse note criarde était due tout simplement au fait que Jack Ordway, lorsqu'il était aux prises avec une belle gueule de bois, était incapable de nouer des lacets.

— ... Pendant les deux ou trois heures à venir, dit-il d'une voix rauque, saccadée, vous êtes prié de m'avertir si Bandy approche ; vous êtes prié de me protéger de Mrs. Jorgensen ; et il se peut que vous ayez à me défendre contre l'indiscrétion publique si je commence à dégueuler. Oui, ça ne va pas...

Les grandes lignes de l'histoire de Jack Ordway étaient devenues la petite légende du quinzième étage ; tout le monde savait comment il avait épousé une jeune fille fortunée et vécu sur la dot jusqu'à ce qu'elle (la dot) eût fondu juste avant la guerre, comment depuis lors sa carrière professionnelle s'était entièrement déroulée dans le building Knox, en passant d'une cabine vitrée à une autre, et comment elle était caractérisée par un manque de travail à peu près constant. Même à la Promotion des Ventes, où personne ne travaillait beaucoup à l'exception du vieux Bandy, le chef de service, il s'était arrangé pour faire honneur à sa réputation. En dehors des cuites retentissantes qui le laissaient dans un piteux état, il passait ses journées à se promener dans l'étage, à bavarder avec le premier venu ; partout où il apparaissait, il déclenchait de petits éclats de rire parmi ses auditeurs ; parfois il réussissait à faire s'épanouir sur les lèvres de Bandy lui-même un petit sourire indulgent ; et il obtenait régulièrement de Mrs. Jorgensen qu'elle piquât des fous rires qui lui tiraient des larmes.

— ... En premier lieu, racontait-il à présent à Frank, samedi, ces cinglés d'amis de Sally sont arrivés de la Côte par avion, en ne pensant qu'à faire la bombe. Ne pourrions-nous pas leur faire visiter New York ? Mais voyons, bien sûr que si ! De vieux, vieux copains à elle, et le reste ! De plus, ils arrivent toujours les poches pleines. Bon. Ça a commencé par un déjeuner chez André et, mon Dieu, jamais vous n'avez vu confectionner autant de Martini doubles dans toute votre vie. J'ai essayé de les compter ; je me suis perdu dans mes chiffres. Ensuite, voyons... Ah oui ! Ensuite il n'y a eu rien d'autre à faire que de rester assis et de boire jusqu'à l'heure des cocktails. Ensuite l'heure des cocktails a sonné...

Il avait renoncé à son attitude de travailleur absorbé, il avait écarté ses papiers et il s'adossait sur sa chaise avec grâce pour se tenir la tête à deux mains ; au rythme de son récit, il la faisait aller de gauche à droite, puis de droite à gauche ; il riait et continuait à parler tout en riant ; Frank le considérait avec un mélange de compassion et de dégoût. Presque toutes ses histoires de cuites commençaient par une irruption d'amis de Sally, toujours par avion ; ils venaient de la Côte, ou des Bahamas, ou d'Europe, les poches bourrées de fric, et Sally figurait toujours au centre de la rigolade : l'ex-jeune fille bien sage, la chic épouse sans enfants, l'irrésistible compagne de toutes les « parties ». Du moins était-ce sous ce jour que les auditeurs de Jack Ordway, au quinzième étage, pouvaient se la représenter ; Frank en tout cas se l'était bien imaginée ainsi, et il s'était figuré que leur appartement ressemblait à un décor scénique pour Noel Coward, jusqu'au jour où Ordway l'amena chez lui pour boire un verre : il eut la surprise de découvrir une Sally énorme, molle, ridée, vieillie avant l'âge, abrutie par l'alcool, avec des lèvres peintes en forme d'arc de Cupidon selon la mode de sa jeunesse. La façon geignarde dont elle prononçait ce soir-là le nom de Jack, en titubant dans des pièces où le cuir pourrissait et où l'argenterie et les verres étaient couverts de poussière, montrait à quel point elle le blâmait de laisser s'écrouler son monde ; une fois elle leva les yeux vers le plafond tout écaillé comme si elle demandait à Dieu de châtier ce pauvre petit bonhomme stupide pour lequel elle avait sacrifié sa propre vie, qui l'empoisonnait dans son existence mondaine en lui donnant parcimonieusement de la petite monnaie, qui se cramponnait à un emploi assommant, ennuyeux, et qui s'obstinait à ramener chez lui des collègues de bureau aussi assommants, aussi ennuyeux que le travail qu'il faisait. Et Jack, penché vers elle et hasardant quelques petites plaisanteries comme pour s'excuser, l'avait appelée « maman ».

— ... Quant à la manière dont nous sommes rentrés d'Idlewild, continuait-il, voilà ce que je ne saurai jamais. Mon dernier souvenir parfaitement net se situe au bar d'Idlewild à trois heures du matin, alors que je me demandais si quelqu'un aurait l'obligeance de m'expliquer comment nous y étions arrivés. Ou plutôt, non, attendez. Après cela, il y a eu je ne sais quoi à propos d'un hamburger... Non, je pense que cet épisode précédait...

Quand il eut enfin achevé son récit, il écarta les mains de sa tête, attendit un peu, fronça les sourcils, cligna des yeux à plusieurs reprises ; à la suite de quoi il annonça qu'il commençait à se sentir un peu mieux.

— Bravo !

Frank ôta son pied du tiroir et s'installa devant son bureau. Il avait à réfléchir, et le meilleur moyen pour réfléchir consistait à exécuter les gestes du travail. Le tas de papiers du lundi matin était placé dans sa corbeille « Entrée », au-dessus de la pile de vendredi dernier. Son premier geste fut donc de retourner le contenu de la corbeille sur son bureau et d'en commencer le dépouillement par le fond. Comme tous les jours (ou plutôt les jours où il daignait s'intéresser à la corbeille « Entrée », car nombreux étaient ceux où il n'y touchait pas) il s'occupa d'abord des papiers dont il pourrait se débarrasser sans les lire d'un bout à l'autre. Certains pouvaient être jetés, d'autres expédiés presque aussi vite : il n'avait qu'à griffonner dans les marges : « Votre avis là-dessus ? » avec son paraphe et à les envoyer à Bandy, ou de les adresser à quelqu'un, Ed Small par exemple, la porte à côté, avec l'annotation : « Êtes-vous au courant ? » Le danger, c'était que les mêmes papiers revinssent quelques jours plus tard marqués d'un : « Allez-y » de Bandy ou d'un : « Non » de Small. Un procédé plus sûr consistait à inscrire : « À classer », pour Mrs. Jorgensen et son équipe de filles, dès qu'un rapide coup d'œil lui avait prouvé que l'affaire n'était pas urgente ; si l'affaire présentait au contraire de l'intérêt, il pouvait inscrire : « À classer et à suivre dans une semaine », ou bien il pouvait la mettre de côté et passer à la suivante. Il se retournait vers l'accumulation de papiers ainsi mis de côté dès qu'il en avait terminé avec la corbeille « Entrée » ou qu'il estimait avoir assez dépouillé, et il les arrangeait dans un ordre approximatif d'importance avant de les intercaler, dans le même ordre, à l'intérieur de la pile haute de douze ou quinze centimètres qui s'élevait à portée de sa main et que maintenait un presse-papier en céramique glacée que Jennifer avait confectionné pour lui au jardin d'enfants. C'était sa pile d'affaires en cours. Nombre de papiers portaient le : « Allez-y » de Bandy ou le : « Non » d'Ed Small, et quelques-uns avaient suivi au moins trois ou quatre fois le cycle du : « À classer et à suivre » ; d'autres, avec la suscription « Frank, pourriez-vous jeter un coup d'œil ? », étaient des cadeaux de collègues, ceux-ci l'utilisant comme il utilisait Small. De temps à autre, il lui arrivait de retirer une pièce du tas d'affaires en cours et de la glisser dans une deuxième pile aussi haute, située dans l'extrême coin droit du bureau, sous une maquette en plomb de la calculatrice électronique Knox 500. C'était la pile des affaires dont il n'avait pas envie de s'occuper pour le moment ; les plus ennuyeuses (parfois des dossiers entiers, gonflés de feuillets dactylographiés et raturés, avec des trombones qui n'attachaient plus rien) allaient parfois dans les oubliettes feutrées du tiroir droit de son bureau. Ce tiroir, symétrique à celui qui servait au repos du pied, finit par tenir une petite place agaçante dans la conscience de Frank : il l'ouvrait aussi timidement que si des serpents vivants s'y trouvaient.

Pourquoi pas ? Qu'y avait-il de plus simple que de se lever et d'aller l'inviter à déjeuner ? Non, ce n'était pas aussi simple que cela. Une règle tacite, au quinzième étage, isolait les femmes des hommes, sauf pour le travail et des « parties » à l'occasion de Noël, par exemple. Les employées de bureau déjeunaient à part, de même qu'elles avaient un lavatory à part : seul un fou aurait défié publiquement cette coutume. Décidément, il fallait réfléchir un peu.

Il n'avait dépouillé que la moitié de sa corbeille « Entrée » quand deux visages, l'un mince et souriant, l'autre rond et solennel, émergèrent de la cabine voisine et apparurent au-dessus de la cloison vitrée. C'étaient Vince Lathrop et Ed Small ; autant dire que l'heure de descendre prendre un café avait sonné.

— Messieurs, demanda Vince Lathrop, venez-vous danser ?

Une demi-heure plus tard, ils étaient de retour au bureau, après avoir prêté une oreille plus ou moins attentive aux difficultés rencontrées par Ed Small dans ses semences de gazon et l'entretien de ses pelouses à Roslyn, Long Island. Le café avait revigoré Ordway, bien qu'il eût nettement préféré boire un verre d'alcool ; pour prouver qu'il se sentait à peu près remis, il arpenta la cabine en se livrant à son imitation habituelle de Bandy, qui dodelinait du chef et suçait constamment une dent de côté en lâchant par intermittence des petits bruits de baisers.

— Voyons, je me demande si notre rendement est satisfaisant, voilà le problème (baiser). Parce que si nous désirons vraiment que notre rendement soit satisfaisant, il faudra que nous y arrivions en accroissant, en accroissant (baiser) notre rendement…

Pour la deuxième ou troisième fois Frank essayait de lire le papier placé sur le dessus de sa pile « affaires en cours » ; c'était une lettre qui avait l'air d'émaner du directeur de la succursale de Toledo ; mais ses alinéas lui semblaient aussi hermétiques que si la lettre avait été rédigée en une langue étrangère. Il ferma les yeux, les frotta, procéda à une nouvelle tentative ; cette fois, il comprit.

Le directeur de la succursale de Toledo, qui selon la tradition Knox se désignait en tant que « nous », désirait savoir quelle suite avait été donnée à une correspondance antérieure concernant les nombreuses erreurs graves et les indications inexactes contenues dans PV-1109, dont il joignait un exemplaire. PV-1109 était une brochure en quadrichromie sur papier couché intitulée *Contrôlez exactement votre production avec la Knox 500*, et elle réveilla aussitôt dans la mémoire de Frank des souvenirs gênants. Elle avait été éditée, voici quelques mois, par le rédacteur anonyme d'une agence qui depuis avait perdu la clientèle de Knox, et elle avait été répandue sur le marché à des dizaines de milliers d'exemplaires ; or on y lisait : « Pour toute demande d'explications complémentaires, s'adresser à F. H. Wheeler, Siège Social. » À l'époque, Frank s'était rendu compte que la brochure était une catastrophe (ses pages aux caractères serrés défiaient la simple logique, autant que la patience du lecteur, et ses illustrations n'avaient que des rapports lointains avec le texte) ; mais il avait néanmoins autorisé sa diffusion, principalement parce que Bandy lui avait un jour, dans le couloir, décoché un baiser de sa dent de côté en lui disant : « Cette brochure n'a donc pas été encore distribuée ? »

Depuis cette date, les demandes d'explications complémentaires adressées à F. H. Wheeler étaient arrivées par flots lents mais encombrants de toutes les régions des États-Unis, et il se souvenait confusément d'avoir remarqué quelque chose de spécialement urgent dans la correspondance expédiée de Toledo. Le paragraphe suivant l'éclaira :

Comme vous vous le rappelez, notre intention était de commander 5 000 brochures supplémentaires pour les distribuer au congrès annuel de l'ANDP (Assemblée

Nationale des Directeurs de Production) qui se tient ici du 10 au 13 juin. Cependant, ainsi que nous l'avons indiqué dans une correspondance antérieure, la brochure est à notre avis d'une qualité si inférieure qu'elle n'atteint son but d'aucune manière, ni par sa forme ni par son fond.

Nous vous demandons par conséquent d'aviser au sujet de notre réclamation précédente, et notamment de nous avertir des dispositions prises pour qu'une version corrigée de la brochure parvienne à notre agence avant le 8 juin dans la quantité demandée.

Il examina aussitôt l'angle supérieur gauche, et il constata avec soulagement que copie de cette lettre n'avait pas été envoyée à Bandy. Une belle chance ! Mais en admettant même qu'il restât encore suffisamment de temps pour éditer une nouvelle brochure (et c'était peu probable), il se trouverait dans l'obligation de mettre Bandy au courant, et Bandy voudrait savoir pourquoi il avait attendu deux mois pour lui en parler.

Déjà il ébauchait le geste de poser ce dossier sur sa pile des affaires secondaires quand une idée claire commença à germer dans la confusion de sa cervelle ; brusquement il sortit de sa cabine et se dirigea vers le devant de l'étage dans un état de tension et de crainte.

Elle se trouvait à son bureau dans le secteur de la, réception, et elle n'avait rien à faire ; elle releva la tête, et ses yeux se chargèrent aussitôt d'une espérance si aimable (qui frôlait la complicité) qu'il faillit oublier le prétexte de sa venue.

— Maureen, dit-il en se rapprochant et en posant une main sur le dossier de la chaise, si vous n'êtes pas trop occupée ici, je pense que vous pourriez m'aider à trouver un truc dans le fichier central. Regardez ceci.

Il étala la brochure sur son bureau comme s'il s'agissait d'une révélation intime, et elle se souleva sur ses hanches pour l'examiner ; ses seins se balancèrent tout contre le bras tendu de Frank.

— Mm ?

— Voici le problème : il faut que cette brochure soit corrigée. Autrement dit, il faut que je me plonge dans tout le matériel qui a été utilisé pour sa confection. Si vous aviez l'obligeance de fouiller le dossier en attente P V -1109, vous trouveriez des doubles de tout ce que nous avons envoyé à l'agence de publicité ; ensuite, si vous feuilletiez tous ces papiers, vous trouveriez un autre numéro de référence qui vous indiquerait d'autres dossiers ; de cette façon, nous pourrions remonter jusqu'aux sources de l'affaire. Venez, je vais vous aider pour le début.

— D'accord...

En suivant dans le couloir la croupe ondulante de Maureen, il sentit la promesse d'un triomphe lui bomber le torse ; peu après ils se trouvèrent seuls tous les deux dans le labyrinthe du fichier central ; le parfum de

Maureen les enveloppait pendant que leurs doigts furetaient nerveusement dans un tiroir plein de dossiers.

— … Onze combien, m'avez-vous dit ?

— Onze, zéro, neuf. Il devrait être quelque part par là.

Pour la première fois, il se permit d'étudier attentivement le visage de Maureen. Tout rond, avec un nez large, il n'était pas en vérité très joli (Frank pouvait bien l'admettre maintenant) ; son maquillage trop épais devait dissimuler un mauvais teint, de même que les petits traits noirs qu'elle avait tracés aux coins de ses yeux n'étaient là que pour faire paraître ceux-ci plus grands et plus écartés. Ses cheveux coiffés avec soin lui avaient sans doute posé bien des problèmes : enfant, elle avait dû avoir une tignasse informe et frisée ; et à présent encore, par temps de pluie, elle avait probablement des difficultés pour les dompter. Mais sa bouche était une merveille : une dentition parfaite, et des lèvres dodues, finement modelées, qui avait le grain du massepain. Il découvrit que s'il concentrait son regard sur la bouche de Maureen de telle sorte que le reste du visage se brouillât légèrement, et que s'il reculait pour inclure toute la ligne et les formes du corps dans cette image embrumée, il pouvait croire qu'il contemplait la femme la plus désirable du monde.

— Voilà, dit-elle. Maintenant, vous avez besoin de tous les dossiers se rapportant à ces autres numéros de référence, n'est-ce pas ?

— Exactement. Il vous faudra un peu de temps ; j'espère que vous n'aviez pas projeté de déjeuner de bonne heure ?

— Non. Je n'avais fait aucun projet.

— Bien. Je reviendrai tout à l'heure pour voir où vous en êtes. Merci beaucoup, Maureen.

— Je suis toujours contente de vous voir.

Il regagna sa cabine et s'assit. Tout s'arrangeait au mieux. Il attendrait ici jusqu'à ce que l'étage se fût vidé à l'heure du déjeuner ; et puis il retournerait auprès d'elle et il l'inviterait. Le seul problème, maintenant, c'était de trouver une excuse pour ne pas aller déjeuner, comme d'habitude, avec ses collègues : une excuse qui, si possible, le couvrirait pour le reste de l'après-midi.

— On mange ? interrogea une voix grave masculine.

Cette fois, trois têtes apparurent au-dessus de la cloison : celles de Lathrop, de Small et du personnage qui avait parlé : montagne humaine grise à épais sourcils qui serrait une pipe entre ses dents, sa masse se dressait suffisamment au-dessus de la vitre pour révéler une chemise à carreaux résolument indigne d'un homme d'affaires, une cravate en laine poilue, et un veston poivre et sel ; il s'agissait de Sid Roscoe, le sage littéraire et politique du quinzième étage, qui se qualifiait lui-même de vieux journaliste et qui dirigeait la publication de l'organe de l'entreprise, *Knox Knews*.

— … Allons, célébrités du cru ! dit-il aimablement. Debout !

Jack Ordway obéit, murmura :

— Prêt, Franklin ?

Mais Frank se borna à consulter sa montre en se donnant l'air d'un homme pressé.

— Je ne pourrai pas déjeuner avec vous aujourd'hui, répondit-il. Cet après-midi, il faut que j'aille voir dans le centre quelques personnes ; je m'arrêterai sans doute là-bas pour manger un morceau.

— Oh, Wheeler, voyons ! protesta Ordway en se tournant vers lui.

Sur sa figure se lisaient une déconvenue et un bouleversement absolument disproportionnés avec les faits, le regard du : « Mais il faut que vous veniez avec nous, vous ne pouvez pas faire autrement ! » Frank dut réfléchir une minute pour comprendre. Ordway avait besoin de lui. Avec Frank comme caution de moralité, il pourrait diriger le groupe vers ce qu'il appelait le « Bon Coin », ce restaurant allemand sombre où une tournée de Martini, petits mais bien dosés, viendrait se poser tout naturellement sur la table ; sans Frank, et sous la tutelle de Roscoe, le groupe irait presque à coup sûr au « Sale Coin », un joli petit restaurant bien clair et bien propret qui s'appelait « Au Paradis des Gaufres », où on ne pouvait même pas se faire servir un verre de bière et où les odeurs écœurantes du beurre fondu et du sirop d'érable donnaient envie de vomir dans la minuscule serviette de papier. Là, Jack Ordway ne pourrait que s'asseoir et faire contre mauvaise fortune bon cœur en attendant de rentrer au bureau, donc d'être libre pour une nouvelle escapade qui lui permettrait d'avaler les deux petits verres dont il avait besoin pour survivre à l'après-midi. « Je vous en prie ! » imploraient ses deux yeux comiquement ronds tandis qu'il sortait de la cabine. « Je vous en prie, ne me laissez pas tomber ! »

Mais Frank ne broncha pas ; il continua à feuilleter du pouce le bord de sa pile d'affaires en cours. Il attendit qu'ils eussent tous été engloutis par l'ascenseur ; il attendit encore. Dix minutes s'écoulèrent, puis vingt ; le bureau lui semblait encore trop peuplé. Il se décida enfin à se soulever de sa chaise et à inspecter dans toutes les directions par-dessus les cloisons vitrées.

Seule, la tête de Maureen remuait auprès du fichier central. Il y avait d'autres têtes rassemblées près des ascenseurs, et quelques autres disséminées dans des recoins éloignés ; mais à quoi bon attendre plus longtemps ? Jamais le bureau ne serait plus vide qu'en ce moment. Il boutonna son veston et se glissa hors de sa cabine.

— C'est parfait, Maureen, dit-il en se penchant jusqu'à la frôler et en lui prenant des mains la liasse de papiers. Je ne pense pas que nous ayons besoin d'autre chose.

— Mais je n'en ai pas encore fait la moitié ! Je croyais que vous aviez besoin du tout.

— Écoutez. Ne nous faisons pas de bile pour cela. Si nous déjeunions ensemble ?

— Très bien. J'en serais ravie.

Alors il se lança dans l'action. Il revint rapidement dans sa cabine pour poser les papiers sur son bureau, puis fila dans le lavatory « Messieurs » pour se laver les mains ; mais quand il arriva devant l'ascenseur, il attendit qu'elle sortît du lavatory « Dames » et il fut contrarié. Les petits groupes autour des ascenceurs étaient formés d'employés qui rentraient après avoir déjeuné ; si elle ne se pressait pas, ils risquaient de tomber sur Ordway et toute la bande. Que fichait-elle là-bas ? Était-elle accrochée aux bras de trois autres filles pour ne pas s'écrouler de rigolade à l'idée de sortir avec Mr. Wheeler ?

Brusquement il la vit s'avancer vers lui ; elle avait une veste légère ; la porte de l'ascenseur coulissa, s'ouvrit, et la voix du garçon appela : « Pour descendre ! »

Il se tint légèrement derrière elle, dans une attitude de parfait détachement, pendant qu'ils se laissaient tomber dans le vide. Dans le quartier, tous les restaurants devaient être bourrés d'employés du Siège Social ; il fallait l'emmener plus loin ; ils traversèrent le vestibule ; il lui frôla le coude aussi délicatement qu'il lui aurait caressé un sein.

— Il n’y a pas d’endroits convenables pour déjeuner par ici. Une petite promenade ne vous déplairait pas ?

Ils débouchèrent sur le trottoir où la foule des passants les bouscula, et il demeura immobile et souriant comme un imbécile pendant une bonne minute d’indécision avant que le mot « taxi » s’imposât à sa tête. Alors il se sentit si content d’en voir un ralentir et venir se ranger au commandement de son bras levé, si splendidement fier de la regarder sourire, se courber et grimper avec grâce pour se jeter au plus profond du siège arrière, qu’il ne fut nullement troublé par ce qu’il aperçut au même moment : la masse bien reconnaissable de Sid Roscoe émergeant de la cohue et flanquée des silhouettes familières de Lathrop, de Small et d’Ordway, qui revenaient du « Sale Coin ». L’avaient-ils repéré ? Incapable de le déterminer, il décida séance tenante qu’il s’en moquait. Il claqua la portière, jeta un coup d’œil à travers la vitre du taxi quand celui-ci s’éloigna du trottoir, et il eut envie de s’esclaffer quand il vit les mocassins orange de Jack Ordway se soulever et retomber lourdement, parmi une jungle de jambes et de pieds.

6.

— J'ai la tête qui tourne, dit-elle. Ne vous inquiétez pas : je me sens en pleine forme. Seulement je pense que nous ferions mieux de manger un peu.

Ils se trouvaient dans un restaurant chic de West Tenth Street, et depuis une demi-heure Maureen s'était lancée dans un monologue autobiographique à en perdre le souffle ; elle ne s'était interrompue qu'une fois : pour lui permettre de téléphoner à Mrs. Jorgensen à qui il avait demandé de bien vouloir désigner une autre fille au bureau de la réception pour l'après-midi. (« Voici ce qui se passe », expliqua-t-il. « J'ai été obligé d'emprunter Maureen pour m'aider à mettre la main sur certain matériel ici à l'Assistance Visuelle, et je crains que nous ne soyons coincés pour le restant de la journée. ») Il n'existait aucun département ou service dans le building Knox qui répondît au nom d'Assistance Visuelle, mais Frank pouvait à bon droit supposer que Mrs. Jorgensen l'ignorait, et que personne, si elle cherchait par hasard à se renseigner, ne saurait lui répondre positivement. Il avait si adroitement débité sa petite histoire au bout du fil qu'il ne se doutait pas qu'il était un peu ivre ; il ne s'en rendit compte que lorsqu'il faillit renverser un plateau de pâtisseries françaises en revenant de la cabine téléphonique. Le reste du temps, il avait bu sec et il avait écouté Maureen avec des sentiments mélangés.

Il avait notamment appris : qu'elle avait vingt-deux ans, qu'elle était née dans une ville du nord de l'État où son père tenait une quincaillerie ; qu'elle détestait son nom (« Vous comprenez, Maureen, ça va ; mais Grube s'accorde affreusement mal avec mon prénom ; je crois que c'est la seule raison pour laquelle j'ai commis la bêtise de me marier ») ; qu'elle s'était donc mariée à dix-huit ans et qu'elle avait divorcé six mois plus tard (« C'était un mariage complètement ridicule ») ; qu'elle avait passé les deux années suivantes « tout simplement à broyer du noir chez moi, à travailler à la Compagnie du Gaz et à me sentir cafardeuse », jusqu'à ce qu'elle eût découvert qu'elle n'avait jamais eu qu'une véritable envie : venir à New York, « et enfin vivre ».

Tout cela était plaisant ; plaisante aussi la façon dont timidement elle s'était mise à l'appeler « Frank » ; plaisante encore la nouvelle qu'elle partageait bel et bien un appartement avec une autre fille (un « appartement absolument adorable » près d'ici, au Village) ; mais au bout d'un certain temps, il s'aperçut qu'il lui fallait se forcer pour continuer à la trouver plaisante. L'ennui, supposa-t-il, c'était surtout qu'elle parlait trop. C'était aussi que son bavardage résonnait d'accents faux, de telle sorte que ce qui aurait pu en être charmant se trouvait masqué, enseveli sous la solennité stylisée de sa finesse. Mais il ne tarda pas à deviner qu'il fallait mettre au compte de sa compagne de chambre, qui s'appelait Norma et à qui elle vouait une admiration béate, la plus grande part de sa niaiserie. Plus elle lui parlait de cette fille, de sa « copine » (qui était plus âgée, qui avait divorcé deux fois, qui travaillait pour une revue célèbre, qui connaissait « toutes sortes de personnages fabuleux »), plus il devenait malheureusement clair que Norma et elle jouaient les rôles classiques du mentor et de la novice dans une orthodoxie de distractions bien féminines. Les signes de cette mise en tutelle apparaissaient dans le maquillage trop chargé de Maureen, dans sa coiffure trop apprêtée, aussi bien que dans son maniérisme étudié et dans la phraséologie de son babil (l'emploi excessif qu'elle faisait de mots comme « folle », « fabuleux », « épouvantable »), dans la façon dont elle racontait, les yeux exorbités, de menus faits relatifs à l'ordonnancement de son appartement, dans son interminable collection d'anecdotes impliquant de gentils petits épiciers italiens, de gentils petits blanchisseurs chinois, des agents rébarbatifs mais adorables quand même, tous devenant à l'écouter la troupe des acteurs qui secondaient les premiers rôles tenus par deux femmes seules de Manhattan dans un scénario d'Hollywood en sucre candi.

Sous le poids oppressant de cet épanchement, il avait commandé verre sur verre et, quand il l'entendit avouer que « sa tête tournait », il se sentit un peu coupable. Tout le fragile entrain de Norma avait disparu du visage de Maureen : elle avait l'air aussi candide et aussi impuissante qu'une petite fille sur le point de vomir sur sa robe de cérémonie. Il appela le maître d'hôtel et, avec toute la vigilance d'un père consciencieux, il aida Maureen à choisir les plats les plus sains qui figuraient sur le menu ; quand elle eut avalé quelques bouchées, en levant la tête de temps à autre de dessus son assiette pour lui affirmer qu'elle se sentait mieux, il se mit à son tour à parler.

Il tira de son éloquence le meilleur parti possible. Les phrases lui venaient tout naturellement, les paragraphes se succédaient sans effort et prenaient des ailes ; des anecdotes appropriées surgissaient, cédaient la place à de nobles épigrammes.

Commençant par un rapide et audacieux démantèlement de la Knox Business Machines Corporation, qui la fit bien rire, il aborda en confiance de plus vastes objets d'éreintement jusqu'à ce qu'il eût déposé à ses pieds le mythe dégonflé de la Libre Entreprise ; puis, au moment où une insistance de sa part sur les problèmes économiques aurait pu la lasser, il l'emporta dans les royaumes éthérés de la philosophie pour la faire redescendre légèrement sur la terre au moyen d'un bon mot.

Et qu'avait-elle ressenti en apprenant la mort de Dylan Thomas ? Et ne pensait-elle pas comme lui que cette génération présente était la moins énergique et la plus terrorisée des temps modernes ?… Il était au mieux de sa forme. Il utilisait le matériel qui aurait arraché à Milly Campbell un : « Oh, c'est si vrai, Frank ! » et il ne négligea pas non plus la substance plus ancienne, plus riche qui l'avait jadis aidé à faire de lui l'être le plus intéressant qu'eût jamais rencontré April Johnson. Il fit même allusion à son passage chez les dockers du port. À travers toute cette trame, cependant, courait un fil brillant et adroitement tissé qui était bon pour Maureen : le portrait d'un jeune homme de bonne famille, honnête mais déçu, tristement et courageusement en guerre contre son environnement.

Lorsque vint l'heure du café, il constata l'effet produit. Le visage de Maureen était devenu un registre automatique qui répondait promptement à tout ce qu'il disait ; il pouvait la faire passer d'un rire ravi à un froncement de sourcils, d'un hochement de tête solennel et approbateur à une douce rêverie romantique ; s'il l'avait voulu, il l'aurait fait fondre en larmes. Quand elle détournait brièvement de lui son regard, pour le poser sur sa tasse de café ou pour le laisser se perdre au loin, ce n'était que pour reprendre son souffle émotionnel. Une fois il aurait juré qu'elle était en train de préparer son petit discours de ce soir à Norma (« Oh, c'est l'homme le plus fascinant... »). Et à la façon dont elle sembla fondre quand il l'aida à passer sa veste, dont elle vacilla contre lui quand ils sortirent du restaurant pour faire quelques pas au soleil, il se dit qu'à présent tout doute était exclu : il avait réussi.

Restait un problème à résoudre : où aller ? D'un pas incertain ils se dirigèrent vers les arbres de Washington Square ; une promenade dans le parc ? outre la perte d'un temps précieux, il risquait que les jardins fussent remplis de femmes qui avaient été jadis les amies ou les voisines d'April. Anne Snyder, et Susan Cross, et bien d'autres s'y trouveraient certainement, levant leurs joues amollissantes vers le soleil, essuyant la crème glacée sur la bouche de leurs enfants, parlant d'écoles d'infirmières, de loyers outrageusement chers, de films japonais absolument merveilleux, attendant le moment de ramasser les jouets, les biscuits, et de rentrer à la maison pour préparer les cocktails des maris. En moins d'une minute il serait sûrement repéré (« Mais voyons, je ne me trompe pas ! C'est bien Frank Wheeler ; mais qui donc se promène avec lui ? Oh, comme c'est drôle ! »). Au moment où il allait expliquer maladroitement sa gêne à Maureen, celle-ci s'arrêta sur le trottoir.

— J'habite ici. Aimeriez-vous monter prendre, par exemple, un verre ?...

Alors il grimpa, derrière la croupe de Maureen, les marches d'un escalier obscur et tapissé ; puis une porte cliqueta et se referma derrière lui : il se trouvait dans une chambre qui sentait la propreté, le bacon du petit déjeuner, le parfum ; une chambre haute, silencieuse, où tout baignait dans une gaie lumière dorée parce que les stores en bambou avaient transformé le soleil en minces bandes horizontales d'or et de feu. Il se sentait grand et fort, tandis qu'elle exécutait des plongeons, des ronds-de-jambe et diverses figures de gymnastique sur ses bas (car elle avait retiré ses chaussures près de l'entrée) pour ranger les cendriers et les magazines…

— … J'ai peur que vous ne trouviez abominable le désordre qui règne ici. Vous ne voulez pas vous asseoir ?

Il la vit poser un genou sur le divan pour atteindre de l'autre côté le cordon qui faisait jouer l'un des stores ; alors il s'avança pendant qu'elle avait le dos tourné et glissa un bras autour de sa taille. Il n'en fallut pas davantage. Poussant un petit gémissement mouillé, elle se retourna et l'attira entre ses bras pour lui offrir sa bouche. Une fois sur le divan, le seul problème à liquider était la servitude de leurs vêtements. Haletants, se livrant à mille contorsions, ils se lancèrent à l'assaut des nœuds et des fermetures éclairs, des agrafes et des boutons, jusqu'à ce que le dernier obstacle fût écarté ; alors dans la chaleur et les vibrations rythmées de la chair de Maureen, il se laissa aller à la sensation irrésistible du « voilà ce dont j'avais besoin, voici ce dont j'ai besoin ». Complètement absorbé par l'intensité de ce qu'il éprouvait, il l'entendit à peine qui murmurait : « Oh oui… oui… oui… »

Quand ce fut fini, cependant, quand ils se désunirent et se retrouvèrent dans un enchevêtrement de jambes et de bras en sueur, il constata que jamais il n'avait eu de meilleures raisons d'être reconnaissant envers une femme. L'unique problème, maintenant, c'était de dire quelque chose.

Il aurait voulu voir le visage de Maureen, qui l'aurait peut-être inspiré ; mais elle avait blotti sa tête contre son torse, et il ne put scruter autre chose que le noir désordre de sa chevelure ; elle attendait qu'il parlât le premier. Il roula la tête de côté et aperçut en face de lui une ouverture oblique dans le store qu'elle avait relevé de quelques centimètres avant de tomber dans ses bras. Alors il contempla la corniche en vieilles briques d'une maison située de l'autre côté de la rue ; des cheminées, des antennes de télévision dressaient leurs silhouettes plus ou moins emmêlées contre le bleu du ciel. Au loin, haut dans les airs, un moteur d'avion ronflait paisiblement. Il tourna la tête de l'autre côté, vers l'intérieur de la chambre où toute chose (des reproductions de Picasso, des sélections du Club du Livre du Mois, des chaises en rotin, le manteau de la cheminée qui était recouvert d'instantanés) nageait dans la lumière dorée ; et la pensée qui succéda à cet inventaire fut que son veston et sa chemise gisaient au loin, près du fauteuil, tandis que ses souliers, son pantalon et son caleçon étaient à portée de sa main. Il pourrait être debout, habillé et dehors en trente secondes.

— Eh bien, lui dit-il enfin, je suppose que ce n'était pas exactement à cela que vous vous attendiez en vous rendant ce matin chez Knox, n'est-ce pas ?

Le silence se prolongea, si total que pour la première fois il entendit le tic-tac d'un réveil dans la pièce voisine. Et puis :

— Non, dit-elle, je ne m'y attendais certainement pas.

Sur quoi elle se dressa vivement sur son séant. Elle s'empara du sweater bleu roi pour s'en couvrir. Et puis, après avoir hésité, elle parut décider qu'à présent la pudeur n'avait plus guère d'importance, et elle le laissa retomber ; mais soudain gênée elle le ramassa ; visiblement elle se demandait si ce n'était pas au contraire le moment où justement la pudeur était plus que jamais nécessaire ; elle s'en recouvrit les seins et croisa les bras par-dessus. Maintenant sa chevelure était dans un désordre aussi peu séduisant que celui dont elle avait dû souffrir étant enfant ; on aurait dit qu'elle avait explosé en l'air à partir du crâne en des centaines de petits nœuds. Maureen la caressa délicatement du bout des doigts à plusieurs endroits, nullement pour essayer de la lisser, mais plutôt à la façon furtive, demi-consciente dont lui-même, à seize ans, effleurait parfois ses pustules, simplement pour être bien sûr que ces horribles boutons étaient encore sur sa figure. Elle avait le visage et le cou pâles ; mais un afflux de sang rouge foncé commençait à lui marbrer les joues, comme si elle avait reçu des gifles, et elle avait l'air si vulnérable que pendant quelques instants il lut ses pensées à livre ouvert. Que dirait Norma ? Norma ne la gronderait-elle pas sévèrement pour avoir cédé si vite ? Non ; à coup sûr Norma serait d'avis que dans une aventure entre vrais adultes, une aventure réellement sophistiquée, il ne servirait à rien de penser en termes aussi banaux que « cédé vite » ou « longtemps résisté ». Oui, mais cependant, s'il s'agissait d'une aventure entre vrais adultes, d'une aventure réellement sophistiquée, pourquoi Maureen ne parvenait-elle pas à savoir quoi faire avec son sweater ? Pourquoi se donnait-elle tant de mal pour trouver ce qu'elle devait dire normalement à cet homme ?

Finalement, elle se ressaisit. Elle releva son menton comme pour rejeter en arrière une boucle épaisse et lisse de cheveux, composa un sourire pour comédie de salon et, pour la première fois, le regarda droit dans les yeux.

— Avez-vous une cigarette, Frank ?

— Bien sûr. Voici.

Et enfin, heureusement, le dialogue s'engagea.

— Quel était le nom du département que vous avez inventé ?

— Mm ?

— Vous savez bien. L'endroit où vous lui avez dit que nous serions. À Mrs. Jorgensen.

— Oh ! L'Assistance Visuelle. En réalité je ne l'ai pas inventé. Il y a quelque chose affublé d'un nom comme ça, je crois, au huitième étage. Ne vous faites pas de bile ; elle n'ira sûrement pas y voir.

— C'est un nom qui paraît magnifiquement authentique. Assistance Visuelle. Excusez-moi une seconde, Frank…

Elle traversa la chambre par petits bonds, en se recroquevillant gauchement pour se sentir moins nue, et s'engouffra dans la pièce où le réveil faisait tic-tac.

Quand elle en sortit, parée d'une robe de chambre qui retombait jusqu'au plancher et à peu près recoiffée comme avant, elle le trouva tout habillé et examinant poliment les photos de la cheminée ; il avait tout à fait l'air du visiteur que l'on n'a pas prié de s'asseoir. Elle lui indiqua la salle de bains ; quand il revint, elle avait remis de l'ordre sur le divan, et elle s'agitait sans but précis dans la kitchenette.

— … Puis-je vous préparer un verre ?

— Non, merci, Maureen. Je crois vraiment qu'il faut que je file. Il est plutôt tard.

— C'est vrai, oui. Avez-vous manqué votre train ?

— Aucune importance. Je prendrai le suivant.

— C'est tellement dommage que vous soyez obligé de partir si vite !

Apparemment déterminée à rester calme et pleine de dignité, elle tint ce rôle avec élégance jusqu'au moment où, ouvrant la porte à Frank, son regard erra dans l'angle près du divan et découvrit un objet blanc et menu, un soutien-gorge ou une jarretière qu'elle avait oublié en refaisant le divan et qui était demeuré en boule sur le tapis. Elle tressaillit, se débattit contre l'impulsion de courir, de saisir l'objet et de l'enfouir derrière un coussin (ou peut-être de le déchirer en lambeaux) ; quand elle se retourna vers Frank, elle lui fit des yeux pitoyablement agrandis et brillants.

Pas moyen d'y échapper : c'était le moment de dire quelque chose. Mais la seule parole sincère qu'il pouvait prononcer était qu'il n'avait jamais été plus reconnaissant à l'égard de quiconque (pour la remercier) ; et il se demanda si cette déclaration ne produirait pas mauvais effet, un peu comme s'il lui offrait de l'argent. Une autre idée lui traversa l'esprit : se montrer triste et tendre ; la prendre par les épaules et lui dire : « Écoutez, Maureen : une chose comme celle-ci est forcément sans avenir. » Mais alors elle pourrait répondre : « Oh, je sais ! » et cacher sa tête contre son veston, ce qui ne lui laisserait rien d'autre à ajouter que : « Je ne voudrais surtout pas penser que j'ai le moins du monde abusé déloyalement de votre bonne foi ; si je l'ai fait, eh bien, je... » Et voilà l'ennui : il serait obligé de dire : « Je le regrette » ; or la dernière chose dont il avait envie était de présenter des excuses !

Le cygne a-t-il présenté ses excuses à Léda ? Un aigle fait-il des excuses ? Un lion demande-t-il pardon ? Fichtre non !

Au lieu de cela, il lui sourit : d'un sourire subtil, mondain, séduisant, qu'il maintint jusqu'à ce que, toute tremblante, elle le lui retournât. Alors il se pencha, déposa sur ses lèvres un baiser léger, et lui dit :

— Vous savez, vous avez été épatante. Prenez vos précautions, maintenant.

Il descendit l'escalier, sortit dans la rue ; il n'avait pas fait cent mètres qu'il se lança dans une course triomphale jusqu'à la Cinquième Avenue. À un moment donné il fut obligé de faire un crochet pour éviter une voiture d'enfants, et une femme lui cria :

— Vous ne pouvez pas faire attention, non ?

Il ne daigna pas (un aigle ou un lion l'auraient-ils fait ?) se retourner. Il se sentait très homme.

Un homme (un vrai homme) pouvait-il rentrer chez lui dans le compartiment pour fumeurs, s'asseoir en ajustant son pantalon aux genoux pour préserver le pli, froisser son journal du soir contre la vitre étroite pour donner assez de place au coude de son voisin ? Un homme pouvait-il se masser humblement la tête pour chasser sa migraine, tolérer d'être assommé par les propos aimablement insipides des voyageurs qui jouaient au bridge dans une odeur latente d'encre d'imprimerie, de tabac, de mauvaise haleine et de radiateurs surchauffés ?

Absolument pas. Dans un train, le vrai homme devait se tenir bien droit et au grand air, debout sur le bruyant passage en fer, les pieds bien écartés sur les lames qui s'entrechoquaient, qui s'agitaient ; il devait tirer goulûment sur une cigarette jusqu'à ce qu'elle ne fût plus qu'aiguille de feu et cendre frémissante, et alors la lancer tout droit, droit comme une balle, au sein de la vitesse mugissante de la superstructure, pendant que défilaient lentement les cités de banlieue le long de la poussière rose et gris du crépuscule. Et quand il arrivait à sa propre gare, la bonne manière de descendre pour un vrai homme consistait à se balancer sur le marchepied et à sauter avant l'arrêt du train, d'atterrir sur le quai au pas de course, et de ralentir en quelques foulées souples, athlétiques, pour se diriger ensuite vers sa voiture parquée.

À la fenêtre panoramique, les rideaux étaient déjà tirés. Il s'en aperçut de la route, avant même de s'être engagé dans l'allée. Puis, quand il eut contourné la maison, il vit April sortir en courant par la porte de la cuisine et s'immobiliser pour l'attendre dans le garage. Elle portait sa robe noire de cocktail, des ballerines, et un très petit tablier de gaze blanche gaufrée qu'il ne lui connaissait pas. À peine eut-il le temps de couper le contact qu'elle ouvrit brusquement la portière et lui saisit le poignet à deux mains tout en parlant. Elle avait des mains plus fines et plus nerveuses que Maureen

Grube ; elle était plus grande, plus âgée ; elle employait un parfum tout à fait différent ; elle parlait plus vite, sur un ton plus aigu.

— Frank, écoute. Avant que tu rentres, il faut que je te dise quelque chose. Quelque chose de terriblement important.

— Quoi ?

— Oh, des tas de choses ! La première, c'est que tu m'as manqué toute la journée, et que je te demande pardon pour tout, et que je t'aime. Le reste peut attendre. Maintenant, rentrons.

S'il avait disposé d'une année pour s'y consacrer exclusivement, il n'aurait pas été capable, même au cas où sa vie aurait été en jeu, de trier et de peser les émotions qui le bouleversèrent pendant qu'il montait les marches de la cuisine avec April suspendue à son bras. Il avait l'impression qu'il avançait dans une tempête de sable, ou qu'il marchait sur les flots, ou qu'il flottait dans les airs. Et ce qu'il y eut de drôle, c'est qu'en dépit de sa profonde stupéfaction, il ne put s'empêcher de remarquer que la voix d'April, toute différente qu'elle était, possédait une faculté qui lui rappela instantanément Maureen Grube racontant que Norma connaissait des personnages fabuleux, ou disant « Assistance Visuelle »… Une faculté de jouer la comédie, de prendre un ton d'intensité qui sonnait un peu faux : bref, un air de parler moins à lui qu'à une abstraction romanesque.

— … Attends ici, mon chéri ! disait-elle. Une minute, jusqu'à ce que je t'appelle…

Elle le laissa seul dans la cuisine, où la forte odeur brune d'un rôti de bœuf lui tira des larmes. Après lui avoir tendu un verre en cristal ancien plein de glace et de whisky, elle disparut dans le living-room obscur d'où il entendit, peu après, des petits rires d'enfants mal réprimés et le frottement d'une allumette.

— … Très bien. Viens maintenant ! appela-t-elle.

Ils étaient assis à table, et il regarda attentivement leurs trois visages avant de comprendre pourquoi ils baignaient dans une lumière dorée instable. Il y avait un gâteau avec des bougies. Et alors, d'une voix perçante, ils entonnèrent lentement :

— Bon an-ni-ver-saire !…

La voix de Jennifer était la plus forte ; celle d'April la seule qui demeura juste quand ils arrivèrent à l'aigu : « Bon an-NI-ver-saire, cher papa… » Mais Michael faisait de son mieux, et c'était lui qui avait le sourire le plus large.

7.

— Te pardonner quoi, April ?

Ils étaient seuls, debout sur le tapis, dans le living-room ; elle esquissa un pas vers lui.

— Oh, tout ! dit-elle. Tout. La manière dont je me suis conduite pendant tout le week-end. Toutes mes manières depuis que je me suis mêlée de cette horrible représentation. Oh, j'ai tellement de choses à te dire ! J'ai un projet absolument merveilleux, Frank. Écoute-moi.

Mais comment écouter autre chose que le silence outragé dans sa tête ? Il se sentait un monstre. Il avait avalé son dîner comme un loup affamé et il s'était servi sept fois de gâteau au chocolat ; il avait répété en s'exclamant, lorsqu'il avait défait les petits paquets de ses cadeaux d'anniversaire, le même adjectif qu'il avait employé pour qualifier Maureen Grube (« Épatant !... Épatant !... »). Il avait assisté à la prière du soir des enfants et il avait quitté leur chambre sur la pointe des pieds ; maintenant, voilà qu'il permettait à sa femme de lui demander pardon et, en même temps, qu'il découvrait d'un œil lucide et froid qu'elle n'était pas réellement si appétissante que cela : elle était trop âgée, trop grande, trop excessive.

Il eut envie de se précipiter au-dehors et de se livrer à n'importe quelle expiation dramatique : s'écraser le poing contre un arbre, courir pendant des kilomètres, sauter des murs de pierres jusqu'à ce qu'il tombât épuisé dans un nid de boue et de ronces. Au lieu de cela, il ferma les yeux, tendit les bras, l'attira contre lui, froissa dans une étreinte désespérée son tablier et sa robe de cocktail et laissa tout son tourment se dissiper en caresses pressantes autour de la taille, en baisers avides dans la bouche d'April.

— Oh, mon amour ! gémit-il. Oh, ma belle femme !

— Non, attends. Écoute-moi. Sais-tu ce que j'ai fait toute la journée ? Je t'ai regretté. Et, Frank, j'ai eu la plus merveilleuse… Non, attends. Tu sais que je t'aime, et tout… Mais écoute-moi une minute. Je…

Le seul moyen de la faire taire et de ne plus la voir était décidément de lui sceller les lèvres. Alors le plancher commença à s'incliner, à prendre des angles dangereux, et ils seraient tombés sur la table à café s'ils n'avaient pas accompli trois pas chancelants avant de basculer sur la sécurité voluptueuse du canapé.

— … Chéri, chuchota-t-elle en cherchant à reprendre haleine. Je t'aime terriblement, mais ne pensestu pas que nous devrions… Oh non, ne t'arrête pas ! Continue !

— Que nous devrions quoi ?

— Que nous devrions tâcher d'aller dans la chambre, d'abord… Mais pas si cela te fâche. Si tu préfères, nous resterons ici. Je t'aime.

— Non, tu as raison. Allons dans la chambre… Il se redressa, et se leva en l'attirant avec lui.

— … Et puis je ferais mieux de commencer par prendre une douche.

— Oh non, pas de douche ! Je t'en prie, pas de douche ! Je ne te laisserai pas prendre une douche.

— Il faut que je prenne une douche, April.

— Pourquoi ?

— Parce qu'il faut que j'en prenne une, tout simplement.

Il lui fallut toute sa volonté pour n'avancer que d'un pas à la fois.

— Je te trouve terriblement mesquin, dit-elle en se suspendant à son bras. Terriblement, terriblement mesquin, tu sais ? Frank, as-tu aimé tes cadeaux ? La cravate est-elle à ton goût ? Je suis allée dans quatorze magasins différents ; et aucun n'avait de cravates qui me plaisaient.

— Elle est épatante, ta cravate ! C'est la plus jolie cravate que j'aie jamais eue.

Sous la pluie drue d'eau chaude, alors que Maureen Grube était devenue une deuxième peau adhésive dont seul un récurage à fond pouvait le débarrasser, il décida qu'il lui dirait tout. Sans emphase, il lui prendrait les deux mains, et il commencerait : « Écoute, April. Cet après-midi, j'ai... »

Il coupa l'eau chaude et ouvrit le robinet d'eau froide, ce qu'il n'avait pas fait depuis des années. La secousse l'envoya danser et haleter, mais il s'obligea à revenir sous le jet froid et à y rester jusqu'à ce qu'il eût compté trente, comme il en avait pris l'habitude dans l'armée. Il en sortit tout ragaillardi, pimpant comme un million de dollars. Tout lui dire ? Mais bien sûr que non ! Il ne lui dirait rien. Quel intérêt y avait-il à ce qu'elle sût ?

— Oh, tu as l'air si propre ! s'écria-t-elle en faisant une entrée tourbillonnante dans sa plus belle robe de chambre blanche. Tu as l'air si propre, si paisible... Viens t'asseoir à côté de moi, et parlons d'abord une minute, veux-tu ? Regarde ce que j'ai acheté...

Elle avait disposé une bouteille de cognac et deux verres sur la table de chevet, mais un long moment passa avant qu'il lui permît de verser l'alcool ou de dire autre chose. Quand elle parvint à s'écarter de lui, à un moment donné, elle n'en profita que pour se libérer d'un ruban qu'elle fit tomber de ses épaules, découvrant ses seins ; leurs bouts se durcirent et pointèrent avant même qu'il les couvrît de ses mains.

Pour la deuxième fois de la journée, il découvrit que l'acte d'amour pouvait tarir son éloquence, et il se prit à espérer qu'elle consentirait à reporter ses confidences au lendemain. Quoi qu'elle voulût lui dire, elle le dirait, il en était sûr, avec sa bizarre emphase théâtrale, et il ne se sentait nullement disposé à l'affronter pour l'instant. Il ne souhaitait qu'une chose : rester étendu là, souriant dans l'obscurité, confus, coupable, heureux, pour se soumettre au poids croissant du sommeil.

— … Chéri ?…

Sa voix résonna dans le lointain, très loin.

— … Chéri ? Tu ne vas pas t'endormir, je suppose ? Parce que j'ai tellement de choses à te dire ! Et puis nous aurons gaspillé le cognac sans que j'aie eu la moindre chance de pouvoir t'exposer mon plan…

Une minute plus tard, il trouva relativement facile de se tenir éveillé, ne fût-ce que pour le plaisir d'être assis à côté d'elle sous la double épaisseur d'une couverture, de siroter du cognac au clair de lune, et d'entendre les crescendos et les diminuendos de sa voix. Comédienne ou non, sa voix d'amoureuse avait toujours été jolie à écouter. Pour finir, il commença à prêter une oreille attentive et un peu méfiante à ce qu'elle disait.

Son plan, c'est-à-dire l'idée qu'avaient engendrée à la fois son chagrin, sa solitude anxieuse de la journée et son amour pour lui, consistait en un projet, tout neuf et bien étudié, de départ pour l'Europe. Partir « pour de bon » tous les quatre, à l'automne. Se rendait-il compte de la somme d'argent qu'ils possédaient ? Avec leurs économies, avec les recettes tirées des ventes de la maison et de la voiture, avec ce qu'ils pourraient mettre de côté d'ici septembre, ils auraient de quoi vivre confortablement pendant six mois.

— … Et il ne faudra pas six mois pour que nous soyons installés et que nous gagnions de quoi vivre pour tout le temps que nous voudrons. Voilà le meilleur aspect du problème.

Il se gratta la gorge.

— Voyons, bébé ! En premier lieu, quel genre de situation pourrais-je raisonnablement…

— Pas de genre de situation. Oh, je sais que tu serais capable de trouver une situation n'importe où dans le monde si tu y étais obligé, mais l'important n'est pas là. L'important, c'est que tu ne chercheras aucun genre de situation, parce que moi, je travaillerai. Ne ris pas… Attends une minute. As-tu la moindre idée du salaire d'une secrétaire dans tous ces organismes gouvernementaux en Europe ? À l'OTAN, à l'ECA et ailleurs ? Et as-tu réfléchi au bas niveau du coût de la vie, par rapport à ici ?…

Elle avait tout calculé ; elle avait lu un article dans un magazine. Sa qualité de bonne sténo-dactylo leur rapporterait assez pour vivre, et davantage : par exemple pour une domestique à temps partiel qui s'occuperait des enfants pendant ses heures de travail. Il s'agissait là, souligna-t-elle, d'un plan si merveilleusement simple qu'elle était stupéfaite de n'y avoir jamais songé auparavant. Mais elle dut s'interrompre à plusieurs reprises, avec une impatience croissante, pour lui dire de ne pas rire.

Ce rire qui le secouait n'était pas tout à fait sincère, non plus que la manière dont il lui serrait l'épaule comme si toute l'affaire ne se présentait que sous la forme d'une lubie inspirée par l'affection. En effet, il essayait de lui dissimuler, sinon de se le dissimuler à lui-même, que le plan l'avait instantanément effrayé.

— … Mais je parle sérieusement, Frank ! protesta-t-elle. T'imagines-tu que je blague ?

— Pas du tout. Je sais que tu es sérieuse. J'ai simplement deux questions à te poser, voilà tout. La première : que serai-je censé faire pendant que tu gagneras tout cet argent ?

Elle se recula, essaya d'examiner son visage à la lumière confuse de la lune, comme si elle doutait qu'il n'eût pas compris.

— Tu ne vois pas ? Tu ne vois pas l'idée dans son ensemble ? Tu feras ce que tu aurais dû pouvoir faire il y a sept ans. Tu trouveras ta voie, tu découvriras ta personnalité. Tu liras, tu étudieras, tu feras de longues marches, tu réfléchiras. Tu auras le temps. Pour la première fois dans ton existence, tu auras le temps de découvrir ce que tu as envie de faire, et quand tu l'auras découvert, tu auras le temps et la liberté pour t'y mettre.

Il le sut tout en riant et en hochant la tête ; c'était bien cela qu'il avait redouté d'entendre. Il eut une rapide vision inquiétante d'April rentrant à la maison après une journée de travail au bureau, vêtue d'un tailleur très parisien, retirant ses gants d'un geste vif… Eh, oui, rentrant à la maison pour le trouver accroupi sur un lit non fait, emmitouflé dans un peignoir de bain plein de taches d'œuf, en train de se curer le nez !

— Voyons un peu… commença-t-il.

Il fit glisser sa main de l'épaule à l'aisselle afin de caresser les contours et le léger poids de sa gorge.

— … D'abord, tout cela est très gentil, et très…

— Non, ce n'est pas *gentil* !…

Elle mit dans l'articulation de ce mot tout le mépris dont elle était capable, et elle rejeta sur la couverture la main de Frank comme si cette main aussi était méprisable.

— … Pour l'amour de Dieu, Frank, je ne vais pas devenir *gentille* ! Et je ne compte faire aucun gros sacrifice pour autrui ! Peux-tu comprendre cela une fois pour toutes ?

— Okay ; okay ; ce n'est donc pas gentil. Ne t'énerve pas. Mais quoi que ce soit qui inspire ton idée, je pense que tu tomberas d'accord avec moi pour constater qu'elle n'est pas très réaliste. Voilà mon opinion.

— Pour tomber d'accord avec toi, répliqua-t-elle, il faudrait que j'aie une conception très étrange et très bornée de la réalité. Parce que, vois-tu, je sais, moi, ce qui manque de réalisme. Ce qui manque de réalisme, c'est qu'un homme doué d'une belle intelligence aille comme un chien qu'on fouette exercer d'un bout de l'année à l'autre une situation qui l'horripile, qu'il rentre ensuite dans une maison qui l'horripile, située dans un endroit qui l'horripile, pour retrouver une femme qui est également horripilée par les mêmes choses, qu'il vive au milieu d'une bande de petites médiocres qui ont peur de… Mon Dieu, Frank, je n'ai tout de même pas besoin de t'expliquer ce que cette ambiance a de détestable ! Je suis en train de citer tes propres expressions. Tiens, hier soir encore, quand les Campbell étaient ici, rappelle-toi ce que tu as dit sur la manie qu'ont tous nos banlieusards de se garder de la réalité comme de la peste. Tu as dit que tout le monde élevait les enfants dans un bain de sentimentalité. Tu as dit…

— Je le sais, ce que j'ai dit. Mais je ne croyais pas que tu m'écoutais. Tu avais l'air tellement écœurée !

— J'étais écœurée. Voilà une partie de ce que je vais essayer de t'expliquer. Je ne pense pas avoir jamais eu davantage de cafard, m'être sentie plus déprimée, écœurée qu'hier soir… Cette affaire du fils de Helen Givings venant coiffer tout le reste, et la manière dont nous nous en sommes emparés comme des chiens l'auraient fait d'un morceau de viande ! Je me souviens de t'avoir regardé et de m'être dit : « Mon Dieu, si seulement il s'arrêtait de parler ! » Parce que toutes tes phrases étaient basées sur ce grand postulat que tu as fait tien, à savoir que nous sommes des gens très à part, très supérieurs, et j'avais envie de crier : « Mais non ! Regarde-nous ! Nous sommes exactement comme les gens dont tu parles ! Nous sommes les gens dont tu parles ! » J'éprouvais une sorte… je ne sais pas, une sorte de dédain pour toi, parce que tu ne voulais pas voir la terrible fausseté de ton raisonnement. Et puis ce matin, quand tu es parti, quand tu as fait ta marche arrière vers le virage, je t'ai vu te retourner vers la maison comme si elle allait te mordre. Tu avais l'air si malheureux que je me suis mise à pleurer ; ensuite j'ai commencé à me sentir effroyablement seule, et je me suis dit : « Voyons, comment tout a-t-il pu devenir aussi épouvantable ? Si ce n'est pas sa faute, alors qui est le fautif ? Comment avons-nous jamais pu participer à cet étrange petit monde de rêves des Donaldson, des Cramer, des Wingate… » Oh oui, et des Campbell aussi. Parce qu'il y a une autre chose dont je me suis rendu compte aujourd'hui : c'est que ces deux Campbell représentent une énorme, énorme, énorme, une colossale perte de temps. Et alors j'ai commencé à entrevoir tout à coup… Franchement, Frank, ç'a été comme une espèce de révélation… Je me trouvais là, dans la cuisine, et j'ai commencé à entrevoir tout à coup que c'était moi la fautive. Toujours, j'ai été la fautive. Et je peux te préciser à partir de quand, très exactement. Ne m'interromps pas…

Mais à présent il se gardait bien de l'interrompre. Elle avait dû passer toute la matinée dans une grande détresse mentale, en arpentant les pièces d'une maison de silence, impeccablement propre, et en se tordant les doigts dans sa ceinture jusqu'à ce qu'ils lui fissent mal. Et l'après-midi, elle avait dû le consacrer à une frénésie de démarches au centre d'achat, faisant déboîter sa voiture avec autorité au milieu des panneaux *Interdiction de tourner à gauche* et parmi des agents de la circulation en colère, courant les magasins pour acheter les cadeaux d'anniversaire, le rôti de bœuf, le gâteau et le tablier à cocktails… Toute sa journée avait été le prélude héroïque à cet instant d'humiliation de soi ; et l'instant était venu. Plutôt être damnée que supporter la moindre interruption.

— … C'était à Bethune Street, poursuivit-elle. Quand j'ai été enceinte de Jennifer et quand je t'ai dit que j'allais… tu sais bien, m'avorter, me débarrasser de l'enfant. Oui, cela remonte au temps où tu n'avais pas plus envie que moi d'avoir un bébé… Et pourquoi aurais-tu dû en avoir envie ?… Mais quand je suis allée acheter cette sonde en caoutchouc, j'ai reporté sur toi tout le fardeau de l'affaire. Comme si je disais : « Très bien. Si tu veux ce bébé, tu en seras entièrement responsable. Il faudra que tu te crèves pour nous faire vivre. Il faudra que tu renonces à toute idée de devenir quelqu'un dans le monde, que tu ne sois qu'un père. » Oh, Frank, si seulement tu m'avais infligé ce que je méritais, si seulement tu m'avais traitée de putain et si tu m'avais tourné le dos, tu m'aurais mise au pied du mur… Et probablement je ne serais pas allée jusqu'au bout… Probablement, je n'aurais pas eu le courage, par exemple… Mais tu ne l'as pas fait. Tu étais trop bon, trop jeune, tu as eu trop peur ; tu as joué le jeu correctement, et voilà comment tout a commencé. Voilà comment tous les deux nous nous sommes réfugiés dans cette erreur gigantesque (car c'est bien cela : une erreur énorme, obscène !), dans cette idée que les gens doivent démissionner de la vie réelle et « se ranger » quand ils ont une famille. C'est le grand mensonge sentimental de la banlieue, et je t'ai obligé d'y souscrire tout le temps. Je t'ai obligé à vivre dans ce mensonge ! Mon Dieu, je suis même allée jusqu'à façonner cette image de moi-même complètement fausse (et je suppose que c'est cela en réalité qui me l'a suggérée), cette image d'une fille qui aurait pu être L'Actrice si elle ne s'était pas mariée trop tôt. Or tu sais parfaitement bien que je n'ai jamais rien eu d'une actrice, que je n'ai jamais réellement voulu en être une ; tu sais que je n'ai fréquenté mon école d'art dramatique que pour m'enfuir de chez moi ; et je le sais aussi. Je l'ai toujours su. Et ici, depuis trois mois, je ne fais que parader avec, sur ma figure, cette expression noble, douce, amère… Comment peut-on se faire illusion à soi-même à ce point ? Vois-tu comme tout cela relève de la névrose ? Ce n'était pas assez que j'eusse gâché ta vie ; j'ai voulu que le cycle soit complet, fermé, et donner l'impression que tu gâchais la mienne, afin que je puisse finalement jouer les victimes. N'est-ce pas abominable ? Mais c'est la vérité ! C'est la vérité !…

Et à chaque « vérité », elle abattit son petit poing fermé sur son genou nu.

— … Comprends-tu maintenant ce que tu as à me pardonner ? Et pourquoi nous devons partir d'ici et filer en Europe le plus vite possible ? Il ne s'agit pas de ma « gentillesse », de ma « générosité »… Je ne te consens aucun sacrifice. Je ne vais te donner que ce à quoi tu as toujours eu droit. Je ne regrette qu'une chose : c'est que cela vienne si tard.

— Bon. Puis-je parler maintenant ?

— Oui. Tu as bien compris, n'est-ce pas ? Et pourrais-je avoir un peu plus de brandy ? Juste une goutte… Merci.

Après avoir bu son cognac, elle rejeta ses cheveux en arrière sans remonter la couverture qui avait glissé de ses épaules, et elle s'écarta légèrement afin de s'adosser au mur en repliant ses jambes sous elle. Elle paraissait complètement détendue, très confiante, prête à écouter, heureuse à la pensée qu'elle avait exposé son dossier. La luminescence de son corps, d'un blanc bleuté, était une arme puissante ; il devina qu'il serait incapable de penser juste s'il regardait de ce côté ; aussi se força-t-il à fixer le plancher éclairé par la lune, entre ses pieds ; il prit ensuite tout son temps (plus de temps que d'habitude) pour allumer une cigarette. Il avait besoin de s'orienter, de prendre ses repères. Quand elle rentrerait chez elle, dans son appartement de Paris, ses hauts talons-aiguilles claqueraient d'un air décidé sur le plancher en damier ; ses cheveux seraient tirés en arrière en un chignon parfait ; elle aurait les traits creusés par la fatigue, si bien que sa petite ride verticale entre ses deux yeux apparaîtrait, même lorsqu'elle sourirait. D'autre part…

— En premier lieu, commença-t-il enfin, je pense que tu es beaucoup trop dure pour toi. Rien n'est aussi blanc, aussi noir. Tu ne m'as nullement contraint à prendre cette situation chez Knox. En outre, réfléchis bien. Tu me dis que tu as toujours su que tu n'étais pas réellement une actrice et que par conséquent il n'était guère loyal de ta part de vivre avec le sentiment que tu étais frustrée. Bon. Regardons les choses en face. N'est-il pas possible que j'aie été victime de la même erreur ? Comprends-moi bien : qui a jamais proclamé que je serais un grand homme ?

— Je ne sais pas ce que tu veux dire, répondit-elle avec calme. Je pense que la vie serait assez fatigante si tu étais un grand homme. Mais si tu te demandes qui a dit que tu étais un être exceptionnel, si tu te demandes qui a dit que tu avais une intelligence de premier ordre, originale… eh bien mon Dieu, Frank, je te répondrai : tout le monde. La première fois que je t'ai rencontré, tu étais…

— Oh, zut ! J'étais un petit type futé avec une grande gueule. Je faisais parade d'une érudition que je ne possédais pas vraiment. J'étais…

— Non, tu n'étais pas ! Comment peux-tu parler de cette façon ? Frank, les choses en seraient-elles arrivées à ce point détestable où tu aurais perdu toute foi en toi-même ?

Certes non. Il était bien obligé de convenir que les choses n'en étaient pas arrivées là. De plus, il se demanda s'il n'avait pas détecté une note de doute sincère dans la voix d'April… une faible indication qu'il ne serait pas difficile de la convaincre qu'après tout il n'avait été qu'un petit type futé… Ce qui serait désolant !

— Okay, concéda-t-il. Okay, disons que j'étais un gosse qui promettait. Il y avait beaucoup de gosses qui promettaient à Columbia. Ce qui ne signifie pas nécessairement…

— Il n'y en avait pas beaucoup comme toi, dit-elle avec un accent rassuré. Je n'oublierai jamais Truc, Machin, comment l'appelais-tu ? Tu sais bien, celui que tu as toujours beaucoup admiré ? Celui qui avait été pilote de chasse et qui tombait toutes les filles ? Bill Croft. Je n'oublierai jamais la manière dont il parlait de toi. Une fois il m'a dit : « Si je possédais la moitié de la cervelle de ce gars-là, je ne me ferais pas de bile ! » Et il ne me racontait pas d'histoires ! Tout le monde savait que tu pourrais faire n'importe quoi si tu avais seulement la chance de trouver ta vraie voie. Mais de toute façon, la question n'est pas là. Tu n'as pas eu besoin de te montrer exceptionnel le moins du monde ; c'est donc encore une chose à faire. Ne le comprends-tu pas ?

— Veux-tu me laisser finir ? Tout d'abord…

Mais au lieu de s'abandonner à parler d'abondance, il éprouva le besoin de se taire pendant une minute. Il but une grande lampée de cognac, la chauffa contre son palais et l'avala pour qu'elle transmît des vagues de chaleur dans ses épaules et le long de sa colonne vertébrale, tandis qu'il contemplait le plancher d'un air grave.

Bill Croft avait-il vraiment dit cela ?

— … Tout ce que tu dis pourrait faire un joli total de choses sensées… commença-t-il à nouveau.

Une des raisons pour lesquelles il aurait pu jurer qu'il allait perdre ce match, c'était que sa voix avait atteint une résonance qui la rendait encore plus théâtrale que celle d'April. Il avait la voix d'un héros, la voix qui convenait au genre de personnage que Bill Croft pouvait admirer.

— … Pourrait faire un joli total de choses sensées si je possédais un talent bien précis, défini, mesurable. Si, disons, j'étais un artiste, ou un écrivain, ou un…

— Oh Frank ! Penses-tu réellement que les artistes ou les écrivains sont les seuls êtres humains ayant le droit de vivre comme ils l'entendent ? Écoute-moi bien : je me fiche éperdument que tu restes cinq ans à ne rien faire ; je me fiche éperdument que tu décides, au bout de cinq ans, que tu n'as pas d'autre ambition que d'être maçon, ou mécanicien, ou matelot dans la marine marchande. Ne comprends-tu donc pas ce que je dis ? Cela n'a rien à voir avec des talents précis, mesurables… C'est ta personnalité propre qui va être étouffée ici. C'est ce que tu es qui va se trouver frustré, frustré, frustré dans notre genre de vie ici.

— Et que suis-je ?

Pour la première fois, il se permit de la regarder ; non seulement de la regarder, mais de poser son verre et de s'emparer de sa jambe ; elle lui couvrit la main avec les deux siennes et elle la pressa très fort.

— Oh, tu ne le sais pas ?…

Elle lui souleva la main et la promena doucement sur sa hanche et tout autour du plat de son abdomen ; là elle l'appuya à nouveau contre elle.

— … Tu ne le sais pas ? Tu es ce qu'il y a de plus précieux et de plus merveilleux sur la terre. Tu es un homme…

De toutes les capitulations qu'il avait subies dans sa vie, celle-ci ressembla le plus à une victoire. Jamais encore l'exaltation ne s'était aussi puissamment épanouie au-dedans de lui. Jamais vérité n'avait engendré plus pure beauté. Jamais en prenant sa femme il n'avait triomphé aussi complètement du temps et de l'espace. Le passé put se dissoudre à son commandement ; l'avenir aussi ; et aussi les murs de cette maison et toute cette étendue de terrains qui le retenaient prisonnier, toutes les petites cités, tous les arbres de cette banlieue. Il avait maîtrisé l'univers parce qu'il était un homme, et parce que la merveilleuse créature qui s'ouvrait et se donnait à lui, tendre et forte, était une femme.

Lorsque les oiseaux, s'éveillant, lancèrent leurs premiers appels radieux et hésitants, quand les arbres passèrent du gris au vert au sein de la brume matinale, elle lui caressa doucement les lèvres du bout de ses doigts.

— … Chéri ? Nous allons réellement le faire, n'est-ce pas ? Ce ne sont pas simplement des paroles en l'air, n'est-ce pas ?

Il était allongé sur le dos, prenant plaisir dans le soulèvement régulier de sa poitrine qui semblait assez large, assez profonde, assez musclée aussi pour remplir une cuirasse du Moyen Âge. Qu'y avait-il qu'il ne pût faire ? Quel voyage qu'il ne pût entreprendre ? Quelle récompense dans la vie qu'il ne pût promettre à April ?

— Non, répondit-il.

— Parce que, tu comprends, j'aimerais commencer à m'en occuper tout de suite. Demain. Écrire des lettres, me renseigner pour les passeports. Et je pense que nous devrions en parler immédiatement à Niffer et à Mike, tu ne trouves pas ? Ils auront besoin d'un peu de temps pour s'habituer à l'idée ; de plus, je tiens à ce qu'ils soient prévenus avant n'importe qui d'autre. Pas toi ?

— Si.

— Mais je ne voudrais pas leur en parler avant que tu sois absolument décidé.

— Je suis absolument décidé.

— C'est magnifique. Oh, chéri, regarde l'heure ! Et il fait presque clair dehors. Tu vas être mort de fatigue.

— Pas du tout. Je pourrai dormir dans le train. Je pourrai dormir au bureau. Tout est bien.

— Tout est bien. Je t'aime.

Et ils s'endormirent comme deux gosses.

Deuxième partie

1.

Alors commença une époque de si joyeux dérèglements, d'insouciance si heureuse que plus tard Frank Wheeler fut incapable de se rappeler sa durée. Une semaine ? Deux semaines ? Plus peut-être. Et puis sa vie retrouva de l'équilibre ; à nouveau il s'intéressa à la course du temps, à nouveau il fut repris par le besoin inquiet de le calculer et de le répartir ; à partir de ce moment-là, et lorsqu'il évoquait la période antérieure où tout avait été autrement, il ne parvenait pas à la délimiter avec exactitude. La seule journée dont le souvenir subsista avec netteté dans sa mémoire fut la première, c'est-à-dire le lendemain de son anniversaire.

Effectivement il dormit dans le train ; il avait appuyé la tête contre le reps poussiéreux du compartiment, et son *Times* glissait de ses genoux ; il ingurgita coup sur coup plusieurs tasses de café bouillant dans la voûte bruyante de la gare centrale, et il s'offrit le luxe d'arriver en retard à son bureau. Comme les autres hommes avaient l'air petits, proprets et comiquement sérieux, avec leurs cheveux coupés court, leurs cols bien boutonnés, leurs pieds lestes toujours courant ! D'innombrables essaims se hâtaient dans la gare et dans les rues, et d'ici une heure ils ne bougeraient plus. Les grands immeubles commerciaux du centre de la ville les auraient tous capturés et absorbés : quelqu'un qui se placerait au haut d'une tour et qui regarderait par-dessus le canyon vers une deuxième tour aurait sous les yeux un grand insectarium silencieux contenant des centaines de minuscules êtres roses en chemise blanche, agitant des papiers, fronçant les sourcils devant des téléphones, jouant leur petite pièce muette, mais passionnée, sous la suprême indifférence des nuages mouvants du printemps.

Pendant ce temps, Frank Wheeler trouvait le café délicieux ; la serviette en papier était parfaitement blanche et sèche ; et la vieille serveuse lui parut si polie, elle semblait si ravie de la cadence de son propre rendement (« Oui, Monsieur, merci, Monsieur ; ce sera tout, Monsieur ? ») qu'il eut envie de se pencher en avant et de déposer un baiser sur sa joue ridée. Le temps qu'il arrivât au building Knox, il avait conquis cet état d'euphorie qu'engendre une grande fatigue à moitié guérie et grâce auquel tous les sons sont étouffés, toutes les images imprécises et toutes les tâches faciles.

Les affaires sérieuses, d'abord. Or, la première affaire sérieuse qui l'attendait, quand la porte de l'ascenseur coulissa devant le quinzième étage, consistait à marcher la tête haute vers Maureen Grube et à se conduire en homme. Seule à son bureau de la réception, elle portait un tailleur noir qu'elle avait probablement choisi parce que c'était le vêtement le plus sévère et le moins provocant de sa garde-robe. Quand elle le vit se diriger vers sa table de travail, elle eut l'air bouleversée. Mais il arborait un sourire si habile (pas furtif, pas vaniteux pour un sou : un sourire bien franc, très amical...) qu'il vit l'assurance reparaître sur sa physionomie avant même qu'il lui eût parlé. Avait-elle craint qu'il ne l'eût prise pour une fille facile ? qu'il ne passât la journée à narrer par le menu à ses collègues, en pouffant, les détails de sa conquête ? Si elle en avait eu peur, le sourire qui se rapprochait avait de quoi la rassurer. À moins qu'elle n'eût redouté au contraire qu'il n'essayât de faire de leur brève aventure le début d'un grand roman ? qu'il ne lui compliquât la vie et ne se rendît insupportable en l'importunant constamment dans les coins (« Il faut que je vous revoie... ») ? Pareillement, le sourire de Frank lui ôtait tout doute à ce sujet. Or, pour le moment, elle ne pouvait pas avoir d'autres motifs d'inquiétude.

— Ohé ! lui dit-il gentiment. Pas d'ennuis à propos d'hier ? Avec Mrs. Jorgensen, j'entends ?

— Non. Elle ne m'a rien dit.

Elle sembla éprouver certaines difficultés à le regarder bien dans les yeux ; c'était plutôt le nœud de sa cravate qu'elle fixait. Debout là, et penché en souriant vers elle, au milieu du bourdonnement ininterrompu des gens qui se trouvaient à portée de voix dans le lac desséché qui les entourait, il avait tout à fait l'air d'un collègue qui se serait arrêté pour bavarder deux minutes, ou qui lui aurait demandé un renseignement professionnel ; rien sur son visage, rien dans son attitude ne pouvait alimenter la malveillance d'un observateur éventuel. Même à le considérer de près, de l'endroit par exemple où elle était assise, personne ne pouvait suspecter sa bonne foi ou sa sincérité.

— Écoutez, Maureen, commença-t-il, si je pensais que vous ou moi aurions à tirer le moindre profit d'une petite conversation, je vous dirais : « Allons quelque part cet après-midi pour causer. » Si vous le désirez, si vous avez envie de me dire ou de me demander quoi que ce soit, je suis à votre disposition. Est-ce le cas ?

— Non. Sauf que je... ma foi, non. Réellement, non. Vous avez raison.

— Ce n'est pas la question « d'avoir raison ». Je ne veux pas que vous pensiez que je suis... oh, n'importe ! Mais écoutez : dans une chose comme celle-ci, l'essentiel est de ne rien regretter. Moi, je n'ai aucun regret ; j'espère que vous n'en avez pas non plus ; et, si vous en avez, j'espère que vous me le direz.

— Non, dit-elle. Je n'en ai pas.

— J'en suis heureux. Et un mot, encore. Vous êtes épatante, Maureen. Si jamais il y a quelque chose que je puisse faire… vous savez, faire pour vous, quoi… j'espère que vous me le direz. Vous comprenez : j'aimerais beaucoup que nous fussions bons amis.

— Très bien, dit-elle. Moi aussi.

Et il s'éloigna ; il remonta l'allée entre les cabines, d'un pas lent, confiant, une version plus mûrie du pas « terriblement matou » de Bethune Street. Aussi simple que cela ! S'il avait consacré des jours et des jours à dresser des plans, à faire des répétitions, à remplir des pages de brouillon de phrases corrigées, raturées, il ne s'en serait jamais tiré avec un petit discours plus digne, plus satisfaisant. Et cela, sous l'aiguillon du moment ! Que ne pourrait-il réussir désormais ?

— Bonjour, papa, dit-il à Jack Ordway.

— Franklin, mon fils. Comme c'est bon de voir votre tête radieuse du matin !…

Mais les affaires sérieuses d'abord ! À présent la première chose sérieuse, c'était sa corbeille « Entrée ». Non, c'était la liasse de papiers qu'il avait posée au milieu de son bureau la veille, ceux que Maureen avait exhumés du fichier central et qui soulevaient le problème compliqué du directeur de la succursale de Toledo et de la brochure relative au contrôle de la production. Allait-il se laisser harceler par une fichaise pareille ? Certainement pas.

— Lettre intérieure pour Toledo ! commença-t-il devant son dictaphone en s'adossant à sa chaise tournante et en appuyant son pied sur le bord du tiroir. À l'attention de B. F. Chalmers, directeur de la succursale. Objet : conférence ANDP. À la ligne. En référence à une récente correspondance antérieure, nous vous avisons que l'affaire a été réglée d'une manière très satisfaisante, point, à la ligne…

Il avait débuté ainsi sans avoir la moindre idée de la manière dont l'affaire allait être réglée, en admettant même qu'elle le fût un jour. Mais en caressant le micro, il sentit que les idées affluaient, et bientôt des phrases nettes se succédèrent devant l'appareil ; il ne s'interrompait que pour sourire avec satisfaction. Le directeur de la succursale de Toledo serait aussi facile à manier que Maureen Grube.

F. H. Wheeler, ou « nous », admettait parfaitement que la brochure en service était inutilisable. Par bonheur, le problème avait été maintenant résolu de telle façon que « nous » étions d'avance assurés de recevoir l'approbation du directeur de la succursale de Toledo. Comme le directeur de la succursale le savait sans aucun doute, les délégués de l'ANDP recevraient des douzaines de brochures concurrentes, dont la plupart termineraient leur existence dans les corbeilles à papier de la salle du Congrès. Le problème, par conséquent, était de mettre au point pour Knox quelque chose de différent : quelque chose qui attirerait l'attention des délégations, quelque chose que chaque délégué mettrait dans sa poche pour l'examiner à loisir dans sa chambre d'hôtel. Or un tel document était à présent en fabrication, et conçu spécialement pour le congrès de l'A N D P : un bref message, direct, intitulé : « Si nous parlions du contrôle de la production ». Ainsi que le constaterait le directeur de la succursale, ce document ne se fiait à aucun artifice de format, ou d'impression, à aucun jargon publicitaire. Alertement imprimé en caractères voyants et faciles à lire, en blanc et noir, il avait l'aspect direct d'une conversation simple. Il ne donnerait « aux délégués de l'A N D P rien de plus, rien de moins que ce qu'ils souhaitaient avoir, deux points, les faits ».

Après avoir mis un nouveau ruban dans le dictaphone, il s'adossa à nouveau et dit : Exemplaire pour Verityper. Titre : Si nous parlions du contrôle de la production, point, point, point, à la ligne. Le contrôle de la production n'est, virgule, après tout, virgule, rien de plus ni rien de moins que le travail qui consiste à mettre les bons éléments au bon endroit au bon moment, virgule, selon un plan variable. Point à la ligne. C'est un problème d'arithmétique simple. Point à la ligne. Toutes les variables lui étant données, virgule, un homme peut le résoudre avec un crayon et du papier. Point à la ligne. Mais la calculatrice électronique Knox 500 peut le résoudre, tiret, littéralement, tiret, mille fois plus vite. Point à la ligne. Voilà pourquoi…

— On descend pour le café, Franklin ?

— Je ne pense pas, Jack. Je préfère terminer ce boulot.

Et il y consacra toute sa matinée. De sa main disponible, il furetait à travers les papiers tirés du fichier central et, prélevant une phrase ici, une formule là, il continua de déclamer devant le dictaphone jusqu'à ce qu'il eût énuméré tous les avantages qu'offrait l'emploi d'une calculatrice pour la coordination des détails de la production industrielle. Quand il écouta son enregistrement, son texte lui parut plein d'autorité ; personne n'aurait osé dire qu'il ne comprenait pas grand-chose à ce dont il parlait. Quand son texte reviendrait dactylographié, il lui donnerait un peu plus de brillant ; peut-être le ferait-il vérifier par un technicien, à titre de précaution personnelle ; ensuite il le ferait imprimer et l'expédierait à Toledo en autant d'exemplaires que le désirait le directeur de la succursale. Pour se couvrir, il ferait parvenir un double à Bandy, avec une note ainsi conçue : « Espère que c'est okay. Toledo réclamait quelque chose de bref et de lisible pour la Convention de l'A N D P. » Et, avec un peu de chance, il se serait tiré une belle épine du pied. Entre-temps, il n'avait qu'à retirer tranquillement toute cette assommante correspondance avec Toledo du dossier qu'il n'avait pas envie d'ouvrir pour l'instant, et qu'à la placer dans la corbeille « Sortie », sous l'annotation « À classer », avec tout le matériel de la brochure.

Le désordre de son bureau s'en trouva si étonnamment réduit qu'il se découvrit le courage, après le déjeuner, de s'attaquer à deux ou trois autres affaires du dossier qu'il n'avait pourtant pas envie d'ouvrir. L'un d'entre eux impliquait la rédaction d'une lettre délicate expliquant pourquoi « nous » avions permis à un modèle désuet d'additionneuse de démonstration d'être expédié à la Foire de Chicago ; il en fit un chef-d'œuvre hermétique d'évasion. Un autre, constitué par une épaisse pile de lettres qu'il avait évité d'examiner depuis plusieurs semaines, se révéla d'une simplicité beaucoup plus élémentaire qu'il ne l'avait cru ; en fait il s'agissait de prendre une décision et tout le monde lui en avait laissé la responsabilité. Que fallait-il offrir comme primes dans un concours de rendement organisé entre les représentants et les vendeurs de Minneapolis-St. Paul ? Des pince-cravates en or massif (14 dollars 49) ou des boutons, pour revers d'habit, en or massif (8 dollars 98) ? Des pince-cravates ! Et allez donc, dans la corbeille *Sortie* !

Un vrai diable d'énergie ! Et ce ne fut guère avant quatre heures de l'après-midi, lorsqu'il alla se rafraîchir le visage au refroidisseur d'eau (« Regarde la grosse bulle qui monte… Floc ! N'est-ce pas amusant ? ») qu'il comprit la raison de cette métamorphose. En réalité, April lui avait inculqué la nuit précédente un certain petit remords lorsqu'elle avait déclaré que « depuis des années il avait travaillé comme un chien qu'on fouette ». Il lui aurait volontiers expliqué qu'il était bien difficile d'assimiler son travail chez Knox au travail d'un chien qu'on fouette, mais elle ne lui avait pas laissé la moindre chance de lui fournir cette précision ; alors maintenant, en essayant de liquider en un seul jour tous les papiers qui encombraient son bureau, il cherchait à se rattraper de l'avoir induite en erreur. Mais c'était absurde ! Quelle importance pouvait avoir ce qu'il avait fait chez Knox depuis des années, ou ce qu'elle croyait qu'il avait fait, ou ce qu'il croyait qu'elle croyait qu'il avait fait ? Tout cela n'avait plus aucune importance ; à se mettre bien dans la tête, une fois pour toutes ! Et en s'éloignant du refroidisseur d'eau, en essuyant sa bouche fraîche avec sa main tiède, il commença à réaliser, pour la première fois, qu'il allait quitter cet endroit pour toujours. Tout cet endroit (les lampes, les cloisons vitrées, les machines à écrire jacassantes), tout le lent supplice desséchant de cet endroit seraient retranchés de sa vie comme une tumeur de son cerveau. Bon débarras !

Pour terminer sa journée, il choisit de faire quelque chose qui n'impliquait aucun travail et très peu d'énergie, mais qui exigeait pourtant du courage. Il ouvrit le grand tiroir du fond de son bureau, en exhuma la pile qui dormait et qui pesait autant que deux annuaires du téléphone, et il la fit basculer dans sa corbeille à papier.

Ensuite, et pendant un nombre imprécis de jours, le bureau s'effaça à peu près complètement de sa conscience. Il exécutait les actes et les gestes habituels : il tenait des conférences avec Bandy, il froissait des papiers, il déjeunait avec Ordway et les autres, il souriait avec dignité quand il passait après de Maureen Grube dans les couloirs et même il s'arrêtait de temps à autre pour échanger quelques menus propos (afin de montrer qu'ils étaient amis) mais en réalité les heures du jour n'étaient plus pour lui qu'une période de repos et de préparation à la soirée.

Il ne semblait jamais tout à fait réveillé avant le moment où il dégringolait du train au crépuscule et où il reprenait sa voiture qui l'attendait à la gare. Les stimulants étaient en vue : des cocktails avec April pendant que les enfants regardaient en silence la télévision, le plaisir du dîner avec cet appétit de conversation qui rappelait l'époque où ils n'étaient pas encore mariés. Mais la journée ne commençait vraiment que plus tard, lorsque les enfants étaient couchés et que leur porte était soigneusement fermée pour la nuit. Alors ils passaient dans le living-room : April, à son habitude, se roulait élégamment en boule sur le canapé, et Frank restait debout, adossé à la bibliothèque ; tous deux avaient à la main une tasse de café et une cigarette ; c'était l'heure de leurs affaires de cœur.

Il commençait généralement à marcher de long en large dans la pièce tout en parlant, et elle le suivait des yeux, souvent en inclinant la tête et le buste. Quand il sentait qu'il avait prononcé une phrase caustique, incisive, pour définir un problème, il pivotait et la regardait d'un air de triomphe. Puis c'était au tour d'April de parler tandis qu'il reprenait dans le living-room sa promenade ponctuée de signes de tête approbateurs. Et quand elle se taisait, leurs yeux se cherchaient pour traduire une même exultation. Parfois il y avait une lueur d'humour dans ces embrassements du regard : « Je sais que je parade un peu », semblaient-ils dire ; « mais toi tu fais la même chose, et je t'aime. »

Et après tout, quelle importance ? La nature même de ces échanges, leur message et leur poésie, quoi qu'ils pussent dire d'autre, signifiaient que désormais ils se transformaient et qu'ils devenaient meilleurs. Blottie sur le canapé avec le gracieux arrondi de sa jupe qui lui recouvrait les chevilles, son cou d'albâtre élancé dans la lumière douce, le visage parfaitement détendu et très droit, April ne ressemblait plus du tout à l'actrice raidie par l'humiliation devant le rideau, encore moins à l'épouse en colère et en sueur qui avait manié la tondeuse à gazon, ou à la matrone excédée qui avait passé une mauvaise soirée avec les Campbell, ou à la femme gênée, embarrassée d'ardeur, qui l'avait accueilli pour le dîner d'anniversaire. Sa voix était nuancée et grave, aussi grave que dans le premier acte de *La Forêt pétrifiée*, et quand elle rejetait la tête en arrière pour rire, ou quand elle se penchait en avant pour secouer la cendre de sa cigarette, elle déployait toutes les ressources de la beauté classique. N'importe qui pouvait se l'imaginer en train de conquérir l'Europe.

Quant à Frank, il se rendait modestement compte qu'un changement du même ordre s'opérait en lui. Il savait par exemple qu'il avait modifié sa manière de s'exprimer : il avait une élocution plus lente, plus soignée et précise qu'auparavant, un timbre plus grave, une facilité neuve pour trouver ses mots ; il n'avait presque plus jamais recours à ces petites passerelles de balbutiement, presque d'excuses, telles que : « Non, mais ce que je veux dire… Je ne sais pas si… Vous savez bien ?… » qui d'habitude jalonnaient ses interventions oratoires. De même qu'il ne baissait plus la tête, qu'il ne la faisait plus osciller de droite à gauche et de gauche à droite pour s'efforcer dans son énervement d'être clair. Apercevant son image reflétée dans le panneau noir de la fenêtre panoramique, il dut néanmoins admettre que son physique n'était pas encore aussi réussi que celui d'April : il avait le visage trop rond, la bouche trop molle, un pantalon trop bien repassé, une chemise trop Madison Avenue. Mais quelquefois en fin de soirée, quand à force de parler il avait mal à la gorge et les yeux brûlants, quand il carrait les épaules, crispait la mâchoire, dénouait sa cravate et la laissait pendre comme une corde, il louchait du côté de la fenêtre et il pouvait alors admirer les bons débuts d'un personnage.

Pour les enfants aussi, ce fut une période étrange. Que signifiait exactement : « partir pour l'Europe en automne » ? Et pourquoi donc leur mère leur répétait-elle sans cesse que ce serait très drôle, comme si elle supposait qu'ils n'en étaient pas sûrs ? Et d'ailleurs, pourquoi se montrait-elle si fréquemment bizarre ? L'après-midi, elle les serrait contre elle et elle leur posait des questions dans un élan d'effervescence digne d'une veillée de Noël ; et puis, pendant qu'ils lui répondaient, ils la voyaient devenir distraite ; une minute plus tard, elle leur disait : « Oui, mes chéris ; mais ne parlez pas tout à fait autant, voulez-vous ? Une pause pour maman ! »

Et quand leur père rentrait à la maison, ils ne comprenaient pas davantage : il les projetait en l'air et les transportait à bout de bras à travers toute la maison (à croire qu'ils étaient en avion) jusqu'à ce qu'ils eussent le vertige, mais jamais plus avant d'avoir passé un long moment à saluer leur mère près de la porte de la cuisine. Et cette manie de parler pendant tout le dîner ! Impossible pour l'un ou l'autre des enfants de glisser un mot dans la conversation… Michael découvrit qu'il pouvait se trémousser sur sa chaise, répéter à satiété des petites phrases idiotes de bébé dans un monologue perçant et se bourrer la bouche de purée de pommes de terre en faisant pendre sa mâchoire sans encourir le moindre reproche des adultes ; quant à Jennifer, elle restait assise toute droite devant la table, sans daigner regarder son père ; elle feignait de prendre un grand intérêt aux propos de ses parents, et cependant un peu plus tard, impatiente d'aller au lit, elle se décidait à quitter la table d'elle-même, tout tranquillement, en suçant son pouce.

Il y avait au moins quelque chose de consolant : ils pouvaient se coucher sans craindre d'être réveillés une heure plus tard par les bruits soudains d'une dispute (portes claquées, respirations oppressées, coups de poing sur les meubles). Cela, apparemment, était révolu. À présent ils pouvaient somnoler avec, pour fond sonore, deux voix aimables dans le living-room, dont les modulations alternées façonnaient lentement le contour de leurs rêves. Si plus tard ils se réveillaient pour se retourner et chercher du bout de l'orteil une place plus fraîche sous les draps, ils retrouvaient encore ce bruit de fond : une voix de basse, une voix douce et musicale, aussi substantielles et aussi rassurantes qu'une frange bleue de montagnes dans le lointain.

— Tout ce pays est pourri par la sentimentalité, déclara Frank un soir en se détournant massivement de la fenêtre pour aller et venir sur le tapis. La sentimentalité s'est répandue comme une épidémie depuis des années, depuis des générations ; tout ce que l'on touche maintenant en est imprégné, avachi.

— Exactement, dit-elle captivée par ses paroles.

— Quand on va au fond des choses, n'est-ce pas la seule chose qui compte à présent ? Bien plus que la course au profit, ou la perte des valeurs spirituelles, ou la peur de la bombe. Ou peut-être avons-nous là le résultat de ces différents éléments ; peut-être est-il ce qui se produit quand ces différents éléments entrent en jeu sans être compensés par une véritable tradition de civilisation capable de les digérer. En tout cas, de quelque conséquence qu'il s'agisse, c'est bien ce qui est en train de tuer les États-Unis. Tu ne trouves pas ? Cette vulgarisation régulière, permanente de toute idée et de toute émotion en je ne sais quelle bouillie intellectuelle prédigérée ; cette sentimentalité optimiste, souriante, insouciante dans la façon de vivre de tout un chacun ?

— Si, dit-elle. Si.

— Et là où je veux en venir, c'est qu'il n'y a pas lieu de s'étonner que tous les Américains finissent par être émasculés. Parce que c'est bien de cela qu'il s'agit ; c'est cela que provoquent tous ces bêlements sur « l'adaptation », la « sécurité » et « la communauté ». Les exemples courent les rues. Tiens, cette idiotie de télévision où chaque plaisanterie est basée sur le postulat que papa est un imbécile et qu'il faut que maman soit toujours sur son dos. Et ces maudits petits écriteaux que les gens mettent sur leurs cours de devant… Tu n'as jamais remarqué ces écriteaux sur le Mont ?

— Les écriteaux avec un « les », tu veux dire ? Comme « Les Donaldson » ?

— Exactement…

Il se retourna et lui dédia un sourire de gratitude triomphale parce qu'elle avait parfaitement compris ce qu'il voulait dire.

— … On ne met plus « Donaldson », ou « John J. Donaldson ». Toujours et partout, on met maintenant « Les Donaldson ». On se représente des tas de petits paquets d'êtres confortables et bien au chaud comme des Jeannot Lapin en pyjama, en train de boire de la guimauve, nom de Dieu ! Je ne pense pas que les Campbell aient déjà suivi cette mode ; mais dans quelque temps, au train où nous les voyons partis, ils s'y mettront…

Il s'interrompit ici pour émettre un petit rire du fond de la gorge.

— … Et, mon Dieu, quand je pense que nous avons été si près de nous installer dans cette sorte d'existence !

— Mais nous ne l'avons pas fait, lui dit-elle. Voilà l'essentiel.

Une autre fois, alors qu'il était fort tard, il s'approcha du canapé et s'assit sur le bord de la table à café, en face d'elle.

— Sais-tu à quoi cela ressemble, April ? De parler ainsi ? Toute cette idée de partir pour l'Europe ?…

Il se sentait tendu, plein de vigueur et de courage ; le simple fait de s'asseoir sur une table à café lui parut un acte original et magnifique.

— … C'est comme si nous sortions d'une housse en plastique. Comme si nous avions été enfermés pendant des années sans le savoir, dans une housse en plastique et que, brusquement, nous nous en échappions. Cela ressemble un peu à ce que j'ai ressenti lorsque je suis monté en ligne la première fois pendant la guerre. Je me rappelle y être monté tout effaré, farouche, parce que c'était la mode d'être comme ça dans des moments pareils ; mais je ne pouvais absolument pas agir avec cœur. J'avais peur, bien sûr, mais la question n'est pas là. Ce que je ressentais n'avait rien à voir avec le fait d'avoir peur ou de ne pas avoir peur. J'éprouvais uniquement une terrible envie de vivre. Je me sentais plein de sang. Tout semblait plus réel que la réalité : la neige sur les champs, la route, les arbres, le terrible ciel bleu tout parcouru par des traînées de vapeur… Et tous les casques, les capotes, les fusils, et la façon dont les types marchaient ; je les aimais tous, ma foi, même ceux qui ne me plaisaient guère. Et je me rappelle avoir été très conscient de la manière dont mon propre corps vivait, par exemple du son de mon souffle dans mes narines. Je me rappelle que nous avons traversé une ville bombardée, toute en murs effondrés et en gravats, et j'ai trouvé que c'était très beau. Bon Dieu, j'étais probablement aussi engourdi et aussi épouvanté que n'importe quel autre ; mais au-dedans de moi je ne m'étais jamais senti mieux. Je pensais, je pensais, je pensais… C'est la vérité absolue ; oui, la vérité, je te le jure.

— J'ai éprouvé la même chose une fois aussi, dit-elle.

Dans la timidité du mouvement de ses lèvres, il devina qu'elle allait dire quelque chose d'étonnamment tendre.

— Quand ?

Aussi gêné qu'un écolier, il hésita à la regarder en face.

— La première fois que j'ai fait l'amour avec toi.

La table à café bascula stupidement, se redressa dans un bruit de tasses heurtées, quand il s'élança sur le canapé pour étreindre April. Et la soirée trouva ainsi sa conclusion.

Un bon nombre de soirées semblables se succédèrent avant que le premier petit désaccord se glissât dans leurs entretiens (avant, en fait, qu'il se remît à avoir une notion du temps).

Une fois, il l'interrompit pour lui dire :

— Écoute, pourquoi constamment parler de Paris ? Il y a des organisations officielles presque partout en Europe. Pourquoi pas Rome ? Ou Venise, ou… je ne sais pas, moi, la Grèce ? Tu comprends : gardons-nous des idées préconçues ; Paris n'est pas l'unique endroit accessible.

— Naturellement, ce n'est pas l'unique endroit accessible, répondit-elle en secouant d'un geste impatient la cendre qui était tombée sur sa jupe. Mais Paris me semble le point de départ le plus logique, tu ne trouves pas ? Surtout étant donné que tu connais la langue et le pays.

S'il avait regardé du côté de la fenêtre à ce moment-là, il aurait vu l'image d'un menteur terrorisé. La langue ! Lui avait-il donc fait croire qu'il parlait le français ?

— Ma foi, dit-il avec un petit rire et en faisant quelques pas, je ne voudrais pas être trop affirmatif sur ce point. J'ai probablement oublié le peu que je savais, et d'ailleurs je n'ai jamais su la langue dans le sens que… enfin, quoi, pour la parler couramment ; je pouvais me débrouiller plus ou moins, voilà tout.

— C'est tout ce qu'il nous faudra au début. Tu t'y remettras très vite. Tous les deux, nous travaillerons le français. Et de plus, tu es déjà allé en France. Tu connais le plan de Paris et des environs ; c'est important…

Il se réconforta silencieusement en pensant que cela, du moins, était grosso modo exact. Il savait où étaient situés la plupart des lieux reproduits sur les cartes postales illustrées, puisqu'il avait passé plusieurs permissions de trois jours à Paris à la fin de la guerre ;

il savait aussi comment se rendre de l'un de ces lieux aux endroits où s'étaient jadis installés le PX américain et le club de la Croix-Rouge, et comment aller de ces deux endroits à la place Pigalle, comment choisir la meilleure espèce de prostituée et quel sans doute serait le parfum de sa chambre. Il savait tout cela, et il n'ignorait pas non plus que le meilleur quartier de Paris, le quartier où les gens savaient réellement vivre, commençait autour de Saint-Germain-des-Prés et s'étendait vers le sud-est (ou le sud-ouest ?) jusqu'au café du Dôme. Mais cette précieuse information provenait de la lecture de *The Sun Also Rises* à Columbia bien plus que de ses randonnées personnelles, car il les avait effectuées tout seul, la plupart du temps, avec des pieds endoloris. Il avait admiré la délicate architecture ancienne des bâtiments, ainsi que la manière dont les lampadaires diffusaient de doux éclairages vert clair, la nuit tombée, dans les arbres, et l'océan de visages intelligents, bavards qui s'étalait aux longues terrasses brillantes des cafés ; mais le vin blanc lui donnait mal à la tête, et tous les visages bavards, vus de plus près, semblaient appartenir soit à des barbus intimidants, soit à des femmes dont le regard le soupesait et l'éconduisait en moins d'une seconde. Paris lui avait donné la sensation d'une sagesse planant tout juste hors de sa portée, d'une grâce ineffable qui l'attendait sur l'autre trottoir ; et pourtant il avait erré jusqu'à l'épuisement dans les grandes et petites rues bleues, mais tous les gens qui savaient réellement vivre avaient gardé pour eux-mêmes leur recette, et régulièrement il avait terminé ses séjours de la même manière : complètement saoul et vomissant tripes et boyaux par la porte arrière du camion qui le cahotait vers l'armée.

Pendant qu'April continuait de parler, il s'entraîna : « *Je suis, tu es, nous sommes, vous êtes, ils sont.* »

— … mieux une fois que nous serons installés, disait-elle. Tu ne trouves pas ? Tu ne m'écoutais pas.

— Si, je t'écoutais. Ou plutôt non, je te demande pardon, je ne t'écoutais pas…

Et il s'assit sur la table à café, en souriant avec ce qu'il espérait être une candeur désarmante.

— … J'étais en train de réfléchir que rien ne sera facile : partir pour l'étranger avec les gosses, etc. Tu comprends, nous allons devoir affronter un tas de problèmes que d'ici nous ne pouvons pas prévoir.

— C'est certain, répondit-elle. Et non moins certainement tout ne sera pas facile. Mais tu connais, toi, un but valable qui soit simple ?

— Non, bien sûr. Tu as raison. Je me sens vaguement fatigué ce soir. Tu n'aurais pas envie d'un verre ?

— Non, merci.

Il alla à la cuisine où il se confectionna une boisson dont l'alcool le réchauffa ; et toutes les difficultés s'évanouirent jusqu'au lendemain soir (ou le surlendemain soir) quand elle lui raconta à quoi elle avait consacré sa journée.

Il avait supposé qu'elle aussi était affligée de paresse et de rêveries pendant le jour ; il se l'était imaginée traînant dans son bain et passant des heures entières devant le miroir de sa chambre, pour essayer différentes robes, de nouvelles coiffures... n'abandonnant peut-être le miroir que pour esquisser des pas de valse sur des refrains de violons imaginaires, pour tourbillonner dans un songe à travers la maison ensoleillée en se retournant pour sourire par-dessus son épaule à sa propre image radieuse de beauté, puis obligée de se dépêcher pour que les lits fussent faits et les pièces en ordre pour son retour. Mais ce jour-là, elle était partie pour New York immédiatement après le petit déjeuner, elle s'était rendue dans un bureau de placement à l'étranger, elle avait subi une sorte d'examen et elle avait rempli une fiche très détaillée de demande d'emploi ; de là elle était allée procéder aux démarches nécessaires pour leurs passeports, elle s'était procuré trois brochures de tourisme ainsi que les horaires d'une demi-douzaine de compagnies maritimes et aériennes, elle avait acheté deux valises neuves, un dictionnaire français, un plan des rues de Paris, un exemplaire de *Babar l'Éléphant* pour les enfants, et un livre intitulé *Le Français plus clair* (Pour Les Personnes Éclairées Qui Ont Déjà Quelques Notions) ; elle était rentrée précipitamment à la maison et elle avait relevé la baby-sitter juste à temps pour mettre le dîner à cuire et préparer un pichet de Martini.

— Et tu n'es pas fatiguée ?

— Non, vraiment. Ç'a été une sorte de tonique. Il y a si longtemps que je n'avais passé une journée en ville ! J'avais pensé à pointer mon nez à ton bureau pour déjeuner avec toi, et te faire une surprise, mais je n'ai pas eu le temps… Qu'y a-t-il donc ?

— Rien. Je suis tout simplement un peu ahuri. Cette quantité de choses que tu as pu faire en un seul jour… C'est impressionnant !

— Tu es vexé, dit-elle. N'est-ce pas ? Oh, je ne te le reproche pas !…

Son visage se crispa pour contrefaire tristement la grimace compréhensive de l'épouse dans une comédie télévisée.

— … Je dois donner l'impression que je m'occupe de tout, n'est-ce pas ? Que je me charge de tout.

— Non, protesta-t-il. Non, écoute, ne fais pas l'idiote. Je ne suis pas vexé. Ça n'a aucune importance.

— Mais si. C'est comme lorsque je tonds la pelouse, par exemple. Je savais bien que j'aurais dû te laisser te débrouiller pour les passeports et les agences de voyage ; mais je me trouvais par là et, j'aurais été stupide de ne pas m'y arrêter. Oh, je te demande pardon !

— Voyons, as-tu fini ? Dans une minute, je me vexerai pour de bon si tu insistes. Veux-tu, s'il te plaît, penser à autre chose ?

— Bon.

— Ce livre ne nous servira probablement pas à grand-chose, dit-il en feuilletant les pages du *Français plus clair*. Je veux dire qu'il me paraît un peu calé pour nous.

— Oh, ça ? Oui, je trouve aussi que c'est un petit livre un peu trop prétentieux ; tu sais, je l'ai acheté sans le regarder de près. Voilà une autre course que j'aurais dû te laisser : tu t'entends toujours bien mieux que moi à ce genre de choses…

Ce fut le lendemain soir qu'elle lui dit, avec un air coupable et contrit, qu'elle avait une mauvaise nouvelle à lui annoncer.

— … Pas vraiment mauvaise, mais ennuyeuse. D'abord Mrs. Givings est venue aujourd'hui et elle nous a invités très cérémonieusement à dîner, pour demain soir ; naturellement, j'ai répondu non ; j'ai prétexté que nous ne pourrions pas avoir une baby-sitter. Alors elle a essayé de m'épingler pour un soir de la semaine prochaine, et j'ai continué à refuser… jusqu'à ce que je me sois rendu compte qu'il faudrait la voir bientôt de toutes façons, à cause de la maison qui va redevenir disponible ; voilà pourquoi j'ai dit : « Pourquoi ne viendriez-vous pas dîner ici ? »

— Oh, Jésus !

— Non, ne te tracasse pas. Ils ne viendront pas. Tu sais comment elle est. Elle a répété cent fois qu'elle ne voulait pas nous infliger un dérangement… Seigneur, que cette femme est pénible !… Et moi j'ai répété que nous avions vraiment besoin de la voir, pour affaires. Cette scène s'est prolongée pendant une demi-heure et j'ai réussi à lui arracher qu'elle viendrait seule demain soir. Après le dîner. Une visite d'affaires, strictement. Avec un peu de chance, nous ne la reverrons plus avant que la maison soit vendue.

— Parfait.

— Attends, attends… J'avais complètement oublié que nous étions censés nous rendre chez les Campbell demain soir. Alors j'ai appelé Milly au téléphone et j'ai tâté du même mensonge au sujet de la baby-sitter ; mais elle m'a paru… je ne sais pas, très contrariée. Tu sais comment est Milly quelquefois ? Il faut la traiter comme une enfant. J'ai donc été obligée de lui dire : « Eh bien, c'est entendu ; nous viendrons ce soir au lieu de demain. » Tu vois, le week-end se présente mal : les Campbell ce soir, Givings demain. Je suis terriblement désolée, Frank.

— Que veux-tu ! Tant pis… Ton émission des mauvaises nouvelles est terminée ?

— C'est vrai ? Tu ne m'en veux pas ?

Il ne lui en voulait pas du tout. En se lavant et en changeant de chemise il découvrit qu'il attendait avec impatience le moment où il informerait les Campbell de leur plan. Une chose pareille ne semble jamais réelle avant qu'on l'ait racontée à quelqu'un.

— Écoute-moi tout de même, April, dit-il en rabattant le pan de sa chemise. Quand nous mettrons au courant Mrs. Givings, il n'y a aucune raison pour que nous lui disions ce que nous allons faire en Europe, n'est-ce pas ? Elle n'a déjà pas tellement d'estime pour moi.

— Bien sûr, nous ne lui dirons rien…

Elle eut l'air surprise à l'idée qu'ils pussent dire quoi que ce fût à Mrs. Givings en dehors du simple fait qu'ils désiraient vendre leur maison.

— … En quoi cela la regarde-t-elle ? Et pareil pour les Campbell ; nous n'avons pas besoin de leur donner nos raisons.

— Non, non, non ! répondit-il précipitamment. Il faut que nous leur donnions nos raisons…

Il faillit ajouter : « Ils sont nos amis, eux. » Mais il se rattrapa :

— … Enfin, bien sûr nous ne sommes pas obligés de les leur donner. Mais pourquoi ne pas les mettre au courant ?

2.

Sheppard Sears Campbell aimait beaucoup faire reluire ses chaussures. Cette passion-là, il l'avait apprise dans l'armée (où il avait fait trois campagnes dans une célèbre division aéroportée) et à présent encore, bien que les souliers civils lui apportassent beaucoup moins de satisfactions que les lourdes bottes de saut du bon vieux temps, l'odeur âcre et la vigueur usitée par cet exercice maintenaient les chers souvenirs de l'esprit de corps. Tout en frottant, il chantait d'une voix enrouée un ancien swing pour grand orchestre, et il alternait les couplets avec des onomatopées (« Bouddappa banh ! Banh ! Banh ! »), histoire de stimuler les cuivres ; mais de temps à autre il s'arrêtait pour téter la canette de bière posée sur le plancher à côté de lui ; ensuite il s'étirait, se grattait les aisselles jaunies de sa chemise et lâchait un rot prolongé et satisfait.

— À quelle heure les Wheeler viennent-ils, ma poupée ? demanda-t-il à sa femme qui s'examinait attentivement dans le miroir de sa coiffeuse.

— Huit heures et demie, mon amour.

— Jésus ! s'exclama-t-il. Si je veux prendre une douche, je ferais bien de me grouiller.

Il loucha vers les orteils de son pied droit, qu'il plia pour vérifier si sa chaussure brillait bien ; ensuite il s'accroupit à nouveau, attrapa son chiffon et s'attaqua au soulier gauche.

L'air flegmatique de paysan qu'il arborait en cirant ses chaussures n'était plus maintenant qu'une expression occasionnelle sur le visage de Shep Campbell ; il le réservait pour ses séances de cireur ou pour changer une roue ; c'était pourtant le vestige d'une force qui jadis avait régné sur son cœur. Pendant des années en effet, soit enfant, soit homme, il avait aspiré par-dessus tout à être insensible et mal élevé, afin de préserver son indépendance parmi des garçons et des hommes renfrognés dont les railleries réelles ou imaginaires avaient hanté son enfance, et d'apporter un démenti, par un effort de volonté, à ce qui avait été longtemps la Route de sa vie, à savoir qu'il avait grandi dans un palais-prison aux environs de Sutton Place, qu'il avait été éduqué par des précepteurs particuliers, qu'on ne l'autorisait à jouer avec d'autres enfants que sous l'œil souriant d'une nurse anglaise ou d'une gouvernante française, et que sa mère richement divorcée avait tenu à l'habiller tous les dimanches, jusqu'à sa onzième année, d'un « adorable » kilt en tartan qui venait de Bergdorf Goodman.

— Elle aurait fait de moi une sacrée poupée en sucre ! s'exclamait-il encore à présent devant les nouveaux amis auxquels il parlait parfois de sa mère.

Mais depuis longtemps, quand il était d'humeur plus calme et plus raisonnable, il se montrait assez compatissant pour lui pardonner. Personne n'avait, n'est-ce pas, de parents parfaits ? Au surplus ne savait-il pas que sa mère n'aurait jamais pu mettre à exécution ses projets, quels qu'ils fussent ? Dès le début de son adolescence, depuis que son corps d'enfant avait commencé à prendre la forte et rude carrure d'un lutteur, et peut-être même plus tôt, il avait définitivement échappé à son emprise frémissante. Au cours de ces années de formation, tout ce qui pouvait avoir un rapport plus ou moins lointain avec ce que sa mère appelait « cultivé » ou « beau » était l'objet des anathèmes de Shep Campbell ; et tout ce qu'elle trouvait « vulgaire » attisait les désirs de son cœur. Dans son école préparatoire, petite mais onéreuse, il s'acharna à devenir le voyou le plus mal vêtu et le plus grossier de la corporation des collégiens ; redouté et admiré, il bénéficiait aussi d'une vague pitié parce qu'on le supposait orphelin ; au cours de sa dernière année, il fut néanmoins chassé de l'école et, pour la plus grande désolation de sa mère, il se fit inscrire dans une école supérieure de Manhattan où il eut quelques démêlés avec la police ; il y resta jusqu'à ce que son dix-huitième anniversaire l'expédiât chez les parachutistes, tout à fait décidé à faire montre d'une grande bravoure, mais aussi d'une qualité chère à beaucoup de soldats : celle d'être un bel emmerdeur.

Sur les deux plans il réussit parfaitement, et la guerre parut n'avoir fait que renforcer ses idées. Quand elle prit fin, il trouva tout à fait logique de répondre par un haussement d'épaules à sa mère qui le suppliait en pleurant de s'inscrire à Princeton ou à Williams ; il préféra un institut de technologie de troisième classe dans le Middle West (« Sur ma prime de G. I. ! » précisait-il toujours comme si la moindre possibilité de disposer de ressources personnelles l'aurait rangé parmi les vieilles cloches). Là, vêtu d'un blouson de cuir, il somnola pendant les classes, le soir il tira des bordées en compagnie de quelques garnements du collège, et il manifesta par des rugissements parfumés à la bière son invincible dédain pour tout ce qui ressemblait à des arts libéraux ; du moins apprit-il le métier indiscutablement masculin, indiscutablement « classe moyenne » de technicien de l'industrie mécanique. Là aussi il se maria, avec une douce petite secrétaire adorable de l'économat, et devint père de famille. Plusieurs années s'écoulèrent encore avant que s'amorçât la grande réaction.

Qu'arriva-t-il alors ? (Plus tard il devait appeler cette époque : « Le temps où j'étais devenu un peu cinglé. ») Il arriva qu'un beau jour il se découvrit employé dans une usine de machines hydrauliques à cent soixante kilomètres de Phoenix, Arizona, et logeant dans l'une des quatre cents maisons, dressées toutes pareilles et serrées les unes contre les autres sur le désert, dans une sorte de boîte cuisant au soleil avec, sur les murs, quatre paysages de montagne encadrés et achetés à un prisunic et sur toute la largeur de ses rayons de bibliothèque cinq manuels marron de mécanique, dans une boîte qui chaque soir résonnait des éclats bruyants de la télévision ou des discussions de voisins venus en visite pour une canasta.

Sheppard Sears Campbell dut admettre qu'il se sentait perdu parmi ces jeunes hommes qui avaient des visages carrés, prématurément sérieux, et avec ces filles qui pouffaient de rire lorsqu'elles entendaient les plaisanteries les plus éculées (« Harry, Harry, raconte l'histoire de l'homme qui s'est fait coincer dans les lavabos pour dames ! ») ou qui se taisaient respectueusement quand leurs maris discutaient voitures (« Maintenant, considère la Chevrolet ; à mon avis… »). Il commença à se juger un imposteur et un imbécile. Brusquement il lui apparut que la grande aventure qui consistait à faire semblant d'être ce qu'il n'était pas avait abouti à lui attribuer un mode de vie dont il ne voulait pas et qu'il ne pouvait pas supporter, et qu'en prenant systématiquement le contre-pied de sa mère, il avait tourné le dos à son droit de naissance.

Il fut alors hanté par des visions brillantes d'un monde qui pouvait et qui aurait dû être le sien : un monde d'intelligence et de sensibilité que son esprit confondait maintenant avec l'Est. Dans l'Est, se disait-il, un homme fréquentait le collège non pas pour s'assurer un métier, mais pour rechercher dans la discipline la sagesse et la beauté, et il ne serait venu à l'idée de n'importe qui ayant dépassé sa douzième année de croire que ces deux mots n'étaient bons que pour les poules mouillées. Dans l'Est, vêtu de tweed et de flanelle froissés, il aurait pu passer des heures à se promener au milieu de vieux ormes et d'anciennes tours à horloge en bavardant avec des amis, et ses amis auraient été la crème de leur génération. Les jeunes filles de l'Est étaient merveilleusement gracieuses et sveltes ; elles allaient et venaient avec l'autorité attachée à des endroits comme Bennington et Holyoke ; elles parlaient intelligemment et leurs voix étaient graves, nuancées : elles ne gloussaient jamais pour rire. Dans les soirées d'un hiver vif, on pouvait les rencontrer pour des cocktails au Biltmore, les accompagner au théâtre, et ensuite, réchauffées par du cognac, elles se laissaient conduire dans une auberge de la Nouvelle-Angleterre cernée par la neige et elles se glissaient joyeusement au lit avec leur soupirant sous un édredon de duvet d'eider. Dans l'Est, quand le collège était terminé, on pouvait différer le moment de se mettre sérieusement au travail, attendre d'avoir passé quelques années dans une garçonnière bondée de livres, d'avoir fait quelques voyages en Europe ; lorsque l'on trouvait enfin sa vraie vocation, c'était grâce à un processus de sélections documentées et méticuleuses ; et quand on se mariait, c'était pour solenniser la dernière et la meilleure d'une longue série d'aventures sophistiquées.

Ruminant ces fantaisies, Shep Campbell eut bientôt acquis une réputation de snob à l'usine hydraulique. Il choqua Milly, aussi, et il l'effraya car il était devenu un auditeur morose de musique classique et un lecteur renfrogné de périodiques littéraires. Il ne lui parlait plus que rarement, et quand cela lui arrivait il s'exprimait non plus avec son vieil accent inimitable où se mélangeaient le gamin de New York et le fermier de l'Indiana, mélange qu'elle avait toujours trouvé « tellement séduisant », mais sur un rythme neuf d'impatience qui avait des accents redoutablement anglais. Et puis, un dimanche soir, après qu'il eut passé toute la journée à boire et à gourmander ses enfants, elle alla se tapir en larmes dans un coin, avec son bébé au sein, tandis que son mari la traitait de provinciale ignorante et se fracturait trois os de la main en boxant le mur.

Une semaine plus tard, encore pâle et bouleversée, elle l'avait aidé à charger des vêtements, des couvertures et des ustensiles de cuisine dans la voiture, et ils s'étaient mis en route pour leur pèlerinage poussiéreux vers l'Est. Six mois à New York avaient suivi ; six mois pendant lesquels il essaya de décider s'il continuerait à être ingénieur ; cette période fut, Shep le savait, la plus pénible de l'existence de Milly. Première surprise brutale : l'argent de sa mère avait fondu, disparu ; elle n'en avait jamais eu beaucoup, d'ailleurs, et à présent il en restait juste assez pour faire vivre décemment dans un hôtel une vieille dame distinguée et dolente avec un chat. Il y eut bien d'autres déconvenues : New York était devenue une ville immense, sale, bruyante, cruelle. Dépensant au compte-gouttes leurs économies en confectionnant des repas peu chers dans un appartement meublé, ne sachant jamais où allait Shep ni quelle serait son humeur quand il rentrerait, ne sachant jamais quoi dire quand il parlait d'une façon décousue d'études graduées en musique et en philosophie, ou quand il avait envie de flâner des heures dans la fontaine tarie de Washington Square avec une barbe de quatre jours, elle éplucha plus d'une fois la rubrique « psychiatres » dans l'annuaire des professions de New York. Mais finalement il se résolut à prendre un emploi dans « Allied Precision », à Stamford, et ils déménagèrent pour s'installer d'abord dans une maison louée, ensuite dans le Domaine du Mont de la Révolution ; depuis lors la vie de Milly reprit un cours normal.

Pour Shep également, ces dernières années furent une période de paix relative. Du moins l'aurait-on cru à le voir au crépuscule glorieux de cette belle journée de printemps. Agréablement bourré d'agneau rôti et de bière, il escomptait une bonne soirée avec les Wheeler. Les choses auraient pu être pires ! En toute sincérité, sa situation à Stamford, le Domaine du Mont de la Révolution et la Compagnie du Laurier ne correspondaient pas exactement à sa vision arizonienne de l'Est, mais à défaut d'autre chose, il pouvait au moins regarder derrière lui sans regret.

Parce que tout de même, sa phase de « dur » (névrosé ou non) lui avait fait incontestablement beaucoup de bien. Par exemple, c'était grâce à elle qu'il avait reçu la Silver Star et une promotion sur le champ de bataille à vingt et un ans : deux réalités, n'est-ce pas, que bien peu de garçons de son âge pouvaient revendiquer. (Promu sur le champ de bataille ! Quand il formulait mentalement cette phrase, des vrilles brûlantes d'orgueil lui chatouillaient la gorge et la poitrine.) Aucun psychiatre ne réussirait jamais à supprimer ces réalités-là ! Par ailleurs il avait cessé d'être tourmenté par la hantise qu'il était un raté et, sur le plan culturel, l'un des traînards de sa génération. Assurément il avait le droit de se croire l'égal d'un Frank Wheeler, notamment ; or Frank était le produit de tout ce qui jadis l'avait fait griller d'envie : d'une université de l'Est, des arts libéraux, de plusieurs années de vadrouille dans Greenwich Village… Il n'avait donc pas à se reprocher d'être passé par une école technique.

Et puis enfin, s'il n'était pas passé par une école technique, il n'aurait jamais connu Milly ; et il n'avait pas besoin d'un psychiatre pour savoir qu'il serait réellement malade, et qu'il aurait réellement quantité d'ennuis s'il recommençait à regretter de l'avoir épousée. Peut-être n'avaient-ils pas les mêmes antécédents ; peut-être s'était-il marié avec elle pour des raisons qu'il lui était difficile de se rappeler ; peut-être ne s'agissait-il pas de l'amour le plus romanesque qui fût au monde… Milly n'en était pas moins la femme qu'il lui fallait. Deux traits de Milly avaient de quoi le plonger dans un état d'émerveillement sentimental : d'abord elle ne l'avait pas lâché pendant toute cette époque de panique dans l'Arizona et à New York (il espérait bien ne jamais l'oublier) ; ensuite elle s'était vite et parfaitement adaptée à son nouveau genre de vie.

Tout ce qu'elle avait appris ! Pour une fille dont le père était peintre en bâtiment et à peu près illettré, dont les frères et sœurs disaient tous des phrases dans le genre de : « Y a longtemps qu'j'suis été te voir », le problème n'avait pas dû être simple… Plus il y pensait, plus il trouvait remarquable qu'elle sût s'habiller presque aussi bien qu'April Wheeler et parler presque aussi bien de n'importe quoi ; qu'elle pût habiter une maison de banlieue aussi laide et aussi difficile à mener que la leur, et qu'elle sût pourquoi et comment il convenait de s'en excuser en mettant en avant la situation de Shep et les enfants (« Autrement, bien sûr, nous habiterions en ville ou alors plus loin, dans la vraie campagne… »). Et elle s'était ingéniée à donner à chaque pièce un aspect sobre, dépouillé, intellectuel qu'April Wheeler qualifiait d'« intéressant ». Ma foi oui, presque toutes les pièces. Dans la tendresse et l'indulgence qui s'éveillaient en lui chaque fois qu'il cirait ses chaussures, Shep Campbell fut bien forcé d'admettre que cette pièce en particulier, leur chambre à coucher, n'avait rien d'un lieu trop sophistiqué. Ses murs étroits, tapissés d'un papier à gros motifs floraux roses et lavande, supportaient des étagères soigneusement posées, lesquelles supportaient à leur tour des rangées de petits objets fragiles de verre clinquant. Les fenêtres étaient moins de vulgaires fenêtres que des cadres pour les effusions bouffantes de rideaux en basin, et le juponnage du lit et de la coiffeuse (dans le même basin) retombait jusqu'au tapis en vagues de plissés. Cette chambre-là aurait pu avoir été rêvée par une petite fille, seule avec ses poupées, obsédée par l'idée de leur faire quelque chose de joli avec des caisses d'oranges défoncées et des bouts de tissu, dans un coin bien abrité de la cour du fond ; par une petite fille qui aurait balayé le sol jusqu'à ce qu'il devînt lisse comme un croûton de pain, et qui l'aurait balayé à nouveau si le croûton avait commencé à s'émietter ; par une petite fille active, parlant à voix basse, aux doigts mouillés, et dont les joues auraient un peu tremblé chaque fois qu'elle aurait mis en place un bout de gaze ou un ruban un peu défraîchi (« Là… Là… ») ; d'une petite fille dont les yeux vifs, effrayés, auraient beaucoup ressemblé aux yeux qui maintenant scrutaient le miroir à la recherche des symptômes d'un vieillissement prématuré.

— Mon amour ? dit-elle.

— Mm ?

Elle se retourna lentement sur le tabouret, visiblement en proie à des réflexions agaçantes.

— Écoute, je ne sais pas, tu vas te moquer de moi… Écoute-moi quand même. Ne trouves-tu pas que les Wheeler sont en train de devenir un peu prétentieux, poseurs ?

— Oh, je t'en prie, ne dis pas de bêtises ! répliqua-t-il en prenant la grosse voix du bon sens. Qu'est-ce qui te fait penser une chose pareille ?

— Je ne sais pas. Je ne pourrais pas te le dire. Tu comprends, je sais bien qu'elle a été bouleversée par la pièce, mais nous n'y étions pour rien, tout de même ? Et puis, quand nous sommes allés chez eux la dernière fois, tout semblait tellement… je ne sais pas. Tu te rappelles la fois où j'ai essayé de décrire la façon dont ta mère me regardait ? Eh bien, April me regardait ce soir-là exactement de la même manière. Et maintenant, toute cette histoire d'avoir oublié notre invitation… je ne sais pas. Je trouve cela drôle, voilà tout !

Il ferma d'un coup sec le couvercle de sa boîte à cirage, qu'il rangea avec le chiffon roulé et ses brosses.

— Mon chou, dit-il, tout cela est le produit de ton imagination. Tu vas gâcher ta soirée.

— Je connaissais déjà ta réponse…

Elle se leva ; dans son slip rose, elle avait l'air désorientée, attendrissante.

— J'ai dit tout simplement la vérité. Allons, voyons ! Ne t'en fais pas, et passons une bonne soirée.

Il alla la secouer gentiment par les épaules ; mais son sourire se mua en une grimace désolée contre l'oreille de Milly, parce qu'en se penchant au-dessus de son épaule, il avait flairé une légère odeur de rance.

— Oh, tu as sans doute raison, disait-elle. Je te demande pardon. Va prendre ta douche maintenant ; moi, je vais terminer mes préparatifs à la cuisine.

— Inutile de te bousculer, dit-il. Ils arrivent toujours un peu en retard. Pourquoi ne prendrais-tu pas une douche toi aussi, si tu en as envie ?

— Non ; je suis toute prête ; je n'ai plus qu'à passer ma robe.

Sous la douche, et tout en se savonnant et en se frictionnant, Shep Campbell se demanda pourquoi diable il arrivait à Milly de sentir quelquefois le rance. Ce n'était pas qu'elle se baignât trop rarement : il savait pertinemment qu'elle s'était baignée la veille au soir. Cela n'avait d'autre part rien à voir avec l'époque du mois : il l'avait vérifié depuis longtemps. Peut-être s'agissait-il d'une réaction provoquée par les nerfs, tout comme une éruption sur la peau ou des aigreurs d'estomac. Oui, elle devait avoir tendance à transpirer davantage quand elle s'énervait.

Mais il fut bien obligé de reconnaître, tout en s'essuyant consciencieusement, que l'odeur de la sueur n'était pas seule en cause. Dieu le savait, cette odeur-là chez une femme pouvait être diablement excitante !... Et voilà que soudain il fut envahi par un flux de souvenirs datant de l'été dernier, d'un soir où il avait tenu dans ses bras April Wheeler à moitié ivre sur la piste encombrée du dancing de la Cabane en Bois. Une chaleur étouffante régnait dans la salle ; sa robe collait à son dos, sa tempe moite glissait sous la joue de Shep tandis qu'ils se trémoussaient au rythme trépidant de la batterie et d'un saxo gémissant. Oh, elle était toute en sueur, cela oui, et cette sueur sentait aussi fort, aussi net qu'un parfum de citron ! Son odeur, combinée avec le contact étroit d'un corps magnifique l'avait fait... lui avait donné le désir de... oh, Jésus ! La scène remontait à près d'un an, mais il en avait gardé une telle impression que ses doigts tremblaient pour boutonner sa chemise.

Le calme de la maison lui parut un peu anormal. Emportant sa canette de bière vide, il descendit pour voir ce que faisait Milly, et ce fut seulement quand il arriva au milieu du living-room qu'il se rendit compte qu'il avait quatre fils.

Il faillit trébucher sur eux. Bien en ligne, leurs corps de huit, sept, cinq et quatre ans pareillement vêtus d'un pyjama bleu en tricot étaient allongés sur le ventre ; ils s'appuyaient sur les coudes pour mieux suivre sur l'écran de télévision les images bleues et fugitives. Ces quatre visages blonds au nez camus avaient de profil le même air de famille, et ressemblaient étonnamment à Milly ; leurs mâchoires travaillaient en cadence des tablettes de chewing-gum dont les enveloppes roses gisaient sur le tapis.

— Ohé, le gang ! appela-t-il.

Mais aucun de ses fils ne leva le nez. Il contourna avec précaution « le gang », et se dirigea vers la cuisine en fronçant les sourcils. D'autres pères avaient-ils jamais éprouvé de l'aversion au spectacle de leurs propres enfants ? Voyons, ce n'était pas que leur présence l'eût surpris ; cette surprise n'avait rien d'extraordinaire ; très souvent, en effet, il lui arrivait de tomber sur eux et de se demander : « À qui sont ces quatre bonshommes ? » Il avait alors besoin d'une ou de deux secondes de réflexion pour lui faire admettre l'évidence que c'étaient les siens. Mais sacré nom, si quelqu'un lui avait demandé ce qu'il ressentait dans ces moments-là, il aurait pu répondre en toute loyauté que c'était une vive poussée de plaisir (la même sensation qu'il éprouvait quand le soir il allait vérifier qu'ils étaient tous couchés, ou quand ils galopaient sur la pelouse à la poursuite du ballon qu'il avait projeté très haut au-dessus de leurs têtes). Pourtant, aujourd'hui, ce fut autre chose. Il dut convenir qu'il avait ressenti… eh bien oui : une vague aversion.

Milly se trouvait dans la cuisine ; elle étalait une sorte de colle de viande sur des biscuits durs, et elle se léchait les doigts tout en travaillant.

— Excuse-moi, mon chou, lui dit-il en passant à côté d'elle. Je vais te débarrasser de ma personne encombrante.

Il sortit du réfrigérateur une canette de bière fraîche et l'emporta dans la cour du fond, pour boire à loisir. De là, en regardant en contrebas par-dessus les cimes obscures des arbres, il pouvait tout juste apercevoir le bord du toit des Wheeler ; plus bas, plus loin et à droite, sous les fils téléphoniques et sur la Route n° 12, défilaient en bourdonnant les voitures avec leurs phares et leurs lanternes que les conducteurs venaient d'allumer. Son regard se perdit de ce côté, et il chercha à voir clair en lui.

Si ce n'était pas de l'aversion, alors qu'avait-il ressenti exactement ? Une désapprobation irritée et dédaigneuse de snob, peut-être, parce qu'à les observer étalés par terre pour mieux voir et mastiquant du chewing-gum, il leur avait trouvé l'air idiot, l'air… Eh bien oui, l'air d'enfants des classes moyennes ? Mais c'était absurde ! Préférerait-il les voir assis devant une petite table à thé ? En kilt de tartan ? Non. Il y avait eu autre chose, et plus grave : c'était probablement que leur image s'était brutalement interposée devant celle d'April Wheeler, et Dieu savait si à ce moment-là il était en train de penser à elle ! De trente-six manières ! Allons, n'était-il pas plus sain de se l'avouer tout simplement, au lieu de se le dissimuler ? Oui, ils étaient venus s'interposer devant l'image d'April Wheeler, et leur intrusion l'avait gêné, voilà tout ! L'ayant loyalement reconnu, il se donna la permission de modifier l'orientation de son regard, de le transporter de la Route n° 12 pour le concentrer sur le toit des Wheeler. En hiver, quand il n'y avait plus de feuilles aux arbres, il pouvait voir de là presque toute leur maison et une partie du gazon ; le soir, il distinguait très bien la lumière de la chambre à coucher. Il se demanda ce qu'April pouvait bien faire en cet instant précis. Se coiffait-elle ? Enfilait-elle ses bas ? Il espéra qu'elle aurait choisi de porter sa robe bleu foncé.

— Je t'aime, April, murmura-t-il rien que pour savoir à quoi ressemblaient des mots comme ceux-là. Je t'aime. Je t'aime.

— Mon amour ? appela Milly. Que fabriques-tu là-bas ?

Elle se tenait sur le seuil de la cuisine bien éclairée, scrutant les ténèbres ; derrière elle, les Wheeler souriaient.

— Oh ! s'exclama-t-il en s'élançant pour traverser la pelouse. Ohé ! Je ne vous avais pas vus arriver !

Puis, sentant qu'il se conduisait comme un gamin, il s'arrêta pour terminer sa canette de bière ; mais il s'aperçut qu'il l'avait déjà vidée quelques minutes plus tôt ; dans sa main la canette était déjà tiède.

Dès le début, la soirée se révéla embarrassante. Si embarrassante, en fait, que pendant la première heure Shep s'attacha à éviter les yeux de Milly de peur que son regard n'ajoutât aux difficultés de sa femme. Impossible de le nier : il se passait quelque chose de fichtrement bizarre. Les Wheeler se tenaient sur la réserve, en retrait sur l'ambiance habituelle ; ils étaient contractés, figés. Ni Frank ni April n'allaient dans la cuisine pour se servir à boire en continuant de bavarder ; ils restaient assis, poliment englués sur le canapé, côte à côte. Un coup de pistolet ne les aurait pas séparés.

April avait bel et bien opté pour sa robe bleu foncé, et elle n'avait jamais paru plus belle ; mais dans ses yeux brillait un regard étrange, lointain : le regard d'une spectatrice cordiale plus que d'une invitée, encore moins d'une amie. Le maximum que l'on pouvait tirer d'elle était un : « Oui » ou un : « Oh, vraiment ? »

Et Frank était pareil, à cette différence près qu'il se montrait dix fois pire. Non seulement parce qu'il ne parlait pas (bien que cela seul fût exceptionnel) ou parce qu'il ne faisait aucun effort pour dissimuler qu'il ne prêtait aucune attention aux propos de Milly ; mais parce qu'il se conduisait comme un sacré snob. Ses yeux erraient sans cesse dans la pièce, examinant les uns après les autres les meubles et les tableaux : à croire qu'il ne s'était jamais trouvé dans un living-room de banlieue aussi typique… ou, sacré nom, qu'il n'avait pas passé les deux dernières années à répandre les cendres de ses cigarettes et à renverser des verres sur toute la surface de cette pièce ; ou encore que, l'été dernier, il n'avait pas brûlé et troué la tapisserie de ce même canapé, avant de tomber ivre mort sur ce tapis où il avait ronflé comme une brute. À un moment donné, tandis que Milly parlait, il se pencha légèrement en avant et regarda au-delà d'elle, en clignant des yeux comme un homme qui regarde entre les barreaux d'un piège à rats : Shep mit une bonne minute à comprendre ce qu'il faisait : Frank lisait les titres des livres rangés sur les rayons. Le pis fut que Shep, en dépit de toute sa gêne, dut se retenir pour ne pas bondir sur ses pieds d'un air jovial et s'excuser (« Ma foi, il ne s'agit pas là, bien sûr, d'une véritable bibliothèque, et je serais fâché si vous jugiez nos goûts littéraires d'après ce que… En réalité ce sont là de vieux rossignols que nous avons accumulés pendant des années ; la plupart de nos vrais bons livres sont… »). Au lieu de cela, la mâchoire crispée, il rassembla tous les verres et s'en alla dans la cuisine. Jésus !

Il servit aux Wheeler une double ration d'alcool, à seule fin de soutenir l'ambiance, et il réduisit de moitié celle de Milly parce que si, énervée comme elle l'était, elle continuait à boire à la même cadence, elle serait complètement rétamée avant une heure.

Et finalement les Wheeler se décontractèrent. (Mais lorsqu'ils commencèrent à se détendre, Shep se demanda s'il ne les préférait pas figés.)

Tout débuta quand Frank s'éclaircit la gorge avant de dire :

— En vérité, nous avons aujourd'hui une nouvelle assez importante à vous apprendre. Nous allons…

Là il s'arrêta, rougit, se tourna vers April et ajouta :

— … Dis-le, toi.

April sourit à son mari (non pas comme une spectatrice ou une invitée ou une amie, mais d'un air qui tortura le cœur jaloux de Shep) puis elle fit face à son auditoire.

— Nous allons partir pour l'Europe, déclara-t-elle. Pour Paris. Et pour de bon…

Quoi ? Quand ? Comment ? Pourquoi ? Les Campbell, mari et femme, déclenchèrent un tir roulant de questions, tandis que les Wheeler prenaient la pose d'interviewés complaisants et souriants. Tout le monde se mit à parler à la fois.

— … Oh, une ou deux semaines maintenant, disait April à Milly qui insistait pour savoir depuis quand l'affaire était en main. Je ne m'en souviens pas très bien. Un beau jour, nous avons simplement résolu de partir, voilà tout.

— Bien, mais quelles cartes avez-vous tirées ? demandait Shep à Frank pour la deuxième ou troisième fois. Je veux dire : vous avez trouvé une situation là-bas, ou quoi ?

— Ma foi, non… Non, pas exactement.

Alors toute la conversation s'interrompit net, tandis que Frank et April se regardaient de leur manière intime, agaçante. Shep faillit leur dire : « Écoutez, dites-le ou ne le dites pas. Après tout, on s'en fout ! »

La conversation reprit. Inclinés en avant, se coupant mutuellement la parole et se prenant la main comme deux gosses, les Wheeler lâchèrent le morceau. Shep agit comme il essayait toujours d'agir quand toute une série de nouvelles bouleversantes s'abattait sur lui : il encaissa en souplesse. Acceptant chaque fait tel qu'il venait, il le laissait glisser sans douleur dans le fond de sa cervelle en pensant : « Okay, okay, je verrai cela plus tard. » Et encore un. Encore un. Et celui-là encore. Si bien que la façade alerte de sa tête gardait suffisamment de liberté pour lui conserver le contrôle de la situation. Grâce à cette méthode, il put afficher constamment l'expression adéquate, dire les mots attendus. Il goûta même un certain plaisir en constatant que la soirée s'était animée et il s'étonna, mais s'enorgueillit aussi de voir comme Milly réagissait bien.

— Ma parole, ça a l'air merveilleux, mes enfants ! s'écria-t-elle quand ils eurent fini. Je ne blague pas : tout à fait merveilleux ! Tout de même, vous nous manquerez, vous savez… n'est-ce pas, mon amour ? Mince alors ! Oui, vous allez nous manquer drôlement.

Shep confirma bien volontiers que les Wheeler leur manqueraient drôlement ; après quoi les Wheeler se retirèrent en manifestant leurs habituels sentiments de politesse aimable. Eux aussi, ils regretteraient les Campbell. Oui, ils les regretteraient beaucoup.

Plus tard, quand les Wheeler furent partis et que la maison eut retrouvé son calme, Shep se permit d'avoir, avec précaution, une petite poussée de peine : juste assez pour lui rappeler que c'était sa femme qui, pour l'instant, méritait tous ses devoirs. Le reste, il n'avait qu'à le garder pour lui.

— Veux-tu connaître mon avis, ma poupée ? commença-t-il en allant se planter à côté d'elle tandis qu'elle rinçait les verres et vidait les cendriers. Je trouve que toute cette affaire n'est pas suffisamment mûrie, qu'elle ne l'est même pas du tout.

— Oh moi aussi ! s'écria-t-elle en détendant les muscles de ses épaules sous le choc d'une gratitude éperdue. Je ne voulais rien te dire, mais je pensais exactement la même chose. Pas mûri, voilà le mot juste. Crois-tu que l'un ou l'autre se soit même arrêté une minute pour penser aux enfants ?

— Tu as raison, dit-il. Et voilà déjà une chose. Autre chose : qu'est-ce que c'est que cette idée extravagante, que ce soit elle qui l'entretienne là-bas ? Quel homme faut-il être pour accepter une chose pareille ?

— Oh, c'est tellement vrai ! approuva-t-elle. J'allais te le dire. Remarque que je n'aime pas le dire parce que, c'est vrai, je les aime beaucoup tous les deux et parce que… tu le sais bien, ils sont nos meilleurs amis. Mais c'est vrai. Je pense exactement comme toi. Exactement ce que tu penses.

Mais une fois couché sur le dos dans l'obscurité de leur chambre, il ne fut plus d'aucun secours à Milly. Il la sentait tendue et bien éveillée à côté de lui ; il entendait le léger râle de sa respiration, avec une sorte de palpitation légère à la crête de chaque inspiration, et il savait que s'il s'aventurait à la toucher un tant soit peu, que s'il se tournait vers elle et lui faisait comprendre qu'il ne dormait pas, elle se blottirait dans ses bras, sangloterait, déverserait contre son cou toutes les pensées qu'elle refoulait, tandis qu'il lui caresserait le dos et murmurerait : « Qu'y a-t-il, mon bébé ? Hein ? Que se passe-t-il ? Dis-le à papa… »

Or cela il était incapable de le faire. L'effort lui coûterait trop. Il n'avait pas envie d'avoir le col de son pyjama trempé par les larmes de Milly ; il n'avait pas envie de tenir dans la paume de sa main sa croupe tiède et frémissante. Pas ce soir, en tout cas ; pas maintenant. Il n'était pas en forme pour jouer les consolateurs.

Paris ! Le nom seul de cette ville s'était enfoncé tout droit jusqu'aux plus tendres racines de tout, l'avait ramené à une époque où le poids du monde était aussi léger et simple que le fier oiseau invisible dont les serres semblaient toujours étreindre la place où la barette de lieutenant était attachée sur l'épaule de sa tunique Eisenhower. Oh, il se rappelait bien les avenues de Paris, et les arbres, et les miraculeuses conquêtes du soir (« Tu veux la grande, Campbell ? Okay, prends la grande. Moi, je prendrai la petite. Eh, Mam'selle. Scusez-moi, Mam'selle… »), et les matins, les matins bleu azur et dorés avec de petites tasses de café brûlant et des croissants chauds, toutes leurs promesses de vie éternelle…

Mais, oh Dieu, être là-bas avec April Wheeler ! Se balader dans ces rues avec les doigts frais d'April Wheeler enfermés dans les siens, grimper avec elle l'escalier de pierre d'une vieille maison grise ; tituber avec elle dans quelque chambre bleue à carrelage rouge du dernier étage ; entendre la petite vague un peu rauque de son rire, sa voix tout là-haut (« *N'aimeriez-vous pas que je vous aime ?* ») ; posséder son odeur d'écorce de citron, la sentir longue et chaude quand il… quand elle… oh, Jésus !

Oh, Jésus Dieu, à Paris avec April Wheeler !

3.

Depuis 1936, lorsqu'ils avaient quitté New York pour toujours, Mr. et Mrs. Howard Givings avaient changé de lieu de résidence tous les deux ou trois ans ; et chaque fois, ils avaient invoqué comme prétexte le point de vue soutenu par Helen sur les maisons. Elle en achetait une dans un état lamentable, s'y installait, procédait à des réparations et à des aménagements qui en augmentaient notablement la valeur, la revendait avec bénéfice et investissait ses profits dans une nouvelle maison. Elle avait commencé à Westchester, elle avait progressivement remonté vers le nord dans Putnam County, de là dans le Connecticut ; bref, elle avait successivement occupé six maisons en quatorze ans. Mais pour leur demeure actuelle, la septième, il en allait autrement. Depuis cinq ans, presque six maintenant, ils l'habitaient et ils se demandaient s'ils la quitteraient un jour. Comme le disait fréquemment Mrs. Givings, elle s'était amourachée de l'endroit.

C'était l'une des rares maisons authentiques de la pré-Révolution ayant survécu dans le district ; deux ormes la flanquaient ; Mrs. Givings aimait penser qu'ils constituaient le meilleur bastion contre la vulgarité. Les exigences de ses journées de travail pouvaient l'entraîner profondément dans le camp ennemi qui se renforçait sans cesse ; parfois elle était obligée de rester debout, le sourire aux lèvres, dans les cuisines d'horribles petites maisons imitant le ranch, pour faire affaire avec des gens incroyablement grossiers dont les enfants lui éraflaient le tibia avec leurs tricycles ou vomissaient sur sa robe des boissons à la menthe ; ou bien elle devait respirer les gaz d'échappement et absorber la désolation de la Route n° 12 avec ses supermarkets, ses pizzerias et ses pâtisseries où l'on vendait des crèmes glacées ; mais ces péripéties ne faisaient qu'exciter sa joie de rentrer chez elle. Elle aimait les quelques centaines de mètres de route ombragée qui lui indiquaient qu'elle était presque arrivée, le crissement aigre du gravier bien ratissé sous ses pneus, la coupure du contact dans son garage, ainsi que la jolie allée qu'elle remontait, épuisée, entre des parterres de fleurs parfumées, pour franchir sa belle porte de l'époque coloniale. Sitôt à l'intérieur, la première odeur de cèdre et de cire, le premier coup d'œil sur la gravure suspendue au-dessus du vieux porte-parapluie (vieux, mais charmant) ne manquaient jamais de la remplir de la tendresse sentimentale que lui inspirait le mot « maison ».

Cette journée-là avait été spécialement harassante. Le samedi était habituellement son jour le plus occupé de toute une semaine de négociations immobilières, et cet après-midi, pour comble, il lui avait fallu se rendre à Greenacres (non pas pour rendre visite à son fils, bien sûr, car elle ne le voyait jamais sans être accompagnée par son mari) pour avoir un entretien avec le médecin ; or elle sortait régulièrement de ce genre de conversations avec une impression de souillure. Les psychiatres n'auraient-ils pas dû être, en principe, des gens perspicaces, paternels, s'exprimant calmement et sans éclats de voix ? Alors comment échapper à cette impression de souillure en présence d'un petit bonhomme aux yeux rougis, qui se rongeait les ongles, qui utilisait un ruban adhésif pour maintenir ses lunettes, qui portait un pince-cravate de deux *cents* au-dessus de sa chemise blanche, qui feuilletait d'un doigt humide une douzaine de dossiers, avant de se souvenir avec précision du client dont le visiteur était venu l'entretenir, et qui disait ensuite : « Oui. Ah oui ! Et que me demandiez-vous donc ? »

Mais finalement, par la grâce du saint qui protège les voyageurs fatigués, elle était rentrée.

— Hello, chéri ! chantonna-t-elle dans le vestibule.

Elle était sûre que son époux était en train de lire le journal dans le living-room. Tout en continuant à parler, elle se rendit directement dans la cuisine où la femme de ménage avait préparé le plateau à thé. Ah, le réconfortant, le joyeux spectacle que celui de la bouilloire fumante ! Et comme cette cuisine était grande et nette, avec ses fenêtres ! Elle retrouvait là la paix qu'elle n'avait connue que dans son enfance, lorsqu'elle allait bavarder avec les bonnes dans la cuisine de la merveilleuse maison de son père à Philadelphie. Et le plus drôle (elle y avait souvent réfléchi) c'était qu'aucune des maisons qu'elle avait eues et dont certaines étaient aussi agréables, sinon plus, que celle-ci, ne lui avait procuré cette impression de relaxation.

Eh, c'est que les êtres changent, bien sûr ! se disait-elle parfois. Je suppose que c'est simplement parce que je vieillis et que je suis fatiguée… Mais au fond de son cœur, timidement, elle chérissait une explication toute différente. Elle croyait vraiment que sa capacité de tendresse pour cette maison n'était que l'effet de l'un des nombreux changements qui avaient affecté sa nature au cours des toutes dernières années : changements profonds, réels, qui lui offraient de nouvelles perspectives par rapport à son passé.

— Parce que je l'aime…

Elle entendait encore sa propre voix répondant à Howard qui lui demandait, avec un accent exaspéré, pourquoi elle refusait de renoncer à sa situation à New York.

— Elle n'a pourtant rien de très passionnant, lui répliquait-il. Et nous n'avons pas un besoin formel de cet argent. Alors, pourquoi ?…

Constamment elle avait répondu qu'elle aimait sa situation.

— Tu aimes la Horst Ball Bearing Company ? Tu aimes être une sténo ? Comment peut-on aimer des choses pareilles ?

— Que veux-tu, je les aime. Ensuite, tu sais très bien que cet argent nous est nécessaire si nous voulons avoir une domestique toute la journée. Enfin tu sais que je ne suis pas une sténo…

Elle était directrice adjointe. Elle ajoutait :

— … Je t'assure, Howard, tu perds ton temps à discuter sur ce point.

Elle n'avait jamais été capable d'expliquer ni même de comprendre que ce qu'elle aimait n'était pas sa situation (elle aurait pu en avoir bien d'autres du même ordre) ni l'indépendance qu'elle en retirait (bien qu'en fait cette indépendance ne fût pas sans intérêt pour une femme qui naviguait toujours à la lisière du divorce). Au fond, c'était travailler qu'elle aimait, c'était de travailler qu'elle avait besoin. Son père disait souvent : « Travailler dur, c'est le meilleur remède inventé jusqu'ici pour toutes les maladies des hommes. » Et il complétait sa pensée : « Des hommes et des femmes. » Elle l'avait toujours cru. La presse, la bousculade, le clinquant du bureau, le déjeuner expédié sur un plateau, le maniement accéléré des papiers et des appareils téléphoniques, la fatigue des heures supplémentaires, le doux soulagement final à quitter ses souliers le soir pour n'avoir plus envie que de deux aspirines, d'un bain chaud, d'un dîner léger et de son lit, voilà quelle était la nature de son affection ; voilà ce qui la fortifiait contre les exigences du mariage et de la vie de famille. Sans son travail elle serait devenue folle, de son propre aveu.

Quand elle avait renoncé pour de bon à sa situation pour s'installer à la campagne et devenir agent immobilier, la transition fut difficile. Dans les affaires immobilières, il n'y avait pas suffisamment de quoi s'occuper. À cette époque bien peu de gens achetaient des propriétés, et elle ne pouvait tout de même pas consacrer plus qu'un temps raisonnable à étudier les lois sur les hypothèques et le code de la construction ; elle passa donc des journées entières à modifier l'arrangement de ses papiers sur son bureau en bois de rose et à attendre la sonnerie du téléphone avec des nerfs si tendus qu'elle était près de crier ; et puis elle découvrit que sa passion pouvait trouver une libération dans l'amélioration et l'embellissement des objets qui l'entouraient. De ses propres mains, elle gratta sur les murs le papier et le plâtre qui recouvraient des lambris de chêne datant de la fondation ; elle installa une nouvelle rampe d'escalier et remplaça les châssis ordinaires des fenêtres par des petits panneaux d'importation coloniale ; elle traça les plans d'une nouvelle terrasse et d'un nouveau garage, et en supervisa attentivement la construction ; elle nettoya, combla, roula un hectare où elle planta du gazon. En moins de trois ans, elle avait accru de cinq mille dollars la valeur marchande de sa villa, persuadé Howard de la vendre et d'en acheter une autre, et pris un bon départ pour embellir la seconde. Il y en eut une troisième, une quatrième, et ainsi de suite, tandis que son agence immobilière se développait régulièrement, au point que pendant toute une année (sa meilleure) elle avait pu travailler dix-huit heures par jour, dix pour ses affaires et huit pour sa maison.

— … Parce que je l'aime, avait-elle déclaré en se penchant jusqu'à une heure avancée de la nuit pour tailler du bois, taper sur des clous, vernir et réparer. J'aime beaucoup ce genre de travail. Pas toi ?…

Et n'avait-elle pas été stupide ? Au sein du calme et du bien-être dont elle jouissait à présent, tandis qu'elle posait la théière sur le plateau, Mrs. Givings émit un soupir indulgent. Oui, elle avait été bien stupide ces années-là et elle avait commis beaucoup d'erreurs. Oh, elle avait changé, sans aucun doute ! Tout le monde change, n'est-ce pas ? Et après tout un changement peut être un épanouissement aussi bien qu'un dessèchement. Or son changement, à elle, ressemblait à un épanouissement final, à une émersion tardive dans la féminité.

Oh, le développement de son penchant pour cette maison et la diminution du nombre d'heures qu'elle accordait aux affaires n'en étaient que les symptômes les plus légers, les plus superficiels. Elle connaissait d'autres manifestations plus profondes : des réactions troublantes, bizarrement agréables ; des réactions physiques. Parfois le vol plané d'une phrase musicale de Beethoven surgissant à la radio dans sa cuisine lui donnait envie de pleurer d'une joie douloureuse. À d'autres moments, bavardant avec Howard, elle éprouvait l'aiguillon du… eh bien oui, du désir ; elle avait envie de le prendre dans ses bras et de presser contre sa poitrine la chère vieille tête de son mari.

— … J'ai pensé que nous n'aurions que du thé aujourd'hui, dit-elle en apportant le plateau dans le living-room. J'espère que tu ne m'en voudras pas. Tu comprends, si nous nous bourrons maintenant, nous n'aurons pas faim pour le dîner, et il faut que nous dînions de très bonne heure, puisque je dois arriver chez les Wheeler pour huit heures. Par ici, les gens ont décidément des horaires peu commodes…

Elle posa doucement le plateau sur une ancienne table à café, dont la surface portait des traces de colle aux endroits où elle avait été fendue quand John l'avait lancée à travers la pièce au cours de la nuit terrible qui s'était terminée par l'intervention de la police de l'État.

— … Oh, comme c'est bon de s'asseoir ! soupira Mrs. Givings. Y a-t-il rien de meilleur que de s'asseoir après une dure journée ?

Ce n'est qu'après avoir préparé le thé de Howard comme il l'aimait, avec trois morceaux de sucre, et tendu la tasse, qu'elle leva la tête pour s'assurer que son mari était là. Et ce n'est qu'à l'instant où il huma le thé et où il la vit que Howard Givings se rendit compte qu'elle était rentrée. Il avait débranché son appareil acoustique au début de l'après-midi. Le choc de sa découverte lui fit faire une grimace comme un bébé surpris, mais elle ne la remarqua pas. Elle continua à parler pendant qu'il posait son *Herald Tribune*, rebranchait son appareil d'une main mal assurée et, de l'autre, s'emparait de la tasse et de la soucoupe.

Howard Givings paraissait plus vieux que ses soixante-sept ans. Il avait passé toute sa vie d'adulte comme petit employé dans la septième plus grande compagnie d'assurances du monde ; à présent qu'il avait pris sa retraite, il donnait l'impression que des années de travail dépourvues du moindre intérêt l'avaient marqué aussi visiblement que peuvent l'être de vieux marins par le soleil et par le vent. Il était très blanc, très lisse. Son visage, au lieu de se rider ou de s'affaisser avec l'âge, s'était enflé pour devenir doux et uni comme une peau de bébé ; et il avait aussi les cheveux d'un petit enfant, aussi fins que de la soie de laiteron. Il n'avait jamais été un homme vigoureux, et sa fragilité se trouvait à présent soulignée par l'expansion d'un gros ventre qui l'obligeait à s'asseoir en écartant des genoux maigres. Il portait une chemise pimpante à carreaux rouges, un pantalon de flanelle grise, des chaussettes grises et une vieille paire de chaussures noires orthopédiques qui étaient beaucoup plus ridées que sa figure.

— Il n'y a pas de gâteaux ? demanda-t-il après s'être éclairci la voix. Je croyais que nous avions encore quelques gâteaux de coco.

— Eh bien oui, mon chéri ; mais, vois-tu, j'ai pensé que nous ne prendrions que du thé aujourd'hui, parce qu'il faudra que nous dînions de très bonne heure...

Elle expliqua une deuxième fois qu'elle avait un rendez-vous chez les Wheeler, avec le sentiment confus qu'elle le lui avait déjà dit, et il écouta en hochant la tête, avec un sentiment confus de ce qu'elle disait. Tout en parlant, elle contemplait, distraitement fascinée, un reflet écarlate du soleil couchant sur le lobe de l'oreille de son mari : les pellicules y étaient transformées en flocons de feu ; mais déjà ses pensées s'orientaient vers la soirée qui l'attendait.

La visite qu'elle allait faire aux Wheeler ne ressemblerait en rien aux précédentes ; en réalité ce serait la première étape d'un plan qui avait surgi dans sa tête, comme une vision, plusieurs semaines auparavant. Un soir, alors que le jour tombait et qu'elle se promenait dans les ombres bleutées de son jardin pour apaiser ses nerfs, elle avait vu, avec les yeux de l'imagination, ce jardin occupé par une réunion familiale. Il y avait là April Wheeler, assise sur la chaise blanche en fer forgé et tournant sa jolie tête pour sourire avec bonté à une parole paternelle et perspicace de Howard Givings, lequel était assis à côté d'elle près d'une table blanche en fer forgé où étaient disposés des cocktails et de la glace. De l'autre côté, debout et légèrement incliné en avant avec un verre à la main, Frank Wheeler était engagé dans une conversation sérieuse mais passionnée, comme il en avait l'habitude, avec John, qui se reposait au cours d'une convalescence paisiblement digne sur une chaise longue blanche en fer forgé. Elle voyait le sourire courtois et calme de John, qui émettait un avis différent de celui de Frank sur un petit problème politique, ou sur un livre, ou sur le baseball, bref sur le sujet dont les deux jeunes hommes discutaient, et elle avait vu son fils tourner la tête vers elle pour lui dire : « Maman ? Viens donc avec nous, voyons… »

Ce tableau s'était reproduit pendant plusieurs jours jusqu'à devenir aussi réel qu'une illustration de magazine, et elle n'avait cessé de le perfectionner en y réfléchissant. Elle avait même trouvé une place pour les enfants des Wheeler ; pourquoi n'auraient-ils pas joué tranquillement dans le coin ombreux derrière les rosiers, avec des shorts blancs et des espadrilles, en courant après des lucioles ? Plus le tableau prenait de la vie, moins elle doutait de sa plausibilité. John ne retirerait-il pas, d'un contact avec quelques personnes sensibles, sympathiques, de son âge, un immense bienfait qui l'aiderait à se remettre ? Et, du côté des Wheeler, il ne saurait être question d'altruisme : ne lui avaient-ils pas dit et répété, l'un comme l'autre, qu'ils souffraient de manquer d'amis partageant leurs goûts ?

À coup sûr, ce n'était pas le ménage ennuyeux qui habitait sur le Mont (les Crandall ? Campbell ?...) qui pouvait leur offrir beaucoup de... eh bien, beaucoup de distractions utiles, etc. Et Dieu savait si John, en dépit de ce qu'il pouvait être aussi ou ne pas être, était un intellectuel !

Oh oui, il n'y aurait rien de mieux pour eux tous ! Elle le savait, elle le savait... Mais elle savait également qu'il ne fallait pas précipiter le cours des événements. Depuis le début, elle avait compris qu'il s'agissait d'une affaire à mettre en route lentement, à conduire par petites étapes, pas à pas.

Au cours de leurs dernières visites à Greenacres, Mrs. Givings et son mari avaient obtenu la permission de le promener en voiture pendant une heure hors de l'enceinte de l'hôpital psychiatrique pour ce que les médecins appelaient une base d'expérience.

— Je ne crois pas qu'il serait opportun de l'emmener jusque chez vous, avait dit le médecin le mois dernier en faisant désagréablement craquer les articulations de ses doigts tachés d'encre sur le buvard de son bureau. Il semble exister encore une bonne dose d'hostilité à propos de... eh oui, de l'atmosphère de votre maison. Il vaudrait mieux pour l'instant le limiter à ces sorties préliminaires. Plus tard, en fonction de l'évolution de la situation, vous pourriez essayer de le conduire chez un ami intime, où il se sentirait plus ou moins sur terrain neutre ; en toute logique, voilà quelle devrait être la deuxième phase. Je laisse à votre jugement le soin de choisir les amis en question.

Elle en avait reparlé à Howard, et elle en avait même fait discrètement mention à John, à différentes reprises, au cours de leurs promenades en voiture. La semaine dernière, son propre jugement avait soigneusement pesé tous les éléments du problème, et elle avait décidé que l'heure de cette deuxième phase logique devait sonner sous peu. Elle avait donc pris rendez-vous pour aujourd'hui avec le médecin, uniquement pour lui annoncer sa décision et pour lui demander un petit conseil. Jusqu'où, selon lui, devrait-elle informer les Wheeler de la nature de la maladie de John ? Ainsi qu'elle aurait dû le prévoir, le médecin s'était dérobé (il lui avait répondu que, sur ce point aussi, elle n'avait qu'à exercer son jugement personnel) mais du moins il n'avait pas élevé d'objections. Il ne restait donc plus qu'à poser la question aux Wheeler. Elle aurait bien préféré avoir cet entretien chez elle, au cours d'un dîner aux chandelles ; tout aurait été plus aimable, plus facile ; mais l'arrangement s'était révélé impossible.

« J'espère que ma démarche ne vous paraîtra pas abusive… » Tout en rinçant les tasses dans la cuisine, elle répétait sa leçon à voix basse. « Mais je voulais vous demander un grand service. À propos de mon fils John… » Oh, peu importait la manière dont elle polirait ses phrases ; d'ailleurs, le moment venu, elle trouverait bien les mots justes et elle savait que les Wheeler comprendraient. Qu'ils soient bénis ! Bénis ! Elle savait qu'ils comprendraient.

Elle fut incapable de penser à autre chose en se dépêchant de préparer le dîner, de le servir, et de laver leur vaisselle. Lorsqu'elle fut prête, quand elle s'arrêta dans le vestibule pour se remettre un trait de rouge à lèvres et crier : « À tout à l'heure, donc, chéri ! » avant de partir, elle était aussi énervée qu'une fille courant à son premier rendez-vous.

Mais une fois franchi le seuil des Wheeler, dès qu'elle commença à bavarder et à rire dans le living-room, son énervement se transforma en panique : elle se sentit une intruse.

Elle s'était attendue à les trouver aussi nerveux, aussi désordonnés que d'habitude : parlant tous les deux en même temps, s'agitant et virevoltant autour d'elle, se cognant mutuellement quand ils s'élançaient en même temps pour retirer un jouet pointu de la chaise où elle allait s'asseoir… Eh bien non ! Au lieu de cela, ils étaient sereins. April n'eut pas besoin de souligner que la maison était toute en pagaille, parce qu'elle ne l'était pas ; Frank n'eut pas besoin de lancer maladroitement un : « Je vais vous chercher un verre » et d'aller se battre bruyamment avec le réfrigérateur, parce que les verres et les boissons étaient là, déjà disposés sur la table à café. Apparemment, il y avait un bon moment que les Wheeler étaient en train de boire et de bavarder tranquillement ; ils affichèrent une grande cordialité pour l'accueillir, mais si elle n'était pas venue, ils se seraient parfaitement suffis à eux-mêmes pour toute la soirée.

— Oh, juste une toute petite goutte pour moi, merci, c'est merveilleux ! s'entendit dire Mrs. Givings. Oh, comme c'est bon de s'asseoir un peu…

Et :

— … Ma parole, votre maison est très joliment arrangée…

Plus un certain nombre d'autres banalités ; et ensuite :

— … J'espère que ma démarche ne vous paraîtra pas abusive, mais je voulais vous demander un grand service. À propos de mon fils John…

Sur les figures des deux Wheeler, la contraction musculaire fut si légère que la plus subtile caméra du monde aurait pu ne pas l'enregistrer, mais Mrs. Givings la ressentit comme un coup de pied. Ils étaient au courant ! Voilà bien la seule hypothèse qu'elle n'avait pas envisagée. Qui leur avait parlé ? Que savaient-ils exactement ? Étaient-ils avertis des déprédations dans la maison, de la coupure des fils téléphoniques, de la police de l'État ?

Mais puisqu'elle était lancée, il lui fallait aller jusqu'au bout. En réalité, leur disait la voix de Mrs. Givings, il n'avait pas été bien du tout. Avec le surmenage, son travail et bien d'autres choses encore, il avait subi, en somme, une grave dépression nerveuse. Par chance, depuis quelque temps, il était de retour dans les environs (elle aurait détesté l'idée qu'il pût être si malade loin de la maison de famille) mais tout de même c'était bien ennuyeux, à la fois pour Howard et pour elle-même. Ses médecins avaient estimé qu'un repos complet lui ferait le plus grand bien, si bien que pour l'instant, il était…

— … Eh bien oui, pour l'instant, il est à Greenacres.

En Mrs. Givings, sa voix était devenue la seule chose qui vivait encore ; tout le reste était paralysé.

Et réellement, leur affirmait sa voix, ils seraient surpris de voir comme Greenacres était un endroit excellent, du point de vue des… disons, des soins, du corps médical, etc. Bien meilleur, par exemple, que la plupart des maisons de repos privées ou de n'importe quelle clinique psychiatrique de la région.

La voix continua à parler, en s'affaiblissant graduellement, jusqu'à ce qu'elle arrivât au point final. L'un de ces prochains dimanches… oh, pas tout de suite, naturellement, mais l'un de ces prochains dimanches… les Wheeler verraient-ils un grand inconvénient à ?…

— Ma foi, bien sûr que non, Helen ! répondit April. Nous serions très heureux de faire sa connaissance. Et c'est très gentil de votre part d'avoir pensé à nous…

Et Frank Wheeler, remplissant le verre de Mrs. Givings, déclara que John devait être certainement un garçon très intéressant.

— … Et pourquoi pas dimanche prochain ? dit April. Si cela vous convient.

— Dimanche prochain ? répéta Mrs. Givings en faisant semblant de calculer. Voyons, je me demande si… Très bien, alors, parfait !…

Elle savait qu'elle aurait dû éprouver beaucoup de plaisir, puisqu'elle obtenait exactement ce qu'elle était venue chercher, mais elle n'avait plus qu'une envie : échapper aux Wheeler et rentrer chez elle.

— … Il n'y a rien d'urgent, bien sûr. Si dimanche prochain présente pour vous le moindre inconvénient, nous pourrions fixer un autre…

— Non, Helen. Dimanche prochain, ce sera très bien.

— Eh bien, dit-elle, alors très bien. Oh mon Dieu, quelle heure est-il ? Je crois que je ferais mieux de… Oh, mais vous aviez quelque chose à me demander, n'est-ce pas ? Et voilà que c'est moi qui ai parlé tout le temps, comme d'habitude.

Elle but une gorgée et s'aperçut qu'elle avait la bouche très sèche, presque enflée.

— Eh bien, réellement, euh, Helen, commença Frank Wheeler, nous avons une nouvelle assez importante à vous communiquer…

Une demi-heure plus tard, rentrant chez elle, Mrs. Givings avait encore les sourcils haussés de stupéfaction. Elle avait cru qu'elle ne pourrait jamais patienter jusqu'au moment où elle répéterait tout à son mari.

Elle le trouva bien calé dans son fauteuil, sous la lumière jaune de la lampe, à côté de la pendule sans valeur qu'elle avait ramassée avant la guerre dans une vente aux enchères. Il avait terminé sa lecture du *Herald Tribune* et il était plongé dans le *World Telegram & Sun*.

— Howard, lui dit-elle, sais-tu ce que m'ont dit ces enfants ?

— Quels enfants, chérie ?

— Les Wheeler. Tu sais bien, les gens que je suis allée voir ? Le jeune ménage dans la petite maison de la Route de la Révolution ? Les gens dont je pensais qu'ils pourraient plaire à John ?

— Oh. Non. Quoi ?

— Eh bien, première des choses, j'ai appris par hasard qu'ils ne sont pas du tout dans une situation financière très solide ; par exemple, ils ont dû emprunter de l'argent pour payer comptant la maison, et cela avait lieu il n'y a que deux ans. En deuxième lieu…

Howard Givings essayait d'écouter, mais son regard se détournait constamment vers le journal qui était sur ses genoux. À South Bend, Indiana, un enfant de douze ans avait demandé à la banque un prêt de vingt-cinq dollars pour acheter des remèdes pour son chien, qui s'appelait Spot, et le directeur de la banque avait personnellement consenti au prêt.

— … Alors j'ai dit : « Mais pourquoi vendre ? Vous aurez sûrement envie de retrouver votre maison quand vous rentrerez ? » Et tu ne sais pas ce qu'il m'a répondu ? Il m'a regardée, avec cette manie qu'il a d'être sur la défensive, et il m'a déclaré : « Eh bien, voilà justement tout le problème, voyez-vous. Nous ne reviendrons pas. » J'ai dit : « Oh, vous avez trouvé une situation là-bas ? » « Peuh, non », m'a-t-il dit, tout à fait comme cela. « Peuh, non. Pas de situation. » J'ai demandé : « Alors vous habiterez chez des parents, ou des amis ? » Il a répondu : « Peuh, non… »

Et Mrs. Givings ferma les yeux pour personnifier l'extravagance de ce manque de sérieux.

— … « Peuh, non. Connais personne. Nous partons, un point c'est tout. » Réellement, Howard, je suis incapable de dire à quel point c'était embarrassant. Peux-tu l'imaginer ? Je veux dire, enfin, n'est-ce pas très… indélicat, en un sens ? Toute cette affaire ?

Howard Givings caressa son appareil acoustique et dit :

— Qu'entends-tu par indélicat, chérie ?

Il se dit qu'il avait perdu le fil. L'histoire avait débuté par quelque chose se rapportant à quelqu'un qui partait pour l'Europe, mais maintenant, il devait s'agir d'autre chose.

— Voyons, n'est-ce pas indélicat ? demandait-elle. Des gens qui n'ont pratiquement pas un dollar à leur nom, avec des enfants qui arrivent à l'âge d'aller à l'école ? Tu comprends, on ne fait pas des choses pareilles, voyons ! À moins qu'ils ne cherchent à… fuir… à échapper à quelque chose ? Oh, je détesterais croire qu'il s'agit de… Ma foi, en attendant, je ne sais pas quoi penser. Et ils ont toujours eu l'air d'un ménage si tranquille, si bien implanté ici ! N'est-ce pas étrange ? Et ce qu'il y a de regrettable, vois-tu, c'est que je m'étais déjà engagée dans l'affaire de John avant qu'ils me racontent tout ça ; je suppose donc qu'il faudra que nous en passions par là, bien que ce soit devenu beaucoup moins important.

— En passer par là, chérie ? Par où ? Je ne vois pas très bien ce que tu…

— Eh bien, l'emmener chez les Wheeler pour une visite, Howard ! Tu n'as donc rien écouté ?

— Oh, si, bien sûr ! Mais ce que je ne comprends pas, c'est pourquoi c'est devenu moins important.

— Eh bien, parce que ! répondit-elle en perdant patience. À quoi bon les présenter à John, s'ils doivent nous glisser entre les mains à l'automne ?

— Comment, à quoi bon ?

— Voyons, tu le sais bien ! John a besoin d'une société permanente. Oh, naturellement, je suppose qu'il n'y aura pas de mal à les lui faire rencontrer, à le conduire là-bas une fois ou deux avant qu'ils… C'est parce que j'avais en tête un projet s'échelonnant sur une plus longue échéance, tout simplement. Oh, mon chéri, tout cela est très déconcertant ! Pourquoi supposer aussi que les gens ne peuvent pas être davantage…

Elle ne savait plus très bien ce qu'elle était en train de dire, ou ce qu'elle voulait dire, et elle constata tout étonnée que tout en parlant elle avait tordu son mouchoir pour en faire une corde serrée, humide.

— … Bref, je pense qu'on ne peut jamais prétendre à bien connaître les gens, conclut-elle.

Sur quoi elle se leva, quitta la pièce et monta l'escalier quatre à quatre pour se changer.

Quand elle passa devant la glace du palier, elle remarqua avec fierté que sa propre image, du moins ce qu'elle pouvait en apercevoir dans un coup d'œil rapide, était encore celle d'une petite fille souple et agile dans une maison bien tenue ; et sur le vaste tapis de sa chambre, où elle se débarrassa de sa veste et de sa jupe, elle eut l'impression qu'elle était revenue dans la demeure de son père, et qu'elle se dépêchait pour s'habiller en vue d'un thé dansant. Son sang semblait lutter de vitesse avec le cours précipité des derniers moments (Quel parfum ? Oh, vite ! Quel parfum ?) et elle faillit courir à la fenêtre pour crier : « Attendez-moi ! Je descends ! J'arrive ! »

Ce fut le spectacle et le contact de sa vieille chemise de flanelle et de son pantalon bouffant, suspendus à leur porte-manteau dans le placard, qui la calmèrent. Espèce d'idiote ! gronda-t-elle. Je déraille... Mais le véritable choc lui fut infligé quand elle s'assit sur le lit pour retirer ses bas : elle s'attendait à voir des pieds minces et blancs, avec des veines bleu clair et des os droits, fragiles ; à la place, elle découvrit deux grands pieds plats, tournés en dehors sur le tapis, et parsemés d'oignons dont les bosses cachaient presque les cors des orteils. Elle les enfouit vite dans ses après-skis de Norvège (vraiment, c'était ce qu'il y avait de mieux pour circuler à l'intérieur d'une maison), et elle se leva d'un bond pour ôter le reste de ses simples vêtements de banlieue ; mais elle avait trop tardé : pendant cinq minutes elle fut obligée de rester immobile, de se cramponner à deux mains à la barre du lit, et de serrer très fort la mâchoire parce qu'elle pleurait.

Elle pleurait parce qu'elle avait placé beaucoup, beaucoup, beaucoup d'espoirs dans sa visite de ce soir aux Wheeler, et parce que maintenant elle était terriblement, terriblement, terriblement déçue. Elle pleurait parce qu'elle avait cinquante-six ans, et des pieds gonflés, laids, horribles. Elle pleurait parce qu'à l'école aucune fille ne l'avait aimée et que plus tard aucun garçon ne l'avait aimée. Elle pleurait parce que Howard Givings était le seul homme qui lui eût jamais demandé de l'épouser, et parce qu'elle avait dit oui, et parce que leur fils unique était fou.

Mais bientôt ses larmes cessèrent de couler ; il ne lui restait plus qu'à aller dans la salle de bains, se moucher, se laver la figure et brosser ses cheveux. Une fois calmée, elle descendit d'un air insouciant, sans faire de bruit dans ses après-skis, pour aller s'asseoir dans le fauteuil à bascule en face de son mari ; en arrivant dans le living-room, elle éteignit toutes les lampes sauf une.

— Là, dit-elle. Cela fait plus intime. En réalité, Howard, mes nerfs sont comme des câbles après cette histoire des Wheeler. Tu ne peux imaginer à quel point j'ai été contrariée. Tu comprends, je les avais toujours pris pour des jeunes très solides. Je croyais que tous les jeunes ménages d'aujourd'hui étaient plus stables. Ne penses-tu pas qu'ils devraient l'être, spécialement dans une communauté dans le genre de celle-ci ? Dieu sait si je n'entends parler que de jeunes ménages qui meurent d'envie de venir s'installer par ici, pour élever leurs enfants…

Elle continua à parler, puis se leva pour arpenter la pièce tout en monologuant. Howard Givings répartit si judicieusement ses hochements de tête, ses sourires et ses grognements qu'elle ne s'aperçut pas un seul instant qu'il avait débranché pour la nuit son appareil acoustique.

4.

On fait la malle, murmura Jack Ordway en remuant son café. On s'évade. On disparaît. Pas mal, Franklin...

Ils étaient assis devant une table pour deux, tachée de ketchup, dans un angle sombre du « Bon Coin », et Frank commençait à regretter d'avoir parlé à Ordway de ses projets de départ pour l'Europe. Un pitre, un ivrogne incapable de discuter de n'importe quoi (sauf sur le ton de dérision qu'il employait pour se moquer de lui-même), n'était-ce pas là le confident le moins souhaitable pour une affaire de ce genre ? Il s'était pourtant ouvert à lui, parce que depuis quelque temps il trouvait de plus en plus difficile de porter seul le poids de son secret pendant ses heures de bureau. Lorsqu'il assistait, attentif, aux conférences où Bandy esquissait le programme « pour l'automne » ou « pour le tout début de l'année », quand il acceptait des tâches pour la Promotion des Ventes (tâches dont l'exécution lui demanderait théoriquement des mois de labeur) il lui arrivait de sentir son intelligence embrayer sur la machinerie lente de Bandy, avant qu'il songeât à se dire : « Non, minute... Je ne serai même plus ici à ce moment-là. » Au début, ces petites secousses l'avaient amusé, mais leur côté plaisant s'était émoussé, et il n'en restait plus que l'aspect gênant. On approchait de la mi-juin. Dans deux mois et demi (onze semaines !) il serait en plein milieu de l'Océan, sans plus jamais se soucier de la Promotion des Ventes ; la réalité de ce fait, cependant, n'avait pas encore pénétré la réalité du bureau. Chez lui, c'était un fait absolument, indiscutablement réel : personne ne parlait d'autre chose ; ce fait était encore réel dans le train qu'il prenait matin et soir ; mais pendant les huit heures de sa journée de travail ce fait demeurait aussi peu substantiel qu'un rêve fugitif dont le souvenir aurait été mal conservé. Au bureau, tous et tout conspiraient contre sa réalité. Les figures apathiques, fatiguées ou doucement sardoniques de ses collègues, la vue de sa corbeille « Entrées » et de sa pile d'affaires en cours, le son de son téléphone ou de l'interphone qui l'appelait dans la cabine de Bandy, tout semblait lui ressasser sans arrêt qu'il était destiné à rester là pour toujours.

— Tu parles si je resterai ! avait-il envie de crier vingt fois par jour. Attendez un peu, et vous verrez !... Mais son défi manquait de poids. Le lac brillant, asséchant, inerte du quinzième étage l'avait retenu trop longtemps et trop paisiblement pour se laisser troubler par une menace silencieuse d'évasion ; le lac aussi voulait attendre et voir. Intolérable ! Le seul moyen de mettre un terme à cette situation consistait à tout raconter à quelqu'un. Et, après tout, Jack Ordway était le meilleur ami qu'il eût au bureau. Aujourd'hui, ils s'étaient arrangés pour éviter Small, Lathrop et Roscoe à déjeuner, et ils avaient commencé par une paire de Martini, petits mais bien dosés ; et maintenant, l'histoire était dite.

— … Il y a cependant un petit détail que je ne saisis pas bien, murmura Ordway. Je suis peut-être légèrement obtus, mais que comptez-vous faire exactement ? Je ne vous vois pas en train de languir indéfiniment à des terrasses de café pendant que votre brave Frau se débrouillera à l'ambassade ou je ne sais où… Voilà la question : je ne sais pas très bien ce que je vous verrais faire. Écrire un livre ? Peindre un…

— Pourquoi tout le monde pense-t-il en fonction d'écrire des livres ou de peindre des tableaux ?… demanda Frank.

Et, vaguement conscient qu'il allait citer sa femme, il poursuivit :

— … Mon Dieu, les artistes et les écrivains seraient-ils les seuls êtres humains ayant le droit de vivre comme ils l'entendent ? Écoutez-moi. La seule raison pour laquelle j'occupe cette situation idiote est que… Ma foi, j'ai l'impression qu'il y a quantité de raisons ; mais voici l'important : si je commençais à dresser la liste de toutes les raisons, la seule raison dont je ne pourrais absolument pas faire état est que j'aime mon emploi, parce que je ne l'aime pas. Et j'éprouve ce sentiment curieux, bizarre, étrange, qu'il vaut mieux partir pour faire quelque chose que l'on aime.

— Parfait ! approuva Ordway. Parfait ! Parfait ! Ne commencez pas par vous mettre sur la défensive et à vous énerver, s'il vous plaît. Ma question est tout bêtement la suivante : qu'aimeriez-vous faire ?

— Si je le savais, répondit Frank, je n'aurais pas besoin de faire un voyage pour le découvrir.

Ordway se plongea dans ses réflexions ; il pencha de côté sa belle tête, haussa les sourcils, retroussa sa lèvre inférieure. Après quoi il reprit :

— Voyons, ne pensez-vous pas... j'entends, en supposant qu'il y ait une véritable vocation cachée qui vous attende... ne pensez-vous pas que vous pourriez la découvrir aussi bien ici que là-bas ? Serait-ce impossible ?

— Oui. Je pense qu'en effet ce serait impossible. Je ne crois pas possible pour n'importe qui de découvrir n'importe quoi au quinzième étage du building Knox ; et cela m'étonnerait que vous ne fussiez pas de mon avis.

— Mm... Je dois dire que vous venez de marquer un gros point, Franklin. Oui, un gros point...

Il ingurgita le fond de sa tasse de café, s'adossa contre sa chaise, et regarda d'un air railleur son vis-à-vis.

— … Et quand doit commencer cette noble expérience ?

Pendant une seconde, Frank eut envie de renverser la table sur Ordway, de voir le visage de celui-ci se déformer sous une peur affreuse tandis que sa chaise basculerait en arrière sous un déluge d'assiettes. « Cette noble expérience ! » Que signifiait cette nuance de dédain hautain ?

— Nous partirons en septembre, répondit-il. Ou au plus tard en octobre…

Ordway fit cinq ou six hochements de tête approbateurs en fixant d'un œil terne des restes froids de viande et de pommes de terre sur son assiette. Il n'arborait plus d'expression dédaigneuse ni hautaine, maintenant. Il paraissait vieux, fatigué, lugubrement envieux. Et Frank, qui l'observait, sentit sa propre colère se diluer en une compassion affectueuse. Pauvre vieil idiot ! pensa-t-il. J'ai gâté son déjeuner ; j'ai gâté sa journée. Il fut sur le point de lui dire : « Ne vous faites pas de bile, Jack ; peut-être que ça n'arrivera jamais. » Mais de sa confusion jaillit un geste chaleureux.

— Tenez, Jack, dit-il, je vais vous offrir un brandy en l'honneur du bon vieux temps.

— Non, non, non, non, protesta Ordway.

Mais Ordway parut aussi content qu'un épagneul caressé quand le garçon débarrassa la table et apporta deux jolis petits verres de cognac ; un peu plus tard, quand après avoir réglé leurs additions ils se retrouvèrent dehors au soleil, il était tout sourires.

Il faisait beau et chaud : le ciel semblait aussi pur et foncé que du linge bleu qui aurait été suspendu par-dessus les immeubles ; c'était aussi le jour de la paye et l'heure de la promenade traditionnelle d'après déjeuner à la banque.

— Inutile de dire, vieil ami, que je garde cela strictement entre nous, dit Ordway en cours de route. Je suppose que vous ne tenez pas à ce que votre projet soit ébruité. Quel délai avez-vous l'intention d'accorder à Bandy pour prendre congé ?

— Quinze jours, je pense. Mais je n'y ai pas réellement réfléchi.

Le soleil chauffait agréablement. Dans quelques jours il serait brûlant, mais pour le moment il était parfait. Parmi les marbres frais de la banque, Frank s'amusa à imaginer que c'était la dernière fois qu'il y faisait la queue, la dernière fois qu'il piétinait en attendant de froisser son chèque entre ses doigts, tandis qu'il prenait place dans la file rangée devant l'un des dix guichets qui étaient réservés deux fois par mois, à l'heure du déjeuner, aux employés du building Knox.

— Tu devrais venir une fois, pour voir notre bousculade dans cette sacrée banque, avait-il dit à April des années auparavant. Nous ressemblons à une poignée de pourceaux à la mamelle attendant qu'un pis soit libre. Oh, bien sûr, nous sommes des pourceaux bien élevés, raffinés même ! Tous nous nous tenons debout très sagement et nous essayons de ne pas trop jouer des coudes. Et quand l'un de nous arrive tout près du guichet, il prend son chèque, le plie aussitôt entre ses doigts ou dans la paume de sa main, bref le dissimule plus ou moins sans en avoir l'air. Parce que, tu comprends, c'est très important de se montrer désinvolte, mais ce qui est encore plus important, c'est d'avoir la certitude que personne ne puisse voir le chiffre du chèque. Jésus !

— Messieurs, dit Vince Lathrop par-dessus l'épaule de Frank. Que diriez-vous si nous allions prendre un peu l'air ?

Lui, Ed Small et Sid Roscoe étaient en train de ranger leurs chéquiers et leurs portefeuilles ; leurs langues raclaient encore entre leurs dents des lambeaux de viande qui provenaient du « Sale Coin ». C'était une invitation à se joindre à eux pour une promenade de digestion autour du pâté d'immeubles.

Frank imagina qu'il accomplissait ce rite pour la dernière fois : que pour la dernière fois il participait à cette marche lente au soleil, que pour la dernière fois l'approche de ses souliers bien cirés effarouchait et levait ces pigeons hésitants qui s'élançaient lourdement au-dessus du trottoir parsemé de coques de cacahuètes, agitaient leurs ailes alternativement noires et argentées et grimpaient plus haut que les tours pour y dessiner de larges cercles paisibles.

Il avait bien fait de s'ouvrir à quelqu'un ; la différence était sensible. Ainsi il pouvait dévisager ses quatre compagnons et éprouver à leur endroit un parfait détachement. Ordway, Lathrop, le petit Ed Small toujours nerveux, le prétentieux et assommant Sid Roscoe… Il savait maintenant que bientôt il leur souhaiterait le bonsoir à eux quatre, et que dans un an il aurait du mal à se rappeler leurs noms. En attendant, et c'était tout bénéfice pour lui, il n'avait même plus besoin d'éprouver du déplaisir à leur contact. Ils n'étaient pas de si mauvais types que cela, après tout ! Il se sentait même capable de partager leur hilarité quand Ordway hasardait une plaisanterie. Et lorsqu'ils contournèrent le dernier angle et qu'ils se dirigèrent vers le vestibule du building Knox, il trouva plaisante la manière dont, en bons camarades, ils avançaient sur le trottoir tous les cinq de front, d'un pas vif qu'inspirait la clémence du soleil, et en agitant les bras avec une sorte de fierté de corps militaire. (Quel régiment, Mac ? Promotion des Ventes, Quinzième Étage, Machines Knox.)

Et : Au revoir, au revoir, pouvait-il dire dans son cœur à tous les passants (un groupe de sténos jacassantes, chargées de leurs emplettes à un « Prix unique » ; un autre groupe de jeunes employés cyniques, fumant du tabac fort et appuyés en bras de chemise contre la façade d'un immeuble). Au revoir à la rue entière, au revoir à vous tous, tristes gens ! Je vais partir…

Merveilleux sentiment de liberté ! Il en jouit magnifiquement jusqu'à ce qu'il fût de retour à son bureau : alors l'interphone lui apprit qu'il était mandé d'urgence dans la cabine de Bandy.

Ted Bandy, par beau temps, ne paraissait jamais à son avantage ; c'était un homme d'intérieur. Son corps maigre et austère semblait n'avoir été créé que dans le but de remplir un minimum de tissu épais dans un costume croisé, et son visage mince de vieil homme ne se détendait que dans la sécurité de l'hiver, quand les fenêtres du bureau étaient bien closes. Une fois, quand il avait été désigné pour accompagner quelques bons vendeurs à qui la Société avait offert une excursion aux Bermudes, les *Knox Knews* de Roscoe avaient publié une photographie de tout le groupe aligné sur la plage, en slips de bain, et souriant à belles dents ; en secret, Roscoe avait fait faire un agrandissement d'une partie du cliché pour révéler un Bandy qui s'efforçait de sourire à l'opérateur malgré le poids de deux grands bras velus passés par ses voisins autour de son cou ; pendant des semaines, la photo avait circulé clandestinement dans les cabines du quinzième étage, et tous les employés avaient déclaré qu'ils n'avaient jamais rien vu de plus drôle.

Pour l'heure, Bandy arborait une expression voisine de celle-là. Frank l'attribua d'abord à la brise de juin qui, pénétrant par la fenêtre ouverte, avait comiquement dérangé l'ordonnance de quelques cheveux longs qui étaient censés partir du sommet de sa calvitie. Mais lorsqu'il s'avança dans la cabine, il sursauta : c'était à la présence d'un auguste visiteur, qui n'apparaissait que rarement au quinzième étage, qu'était certainement due la plus grande part du malaise de Bandy.

— Frank, naturellement vous connaissez Bart Pollock ?... dit-il en se levant.

Puis, avec un humble signe de tête, il ajouta :

— ... Frank Wheeler, Bart.

Une silhouette massive dans une gabardine marron se dressa devant lui ; une grosse figure cuivrée lui sourit ; la main droite de Frank se trouva enveloppée dans une étreinte chaleureuse.

— Je ne pense pas que nous ayons été déjà présentés l'un à l'autre, déclara une voix qui aurait fait vibrer un verre d'eau sur l'estrade d'un orateur. Ravi de faire votre connaissance, Frank.

Cet homme, qui dans toute autre corporation aurait été appelé « Mr. Pollock » plutôt que « Bart », était le Directeur Général des Ventes pour le Département de l'Électronique ; de lui, Frank n'avait jamais reçu davantage qu'un vague signe de tête, de temps à autre, dans l'ascenseur, et il le méprisait à distance depuis des années. « Tu comprends, il serait un parfait Président dans la pire acception du terme », avait-il dit jadis à April. « Imagine un de ces gros salauds à visage de père tranquille, avec un sourire d'un million de dollars et environ trois livres de muscles entre les oreilles ; installe-le à la télévision, et le concurrent n'aurait pas la moindre chance ! » Et à présent, devinant que sa propre physionomie se tordait pour ébaucher une grimace servile, sentant une goutte de sueur perler sous son aisselle et couler le long de ses côtes, il essayait de racheter ces réactions incontrôlables en imaginant déjà la manière dont il les expliquerait le soir même à April : « Et soudain je me suis surpris en train de fondre... oui, de fondre en face de lui. N'est-ce pas amusant ? Tu comprends, je sais que c'est un imbécile ; je sais qu'il n'a rien de commun avec moi dans tout ce qui m'importe dans la vie, et tout de même il m'a presque intimidé. N'est-ce pas le comble de l'absurde ? »

— Approchez une chaise, Frank !...

Après avoir lancé cette invitation, Ted Bandy aplatit d'une main ses cheveux rebelles et se rassit en se balançant inconfortablement d'une fesse sur l'autre comme s'il avait des hémorroïdes.

— ... Bart et moi, nous venons de lire quelques comptes rendus de la conférence de l'A N D P , commença-t-il, et Bart m'a prié de vous convoquer à ce sujet. Il semble...

Mais Frank ne put suivre la fin de la phrase de Bandy, parce que toute son attention se concentra subitement sur Bart Pollock. Torse en avant et l'air passionné, Pollock attendit que Bandy eût fini de parler ; alors il administra un grand coup du revers de sa main sur le papier qu'il tenait et qui n'était autre qu'un exemplaire de « Si nous parlions du Contrôle de la Production », et il déclara :

— Frank, ceci est de première classe ! Ils en ont été enthousiasmés à Toledo.

— Tu comprends, n'est-ce pas, le comble de l'absurde ?… demanda-t-il à April ce soir-là.

Il riait et parlait en même temps ; il la suivait dans la cuisine avec un verre à la main tandis qu'elle préparait le dîner.

— … Enfin, quoi, d'une ironie parfaite ? Je fabrique ce petit boulot idiot pour me tirer d'affaire vis-à-vis de Bandy, et voilà ce qui arrive. Tu aurais dû entendre cet animal de Pollock s'échauffer là-dessus ! Pendant des années il n'a jamais soupçonné mon existence, et tout à coup je deviens son plus brillant collaborateur. Le vieux Bandy se tortillant sur sa chaise sans savoir s'il devait être content ou jaloux, moi me retenant pour ne pas éclater de rire… Jésus !

— Merveilleux ! dit-elle. Cela ne t'ennuierait pas de porter cela là-bas, chéri ?

— Et puis, voici qu'il développe sa grosse… Quoi ? Oh, bien sûr ! Okay…

Il posa son verre, prit les assiettes qu'elle lui tendait et l'accompagna dans l'autre pièce où les enfants étaient déjà attablés.

— … Et puis voici qu'il développe sa grosse idée ; Pollock, tu comprends ? Il veut que je fasse toute une série d'autres idioties. « Si nous parlions du Contrôle de l'Inventaire, Si nous parlions de l'Analyse des Ventes, Si nous parlions du Calcul du Prix de Revient, Si nous parlions de la Feuille de Paie… » Il a déjà tracé tout le programme. En principe, je dois…

— Excuse-moi une seconde, Frank. Michael, tiens-toi droit maintenant ; sinon, tu auras des ennuis. Je ne ris pas. Et ne prends pas d'aussi grosses bouchées. Je te demande pardon. Continue.

— En principe, je dois déjeuner avec lui la semaine prochaine pour reparler de tout cela. Marrant, non ? Évidemment, si la conversation prend un tour trop concret, il faudra que je lui dise que je quitte la Société à l'automne. Non, mais tu ne trouves pas que toute l'affaire est d'une drôlerie irrésistible ? Après toutes ces…

— Pourquoi ne pas le lui annoncer de toutes façons ?

— … années d'abrutissement dans ce maudit poste et ne jamais… Quoi ?

— J'ai dit : pourquoi ne pas le lui annoncer, de toutes façons ? Pourquoi ne pas l'annoncer à tous les autres ? Que peuvent-ils te faire ?

— Eh bien, répondit-il, le problème n'est pas ce qu'ils peuvent me faire ; plus simplement, ce serait… disons un peu maladroit, voilà tout. Je ne vois aucun intérêt à annoncer quoi que ce soit avant que le temps soit venu de donner officiellement ma démission.

Il planta sa fourchette dans sa côtelette de mouton et il porta si furieusement un morceau dans sa bouche qu'il mordit la fourchette en même temps que la viande ; tout en agitant ses mandibules avec vigueur et en exhalant de l'air par les narines pour montrer qu'il avait gardé tout son sang-froid, il se rendit compte qu'il ignorait le motif de sa mauvaise humeur.

— Bien, dit-elle d'un ton placide et sans lever les yeux. Bien sûr, cela ne regarde que toi, et c'est toi seul qui décides.

Au fond, l'ennui (du moins le supposa-t-il) c'était que ce soir, pendant tout le trajet du retour, il avait imaginé April lui disant : « Il y a de fortes chances pour que tu sois le meilleur collaborateur de la Promotion des Ventes qu'ils aient jamais eu ; qu'y a-t-il de si drôle à cela ? »

Et il aurait répondu : « Non. Tu es à côté de la question. La question, c'est qu'une histoire comme celle-ci prouve que j'ai affaire à une bande d'imbéciles. »

Alors, elle : « Je ne pense pas qu'elle prouve rien de tel. Pourquoi te sous-estimes-tu toujours ? Je pense que cette histoire prouve au contraire que tu es le genre d'homme qui peut exceller n'importe où, quand il en a envie ou quand il le faut. »

Et lui : « Bah, je n'en sais rien. Peut-être. En tout cas je n'ai pas envie d'exceller là-dedans. »

Et elle : « Bien sûr que tu n'en as pas envie, et voilà bien la raison pour laquelle nous allons partir. Mais en attendant, qu'y a-t-il donc de si terrible dans le fait que tu acceptes l'hommage qu'ils te rendent ? Il se peut que tu n'en aies ni envie ni besoin, mais cela ne le rend pas méprisable, n'est-ce pas ? Tu comprends, à mon avis, tu devrais en ressentir un certain plaisir, Frank. Réellement. »

Mais elle n'avait rien dit d'analogue ; elle n'avait même pas eu l'air de quelqu'un qui fût capable de penser des choses pareilles. Elle était assise, elle coupait et elle mâchait avec une indifférence parfaite ; déjà elle avait l'esprit braqué au loin sur d'autres problèmes.

5.

J'emporterai ma maison de poupée, déclara Jennifer ce samedi après-midi, et ma voiture de poupée, et mon ours, et mes trois lapins de Pâques, et ma girafe, et toutes mes poupées, et tous mes livres, et tous mes disques, et mon tambour.

— Ça m'a l'air beaucoup, tu ne trouves pas, ma chérie ? dit April en fronçant les sourcils au-dessus de sa machine à coudre.

Elle avait décidé de consacrer le week-end à trier les affaires d'hiver, à en jeter certaines et à en réparer d'autres, en partant du point de vue qu'ils auraient besoin de choses simples et robustes en Europe. Assise à ses pieds, Jennifer jouait distraitement avec des doublures déchirées et des bouts de fil.

— Oh, et puis mon service à thé aussi, et ma collection de cailloux, et tous mes jeux, et mon scooter.

— Mais voyons, ma chérie, tu ne trouves pas que cela ferait vraiment beaucoup d'objets à emmener ? Tu ne projettes pas de laisser quelques petites choses ici ?

— Non. Peut-être que je jetterai ma girafe. Je ne suis pas encore tout à fait décidée.

— Ta girafe ? Non. Moi, si j'étais toi, je ne la jetterais pas. Nous avons largement de la place pour tous tes animaux, tes poupées et les autres petites choses. Ce sont les gros objets qui me gênent : la maison de poupée, par exemple, et le cheval à bascule de Mike. Ce genre d'objets est très difficile à emballer, vois-tu. Mais tu n'as pas besoin de jeter ta maison de poupée : tu pourrais la donner à Madeline.

— Pour qu'elle me la garde ?

— Bien sûr, pour qu'elle te la garde. Cela vaudrait mieux que de la jeter, n'est-ce pas ?

— Okay…

Et au bout d'une minute, Jennifer reprit :

— Je sais ce que je ferai. Je donnerai à Madeline ma maison de poupée, et ma girafe, et ma voiture, et mon ours, et mes trois lapins de Pâques, et ma…

— Rien que les choses encombrantes, j'ai dit. Ne m'as-tu pas comprise ? Je viens de te l'expliquer en long et en large. Pourquoi es-tu incapable d'écouter ?…

La voix d'April montait, s'exaspérait. Puis elle soupira.

— … Écoute. Tu ne préférerais pas aller dehors et jouer avec Michael ?

— Non. Je n'en ai pas très envie.

— Oh. Eh bien, moi, je n'ai pas très envie d'expliquer quinze fois la même chose à quelqu'un qui est trop bête pour faire attention. En voilà assez.

Frank fut soulagé quand leurs voix se turent. Il s'était installé sur le canapé pour essayer de lire la préface d'un livre de français élémentaire qu'il avait acheté pour remplacer *Le Français plus clair*, et leur dialogue l'avait obligé à relire plusieurs fois de suite le même paragraphe.

Mais une demi-heure plus tard, quand il s'aperçut que depuis un bon moment le seul bruit dans la pièce était le ronronnement irrégulier de la machine à coudre, il leva les yeux et constata avec un certain malaise que Jennifer n'était plus là.

— Où a-t-elle pu aller ? demanda-t-il.

— Dehors avec Michael, je suppose.

— Non. Je suis sûr qu'elle n'est pas sortie.

Ils se levèrent et se rendirent tous les deux dans la chambre d'enfants ; Jennifer s'y trouvait, couchée sur son lit, l'œil dans le vague, suçant son pouce.

April s'assit sur le bord du lit, posa la paume de sa main sur la tempe de sa fille et, ne découvrant pas de fièvre apparente, commença à lui lisser les cheveux.

— Qu'y a-t-il, mon bébé ?…

Elle parlait d'une voix gentille, très douce.

— … Tu ne peux pas dire à maman ce qu'il y a ?

Frank, qui surveillait la scène du seuil de la porte, écarquilla les yeux, qui s'arrondirent comme ceux de sa fille. Il avala sa salive, et elle l'imita après avoir retiré son pouce de sa bouche.

— Il n'y a rien, répondit-elle.

April lui prit la main pour empêcher le pouce d'aller se réintroduire dans la bouche ; elle ouvrit le petit poing, et elle y découvrit à l'intérieur un long bout de fil vert enroulé autour de l'index. Elle se mit à le dérouler. Jennifer l'avait serré si fort que l'extrémité du doigt était couleur de pruneau et qu'au-dessous la peau humide était exsangue et toute meurtrie.

— C'est parce que nous allons partir pour la France ? demanda April tout en continuant de dérouler le fil. Tu as un peu de peine à cause de cela ?…

Jennifer ne répondit pas avant que le fil fût complètement déroulé. Alors elle eut un petit mouvement de tête à peine perceptible, et elle se contorsionna violemment, gauchement, pour enfouir sa tête entre les genoux de sa mère car elle commençait à pleurer.

— … Oh ! dit April. Je le pensais bien. Pauvre vieille Niffer !…

Elle lui caressa l'épaule.

— … Écoute-moi bien, mon bébé. Tu sais ce que je vais te dire ? Eh bien, c'est qu'il n'y a aucune raison d'avoir de la peine parce que nous allons partir…

Mais Jennifer fut incapable de refréner ses larmes, puisqu'elle avait commencé à pleurer. Elle sanglota de plus en plus fort.

— … Tu te rappelles quand nous avons quitté New York pour venir nous installer ici ? demanda April. Tu te rappelles comme tu avais de la peine de quitter le parc et tout le reste ? Toutes tes petites amies à la nursery ? Et tu te rappelles ce qui est arrivé ? Il ne s'était pas écoulé une semaine que la maman de Madeline l'amenait ici pour que vous fassiez connaissance ; et puis tu as rencontré Doris Donaldson, et les fils Campbell ; et puis presque aussitôt tu es allée à l'école et tu t'es fait de nouvelles petites amies, et tu n'as plus eu de peine parce qu'il n'y avait plus aucune raison pour que tu aies de la peine. En France tout se passera exactement de la même façon. Tu verras.

Jennifer releva son visage congestionné et voulut dire quelque chose, mais elle dut s'y reprendre à plusieurs fois pour que les mots finissent par surgir des convulsions de son souffle.

— Est-ce que nous habiterons là-bas longtemps ?

— Bien sûr. Ne t'inquiète pas à ce sujet.

— Longtemps, et pour toujours ?

— Eh bien, répondit April, peut-être pas pour l'éternité ; mais nous resterons certainement longtemps en Europe. Tu ne devrais pas te faire un tel mauvais sang, ma chérie. J'ai l'impression que c'est parce que tu es restée trop longtemps assise à l'intérieur par une aussi belle journée. Tu ne crois pas ? Viens avec moi : je vais te laver la figure ; et puis tu iras dehors voir ce que fabrique Michael. Okay ?

Quand Jennifer fut sortie, Frank alla se placer derrière la machine à coudre ; il paraissait effondré.

— Dis donc, cette histoire m'a donné un vrai coup ! Pas à toi ?

Elle ne releva pas la tête.

— Que veux-tu dire ?

— Je ne sais pas. À y bien réfléchir, du point de vue des enfants, nous avons l'air de faire quelque chose d'assez égoïste. Tu comprends, il faut voir les choses en face : ils risquent d'avoir beaucoup de peine.

— Ils la surmonteront.

— Mais oui, ils la surmonteront ! dit-il en essayant de jouer les sans-cœur. Nous pourrions leur faire un croc-en-jambe pour qu'ils se cassent un bras, et ils surmonteraient cela aussi ; la question n'est pas là. La question est que…

— Écoute, Frank…

Elle s'était retournée et, cette fois, elle affronta carrément le regard de son mari ; elle avait son petit sourire sur ses lèvres minces, ses yeux durs.

— … Cherches-tu à me suggérer que nous renoncions à toute l'affaire ?

— Non !…

Il s'écarta d'elle pour marcher de long en large sur le tapis.

— … Bien sûr que non !…

Malgré tout son malaise, il trouvait bon d'être debout et de parler, après son long silence de concentration imparfaite sur le livre de français.

— … Sûr que non ! Pourquoi faut-il que tu ?…

— Parce que si tu ne cherches pas à me suggérer de renoncer au projet, je ne vois réellement pas l'intérêt qu'il y a à poursuivre sur ce thème. Le problème revient à dire, une fois pour toutes, à qui incombent les responsabilités de la famille. Si c'est aux enfants, alors de toute évidence il faut que nous fassions ce qu'ils estiment préférable ; autrement dit, nous resterons ici jusqu'à ce que nous y pourrissions. Par contre…

— Mais non ! Une minute ! Je n'ai jamais dit…

— Une minute, toi aussi, s'il te plaît ! Par contre si les responsabilités de la famille nous incombent… Et il me semble qu'elles devraient nous incomber, non ? Ne serait-ce que parce que nous sommes plus vieux d'un quart de siècle ? Alors dans ce cas, nous partirons. Ce qui signifie aussi que, sur un plan secondaire, nous ferons tout ce que nous pourrons pour leur rendre la transition la moins pénible possible.

— C'était ce que j'allais dire !…

Il agita les bras.

— … Pourquoi t'énerver tout d'un coup ? Rendre la transition la moins pénible possible, c'était exactement ce que j'allais dire.

— Parfait. La vérité est que je crois que nous nous y efforçons, que je pense que nous continuerons à le faire du mieux que nous le pourrons jusqu'à ce qu'ils aient bien surmonté ce petit choc. En attendant, je ne vois pas quel intérêt nous aurions à nous prendre la tête dans les mains et à nous lamenter sur leur sort, ou à parler de leur faire un croc-en-jambe et de leur casser un bras. Sincèrement, je trouve que c'est là une grande absurdité émotionnelle, et tu me ferais plaisir en n'insistant plus là-dessus.

Depuis quelques semaines, ils n'avaient jamais frôlé la dispute d'aussi près ; cette scène les maintint dans une réserve polie jusqu'au moment où ils se couchèrent, et au lit ils évitèrent soigneusement de se toucher. Quand ils se réveillèrent le lendemain matin, ils entendirent la pluie tomber et ils se rappelèrent avec consternation que c'était le dimanche où ils devaient faire la connaissance de John Givings.

Milly Campbell s'était offerte à les libérer des enfants pour l'après-midi, « parce que je suppose que probablement vous ne tenez pas à les avoir dans vos jambes pendant qu'il sera là, n'est-ce pas ? Pour le cas où il repiquerait une petite crise ? » Tout d'abord April avait refusé ; mais l'échéance se rapprochant, elle se ravisa.

— Je crois que nous aurons recours à vos bons offices, Milly, lui dit-elle au téléphone, si votre offre est encore valable. Vous avez raison ; à la réflexion, ce serait les exposer à je ne sais quels risques bien inutiles...

Et elle les conduisit chez les Campbell deux heures plus tôt, par précaution.

— ... Mon Dieu, dit-elle à son retour en s'asseyant avec Frank dans la cuisine bien propre, c'est un peu agaçant, tu ne trouves pas ? Je me demande à quoi il peut bien ressembler. Je ne me rappelle pas m'être jamais trouvée en face d'un fou ; et toi ? Enfin, d'un vrai fou, dûment catalogué comme tel.

Il servit deux verres du sherry très sec qu'il aimait boire le dimanche après-midi.

— Combien veux-tu parier, dit-il, qu'il se révélera presque semblable à tous les fous que nous connaissons et qui ne sont pas dûment catalogués comme tels ? Soyons décontractés, et acceptons-le tel qu'il sera.

— Bien sûr. Tu as raison…

Et elle le gratifia d'un regard qui replongea les désagréments de la veille dans un abîme du passé.

— … Tu as toujours l'instinct juste pour des choses de cet ordre. Réellement tu es un être très généreux et plein de compréhension, tu sais, Frank.

La pluie avait cessé ; mais c'était néanmoins une journée grise, humide, où on se sentait bien chez soi. La radio jouait doucement du Mozart, et une ambiance de calme gentil, parfumé au sherry, s'installa dans la cuisine. Voilà comment il aurait aimé que son mariage fût toujours : pas de nervosité, une bonne camaraderie, de la tendresse mutuelle, un soupçon d'idylle… Ils restèrent paisiblement assis à bavarder en attendant qu'apparût la voiture des Givings à travers les arbres d'où la pluie s'égouttait encore. Il eut un ou deux frissons de plaisir, comme un homme qui, dehors bien avant l'aube, peut frissonner en sentant sur sa nuque la première petite chaleur du soleil. Il se sentait en paix ; lorsque la voiture arriva, il était prêt à bien accueillir ses hôtes.

Mrs. Givings fut la première à sortir ; elle darda un sourire clair en direction de la maison, puis elle lui tourna le dos pour fourrager parmi les manteaux et les paquets sur la banquette arrière. Howard Givings émergea par la portière de gauche et essuya méticuleusement ses lunettes embrumées. Derrière lui apparut un grand jeune homme étriqué, rougeaud, coiffé d'une casquette de drap : non pas l'une de ces petites casquettes qui, rejetées en arrière, ont un air désinvolte, comme la mode en est venue récemment, mais une vulgaire casquette large, plate, à l'ancienne mode. Le reste de son costume, fort terne, suggérait l'orphelinat ou la prison : un informe pantalon de travail en twill et un sweater marron foncé boutonné sur le devant et beaucoup trop petit pour lui. Vu à une distance de quinze mètres, il donnait l'impression d'avoir été habillé de bric et de broc par une institution d'État.

Il ne regarda point en direction de la maison. S'attardant derrière ses parents, il demeura jambes écartées, pieds légèrement tournés en dedans, sur le gravier mouillé, et il s'absorba totalement dans l'acte d'allumer une cigarette : il la tassa méthodiquement contre l'ongle de son pouce, l'inspecta en fronçant les sourcils, la planta entre ses lèvres, se voûta et protégea la flamme de l'allumette dans la coupe de ses mains, puis aspira les premières bouffées profondes avec autant de sérieux et d'intensité que si la fumée de cette cigarette était tout ce qu'il pouvait espérer en fait de jouissance sensuelle.

Mrs. Givings eut le temps de débiter plusieurs phrases de gratitude et d'excuses, et son mari put même ajouter quelques mots avant que John démarrât. Il avança alors d'un pas rapide, élastique, sur la demi-pointe des pieds. De près, il révéla une grosse tête amaigrie, de petits yeux, des lèvres minces, et le regard austère d'un homme épuisé par une souffrance physique chronique.

— April… Frank… répéta-t-il en guise de réponse aux présentations faites par sa mère pour confier les deux noms à sa mère au prix d'un effort visible. Content de vous connaître. Beaucoup entendu parler de vous…

Et brusquement son visage sembla exploser sous l'effet d'un large sourire surprenant. Ses joues se tirèrent en arrière en plis verticaux, deux rangées de grosses dents saines, tachées par le tabac, jaillirent entre ses lèvres blêmes, et ses yeux parurent perdre le don de la vue. Pendant quelques secondes, il sembla que sa physionomie pouvait se figer pour toujours dans cette monstrueuse parodie d'un sourire destiné à gagner des cœurs et à influencer des esprits ; mais elle disparut quand le groupe se dirigea avec solennité vers la maison.

April expliqua (avec trop de détails, se dit Frank) que les enfants assistaient à une fête d'anniversaire chez des amis, et Mrs. Givings commença à raconter que la circulation avait été absolument terrifiante sur la Route n° 12, mais sa voix perdit de son assurance quand elle découvrit que John monopolisait toute l'attention des Wheeler. Lentement, il faisait sur ses jambes raides le tour du living-room ; il avait gardé sa casquette sur sa tête ; il examinait tout.

— … Pas mal ! déclara-t-il en faisant un hochement de tête approbateur. C'est une petite maison très comme il faut que vous avez là.

— Vous ne voudriez pas tous vous asseoir ? s'enquit April.

Les vieux Givings obéirent à son invitation. John retira sa casquette et la posa sur une étagère ; puis il plaça ses pieds bien à plat, et se laissa tomber pour s'accroupir, assis sur ses talons comme un valet de ferme ; il rebondit légèrement, se pencha entre ses genoux pour, d'une chiquenaude, expédier une cendre de cigarette dans le parement de son pantalon d'ouvrier. Quand il releva la tête pour regarder l'assistance, toute tension avait disparu de son visage ; il avait pris un air malicieux, à la Will Rogers, et sa physionomie avait les expressions d'un être intelligent et plein d'humour.

— Notre vieille Helen me parle de vous depuis des mois, dit-il. Les charmants Wheeler sur la Route de la Révolution, les charmants révolutionnaires de la Route Wheeler… Je ne savais même pas de quoi elle me parlait la moitié du temps. Sûr, c'est en partie parce que je n'écoutais pas. Vous savez bien comment elle est ? Comment elle parle, parle, parle pour ne rien dire ? Alors, obligatoirement on n'écoute plus au bout d'un moment. Non, mais cette fois je dois lui rendre justice ; ce n'est pas du tout ce que je m'étais imaginé. Ici c'est charmant. Je ne dis pas « charmant » dans le même sens qu'elle. Ne vous tracassez pas. Je répète : « charmant ». J'aime votre chez vous. Ça ressemble à un endroit où l'on vit.

— Eh bien, dit Frank, merci beaucoup.

— Un peu de sherry ferait-il plaisir à quelqu'un ? interrogea April en tortillant ses doigts devant sa ceinture.

— Oh non, s'il vous plaît, ne vous donnez pas de mal, April s'écria Mrs. Givings. Nous sommes très bien. Je vous en prie, ne vous gênez pas pour nous. En réalité, nous pourrons seulement rester ici une mi…

— Maman, vous ne consentiriez pas à faire plaisir à tout le monde ? dit John. Par exemple, si vous pouviez vous taire un petit moment ? Eh bien si, un peu de sherry me ferait plaisir, merci. Apportez-en pour les parents aussi, et je boirai à la santé de Helen si elle ne m'y force pas. Oh, Eh, écoutez-moi !…

Toute malice disparut de son visage, quand il se pencha en avant, toujours accroupi, et tendit une main gesticulante vers April ; on aurait dit un entraîneur de base-ball donnant des instructions à son équipe.

— … Vous avez des grands verres ballon ? Alors, parfait. Prenez un grand verre ballon, mettez dedans six cubes de glace, et remplissez-le de sherry jusqu'au bord. C'est comme ça que je l'aime.

Assise comme un serpent lové sur le bord du canapé, Mrs. Givings ferma les yeux et souhaita mourir. Du sherry dans un grand verre ballon ! Sa casquette sur l'étagère… Oh, et ces vêtements ! Chaque semaine elle lui apportait ses vêtements à lui pour qu'il s'habillât (de bonnes chemises, des pantalons convenables, sa jolie vieille veste de tweed avec les coudes en cuir, son sweater en cachemire), mais il s'obstinait à porter ces affaires de l'hôpital psychiatrique. Il le faisait par dépit, par rancune. Et cette épouvantable grossièreté ! Et pourquoi, dans des cas pareils, Howard était-il toujours complètement inutile ? Calé dans un fauteuil, souriant, clignant de l'œil comme un vieux… Oh, Dieu, pourquoi ne l'aidait-il pas ?

— Oh, c'est magnifique, April ! dit-elle en prenant d'une main tremblante un verre de sherry sur le plateau. Oh, et regardez ce plat splendide !…

Elle recula, comme si elle ne pouvait en croire ses yeux, devant le plat de petits sandwiches pain de mie qu'April avait préparés dans la matinée.

— … Vous n'auriez vraiment pas dû vous infliger tout ce travail pour nous !

John Givings but deux gorgées de son verre, puis le déposa sur la bibliothèque et n'y toucha plus. Mais il dévora la moitié des sandwiches en arpentant la pièce sans s'arrêter ; il en prenait trois ou quatre à la fois, et il les engloutissait voracement tout en respirant bruyamment par le nez. Mrs. Givings s'arrangea pour occuper le devant de la scène pendant plusieurs minutes : elle parlait d'abondance en pratiquant de si habiles élisions entre ses phrases qu'il aurait été impossible de trouver une ouverture pour l'interrompre. Elle essayait de faire passer l'après-midi. Les Wheeler avaient-ils eu connaissance de la dernière réglementation émanant de la commission de répartition des districts ? Personnellement, elle la considérait comme une insulte ; cependant elle supposait qu'en fin de compte cela abaisserait le taux des taxes mobilières, ce qui serait toujours une bénédiction…

Howard Givings grignotait paresseusement un sandwich ; mais il gardait un œil vigilant sur son fils ; il ressemblait à une bonne vieille nurse dans un parc, cherchant à prévenir les bêtises possibles d'un enfant.

La tête inclinée sur le côté, John observait sa mère ; quand il eut avalé sa dernière bouchée, il l'interrompit brusquement au milieu d'une phrase.

— Vous êtes avocat, Frank ?

— Moi ? Avocat ? Non. Pourquoi ?

— Parce que j'espérais que vous en seriez un, voilà tout. Il se peut que j'aie besoin d'un avocat…

Alors que faites-vous ? Vous travaillez dans la publicité, ou quoi ?

— Non. Je travaille aux Machines Knox.

— Et que fabriquez-vous dans cette boîte ? Vous dessinez les machines, ou vous les construisez, ou vous les vendez, ou vous les réparez, ou quoi ?

— J'aide à les vendre, si vous voulez. En réalité je n'ai pas grand-chose à voir avec les machines elles-mêmes. Je travaille au Siège Social. C'est une situation assez idiote. J'entends par là qu'elle ne comporte rien… d'intéressant, vous comprenez ?

— D'intéressant ?…

Ce mot parut offenser John Givings.

— … Vous vous souciez de savoir si une situation présente de l'intérêt ou non ? Je croyais qu'il n'y avait que les femmes pour penser à cela. Les femmes et les gosses. Je ne me figurais pas que vous étiez comme ça.

— Oh, regardez, le soleil va percer !… cria Mrs. Givings.

Elle se leva d'un bond, alla vers la fenêtre panoramique et regarda à travers la vitre ; son dos était très rigide.

— … Nous verrons peut-être un arc-en-ciel. Ne serait-ce pas ravissant ?

Sur la nuque de Frank, la peau se hérissait d'ennui.

— Tout ce que j'ai voulu dire, expliqua-t-il, c'est que je n'aime pas ma situation et que je ne l'ai jamais aimée.

— Pourquoi l'avez-vous choisie, alors ? Oh, okay, okay…

John Givings baissa la tête et leva faiblement une main comme pour essayer désespérément d'esquiver le coup de bâton du châtiment public.

— … Okay. Je sais. Cela ne me regarde pas. Voilà ce que la vieille Helen appelle Manquer de Tact, Chéri. C'est là mon gros défaut, voyez-vous ; je l'ai toujours eu. Oubliez ce que j'ai dit. Vous avez envie de vous offrir une très jolie maison, une maison tout à fait charmante, alors il faut que vous acceptiez une situation que vous n'aimez pas. Parfait. C'est la façon dont raisonnent 98,9 % des gens ; aussi vous auriez bien tort de vous en excuser. Si quelqu'un s'aventure à vous dire : « Pourquoi l'avez-vous choisie ? » Vous pouvez être sûr qu'il s'agit d'un loufoque de l'État en permission de quatre heures. Tous sont d'accord. Sommes-nous tous d'accord là-dessus, Helen ?

— Oh, regardez, voici l'arc-en-ciel ! dit Mrs. Givings. Ou non, attendez, je ne pense pas que ce soit un arc-en-ciel… Oh, mais c'est tellement joli au soleil ! Pourquoi ne ferions-nous pas tous ensemble quelques pas dehors ?

— En fait, répondit Frank, vous avez mis le doigt dessus, John. Je suis d'accord avec vous sur tout ce que vous venez de dire. Et ma femme aussi est d'accord. Voilà la raison pour laquelle je vais quitter ma situation à l'automne, et pour laquelle nous allons partir.

John Givings lança un coup d'œil incrédule à son interlocuteur, puis à April, et son regard se reporta ensuite sur Frank.

— Ah oui ? Partir pour où ? Oh, Eh, oui, attendez une minute… Elle m'a dit quelque chose comme ça. Vous allez partir pour l'Europe, n'est-ce pas ? Oui, je me rappelle. Mais elle ne m'a pas expliqué pourquoi. Elle m'a simplement dit que c'était « très étrange »…

Et brusquement il fendit l'air, et faillit fendre la maison, à en juger du moins par le bruit, d'un éclat de rire de géant.

— … Eh, maman, qu'en pensez-vous ? Ça vous semble encore « très étrange » ? Hein ?

— Du calme, maintenant ! intervint gentiment de son coin Howard Givings. Du calme, mon fils.

Mais John l'ignora.

— Ben ma vieille ! cria-t-il. Je parie que toute cette conversation vous semble très, très étrange, hein, maman ?

Ils étaient si bien habitués au son clair du pépiement de Mrs. Givings qu'ils furent bouleversés par la réponse qu'elle adressa à la fenêtre panoramique, dans un pleurnichement misérablement contenu :

— Oh, John, je t'en prie, arrête-toi !

Howard Givings se leva et traversa lourdement la pièce pour aller vers elle. L'une de ses mains blanches aux taches jaunes ébaucha un geste comme pour la caresser, mais il se ravisa et laissa retomber sa main.

Ils se tenaient tout près l'un de l'autre, et regardaient par la fenêtre ; il était difficile de préciser s'ils se taisaient ou s'ils échangeaient quelques mots à voix basse. John les observa : son visage était encore hilare.

— Dites, intervint Frank mal à l'aise, si nous allions nous promener un peu dehors ?

— Oui, sortons ! approuva April.

— Écoutez, dit John Givings, pourquoi ne pas sortir nous trois ? Les parents pourraient rester ici et attendre leur arc-en-ciel. Ça diminuerait la tension…

À petits bonds il traversa le tapis pour reprendre sa casquette et, en revenant, il se redressa et prit un brusque virage vers ses parents ; son poing décrivit un grand arc de cercle en direction de l'épaule de sa mère. Howard Givings vit arriver le coup, et ses lunettes lancèrent un éclair d'épouvante, mais il n'eut pas le temps d'intervenir avant que le poing n'atterrît… non pour infliger un coup, mais pour une petite bourrade douce, affectueuse, sur le tissu de la robe.

— … À tout à l'heure, maman, dit-il. Restez aussi gentille que vous êtes.

Sur la pente boisée derrière la maison, le sol qui venait d'être inondé de pluie fumait sous le soleil et dégageait des parfums revigorants. Les Wheeler et leur invité, soudain détendus dans une ambiance imprévue de bonne camaraderie, durent grimper en file indienne et avancer avec précaution entre les arbres : le moindre frôlement d'une branche, au passage, les arrosait d'une averse de gouttes d'eau, et l'écorce luisante des rameaux risquait de salir leurs vêtements de traînées noires. Au bout d'un moment, ils sortirent du bois et firent lentement le tour de la cour du fond. Les deux hommes faisaient presque tous les frais de la conversation ; April écoutait ; elle marchait tout contre le bras de Frank, et celui-ci remarqua plus d'une fois, quand il lui lançait un coup d'œil, qu'elle avait le regard allumé par quelque chose qui ressemblait fort à de l'admiration pour ce qu'il disait.

L'aspect pratique du projet de départ pour l'Europe n'eut pas l'air d'intéresser John Givings ; par contre il posa de multiples questions sur leurs motifs d'expatriation ; à un moment donné, quand Frank évoqua « le vide sans espoir de toutes choses dans ce pays », il s'arrêta pile sur l'herbe et parut foudroyé.

— Voilà, maintenant vous l'avez dit, déclara-t-il. Le vide sans espoir. Bien des gens déplorent ce vide. Là où je travaillais, sur la Côte, c'était notre grand sujet de conversation à tous. Nous passions des nuits entières à discuter sur le vide, sur le néant, sur la vanité de toute chose. Pourtant, personne ne le qualifiait de « sans espoir ». C'était là que nous nous dégonflions. Peut-être parce qu'il faut déjà avoir une certaine dose de courage pour voir le vide, et qu'il en faut sacrément plus pour voir le sans espoir. Je pense que, lorsque l'on voit le sans espoir, il ne reste plus qu'à ficher le camp. Quand on peut.

— Possible… dit Frank.

Mais il commençait à se sentir de nouveau mal à l'aise ; mieux valait changer de sujet.

— … J'ai entendu dire que vous étiez un mathématicien.

— Vous avez mal entendu. J'ai enseigné quelque temps les mathématiques, un point c'est tout. De toute façon, maintenant tout est fichu. Vous savez en quoi consiste un traitement à l'électrochoc ? Eh bien, au cours des deux derniers mois, j'en ai subi trente-cinq… ou plutôt non, attendez… trente-sept…

Il loucha vers le ciel d'un œil absent, essaya de se souvenir du nombre exact. À la lumière du soleil, Frank remarqua pour la première fois que les plis dans ses joues étaient bel et bien des cicatrices de bistouri, et que d'autres parties de son visage étaient marbrées et durcies par du tissu cicatriciel. À une certaine époque, sa figure n'avait été probablement qu'une masse de kystes et de furoncles.

— … Trente-sept cures d'électrochocs. Le principe consiste à faire sortir hors de l'esprit, à force de secousses, tous les problèmes émotionnels, comprenez-vous ? Mais dans mon propre cas, l'effet a été différent. Ce sont toutes ces sacrées mathématiques qui ont déguerpi. À la place, un blanc total.

— Comme c'est affreux ! dit April.

— « Comme c'est affreux ! »…

John Givings venait de la contrefaire d'une voix affectée, efféminée, et il se tourna vers elle, avec aux lèvres un sourire minaudier de défi.

— … Pourquoi affreux ? demanda-t-il. Parce que les mathématiques sont tellement « intéressantes » ?

— Non, répondit-elle. Parce que les chocs doivent être affreux à supporter, et parce qu'il est affreux pour n'importe qui d'oublier quelque chose dont on voudrait se souvenir. En réalité, je pense que les mathématiques doivent être assez sinistres.

Il la fixa longuement, puis hocha la tête de haut en bas.

— Votre femme me plaît, Wheeler, déclara-t-il enfin. J'ai l'impression que c'est une femelle. Vous savez la différence qu'il y a entre femelle et féminine ? Non ? Eh bien, en voici un exemple : une femme féminine ne rit jamais fort et se rase toujours les dessous de bras. Notre vieille Helen est féminine en diable. Je n'ai pas rencontré plus d'une demi-douzaine de femelles dans ma vie, et je crois que vous êtes tombé sur une. Naturellement, c'est une image. Et j'ai aussi l'impression que vous êtes un mâle. Il n'y a pas non plus beaucoup de mâles dans ce pays.

Mrs. Givings, qui les surveillait attentivement de la fenêtre, ne savait plus quoi penser. Elle était encore très émue (l'après-midi avait commencé plus mal qu'elle n'eût jamais osé le craindre) mais force lui fut de convenir que John avait rarement semblé plus détendu et plus heureux en se promenant et en bavardant dans la cour du fond des Wheeler. Et, ce qui la surprenait encore davantage, les Wheeler paraissaient aussi très à l'aise.

— Ils ont vraiment l'air de… de le trouver agréable, n'est-ce pas ? dit-elle à Howard qui feuilletait le *Sunday Times* des Wheeler.

— Mm, répondit-il. Tu ne devrais pas t'énerver à ce point sur ce genre de choses, Helen. Pourquoi ne pas être détendue quand ils reviendront et les laisser parler entre eux ?

— Oh, je sais. Je le sais, tu as raison. C'est bien ce que je devrais faire.

Et elle le fit, et tout marcha à merveille. Pendant la dernière heure de la visite, tandis que tout le monde à l'exception de John buvait un autre verre de vin, elle ne souffla mot. Howard et elle demeurèrent avec bienveillance à l'arrière-plan pendant que les jeunes s'entretenaient ensemble ; leurs voix se mélangeaient paisiblement ; John n'avait pas un timbre plus rauque que les deux autres. Ils évoquaient maintenant les programmes de la radio pour enfants des années 1930.

— Bobby Benson, disait Frank. Bobby Benson du H-Bar-O Ranch. Il m'a toujours plu. Je crois qu'il est apparu juste avant « Annie la petite orpheline ».

— Oh, et « Jack Armstrong » ! dit April. Et « L'ombre » ! Et cette autre histoire mystérieuse… il s'agissait d'une abeille, non ? « Le frelon vert ».

— Non. « Le frelon vert », c'était plus tard, rectifia John. On le donnait encore dans les années 40. Je veux parler des tout premiers ; ceux de trente-cinq ou de trente-six. Vous vous rappelez le feuilleton sur l'officier de marine ? Comment s'appelait-il, celui-là ? Il passait aux environs de ce temps-là… les jours de semaine.

— Oh oui ! s'écria April. Attendez un instant… « Don Winslow. »

— C'est ça ! « Don Winslow, de la Marine des États-Unis. »

Mrs. Givings n'aurait jamais imaginé qu'ils auraient choisi ce thème de conversation ; mais tous avaient l'air de s'y complaire ; le bruit de leurs rires jeunes, nostalgiques, la remplissait de joie, tout comme le goût du sherry ou les carrés couleur de sherry que projetait le soleil couchant sur le mur : chaque carré s'animait des ombres remuantes des feuilles et des branches agitées par le vent.

— Oh, nous nous sommes si bien amusés ! dit-elle quand il fut l'heure de partir.

L'espace d'une seconde, elle eut peur que John ne se tournât de son côté pour lui lancer une phrase épouvantable, mais il serrait la main de Frank en continuant de parler, et la séparation s'effectua dans l'allée parmi un chœur de regrets, de bons vœux et de promesses de se revoir bientôt.

— Tu as été merveilleux ! déclara April quand la voiture eut disparu. La façon dont tu l'as manipulé ! Je me demande comment je m'en serais tirée si tu n'avais pas été là.

Frank allait saisir la bouteille de sherry, mais il changea d'avis et il exhuma le whisky. Il estimait l'avoir bien mérité.

— Mais ce n'était pas un problème de « manipulation », répondit-il. Je l'ai traité comme un homme normal, voilà tout.

— Mais c'est cela que je voulais dire. Cela qui a été si merveilleux. Moi, je l'aurais traité comme une bête du zoo, par exemple, tout à fait comme Helen le traite. Tu n'as pas trouvé drôle qu'il semblât plus équilibré chaque fois qu'il s'éloignait d'elle ? Et il est plutôt gentil, non ? Et intelligent ! Il a dit certaines choses que j'ai trouvées brillantes.

— Mm.

— Il paraissait nous approuver, n'est-ce pas. N'était-ce pas charmant, son histoire de « mâle » et de « femelle » ? Et veux-tu que je te dise quelque chose, Frank ? Il est la première personne qui avait réellement l'air de savoir de quoi nous aimons parler.

— Exact…

Il avala une grande lampée d'alcool et se tint debout devant la fenêtre panoramique pour contempler le soleil couchant.

— ... Ce qui signifie que nous sommes aussi cinglés que lui.

Elle s'approcha par-derrière, passa ses bras autour du torse de Frank, et blottit sa tête contre son omoplate.

— Si nous sommes cinglés, je m'en fiche, dit-elle. Et toi ?

— Moi aussi...

Mais il commençait à ressentir un cafard vague qu'il ne pouvait pas attribuer à la tristesse ordinaire des dimanches soirs. Cette journée bizarre, vivifiante, était terminée ; et maintenant, dans la lumière qui s'estompait, il se rendait compte qu'elle n'avait été qu'un répit momentané dans la tension qui l'avait harcelé toute la semaine. De cette tension, il sentait la résurrection déjà, malgré le réconfort de sentir April accrochée à son dos ; c'était un poids sur l'esprit ; un poids de plus en plus lourd, terrible ; le pressentiment d'une perte imminente, inévitable.

Et il constata peu à peu qu'elle aussi éprouvait cette même tension ; dans la manière dont elle l'enlaçait, il y avait une certaine raideur, un certain effort pour parachever un effet de spontanéité, comme si elle savait que se blottir contre une omoplate était la seule chose normale et qu'elle faisait de son mieux pour n'omettre aucun détail. Un long moment ils demeurèrent sans bouger.

— Je voudrais bien ne pas aller travailler demain, dit-il.

— Alors n'y va pas. Reste à la maison.

— Non. Il faut que j'y aille.

6.

— Ted Bandy est un type très gentil, déclara Bart Pollock pendant qu'ils se dirigeaient d'un pas vif vers le haut de la ville, et il est un bon chef de Département, mais je vais vous dire quelque chose…

Il sourit par-dessus l'épaule de sa gabardine, à l'adresse de la physionomie attentive de Frank.

— … Je vais vous dire quelque chose. Je lui en veux un petit peu pour la manière dont il vous a gardé sous le boisseau pendant des années.

— Oh, moi, je ne lui en garde pas rancune, Mr… Bart, répondit Frank qui sentit ses traits ébaucher un sourire timide. Mais je vous remercie tout de même.

(« Que diable pouvais-je dire d'autre ? expliquerait-il plus tard à April en cas de besoin. Quoi d'autre voulais-tu que je réponde à une phrase comme celle-là ? ») Il dut allonger le pas pour se maintenir à la hauteur de Pollock qui avançait à grandes enjambées, et il se rendait compte avec un certain malaise que ces petits mouvements précipités, ainsi que la façon dont ses doigts veillaient à empêcher sa cravate de glisser hors du veston, devaient lui donner l'air d'un subordonné déférent.

— Cet endroit vous convient ?…

Pollock le poussa dans le vestibule puis dans le restaurant d'un grand hôtel où s'activaient des serveurs silencieux, lourdement chargés de plateaux, et qui vibrait de discussions d'affaires dans un fracas de fourchettes et de couteaux. Une fois qu'ils se furent assis devant une table, Frank avala une gorgée d'eau glacée et il examina la salle en se demandant si ce n'était pas là qu'il avait déjeuné jadis avec son père et Mr. Oat Fields. Il n'en était pas sûr, car le quartier comptait plusieurs hôtels de grande classe, mais la vraisemblance était assez forte pour satisfaire son sens des coïncidences ironiques. « N'était-ce pas le comble ? » dirait-il à April ce soir. « Exactement la même salle. Les mêmes palmiers en pots, les mêmes petits plats de biscuits pour les huîtres… Jésus, je vivais un rêve. Je me suis assis avec l'impression que j'avais dix ans. »

En tout cas, c'était un soulagement que d'être assis. Pollock paraissait moins grand, et Frank pouvait arracher sous la table un long bout de peau près de l'ongle de son pouce gauche pendant que Pollock parlait. Frank était-il marié ? Avait-il des enfants ? Où habitait-il ? Ma foi, c'était fort sage d'habiter à la campagne quand on avait des enfants. Mais que pensait Frank des trains de banlieue ? On aurait dit Oat

Fields lui demandant ce qu'il pensait de l'école et du base-ball.

— Savez-vous ce qui m'a le plus impressionné dans votre brochure ? interrogea Pollock dont le verre de Martini paraissait singulièrement fragile entre ses mains. Sa logique et sa clarté. Vous avez bien amené chaque point, vous avez touché juste chaque fois au bon endroit, tout s'enchaînait parfaitement. J'ai eu l'impression que je ne lisais pas, mais que j'écoutais quelqu'un qui me parlait.

Frank baissa la tête.

— Ma foi, c'est exactement comme cela que je l'ai fait. J'ai parlé devant le dictaphone, voyez-vous ? En vérité, toute l'affaire a été plus ou moins un hasard. Notre Département n'est pas censé prendre en main la création ou la production de ce genre de papiers ; c'est le travail de l'agence. Tout ce que nous sommes censé faire se limite au contrôle de la distribution de leur production sur le marché.

Pollock approuva d'un signe de tête tout en mastiquant son olive humectée de gin.

— Laissez-moi vous dire quelque chose... J'en prendrais bien un second ; vous me tenez compagnie ? Bon... Laissez-moi vous dire quelque chose, Frank. La création, la production, ou qui est censé contrôler la distribution, je m'en moque. Une seule chose m'intéresse. Oui, une seule chose : vendre la calculatrice électronique au businessman américain.

Frank, quantité de gens ont tendance aujourd'hui à dédaigner la simple et vieille manière de vendre, mais je voudrais vous dire quelque chose. Autrefois, quand je me suis lancé sur le marché des ventes, l'un de mes aînés, un homme merveilleux, très perspicace, m'a fait des confidences que je n'ai jamais oubliées. Il m'a dit : « Bart, tout se vend. » Il m'a dit : « Rien n'a lieu en ce monde, rien n'arrive dans ce monde jusqu'à ce quelqu'un fasse une vente. » Il m'a dit : « Vous ne me croyez pas ? Très bien ; voici comment vous devez considérer les choses. » Et il m'a dit : « Bart, où diable pensez-vous que vous seriez si votre père n'avait pas écoulé une bonne marchandise à votre mère ? »...

« Et moi, je restais assis et je commençais à avoir trop bu de Martini et je me disais : où ce type-là veut-il en venir avec moi ? » raconterait-il le soir à April. « Naturellement je persistais à n'attacher aucune importance à sa faconde, mais tout de même : réellement il me mystifiait. Et c'est vrai, ce que l'on dit de ces gros types diamant brut et bluff, tu sais ? Ils dégagent un certain magnétisme personnel. Lui du moins, en tout cas. »

— ... Mais, évidemment, bien vendre aujourd'hui implique beaucoup de choses : la combinaison de nombreuses forces ; et, vous le savez, cela est particulièrement vrai quand on a, non pas un produit, mais une idée à vendre. Prenez un travail comme le nôtre, qui consiste à introduire toute une nouvelle conception du contrôle commercial ; eh bien, cela vous absorbera au point que les arbres vous empêcheront de voir la forêt. Vous avez vos gens de l'étude des marchés, vos gens de la publicité et de je ne sais quoi, vos gens des relations publiques ; il faudra que vous coordonniez toutes ces forces en vue d'un unique effort fondamental de vente. J'aime assimiler cela à la construction d'un pont…

Il loucha en fixant son index qui décrivit lentement un arc aérien entre le cendrier et l'assiette d'olives.

— … Un pont de compréhension, un pont de communication entre la science de l'électro…

Il hoqueta.

— … Pardon. La science de l'électronique et le monde pratique, le monde de tous les jours de l'administration commerciale. Maintenant, prenons une affaire comme Knox…

Il regarda mélancoliquement le verre vide de son deuxième, ou peut-être de son troisième Martini.

— … Très vieille maison ; très lente ; très conservatrice… Voyons, vous le savez bien autant que moi. Toute notre opération est embrayée sur la vente des machines à écrire, des machines à classer, d'antiques machines à perforer qui font un chahut infernal, et la moitié des vieilles cloches qui émargent sur la feuille de paie s'imaginent que c'est McKinley qui habite la Maison-Blanche. D'un autre côté… Avez-vous envie de commander maintenant, ou attendons-nous encore un peu ? Très bien. Jetons un coup d'œil sur le menu. Ici, le ragoût est assez relevé, et le saumon fumé n'est pas mauvais, non plus que l'omelette aux champignons ou la sole meunière. Excellent ; pour deux. Et servez-nous encore deux de ces trucs-là, pendant que vous y êtes. Très bien… D'un côté, on peut dire que la Compagnie Knox ressemble à une vieille personne bien usée, bien fatiguée. D'un autre côté…

Il tira ses manchettes, s'accouda massivement sur la table ; les yeux lui sortaient de la tête. Des gouttes de sueur apparaissaient à présent au milieu des grosses taches de rousseur dont son visage était parsemé.

— … D'un autre côté, voici que survient toute cette conception révolutionnaire de données électroniques, et, Frank, voyons les choses en face : c'est un bébé nouveau-né…

Il fit de ses deux mains une sorte de berceau pour recueillir un bébé imaginaire ; puis il les secoua comme s'il voulait débarrasser ses doigts d'un fluide glutineux.

— … Il est encore tout mouillé ! Je veux dire par là qu'on vient de l'extraire, de le retourner, de lui donner quelques claques sur les fesses et, par Jésus, le cordon ombilical n'est pas encore coupé ! Vous me suivez ? Très bien. Prenez ce petit nouveau-né au joli petit bedon, et confiez-le à un vieux monsieur, ou à une vieille bonne dame, disons à de vieilles, très vieilles personnes ; que va-t-il arriver ? Eh bien, ils le laisseront se ratatiner, et il mourra, c'est l'évidence même. Ou bien ils le déposeront quelque part au fond d'un tiroir de commode, ils lui donneront du lait aigre à têter, ils ne lui changeront jamais ses couches, et voulez-vous me dire si ce bébé a la moindre chance de devenir fort et d'avoir une bonne santé ? Pourquoi diable ce bébé aurait-il plus de chance avec eux que la chienne d'un violoneux ? Laissez-moi vous donner un exemple…

Et il donna un exemple, deux exemples, trois exemples, tandis que Frank faisait de son mieux pour ne pas perdre le fil. Après ces exemples, il s'interrompit pour s'essuyer le visage, l'air hébété.

— … Et voilà tout le problème, dit-il. Voilà en gros à quoi nous nous heurtons…

Avec un large sourire, il regarda attentivement son verre et le vida d'un trait avant de s'occuper de son assiette qui refroidissait ; manger le calma un peu. Non qu'il cessât de parler ; mais il se montra plus paisible, plus réservé dans ses propos, disant « par ailleurs » ou « assurément », et non plus « vieille cloche » ou « cordon ombilical ». Il n'avait plus les yeux exorbités ; il avait renoncé à être le gros homme d'affaires des forêts vierges, et il reprenait son rôle habituel de directeur bien équilibré, raisonnable. Frank avait-il réfléchi au bouleversement qu'apporterait la calculatrice électronique dans la vie commerciale de l'avenir ? Il y avait là, Bart Pollock pouvait le lui certifier, matière à occuper l'esprit. Et il parlait, parlait toujours, confessant modestement au passage son ignorance technique, ironisant sur son droit à parler en prophète, se perdant avec gravité dans le labyrinthe de ses phrases.

Tout en l'observant et en l'écoutant, Frank constata que les trois (ou peut-être quatre ?) Martini qu'il avait bus avaient amplifié les bruits du restaurant pour en faire un océan sonore qui lui pressait le tympan, qui bouchait d'un brouillard sombre les quatre champs de sa vision de telle manière qu'il ne distinguait plus que les objets placés juste en face de lui, mais qu'il les voyait par contre avec une netteté extraordinaire, terrifiante : son assiette, les bulles dans son verre d'eau glacée, la bouche constamment en mouvement de Bart Pollock. Il utilisa toute la vertu de ce don d'examen pour surveiller les manières à table de Bart Pollock, pour regarder s'il laissait des grumeaux blanchâtres sur le bord de son verre ou s'il trempait son petit pain dans la saucière, et il éprouva un énorme sentiment de gratitude (de gratitude d'ivrogne) en se rendant compte que Bart Pollock ne commettait aucune incongruité. Bientôt Pollock délaissa les abstractions pour se reposer l'esprit en évoquant diverses personnalités de la Société. Frank en profita alors pour aborder un sujet plus près de son cœur.

— Bart, dit-il, vous souviendriez-vous par hasard d'un homme du Siège Social qui s'appelait Otis Fields ?

Pollock exhala un long jet de fumée de cigarette et le regarda se dissoudre au-dessus de la table.

— Non. Je ne crois pas que je…

Il s'interrompit, cligna un œil joyeux pour réfléchir.

— … Oh, Oat Fields ! Oh, bien sûr, si ! Mais il y a longtemps. Oat Fields a été l'un de nos directeurs généraux des ventes ; cela remonte à… Seigneur, que cela remonte loin !… Voyons, attendez un peu… Mais il n'était pas possible que vous travailliez déjà chez nous, à cette époque ?…

Surpris tout le premier par sa facile élocution, Frank résuma brièvement le récit de son déjeuner à une table et dans une salle qui ressemblaient beaucoup à celles-ci.

— … Earl Wheeler, répéta Pollock en s'adossant pour mieux fouiller ses souvenirs. Earl Wheeler… Newmark, vous m'avez dit ? Attendez une seconde. Je me rappelle bien un Wheeler, et il me semble qu'il avait un prénom comme Earl… Non, c'était à Harrisburg, ou à Wilmington, ou ailleurs. C'était un homme beaucoup plus âgé que moi.

— Harrisburg, exact. Mais plus tard. Harrisburg était le dernier endroit où il a travaillé. Son poste à Newmark était antérieur, aux environs des années 35, 36. Ensuite il a travaillé aussi un moment à Philadelphie, et à Providence… Surtout dans les districts de l'Est. Voilà pourquoi j'ai grandi dans quatorze endroits différents, voyez-vous…

Et il s'étonna d'entendre une note compatissante dans son timbre de voix.

— … Je n'ai jamais eu le temps de me sentir chez moi quelque part.

— Earl Wheeler, disait Pollock. Mais bien sûr, je me souviens de lui ! Et, voyez-vous, la raison pour laquelle je ne faisais pas le rapprochement entre son nom et Newmark, c'est que je n'étais pas encore là. Mais je revois très nettement Earl Wheeler à Harrisburg ; la seule chose, c'est que j'ai gardé l'impression qu'il était déjà bien vieux. Probablement, je…

— Vous aviez raison. Quand je suis né, il avait déjà élevé deux fils, vous comprenez…

Et il s'en fallut de peu qu'il n'ajoutât :

— … J'ai été l'accident, en somme. J'ai été l'enfant qu'ils n'avaient pas désiré.

Quand, quelques heures plus tard, calmé, dégrisé, il essaya de se rappeler les moindres incidents de leur conversation, il fut incapable d'avoir la certitude qu'il ne l'avait pas dit ; et même il se demanda s'il n'avait pas éclaté de rire, sauvagement, en s'écriant : « Voyez-vous ? Voyez-vous, Bart ? Ils m'ont déposé dans le tiroir d'une commode et ils m'ont donné du lait aigre à téter… » et si alors Bart Pollock et lui ne s'étaient pas levés pour se donner de grands coups de poing sur les bras tellement cette plaisanterie les avait réjouis ;

après quoi ils avaient ri, et ri jusqu'à en pleurer avant de retomber au-dessus de leurs tasses à café.

Mais non, cette scène n'avait pas eu lieu. Par contre, aussi stupéfait qu'admiratif, Bart Pollock avait bel et bien hoché la tête en disant :

— C'est tout de même extraordinaire ! Quand je pense que vous vous souvenez de ce restaurant après tant d'années, et même du nom de ce vieux Oat Fields !

— Vous savez, ce n'est pas tellement étonnant. Comment aurais-je oublié la seule et unique fois où mon père m'amena à New York ? Et puis, quantité de choses dépendaient de ce jour-là. Il était vraiment persuadé que Oat Fields allait lui donner un poste au Siège Social, vous comprenez ? Lui et ma mère avaient déjà élaboré quantité de projets : la maison à Westchester et le reste. À mon avis, il n'a jamais surmonté cette déception.

Avec respect, Pollock baissa les yeux.

— Naturellement, ce sont les… ce sont les tuiles qui arrivent dans les affaires…

Mais il se hâta de revenir aux détails plus gais de l'histoire qu'il venait d'entendre.

— … C'est très intéressant, Frank, vous savez. Je n'avais aucune idée que vous étiez le fils d'un ancien de chez Knox. C'est drôle que Ted ne m'en ait pas soufflé mot.

— Je ne pense pas que Ted le sache. Ce n'est pas de ce genre de choses que j'ai parlé quand j'ai posé ma candidature.

Alors Bart Pollock se mit à froncer les sourcils et à sourire en même temps.

— Arrêtons-nous un moment. Vous voulez dire que votre papa a passé sa vie à vendre nos produits et que vous n'en avez pas fait état ?

— Exactement. Je n'en ai pas fait état. Il était à la retraite à ce moment-là, et tout simplement j'ai... je ne sais pas ; mais en tout cas je n'en ai pas parlé. À l'époque il m'a paru important de me taire sur ce chapitre.

— Je vais vous dire quelque chose, Frank. J'admire votre discrétion. Vous n'aviez pas envie que quelqu'un vous ouvrît une porte ici ou là ; vous vouliez réussir par vos propres moyens. C'est cela ?

Frank oscilla inconfortablement sur sa chaise.

— Non. Pas tout à fait cela. Je ne sais pas. C'était assez compliqué.

— Une chose pareille est toujours compliquée, déclara Bart Pollock sur un ton solennel. Bien des gens ne comprendraient pas une chose pareille, Frank. Mais je vais vous dire quelque chose : moi, je l'admire. Je suis sûr que votre papa en a été fier, lui aussi. N'est-ce pas ? Ou, non, attendez une minute...

Il se recula sur sa chaise, sourit et prit un air finaud en rétrécissant ses yeux.

— … Attendez une minute. Voyons si je suis un bon psychologue. Je parie que je sais ce qui est arrivé. Attention, c'est juste une devinette, hein ?…

Il décocha un clin d'œil en direction de Frank.

— … Pure hypothèse, hein ? Je parie que vous vous êtes débrouillé tout seul, mais que vous avez fait croire à votre père que son nom vous avait aidé à obtenir le poste, simplement pour lui faire plaisir. Me suis-je trompé ?

Et le troublant de l'affaire, c'était que Bart Pollock avait raison. Par un jour d'automne de cette année-là, se sentant tout guindé et très officiel dans un nouveau costume de serge, Frank avait conduit sa femme en visite chez ses parents ; tout au long du trajet vers Harrisburg, il avait soigneusement mûri un plan pour annoncer d'un air dégagé les deux nouvelles : le bébé et la situation. « Oh, et à propos, j'ai aussi à présent une situation plus stable », avait-il projeté de dire, « une sorte d'emploi stupide, rien qui ne m'intéresse, mais l'argent est bon à prendre. » Et ensuite il aurait tout raconté à son père.

Mais le moment venu, dans ce living-room de Harrisburg qui sentait le malheur, les médicaments et l'approche de la mort, devant son père qui faisait de son mieux pour manifester de la bienveillance, devant sa mère qui faisait de son mieux pour accueillir par des larmes de joie l'annonce qu'April était enceinte, devant April qui faisait de son mieux pour se montrer gentiment et timidement fière, bref au milieu de toute cette tendresse hypocrite, ses nerfs avaient flanché et il avait lancé la nouvelle tout à trac : une situation au Siège Social ; tout à fait comme le petit garçon qui rentre à la maison avec un bon bulletin trimestriel de l'école.

— Qui as-tu vu là-bas ? avait interrogé Earl Wheeler qui subitement semblait avoir rajeuni de dix ans. Ted, qui ? Bandy ? Je ne crois pas le connaître. Bien sûr, j'ai oublié des tas de noms. Mais lui, il me connaissait, je suppose, n'est-ce pas ?

— Oh oui ! avait répondu Frank en surmontant l'effet d'une absurde boule dans sa gorge. Oh oui, certainement ! Il m'a dit qu'il te tenait en très haute estime, papa.

Et ce fut seulement lorsqu'il se retrouva dans le train qui le ramenait à New York, qu'il retrouva assez de sang-froid pour taper du poing sur son genou et s'exclamer : « Il m'a eu ! N'est-ce pas complètement idiot ? Il m'a eu encore une fois, l'animal ! »

— … Je le savais ! affirmait maintenant Bart Pollock dont le regard s'embuait d'affection. Je vais vous dire quelque chose, Frank : je me trompe rarement dans mes pronostics sur les gens. Que diriez-vous d'un petit verre pour accompagner le dessert ?…

« Et si je te comprends bien », lui demanderait April ce soir, « tu es resté assis pendant tout ce déjeuner en lui racontant ta vie, et tu n'as jamais réussi à lui dire que tu allais quitter Knox à l'automne ? Pourquoi ne l'en as-tu pas informé ? »

Mais Pollock lui interdisait tout espoir, à présent, de glisser un mot. Il était reparti sur le thème des affaires. Qui allait s'occuper du bébé ? Qui allait construire ce pont ?

— ... Vos spécialistes des relations publiques ? Vos ingénieurs en électronique ? Vos conseils d'administration ? Ma foi, assurément, tous ces gens-là auront à jouer un rôle important dans le tableau d'ensemble ; chacun offrira ses connaissances spécialisées dans son domaine propre, et ces connaissances seront très valables. Mais voici le point important. Pas un seul d'entre eux n'a les qualifications requises pour ce travail spécial, ni la tournure d'esprit adéquate. Frank, j'ai causé avec quelques-uns des meilleurs éléments de la publicité et de la Promotion des Ventes. J'ai causé avec quelques-uns des meilleurs techniciens sur le marché de l'électronique, et j'ai causé aussi avec quelques-uns des plus grands administrateurs d'affaires de ce pays. Nous sommes presque tous arrivés à la même conclusion : c'est un genre de travail tout à fait nouveau, et il faut donc que nous développions un genre de talents tout à fait nouveaux pour le réaliser. Depuis six mois à peu près, je n'ai cessé de sonder des hommes, à l'intérieur et à l'extérieur de la Compagnie. Jusqu'ici j'ai en vue une demi-douzaine d'hommes jeunes avec un bagage varié, et j'espère pouvoir en découvrir une seconde demi-douzaine. Vous devinez mon but ? Oui, je me recrute une équipe. Maintenant laissez-moi…

Il leva une lourde main pour balayer d'avance toute interruption.

— … Laissez-moi être plus précis. Ces petites brochures que vous allez faire pour nous ne sont qu'un commencement. Je voudrais que vous les prépariez dans le style dont nous avons tracé les grandes lignes l'autre jour dans le bureau de Ted. Bien. Mais ce que j'ambitionne maintenant va plus loin, au-delà. Tel que je vous le dépeins, mon projet est encore dans les limbes, et rien n'est définitif : il suffit néanmoins à vous indiquer le cheminement de ma pensée et de mon action. J'ai l'intuition que vous êtes le genre de type que je pourrais adresser à divers groupements dans tout le pays : groupes civiques, séminaires commerciaux, corporations de vendeurs sur notre marché, aussi bien qu'à des clients ou à des prospecteurs ; tout ce que vous auriez à faire serait de vous tenir devant tous ces groupes et de parler. Vous leur parleriez des calculatrices en prose et en vers ; vous raconteriez l'histoire des données électroniques dans un langage compréhensible pour un homme d'affaires. Frank, peut-être est-ce le vieux vendeur qui vit en moi, mais je n'ai jamais eu qu'une conviction, et la voici : si vous essayez de vendre une idée, et peu importe qu'elle soit plus ou moins compliquée, vous ne trouverez jamais meilleur instrument de persuasion que la voix d'un être vivant.

— Écoutez, Bart, avant que vous alliez plus loin, il y a quelque chose que je…

Il se sentit le souffle court, le torse étriqué.

— … Que je ne pouvais pas très bien dire l'autre jour dans le bureau de Ted, parce que je ne l'avais pas encore averti lui-même ; mais ce que j'ai en tête, c'est de quitter la Compagnie à l'automne. Je pense que j'aurais dû vous en aviser plus tôt, et maintenant, je me sens un peu… Bref, je serais vraiment très désolé si cela contrecarrait votre…

« En somme, tu lui as fait des excuses ? » pourrait lui demander April. « Comme si tu avais à solliciter l'autorisation de partir, ou de faire autre chose ? »

« Non ! » riposterait-il. « Bien sûr que non, je ne lui ai pas fait d'excuses. Veux-tu me laisser parler ? Je le lui ai dit, voilà tout. Naturellement, j'étais un peu gêné. Comment aurais-je pu ne pas être un peu gêné étant donné la manière dont il m'avait parlé ? Rends-toi compte, voyons ! »

— Eh bien, maintenant, j'en veux à Bandy, disait Pollock. Laisser un homme de votre valeur gaspiller sept années, et vous perdre ensuite pour que vous alliez chez un concurrent…

Il hocha la tête.

— Oh, il ne s'agit pas d'un concurrent. Je tiens à vous mettre, vous, bien au courant. Il ne s'agit nullement d'une autre affaire de machines électroniques.

— Bon. Eh bien, en tout état de cause, j'en suis heureux ! Frank, vous avez été loyal et franc avec moi, et je l'apprécie. Maintenant, je vais être loyal et franc avec vous. Je ne veux pas m'immiscer dans des choses qui ne me regardent en rien, mais pouvez-vous me dire ceci ? Pouvez-vous me dire si vous avez conclu un arrangement définitif avec l'autre chose ?

— Eh bien… presque définitif, je le crains, Bart. C'est bien difficile à… Enfin, oui, quoi : presque définitif.

— Parce que voici mon point de vue : si c'est un problème d'argent, il n'y a aucune raison pour que nous n'aboutissions pas ensemble à une solution satisfaisante…

— Non. Je vous sais gré de m'avoir dit cela ; mais il ne s'agit absolument pas d'un problème d'argent. C'est beaucoup plus un problème personnel…

Cette déclaration parut tout régler. Pollock se mit à faire des mouvements de tête approbateurs, comme pour montrer la compréhension infinie qu'il avait des problèmes personnels.

— … En tout cas, mon départ n'affectera en rien la série des brochures sur lesquelles je travaille maintenant, lui dit Frank. J'aurai tout le temps voulu pour la terminer. Mais au-delà de ce cadre, je… je ne peux accepter aucun engagement, comprenez-vous ?

Les hochements de tête de Pollock continuèrent encore quelque temps. Puis il dit :

— Frank, je vais vous présenter la chose autrement. Dans la vie, rien n'est jamais si définitif qu'un homme soit lié par un premier avis. Voici ce que je vous demande : j'aimerais que vous réfléchissiez un peu à notre petite conversation d'aujourd'hui. Laissez-la se décanter au fond de votre tête ; parlez-en à votre femme… C'est toujours le plus important, n'est-ce pas ? En parler à sa femme… Que diable deviendrions-nous sans elles ! Et j'aimerais aussi que vous vous sentiez parfaitement libre de venir me voir n'importe quand et de me dire : « Bart, si nous reprenions la conversation ? » D'accord ? Pouvons-nous en rester là ? Bravo ! Et n'oubliez pas que mon projet vous apporterait une situation toute nouvelle. Une situation qui pourrait donner lieu à une carrière fulgurante, très satisfaisante pour n'importe qui. Mais je suis sûr que vos autres projets vous apparaissent extrêmement désirables, du moins pour l'heure…

Il cligna de l'œil.

— … Vous ne me verrez jamais taper sur un concurrent. D'ailleurs, la décision est exclusivement de votre ressort. Mais très sincèrement, Frank, si en fin de compte vous optez pour Knox, je crois que vous n'aurez jamais à le regretter. Et je crois encore autre chose. Je crois…

Il baissa sa voix d'un ton.

— … Je crois que ce serait un bel hommage à la mémoire de votre papa, Frank.

Comment pourrait-il jamais avouer à April que ces paroles si sentimentales avaient irrésistiblement provoqué un afflux de sang jusqu'à la voûte de sa gorge ? Comment lui expliquer, sans encourir son mépris éternel, que pendant une minute il s'était demandé avec angoisse s'il n'allait pas verser des larmes dans sa glace au chocolat ?

Heureusement, il n'eut pas la moindre occasion de lui dire quoi que ce fût ce soir-là. Elle avait passé la journée à une sorte de travail qu'elle avait toujours détesté et qu'elle s'était récemment permis de négliger : nettoyer les parties de la maison qui n'étaient pas exposées aux regards. Respirant de la poussière et crachant des toiles d'araignée, elle avait traîné et hissé l'aspirateur dans tous les coins et recoins de toutes les pièces ; elle avait même rampé avec lui sous les lits ; elle avait nettoyé le carrelage et tous les appareils de la salle de bains avec une poudre à récurer dont l'odeur lui avait donné la migraine, et elle s'était enfoncée jusqu'aux épaules dans la cuisinière pour combattre avec de l'ammoniaque les dépôts noirs de la fumée. Ayant soulevé un grand tapis de linoléum près de la cuisinière, elle avait découvert quelque chose qui ressemblait à une longue tache brune… jusqu'à ce que cette tache se mît à vivre : c'était une colonne de fourmis qui, plusieurs heures plus tard, lui donnaient encore l'impression qu'elles grimpaient le long de ses jambes. Elle avait même tenté de remédier au désordre humide de la cave : une boîte en carton moisi contenant des débris divers s'était crevée quand elle l'avait tirée d'une flaque ; le contenu de la boîte était retombé en l'éclaboussant ; un lézard tacheté de points orange en avait émergé et avait filé en passant par-dessus sa chaussure. Quand Frank rentra à la maison, elle était trop fatiguée pour avoir envie de parler.

Et le lendemain soir, elle n'eut pas davantage envie de parler. Ils s'assirent devant la télévision et assistèrent à la projection d'un drame que Frank trouva passionnant et qu'elle qualifia d'idiot.

Et ce fut le surlendemain soir, ou peut-être même le soir suivant (il fut incapable de se le rappeler par la suite), qu'il la trouva arpentant la cuisine comme, au deuxième acte de *La Forêt pétrifiée*, elle avait arpenté la scène : jambes raides, le cou rentré dans les épaules. Du living-room provenaient les échos étouffés d'un cor et d'un xylophone, entrecoupés par des criailleries de nains : les enfants regardaient un dessin animé de la télévision.

— Que se passe-t-il ?

— Rien.

— Je ne te crois pas. T'est-il arrivé quelque chose aujourd'hui ? Ou quoi ?

— Non…

Alors la perfection de son sourire du rappel devant le rideau commença à se brouiller et à se transformer en une grimace désespérée, pendant que sa respiration devenait aussi bruyante que le bouillon où cuisaient les légumes du soir.

— … Il ne m'est rien arrivé aujourd'hui que je n'aie su depuis des jours et des jours… Et, oh mon Dieu, Frank, je t'en prie, n'aie pas l'air aussi obtus ! Voudrais-tu me faire croire que tu ne le sais pas toi aussi, ou que tu ne l'as pas supposé ou deviné ? Je suis enceinte, voilà tout.

— Jésus !…

Docilement, il pâlit et prit la mine d'un homme hébété par le choc d'une mauvaise nouvelle ; mais il se rendit compte qu'il aurait du mal à prolonger cette tête-là. Déjà un sourire joyeux essayait de se libérer de sa poitrine ; il dut serrer les lèvres pour l'arrêter en route.

— … Ouh ! soupira-t-il calmement entre ses doigts. Tu en es sûre ?

— Oui…

Et elle tomba lourdement dans ses bras, comme si l'acte de l'avoir mis au courant lui avait retiré toutes forces.

— … Frank, je ne voulais pas t'assommer avec cette nouvelle avant que tu aies bu un verre ; je voulais attendre après dîner pour te le dire. Mais je… Voilà : depuis une semaine j'en étais à peu près sûre ;

aujourd'hui je me suis décidée à aller voir un médecin, et maintenant, je ne peux même plus faire semblant que ce ne soit pas vrai.

— Ouh !...

Il renonça à essayer de contrôler ses jeux de physionomie ; son visage rayonna de joie au-dessus de l'épaule d'April, tandis qu'il la serrait contre lui et la caressait de ses deux mains en murmurant des mots sans suite dans sa chevelure.

— ... Oh, écoute, cela ne signifie pas que nous ne pouvons pas partir ; écoute, cela signifie seulement qu'il nous faudra trouver un autre moyen pour partir, un point c'est tout.

La tension avait disparu ; la vie était redevenue miséricordieusement normale.

— Il n'existe pas d'autre moyen, répondit-elle. Crois-tu que je n'aie pas réfléchi à cela toute la semaine ? Il n'existe pas d'autre moyen. Tout l'intérêt du départ consistait à te donner une chance de trouver ta voie, et maintenant cette chance est détruite. Et par ma faute ! Par ma propre flemme, par ma propre négligence...

— Non. Écoute-moi. Rien n'est détruit. Tu es complètement bouleversée. Au pis, cela implique que nous attendions un peu jusqu'à ce que nous puissions...

— Un peu ! Deux ans ? Trois ans ? Quatre ans ? Combien de temps crois-tu qu'il nous faudra attendre avant que je puisse travailler à temps complet ? Chéri, réfléchis une minute, voyons ! C'est sans espoir !

— Mais non. Écoute…

— Pas maintenant. Essayons de ne pas en parler maintenant, veux-tu ? Attendons au moins que les gosses soient endormis.

Et elle se détourna vers la cuisinière, en frottant un œil humide avec l'intérieur de son poignet, dans le geste d'un enfant qui aurait honte d'être surpris en train de pleurer.

— Okay…

Dans le living-room, mains croisées sur leurs genoux, les enfants contemplaient sur l'écran un bouledogue qui brandissait un gourdin pointu en poursuivant un chat à travers les débris d'une maison.

— … Ohé ! dit Frank.

Il passa près d'eux pour aller dans la salle de bains et se laver les mains avant le dîner, et il laissa son esprit s'emplir du rythme et de la chanson de toutes les choses qu'il dirait dès qu'il serait seul avec April. « Écoute », commencerait-il. « Supposons que cela prenne du temps. Alors envisageons la situation sous cet angle-ci… » Et il se mettrait à brosser le tableau d'une existence nouvelle. S'il fallait vraiment attendre deux ou trois ans, l'argent qu'il gagnerait en acceptant la situation que Pollock lui avait offerte n'aiderait-il pas à leur faire mieux supporter ce retard ? « Oh, bien sûr, ce sera un travail sans intérêt, mais l'argent !

Pense à l'argent ! » Ils pourraient avoir une maison plus confortable ; ou, mieux encore, puisqu'ils ne parvenaient vraiment pas à s'acclimater à l'existence de la banlieue, ils pourraient retourner à New York. Oh, pas dans la partie sombre, infestée de petits poissons, bourdonnant du métro de la ville, comme autrefois, non ! Mais dans le nouveau New York, flambant neuf et stimulant, que seul l'argent permettait de découvrir. Qui sait si leurs deux existences ne prendraient pas plus d'ampleur, ne deviendraient pas plus intéressantes ? Et puis… Et de plus…

Il était en train de se laver les mains, de respirer la bonne odeur du savon et les parfums aromatisés de la poudre à récurer d'April et de constater dans la glace que sa physionomie paraissait de plus en plus saine, de plus en plus énergique, lorsque tout à coup la pleine signification de son « de plus » l'éblouit. De plus : pourquoi songer à accepter l'argent de Pollock comme une simple solution de compromis, un pis-aller forcé jusqu'à ce qu'April eût retrouvé la possibilité de le faire vivre à Paris ? C'était tout de même une occasion qui lui proposait un plan solide, nullement incompatible avec sa dignité et qui offrait quantité de possibilités ; faire de nouvelles connaissances, visiter de nouveaux endroits, et même, eh oui, les conduire en Europe au bon moment ! N'y avait-il pas de fortes chances pour que Knox, par le truchement de Knox International, développât sous peu sa prospection des marchés étrangers pour ses calculatrices ? (« Vous et Mrs. Wheeler, vous ressemblez si peu à l'idée conventionnelle que l'on se fait des gens d'affaires d'Amérique », pourrait leur dire une comtesse vénitienne à la Henry James tandis qu'accoudés à un balcon dominant le Grand Canal, ils dégusteraient du vermouth doux…)

« Soit, mais toi ? » dirait April. « Comment parviendras-tu jamais à découvrir ta véritable personnalité, dans ce cas ? » Mais lorsqu'il ferma d'une main décidée le robinet d'eau chaude, il trouva ce qu'il lui répondrait. Il lui dirait : « Suppose un moment que cela ne regarde que moi, veux-tu ? »

Et sur le visage aimable, résolu qui lui faisait vis-à-vis dans la glace, il constata une maturité et une virilité nouvelles.

Il chercha une serviette et s'aperçut qu'elle avait oublié de garnir le porte-serviette ; il alla vers l'armoire à linge pour en prendre une, et alors il vit, sur l'étagère du dessus, un petit paquet carré enveloppé d'un emballage tout neuf de pharmacien. Cette intrusion et la situation incongrue du paquet parmi des draps et des serviettes pliés lui conféraient l'air mystérieux et tentant d'un cadeau de Noël ; ce fut cet aspect singulier, autant qu'une sorte d'effroi grandissant, incontrôlable, qui l'incita à s'en emparer et à l'ouvrir. À l'intérieur de l'emballage, il y avait une boîte en carton bleu portant le label du Bon Ménage ; dans la boîte, il découvrit la poire rose foncé d'une sonde en caoutchouc.

Sans se donner le temps de réfléchir, sans même se demander s'il ne ferait pas mieux d'attendre l'après-dîner, il prit le paquet, il traversa le living-room où les enfants regardaient toujours le dessin animé (mais à présent le chat ne fuyait plus : c'était le chat qui poursuivait le chien à travers des kilomètres de paysage), et il entra dans la cuisine. Le durcissement du visage surpris d'April quand elle vit le paquet, puis quand elle affronta le regard de Frank, ne laissa planer aucun doute sur ses intentions.

— Écoute, lui dit-il, veux-tu me dire ce que tu comptes faire de ça ?

Elle recula à travers la vapeur des légumes : non pour battre en retraite, mais pour mieux relever n'importe quel défi ; nerveusement ses mains glissèrent le long de ses hanches.

— Et toi, que comptes-tu faire ? répondit-elle. Comptes-tu que tu m'empêcheras ?

Troisième partie

1.

Notre capacité à mesurer et à répartir le temps est une source presque intarissable de soulagements.

« Synchronisez vos montres à six heures », commande le capitaine d'infanterie ; et tous ses lieutenants trouvent un répit à leur peur dans l'acte d'amener deux aiguilles minuscules à l'alignement tandis que des tonnes d'artillerie lourde volent au-dessus de leurs têtes : le cadran prosaïque, d'aspect civil, de la montre a restauré, même pour peu de temps, l'illusion du contrôle personnel. Bien, dit la montre en émergeant avec netteté des poils et des veines d'un poignet terriblement vulnérable. Parfait. Jusqu'ici, chaque chose arrive en son temps.

« Je crains de ne pas avoir une minute de libre jusqu'à la fin du mois », répond le directeur en collant voluptueusement le téléphone contre son oreille tandis qu'il feuillette les pages de son carnet de rendez-vous ; sa bouche et ses yeux, en ce moment, trahissent un sentiment de sécurité profonde. Les pages bourrées de noms et de chiffres attestent que rien d'imprévu, qu'aucun incident heureux ou malheureux ne pourra le surprendre d'ici la fin du mois. La ruine et la peste ont été tenues à l'écart ; la mort elle-même devra attendre ; il n'a pas une minute de libre.

« Oh, voyons un peu… » dit le vieil homme en inclinant sa figure desséchée et en clignant des yeux devant le soleil pour mieux se souvenir. « Ma première femme est morte au printemps de… » Et pendant quelques instants il est terrifié. Le printemps de quoi ? Du passé ? De l'avenir ? Qu'est-ce donc qu'un printemps, sinon un nouvel arrangement distrait de cellules dans l'écorce de la terre qui tourne interminablement autour du soleil ? Et qu'est le soleil lui-même sinon l'une des centaines de milliards d'étoiles insensibles qui pour l'éternité ne vont nulle part dans le vide ? Infinité ! Mais bientôt les soupapes et les commutateurs compatissants de son cerveau commencent à accomplir leur travail fatigant, et alors il peut dire : « Au printemps de 1906… Ou plutôt non, attendez… » Et son sang circule, glacé, tandis que les galaxies accomplissent leurs révolutions. « … Attendez ! 1904… » Maintenant il en est sûr, et un afflux revigorant de bien-être l'incite à se taper involontairement sur la cuisse, de satisfaction. Il peut avoir oublié la forme du sourire de sa première femme et le son de sa voix mouillée de larmes ; mais en imposant une rangée de chiffres sur sa mort, il a imposé à sa propre vie, et à la vie en soi, une cohérence indispensable. Voici que toutes les autres années retrouvent docilement leur place, chacune avec sa contribution particulière à l'ensemble. 1919, 1920… Mais bien sûr, il se rappelle !… 1930, 1940, et ainsi de suite jusqu'à la paix bien méritée de son présent et vers les douces promesses de son avenir. La terre peut tranquillement retrouver son silence bienveillant (l'odeur de cette herbe nouvelle !) et c'est le même vieux soleil majestueux qui n'a cessé de lui sourire de haut pendant toutes ces années. « Oui, Monsieur », pourra-t-il déclarer avec autorité, « 1904 ». Et ce soir, les étoiles lui paraîtront les gages agréables de son suprême repos céleste. Du chaos il a fait surgir l'ordre.

Le début de l'été de 1955 aurait bien pu être insupportable aux deux Wheeler, et il aurait pu se passer très différemment, sans le calendrier suspendu au mur de leur cuisine. Cadeau pour la Nouvelle Année de A. J. Stolper & Sons, quincaillier, illustré par des scènes de la vie rurale en Nouvelle-Angleterre, c'était le genre de calendrier avec une page pour chaque mois, mais dont chaque page comportait deux petits tableaux : l'un pour le mois précédent, l'autre pour le mois à venir ; si bien qu'un seul coup d'œil pouvait embrasser tout un trimestre.

Les Wheeler parvinrent à déterminer la date de la conception : à la fin de la première semaine de mai, c'est-à-dire de la semaine qui avait suivi l'anniversaire de Frank. Tous deux se rappelaient son chuchotement à lui : « Je crois que ton truc a du jeu », et son chuchotement à elle : « Oh non, je suis certaine qu'il est bien ; ne t'arrête pas, continue... » (elle avait acheté un préservatif neuf la semaine d'après, pour plus de sûreté). Cette découverte situait donc la première semaine d'août (à venir dans plus d'un mois et inscrite sur la page suivante du calendrier) comme l'époque mystérieuse « juste à la fin du troisième mois », propice, à en croire la compagne d'école, pour l'utilisation de la sonde en caoutchouc.

La panique l'avait dirigée tout droit chez le pharmacien lorsqu'elle était sortie cet après-midi-là du cabinet du médecin ; la panique avait fait descendre Frank dans la cuisine pour lui mettre l'objet sous le nez dès qu'il l'avait découvert dans l'armoire à linge ; la panique les maintint figés, muets, avec leurs regards qui s'affrontaient dans un silence brutal, au milieu de la vapeur des légumes, pendant que la musique d'accompagnement du dessin animé pénétrait par bouffées de la pièce voisine. Mais beaucoup plus tard au cours de cette même soirée, après qu'ils eurent à tour de rôle furtivement étudié le calendrier, leur panique fut enrayée par la constatation qu'entre aujourd'hui et le délai limite, de nombreuses journées pouvaient être intelligemment employées. Il restait encore du temps pour arriver à l'heure de la décision, et pour étudier l'affaire.

— Chéri, je ne voulais pas être si méchante tout à l'heure. Je ne l'aurais pas été si tu n'étais pas venu me trouver avec ça, et avec l'air de vouloir me sauter dessus, avant que nous ayons eu le loisir d'en discuter d'une manière rationnelle.

— Je sais, je sais…

Et il caressa une épaule que secouaient de petits sanglots. Ces pleurs ne signifiaient pas qu'elle allait capituler ; il n'en était pas dupe. Au mieux, ils signifiaient ce qu'il avait espéré dès le début : qu'elle avait à moitié envie d'être dissuadée ; au pis, ils signifiaient seulement qu'elle ne souhaitait pas le fâcher, qu'en réexaminant le calendrier elle avait entrevu dans ces quatre semaines de délai l'occasion de le convaincre et de venir à bout de ses résistances. Mais quoi qu'il en fût (et voici de quoi il la remerciait mentalement en la serrant contre lui et en la caressant) elle ne le tenait pas pour quantité négligeable, loin de là ; elle se souciait de lui. Pour l'heure, c'était tout ce qui importait réellement.

— Parce que, tu comprends, il faut que nous soyons bien d'accord et que nous ne fassions qu'un pour cette histoire, n'est-ce pas ? demanda-t-elle en l'obligeant à relâcher un peu son étreinte. Autrement, plus rien n'aurait de sens. Est-ce exact ?

— Naturellement. Pourrions-nous parler un peu maintenant ? J'ai différentes choses à te dire.

— Oui. Moi aussi j'ai envie de parler. Seulement nous allons promettre tous les deux que nous ne nous bagarrerons pas, tu veux bien ? Nous ne pouvons pas nous offrir le luxe de nous bagarrer pour cela.

— Je sais. Écoute-moi…

Et ainsi la route se trouva déblayée pour le débat calme, mesuré, très sérieux qui les occupa jour après jour ; débat qui les mit tous deux dans un subtil état de nerfs pas du tout déplaisant. On aurait dit qu'ils se faisaient la cour.

Et cette cour qu'ils se faisaient apparemment se déroula dans une diversité de décors adroitement ménagée ; Frank y veilla. Les centaines de milliers de mots qu'ils échangèrent furent prononcés soit à la maison soit dehors, au cours de longues promenades nocturnes en voiture à travers les collines, et dans des restaurants fort chers à la campagne ou à New York. En deux semaines, ils sortirent autant de fois qu'au long de toute l'année précédente. L'un des éléments qui lui faisaient supposer, dès le début de la deuxième semaine, qu'il gagnerait fut qu'elle n'éleva aucune objection à de telles dépenses : elle aurait assurément protesté si elle avait encore tenu à partir pour l'Europe à l'automne.

Mais à ce moment-là, il n'éprouvait guère la nécessité de cette sorte d'indications mineures. Presque depuis le début, il avait pris l'initiative, et il était raisonnablement confiant dans son succès final. L'idée qu'il avait à vendre, après tout, se situait nettement du côté des anges : elle n'était pas égoïste, elle était désintéressée, mûrie, et (bien qu'il s'efforçât de ne pas moraliser) moralement inattaquable. L'autre idée, par contre, et quoi qu'April pût tenter pour lui donner un cachet de bravoure romanesque, était répugnante.

— Mais, Frank, ne vois-tu pas que je ne tiens à le faire que pour toi ? Ne veux-tu pas, s'il te plaît, le croire ou essayer de le croire ?

Et du haut de sa forteresse de certitudes, il lui dédiait un sourire triste.

— Comment pourrais-tu le faire pour moi, demandait-il, puisque la seule pensée m'en donne la nausée ? Réfléchis un petit peu, April, je t'en prie.

Son grand problème stratégique, dans la phase initiale de sa campagne, consista à trouver les moyens de rendre son point de vue séduisant autant que louable. Dans cette perspective, les promenades à New York et les restaurants de campagne étaient utiles ; elle n'avait qu'à regarder autour d'elle pour découvrir un monde d'hommes et de femmes pleins de charme et de grâce, indiscutablement valables et intéressants, qui s'étaient arrangés d'une façon ou d'une autre pour transcender leur milieu, en sortir, se hausser à un plan supérieur… Ces gens-là avaient mis à profit des situations assommantes ; ils avaient exploité le système sans rien lui céder ; s'ils connaissaient les pièces du dossier Wheeler, ils seraient certainement enclins à lui donner raison.

— Très bien, lui disait-elle après l'avoir écouté jusqu'au bout. Supposons que tout se passe comme tu me le dis. Supposons que dans deux ans d'ici nous soyons tous les deux resplendissants de santé, stimulés, et tout ce que tu voudras, que nous possédions des tas d'amis passionnants, que nous passions chaque été de longues vacances en Europe. Crois-tu vraiment que tu en serais plus heureux ? Ne gaspillerais-tu pas encore ta prime jeunesse d'homme dans une espèce de vide dépourvu de signification, dans…

Et ainsi elle tombait pile dans le piège qu'il lui avait tendu :

— Suppose un moment que cela ne regarde que moi, veux-tu ?…

— … Que vaudrait, lui demandait-il encore, sa prime jeunesse d'homme si elle devait être conditionnée par l'autorisation de commettre une mutilation criminelle sur elle-même ?…

— … Parce que c'est de cela qu'il s'agit. C'est cela que tu ferais, April. Inutile de tourner autour du pot. Tu commettrais un crime contre ta propre substance. Et contre la mienne.

Parfois, gentiment, elle l'accusait de trop dramatiser. C'était une chose que les femmes faisaient tous les jours avec une sécurité parfaite ; sa compagne d'école y avait eu recours au moins deux fois. Oh, la faire après le troisième mois serait tout différent, cela oui !

— Tu comprends, il serait alors tout à fait légitime de concevoir beaucoup d'inquiétudes. Mais étant donné que nous avons pu déterminer l'époque avec précision, c'est la chose la plus facile au monde, et la méthode la plus infaillible.

Mais chaque fois qu'elle mentionnait la facilité, l'infaillibilité, la sécurité de la chose, il gonflait ses joues, soufflait, fronçait les sourcils et hochait la tête, comme s'il lui était demandé de convenir qu'une justification éthique pouvait être trouvée en faveur du génocide. Non. Il ne marchait pas.

Bientôt commencèrent à apparaître une hésitation et un léger embarras dans la voix d'April, une façon de détourner les yeux chaque fois qu'elle évoquait la perspective de l'avortement sous la périphrase « faire la chose », même dans le contexte d'une déclaration bien appuyée sur la nécessité absolue de faire la chose ; on aurait dit que la présence du visage aimant, inquiet de Frank avait déplacé l'affaire au-delà des limites de la décence parlée. Bientôt également, et ce signe fut le plus prometteur de tous, il put constater à différentes reprises qu'elle le contemplait à la dérobée à travers une brume d'admiration romantique.

Ces moments-là ne naissaient pas toujours très spontanément ; la plupart du temps, ils succédaient à un subtil effort de vanité de la part de Frank, à une manifestation de flirt masculin qui était aussi habile que n'importe quel flirt féminin. Traversant, par exemple, une salle de restaurant soit pour aller la rejoindre soit pour la quitter, il se souvenait toujours de prendre sa vieille démarche « terriblement charnelle » ; quand ils se promenaient ensemble, il retombait dans une autre de ses anciennes manies : il portait la tête anormalement droite, et il relevait une épaule de quelques centimètres pour paraître plus grand quand elle lui donnait le bras. S'il allumait une cigarette dans l'obscurité, il veillait à se composer une physionomie dure et virile avant de faire jaillir et d'abriter la flamme (plusieurs années auparavant, il avait étudié cette méthode devant la glace d'une salle de bains plongée dans l'obscurité, et il savait que son portrait revêtait alors une grande intensité dramatique). Il accordait une attention scrupuleuse à des détails insignifiants : il parlait sur un timbre grave et sonore ; il surveillait de près l'ordonnance de sa coiffure ; il cachait ses ongles rongés ; le matin il se levait toujours (et très athlétiquement) le premier, si bien qu'elle ne voyait jamais sa figure bouffie de sommeil et révélatrice de ses faiblesses.

Il arrivait parfois qu'après une exhibition de ce genre spécialement consciente (par exemple lorsqu'il s'aperçut que toutes ses molaires lui faisaient mal parce qu'il les avait serrées trop longtemps pour composer un effet de volonté à la lueur d'une bougie), il éprouvât un certain dégoût de lui-même ; et, assez confusément, dégoût d'elle aussi qui se laissait si facilement duper par de tels procédés. Quel jeu d'enfants était-ce là ? Mais ces crises de conscience se trouvaient vite balayées ; en amour comme à la guerre, tout est bon. Par ailleurs n'était-elle pas capable, elle aussi, de jouer le même jeu ? N'avait-elle pas vidé tout son sac à malices, le mois dernier, pour lui faire adopter son plan personnel de départ pour l'Europe ? Donc, très bien. Peut-être tout cela était-il un peu risible ; peut-être n'était-ce pas la meilleure manière de se conduire entre adultes évolués ; mais ce problème-là pourrait être réglé plus tard. Pour le moment l'enjeu était trop gros pour leur permettre de s'occuper de pareilles bagatelles.

Ainsi Frank se libérait-il pour se concentrer sur les raffinements de son rôle. Il veillait avec un soin particulier à ne jamais parler de son emploi du temps au bureau, à ne jamais avouer qu'il était fatigué après le train ; il prenait un air important mais froid, presque britannique, pour s'adresser aux garçons de restaurant et aux pompistes des stations d'essence ; il assaisonnait ses critiques, en sortant du théâtre, d'obscures références littéraires… Tout cela pour démontrer qu'un homme condamné à travailler toute sa vie chez Knox pouvait être cependant intéressant (« Tu es l'être le plus intéressant que j'aie jamais rencontré »). Il s'ébattait dans l'enthousiasme avec les enfants, il tondait dédaigneusement le gazon de la pelouse à une allure record, et une fois il singea au volant, pendant tout le trajet retour de New York aux environs de minuit, Eddie Cantor chantant « Voilà le genre de chérie qu'il me faut », parce qu'il la faisait rire… Tout cela pour démontrer qu'un homme aux prises avec le plus triste et le plus anormal des problèmes conjugaux (une femme refusant de porter son enfant) pouvait être cependant gentil (« Je t'aime quand tu es gentil »).

Il aurait pu réussir sa campagne vite et bien s'il avait eu la possibilité d'imprimer à toutes les heures des quatre semaines la même note d'intensité ; l'ennui, c'était que la vie ordinaire devait cependant continuer.

Il lui fallait encore tuer la majeure partie de chaque journée à son bureau, où Jack Ordway ne cessait de le féliciter pour le style avec lequel il allait « faire la malle ». Quant à April, elle était bien obligée de se cantonner la plupart du temps dans la réalité de leur maison.

Ils durent revoir aussi Mrs. Givings, qui trouvait toujours de nouvelles excuses pour téléphoner ou faire une petite visite. Le but qu'elle affichait ostensiblement était de parler affaires, ce qui était déjà très pénible (il y avait tant de détails à régler avant de mettre la maison en vente ! Les Wheeler, impassibles, l'écoutaient…), mais elle revenait toujours à John et « au merveilleux après-midi que nous avons passé ce jour-là ». Presque sans s'en rendre compte, ils consentirent à un programme d'essai pour de nouveaux dimanches après-midi « chaque fois que cela vous conviendra, les dimanches où vous n'aurez pas trop à faire, d'ici à votre départ ».

Ils ne pouvaient faire autrement que de maintenir le contact avec les Campbell. Ils leur consacrèrent un dimanche entier, avec pique-nique, sortie sur la plage (cela sur l'insistance des Campbell), hot-dogs, enfants en larmes, sable, sueur, pagaille étourdissante... Cette journée les amena au bord de la crise de nerfs. Le soir même (eh oui, ce fut ce soir-là) la cour qu'ils se faisaient, ou la campagne de ventes, ou ce que vous voudrez, entra brusquement dans une deuxième phase, totalement dénuée, celle-là, de romantisme.

— Mon Dieu, quelle journée ! s'exclama April dès qu'elle eut fermé la porte des enfants.

Elle commença alors à marcher de long en large dans le living-room, avec une raideur qui annonçait toujours des difficultés. Au début de la cour qu'il lui faisait, ou de sa campagne, il avait appris que cette pièce était le plus mauvais endroit pour marquer des points. Tous les objets que révélait l'éclat impitoyable des lampes de cent watts semblaient fournir des armes à April pour leurs discussions ; et plus d'une fois, par de chaudes soirées comme celle-ci, leur effet cumulatif avait failli démolir toute la structure compliquée des avantages qu'il avait acquis : le mobilier qui était branlant et qui ne trouverait jamais son assiette ; les rayonnages placés les uns au-dessus des autres et pleins de livres non lus, ou à moitié lus, ou lus et oubliés, de livres qui avaient toujours été censés marquer une telle différence, et qui ne l'avaient jamais marquée ; la gueule avide, hideuse de l'écran de télévision ; le sinistre petit tas sale de jouets dont on se demandait s'ils n'avaient pas baigné dans l'ammoniaque, tant était prompt leur pouvoir d'attaquer l'œil et la gorge d'un sentiment douloureusement âcre de culpabilité (« Mais je ne crois pas que nous ayons jamais eu des dispositions pour être des parents. Nous ne sommes même pas bons à être des parents… »).

Ce soir, elle avait le front, les pommettes et le nez désastreusement rougis par le soleil, et comme elle avait porté des lunettes de soleil toute la journée, ses yeux avaient un regard blanc, étonné. Ses cheveux pendaient en mèches désordonnées ; sans cesse elle était obligée d'avancer sa lèvre inférieure pour, d'un souffle bruyant, en rejeter une qui retombait aussitôt. Elle manquait aussi de grâce dans son corps. Elle portait une blouse humide et un short bleu chiffonné qui commençait à la comprimer du côté de l'abdomen. Elle détestait les shorts parce qu'ils attiraient l'attention sur ses cuisses qui depuis quelques années s'étaient épaissies, amollies et marbrées. Frank pourtant lui avait souvent dit qu'elle avait bien tort d'y attacher de l'importance (« Elles sont belles ; et même je les aime mieux ainsi ; au moins tu as des jambes de femme, maintenant ! »). Ce soir, elle avait l'air de les exhiber par une sorte de dépit. Très bien, regarde-les, semblait-elle dire. Sont-elles suffisamment « de femme » pour ton goût ? C'est cela qui te fait envie ?

En tout cas il ne pouvait pas en détacher son regard, pendant qu'elles se soulevaient et retombaient pesamment en faisant le tour de la pièce. Il alla se servir un verre d'alcool bien tassé ; debout près de la porte de la cuisine, il le dégusta en raidissant ses forces.

Après avoir marché quelque temps, elle s'assit lourdement sur le canapé et entreprit de feuilleter sans entrain divers vieux magazines. Puis elle les jeta par terre, posa sur la table à café ses pieds chaussés d'espadrilles, et dit :

— … En réalité, Frank, tu es un être beaucoup plus moral que moi. Je suppose que c'est la raison pour laquelle je t'admire.

Mais sa voix et sa physionomie ne révélaient rien d'admiratif.

Il esquissa un haussement d'épaules, comme pour chasser cette idée, en s'asseyant en face d'elle.

— Je n'en sais rien. Je ne vois pas ce qui, dans notre affaire, a un rapport avec le fait d'être « moral ». Du moins, et tu le sais, pas dans le sens de la moralité conventionnelle.

Elle parut réfléchir à la phrase de Frank pendant un bon moment, et pour être plus à son aise pour penser, elle s'adossa au canapé en balançant un genou de droite à gauche contre le pivot de sa cheville.

— Y a-t-il un autre sens ? demanda-t-elle enfin. Est-ce que « moral » et « conventionnel » ne signifient pas la même chose ?

Il l'aurait volontiers giflée. Avoir prononcé cette petite remarque traîtresse, si pleine d'insinuations... Christ ! Au cours de n'importe quel autre mois de sa vie conjugale, il aurait bondi et crié : « Christ ! Quand en auras-tu fini avec cette mode à la Noel Coward des années 20 ? De dénigrer tout ce qui peut avoir une valeur humaine décente par une petite observation aigre-douce, perfide de snobinette ? Écoute ! » aurait-il ajouté dans sa colère. « Écoute-moi ! C'est peut-être dans ce style que tes parents ont vécu ; c'est peut-être au milieu de ce faux chic émoustillant que tu as grandi, mais il serait grand temps que tu comprennes enfin que cela n'a rien à voir avec le monde réel. » Le souvenir du calendrier lui ferma la bouche. Il y avait encore douze jours à passer. Il lui était impossible d'assumer maintenant le moindre risque. Aussi, au lieu de pousser des cris, il ne souffla mot et se borna à contempler son verre, qu'il faillit répandre sur le tapis tant sa main tremblait fort. Sans s'y contraindre, il avait réussi à faire de sa physionomie l'image la plus frappante qu'il eût jamais composée. Quand il eut retrouvé son calme, il dit d'une voix très douce :

— Mon bébé, je sais que tu es fatiguée. Nous ne devrions pas discuter de cela maintenant. Je sais que tu es trop fine, trop avisée pour y croire sérieusement. N'en parlons plus.

— Ne plus parler de quoi ? Croire sérieusement à quoi ?

— Tu le sais bien, voyons : cette histoire de « moral » et de « conventionnel ».

— Mais je ne connais pas la différence !...

Elle s'était avancée sur son siège dans un geste presque passionné ; ramenant ses espadrilles sous le canapé, elle se tendit vers lui, avec ses avant-bras posés sur les genoux ; son visage reflétait un embarras si candide qu'il détourna les yeux.

— ... Tu ne vois donc pas, Frank ? Je t'assure que je ne connais pas la différence. D'autres personnes ont l'air de la connaître. Toi, par exemple. Mais moi, non, je ne la connais pas, voilà tout, et je pense que je ne l'ai jamais apprise.

— Écoute, lui dit-il. En tout premier lieu, « moral » est un mot de toi, pas de moi. Je ne crois pas avoir jamais placé cette chose-là sur un plan moral, conventionnel ou autre. J'ai dit tout simplement que dans ces circonstances particulières, il semblait presque évident que la seule chose raisonnable à faire était d'aller de l'avant et d'avoir le...

— Mais nous y voilà encore ! s'exclamait-elle. Tu vois ? Je ne sais pas non plus ce que signifie le mot

« raisonnable », et tu pourrais parler toute la nuit, je ne serais pas plus avancée. Ce ne sont pour moi que des mots, Frank. Je t'écoute parler, et je me dis : n'est-ce pas extraordinaire ? il pense vraiment comme ça ; ces mots-là ont pour lui une véritable signification. J'ai parfois l'impression que j'ai passé toute ma vie à écouter parler des gens, en éprouvant la même réaction…

Sa voix frémit, devint saccadée.

— … Et peut-être que cela veut dire que je suis un cas, un cas effroyable ; mais c'est pourtant la vérité… Oh non, reste là où tu es ! Je t'en prie, ne viens pas m'embrasser, ne m'approche pas ; autrement nous ne serions plus qu'un gros tas fumant de sueur, et nous n'aurions rien réglé. S'il te plaît, reste assis là-bas, et essayons de parler. Okay ?

— Okay.

Il reprit son siège. Mais « essayer de parler » était quelque chose d'autre, de neuf… Ils ne purent que se regarder dans les yeux, tout en subissant l'impression pesante, déprimante, énervante de la chaleur.

— Tout ce que je sais, reprit-elle enfin, c'est ce que je sens. Et je sais ce que je sens devoir faire.

Il se leva pour éteindre toutes les lumières.

— Afin de rafraîchir un peu la pièce… murmura-t-il.

Mais l'obscurité ne lui fut d'aucun secours. Ils se trouvaient dans une impasse. Si ce qu'il disait n'était pour elle « que des mots », à quoi bon parler ? Quelle éloquence pourrait prévaloir contre la masse d'un entêtement aussi profond ?

Mais bientôt sa voix se fit à nouveau entendre pour tenter de redresser la situation ; presque indépendamment de sa volonté, elle amorçait la phase décisive de sa stratégie, la dangereuse manœuvre du « tout ou rien » qu'il aurait souhaité tenir en dernière réserve contre l'éventualité d'une défaite. Il agissait sans prudence, et même avec témérité, puisqu'il avait encore douze jours devant lui ; mais à partir du moment où sa voix avait commencé de parler, il ne pouvait plus s'arrêter.

— Écoute, dit-il, à première vue ceci pourrait faire croire que je te prends en effet pour un cas effroyable ; la vérité est tout autre. Je pense toutefois qu'il y a deux ou trois aspects du problème que nous n'avons pas encore abordés, et mon avis est qu'il faudrait les étudier. Par exemple, je me demande si tes vrais motifs, pour la question qui nous occupe, sont aussi simples que tu le crois. Je veux dire par là : ne serait-ce pas possible qu'il y ait en toi des forces qui œuvrent sans que tu t'en rendes pleinement compte ? Des forces que tu ne reconnais pas ?...

Elle ne répondit rien, et dans les ténèbres il ne put dire avec assurance si elle l'écoutait ou si elle ne l'écoutait point. Il prit une profonde inspiration.

— ... Je songe à des choses qui n'ont aucun rapport avec l'Europe, poursuivit-il. Ni avec moi. Je songe à des choses qui sont à l'intérieur de toi-même, à des choses qui ont leur origine dans ta propre enfance, dans la façon dont tu as été élevée et tu as grandi. À des choses émotionnelles.

Un long silence s'établit, qu'elle se décida à rompre pour dire d'une voix volontairement neutre :

— Tu veux dire, en somme, que j'ai des troubles émotionnels.

— Je n'ai pas dit cela !…

Mais dans l'heure qui suivit, pendant que sa voix parlait, parlait, il s'arrangea pour le dire à plusieurs reprises de diverses et différentes manières. N'était-ce pas naturel, après tout, qu'en une femme qui depuis sa naissance n'avait connu de ses parents que refus, repoussements et rejets, se fût développée une répugnance latente à donner le jour à des enfants ?

— … Je dois ajouter que je me suis toujours émerveillé que tu aies pu survivre à une enfance comme la tienne, lui déclara-t-il à un moment donné, pour ne rien dire du fait que tu en es sortie sans le moindre dommage pour ton… tu sais bien, ton ego et le reste…

Et il lui rappela qu'elle-même lui avait suggéré l'hypothèse de la présence d'un élément « de névrose » dans son désir, à Bethune Street, de faire avorter sa première grossesse. Mais naturellement, naturellement, les circonstances n'étaient plus du tout les mêmes. Tout de même, n'était-il pas possible que quelque chose relevant du même désordre subsistât encore dans son attitude ? Oh, il ne prétendait pas que toute l'affaire se résumait à cela…

— … Je ne suis pas qualifié pour avancer une chose pareille !…

Il n'en sentait pas moins que c'était là une ligne de raisonnement qui devrait être très soigneusement explorée.

— Mais j'ai eu deux enfants, objecta-t-elle. Deux enfants, cela ne plaide-t-il pas en ma faveur ?

Il laissa l'écho de ces paroles mourir dans l'obscurité, puis il répondit calmement :

— Le fait même que tu élèves cette objection est significatif, tu ne trouves pas ? Comme si avoir des enfants était une sorte de châtiment ? Comme si en avoir deux pouvait « plaider en ta faveur », te créditer contre toute obligation d'en avoir d'autres ? Et la manière, aussi, dont tu l'as dit… Sur la défensive, toute prête à te battre… Jésus, si tu veux parler comme cela, April, je peux t'opposer, moi, une autre statistique : tu as été enceinte trois fois, et tu as voulu te faire avorter deux fois. Un drôle de record, ma foi ! Oh, voyons…

Il choisit des intonations très douces, très tendres, comme s'il s'adressait à Jennifer.

— … Voyons, mon bébé. Tout ce que j'essaie de suggérer est que tu ne parais pas tout à fait logique au sujet de la chose. Je voudrais que tu y réfléchisses un peu, voilà tout.

— Très bien, dit la voix froide d'April. Très bien. Supposons que tout cela soit vrai. Supposons que j'agisse selon un style de comportement qui me soit plus ou moins imposé, ou suggéré. Et alors ? À sentir comme je sens, je n'y peux rien, tout de même ! Et je te demande maintenant : que devrions-nous faire à ce sujet ? comment devrais-je surmonter cette emprise ? Devrais-je tout simplement Affronter Mon Problème Personnel et commencer dès demain matin à être une personne différente ?

— Oh, écoute, mon bébé, c'est si simple ! lui répondit-il. En supposant que tu sois en proie à je ne sais quelle difficulté émotionnelle, en supposant qu'un problème de ce genre se pose peut-être, ne vois-tu pas qu'il y a quelque chose que nous pourrions faire ? Quelque chose de sensé, de très logique ?…

Il fut écœuré par le son de sa propre voix ; il avait l'impression qu'il parlait depuis des années. Il passa sa langue sur ses lèvres : leur goût lui parut aussi étranger qu'un doigt de dentiste dans sa bouche (« Ouvrez tout grand, maintenant ! »). Et enfin il ne put plus le retenir :

— … Nous devrions te faire psychanalyser.

Il ne pouvait pas la voir, mais il aurait parié que sa bouche s'étirait légèrement sur un côté et que son regard se durcissait.

— Et la situation que t'offre Bart Pollock pourra-t-elle payer aussi pour cela ? interrogea-t-elle.

Il émit un profond soupir.

— Vois-tu ce que tu fais quand tu dis une chose semblable ? Tu es en train de chercher la bagarre avec moi.

— Non. Je ne cherche pas la bagarre.

— Si. Et ce qui est pire, tu cherches aussi la bagarre avec toi-même. C'est exactement ce genre de chose que tous les deux nous faisons depuis des années, et je pense que nous sommes maintenant assez grands, assez évolués pour rompre avec cette habitude. Moi, je ne sais pas si la situation que m'offre Bart Pollock paiera pour cet examen ; et franchement, je me soucie peu de savoir quel genre de situation paie pour ceci ou cela. Nous sommes en principe deux êtres humains adultes, et si l'un ou l'autre d'entre nous a besoin de ce genre de secours, nous devrions être capables d'en parler comme des adultes et non comme des enfants. La question de savoir ce qu'il faudra payer est la moins importante. Si c'est nécessaire, nous paierons le prix. Cela, je te le promets.

— Comme c'est gentil !...

Ce fut seulement par un confus jeu d'ombres et un bruissement dans le capitonnage du canapé qu'il se rendit compte qu'elle se mettait debout.

— … Pourrions-nous faire en sorte de ne plus discuter maintenant de ce problème ? Je suis mortellement fatiguée.

Tout en écoutant ses pas qui s'éloignaient dans le couloir, puis les quelques bruits de ses rapides préparatifs pour se mettre au lit, et enfin le silence total de la maison, il acheva son verre qui avait un avant-goût de défaite. Il eut l'impression qu'il avait abattu sa dernière carte, et qu'il avait presque certainement perdu la partie.

Mais le lendemain lui apporta du renfort. Renfort provenant, à vrai dire, d'une source tout à fait imprévue. Le lendemain était un dimanche, et John Givings vint faire aux Wheeler sa deuxième visite.

— Ohé !… appela-t-il en sortant de la voiture.

Et, à partir du moment où il avança dans l'allée avec ses pieds légèrement tournés en dedans tandis que ses parents multipliaient les excuses et les politesses d'usage, il apparut clairement que l'après-midi serait très différent et plus difficile que le précédent. Aujourd'hui, il n'y aurait pas de promenade amicale, pas d'échange de bons souvenirs sur les programmes de la radio. John se trouvait dans un état d'agitation visible. Le voir et l'entendre furent au début si agaçants que Frank ne discerna pas tout de suite l'effet bénéfique et le genre d'avertissement que sa visite allait procurer. Après tout, c'était pour April un cas de maladie mentale en plein épanouissement à observer et à étudier. Pourrait-elle dire ensuite qu'elle se fichait pas mal d'être, elle aussi, cinglée ?

— … Dans combien de temps partez-vous, vous autres ?…

Cette question abrupte coupa en son milieu une belle phrase de sa mère sur la magnificence de la journée. Ils étaient tous assis dans la cour du fond où April servait du thé glacé… Tous, sauf John. John était resté debout ; il faisait les cent pas et il ne s'arrêtait de marcher que pour contempler avec des yeux rétrécis un coin éloigné dans les bois, ou l'arrière-plan de la maison, ou la descente de la route. Il avait l'air de tourner et de retourner dans sa tête des problèmes graves, confidentiels.

— … En septembre, m'avez-vous dit ? Je ne me rappelle plus.

— Nous n'avons pas encore fixé de date précise, répondit Frank.

— Enfin, vous serez encore dans le secteur pendant un bon mois, n'est-ce pas ? Parce que, voici : j'ai besoin de demander à quelqu'un un…

Il s'arrêta brusquement et ses yeux intrigués inspectèrent le jardin.

— … Eh, mais dites donc, à propos, où diable gardez-vous vos enfants ? Ma vieille Helen me parle toujours de vos gosses, et je ne les vois jamais. Sont-ils invités tous les dimanches à des anniversaires, ou quoi ?

— Cet après-midi, ils sont allés chez des amis, répondit April.

John Givings la fixa d'un long regard qui ne cilla point, puis il tourna les yeux vers Frank ; finalement il baissa la tête, s'accroupit et commença à arracher des brins d'herbe sur la pelouse.

— Eh bien, voici comment je me figure les choses, dit-il. Si un schizophrène paranoïaque venait chez moi, je ferais comme vous : je ne mettrais pas les gosses sur sa route. Si j'avais des gosses, bien sûr ! Et si j'avais un chez moi.

— Oh, c'est une merveilleuse salade d'œufs, April ! déclara Mrs. Givings. Il faudra que vous me donniez la recette de votre préparation.

— La paix, maman, okay ? Elle pourra vous la donner plus tard. Écoutez-moi, Wheeler. C'est important. En réalité, je n'aime pas du tout demander un service à qui que ce soit, mais puisque vous resterez encore ici tout un mois, je préfère m'adresser à vous. Cela ne vous prendrait pas beaucoup de temps, et ne vous coûterait rien. Je voudrais savoir si vous pouvez m'indiquer un avocat.

Howard Givings se gratta la gorge.

— John, ne recommençons pas avec cette histoire d'avocat. Du calme, allons !

La physionomie de John exprima éloquemment l'irritation d'une patience raisonnable.

— Papa, dit-il, ne pourriez-vous pas vous contenter de rester assis là, de déguster votre merveilleuse salade d'œufs, et de ne plus nous casser les oreilles ? Débranchez votre appareil acoustique, si vous voulez. Allons…

Il s'était retourné vers Frank.

— … Je pense que nous ferions mieux d'avoir un petit entretien privé. Oh, en présence de votre femme, naturellement !…

Et, avec un air de conspirateur, il les emmena tous les deux vers l'autre extrémité de la cour.

— … Je n'ai aucune raison pour leur cacher ce que je vais vous dire, ajouta-t-il. Mais je les connais : ils m'interrompront tout le temps. Voici l'affaire. Je voudrais savoir si les pensionnaires des hôpitaux psychiatriques ont la personnalité juridique. Je suppose que vous pourriez me fournir le renseignement ?

— Ma foi, répondit Frank, à première vue je crains de ne pas savoir…

— Okay, okay, oubliez cette partie de ma requête. Pour dénicher ce renseignement, vous seriez sans doute obligé de dépenser de l'argent. Tout ce que je vous demande de dépenser, c'est un peu de temps. Donnez-moi le nom et l'adresse d'un bon avocat, et j'aurai par lui l'information dont j'ai besoin. C'est que, figurez-vous, j'ai pas mal de questions à poser, et je paierai de bon cœur pour les réponses. Je pense que mon dossier est défendable, à condition que nous puissions tourner cette histoire de personnalité juridique…

Peut-être était-ce parce que son regard allait continuellement d'un Wheeler à l'autre, avec des coups d'œil intermittents en direction de ses parents pour vérifier ce qu'ils faisaient à l'autre bout de la pelouse ; peut-être était-ce tout bonnement parce qu'il avait les lèvres pâles et sèches, parce que ses cheveux se dressaient en touffes hérissées (aujourd'hui il n'avait pas apporté sa casquette) ; mais au fur et à mesure qu'il monologuait en plein soleil, il commençait à ressembler de plus en plus à un dément tourmenté et farouche.

— … Vous comprenez, je n'ai pas besoin que l'on me dise qu'un homme poursuivant sa mère en brandissant une table à café se met dans une position de faiblesse au regard de la loi ! C'est évident. S'il la frappe avec la table à café et s'il la tue, c'est une affaire criminelle. Si tout ce qu'il fait se limite à défoncer la table à café et à infliger à sa mère un certain supplément d'exaspération, c'est une affaire civile. Très bien. Dans les deux cas, notre homme est dans une position de faiblesse, mais voici l'important : ni dans un cas ni dans l'autre il ne saurait être question qu'il perde sa personnalité juridique. Mais supposons que la deuxième hypothèse se réalise. Le type dont je parle ne frappe pas sa mère, défonce réellement la table à café, inflige non moins réellement à sa mère un certain supplément d'exaspération, mais la femme, sa mère, n'exerce pas son droit de porter l'affaire devant le tribunal. Supposons qu'au lieu des juges, elle fasse appel à la police d'État. Supposons que, une fois la police de l'État sur les lieux, elle… Papa !…

Sur ce cri apparemment sans signification, il commença à reculer, à marcher à reculons comme un fugitif acculé ; son visage se tordit dans un mélange de menace et d'effroi ; Frank se retourna, comprit le motif de ce changement d'attitude : Howard Givings approchait lentement en traversant la pelouse.

— … Papa ! Je vous avais dit de ne pas m'interrompre, n'est-ce pas ? N'est-ce pas ? Je vous parle sérieusement, maintenant, papa. Ne m'interrompez pas quand je parle.

— Du calme, mon garçon ! dit Howard Givings. Calmons-nous à présent. Il est l'heure de partir.

— Je vous dis, papa…

Il était arrivé le dos au mur de la cour, et il regardait avec désespoir autour de lui comme s'il cherchait une arme ; pendant quelques secondes, Frank redouta qu'il ne s'emparât d'une pierre du mur et qu'il ne la lançât à la tête de son père ; mais Howard Givings continua d'avancer d'un pas régulier, apaisant ; il lui suffit de toucher doucement le coude de son fils pour qu'une espèce d'ordre s'établît. John criait toujours, mais à présent il ressemblait davantage à un enfant capricieux qu'à un fou.

— … Ne m'interrompez pas, voilà tout. Si vous avez quelque chose à dire, vous pouvez bien attendre que j'aie fini de parler.

— Ça va, John. Ça va bien comme ça, murmura Howard Givings en faisant demi-tour et en entraînant son fils de son pas tranquille pour une petite marche autour de la pelouse. Tout va bien, mon garçon.

— Oh Seigneur ! dit Mrs. Givings. Je suis terriblement désolée de cet incident. Ce sont ses nerfs, voyez-vous…

Elle leva des yeux implorants vers les Wheeler ; elle était fort embarrassée ; elle ne savait quoi faire du sandwich à la salade d'œufs qu'elle tenait à la main.

— … Je crains que nous ne soyons obligés de… Excusez-nous. Nous n'aurions pas dû venir aujourd'hui.

— Mon Dieu ! soupira April en lavant les verres de thé glacé après le départ des visiteurs. Je me demande ce qu'a pu être son enfance.

— Certainement pas très brillante, je suppose, avec un père et une mère comme les Givings.

Elle garda le silence jusqu'à ce qu'elle eût fini sa tâche au-dessus de l'évier et qu'elle eût suspendu le torchon des assiettes. Puis :

— Mais lui du moins, il a eu un père et une mère, de sorte qu'à tout prendre il a dû bénéficier d'une sécurité émotionnelle plus grande que moi. Est-ce cela que tu voulais dire ?

— Ce que je voulais dire ? Jésus, que vas-tu chercher !

Mais déjà elle était partie, en claquant la porte vitrée derrière elle, pour aller chercher ses enfants chez les Campbell. Au cours de la soirée, elle sembla calme et lointaine ; elle s'occupa efficacement de la préparation du dîner, puis de coucher les enfants, et Frank prit grand soin de ne pas se placer sur son chemin. Il devenait probable que la soirée s'inscrirait au nombre de leurs soirées muettes et qu'ils la passeraient à lire des journaux dans deux coins opposés du living-room, tels deux étrangers discrets, courtois, dans le salon d'un hôtel. Mais à dix heures, elle rompit la trêve.

— Une sorte de refus de ma condition de femme, prononça-t-elle. C'est ainsi que tu le traduirais ?

— Que je traduirais quoi ? De quoi parles-tu ?

Elle eut l'air vaguement ennuyée, comme si sa patience souffrait du fait qu'il n'avait pas suivi le fil d'une discussion continue.

— Tu le sais bien. De l'élément psychologique qu'il y a derrière cette affaire d'avortement. Est-ce cela que les femmes sont censées exprimer lorsqu'elles ne veulent pas avoir d'enfants ? Qu'elles ne sont pas réellement des femmes, ou qu'elles ne tiennent pas à être des femmes, enfin ?

— Je ne sais pas, mon bébé, répondit-il gentiment tandis que son cœur se gonflait de gratitude. Crois-moi : il s'agit là d'une chose à propos de laquelle ton jugement est aussi bon que le mien. Mais ce que tu dis semble plus ou moins logique. Je me rappelle avoir lu quelque part… oh, dans Freud ou Krafft-Ebing ou un type de ce genre-là ; c'était au collège… Je me rappelle bien avoir lu quelque chose sur une femme qui étant enfant avait envie d'avoir un pénis ; et cette envie, elle l'a gardée au cours de sa vie d'adulte. Cette particularité, paraît-il, est assez répandue chez les femmes ; je n'en sais rien. Quoi qu'il en soit, elle cherchait toujours à se débarrasser de ses grossesses ; et ce que l'auteur en question expliquait, c'est qu'elle cherchait en réalité à s'ouvrir pour que le… tu sais quoi… le pénis, enfin, pût sortir et pendre à sa place naturelle. Je ne suis pas tout à fait sûr de t'avoir répété l'histoire avec une exactitude scientifique ; il y a longtemps que je l'ai lue ; mais c'était bien l'idée générale…

En fait, il n'était pas du tout certain de l'avoir jamais lue (et cependant d'où lui serait venue cette histoire s'il ne l'avait pas lue quelque part ?) ; et il n'était pas davantage assuré de l'opportunité qu'il y avait à la relater à présent, étant donné les circonstances.

Mais elle parut capable de digérer l'information sans étonnement particulier. Elle regardait dans le vide, le menton reposant dans la coupe de ses deux paumes, les coudes sur les genoux. Elle paraissait perplexe, rien de plus.

— … En tout état de cause, poursuivit-il, j'ai la conviction que c'est souvent une erreur d'essayer de tirer pour soi des conclusions à propos d'une histoire lue dans un livre. Qui sait ?…

Il décida qu'il ferait mieux de s'arrêter là et de la laisser parler à sa guise ; mais elle se tut, et le silence semblait réclamer d'être comblé.

— … Je pense que nous pouvons néanmoins conjecturer, reprit-il, en nous basant tout bonnement sur le sens commun, que si la plupart des petites filles sont affligées de ce genre d'envie d'être des garçons, elles la surmontent probablement à temps en observant leur mère, en l'admirant, en désirant rivaliser avec elle… Par là je veux dire, comprends-tu, fonder un foyer, avoir des enfants, etc. Et vois-tu, dans ton cas, tout ce côté de la vie, toute cette dimension de l'expérience t'a été refusée depuis le début. Je ne sais pas ; ces choses-là sont très obscures, difficiles à… difficiles à bien saisir, je pense.

Elle se leva et alla se placer près de la bibliothèque ; elle lui tournait le dos ; cette attitude lui rappela le jour où il l'avait vue pour la première fois, il y avait longtemps, dans cette chambrée de bavards oubliés à

Morningside Heights : une grande jeune fille fière, supérieure.

— Comment supposes-tu que nous pourrions en trouver un ? demanda-t-elle. Un psychiatre, je veux dire. N'y en a-t-il pas beaucoup qui ont une réputation de charlatans ? Bah, tout de même, je pense que ce problème-là n'est pas trop compliqué, n'est-ce pas ?…

Il retint son souffle.

— … Okay, dit-elle en se retournant les yeux pleins de larmes. J'espère que tu as raison. Et dans ces conditions, je pense que nous n'avons plus grand-chose à nous dire, tu ne crois pas ?

Plus tard dans la nuit, tandis qu'entre deux assoupissements il était couché à côté d'elle avec l'esprit clair, il comprit que la campagne était loin d'être finie. Il restait encore onze journées avant le temps limite ; n'importe quand, elle pouvait changer brutalement d'avis. Pendant onze jours encore, chaque fois qu'il serait près d'elle, force lui serait de garder intactes et prêtes au combat toutes les ressources de sa dialectique.

Pour l'instant, il n'avait qu'à consolider cette fragile victoire par tous les moyens possibles, bref à tenir le front. Il pensa qu'il vaudrait mieux annoncer au plus tôt à tout le monde leur changement de programme (les Campbell, tout le monde, quoi !) afin que toute cette histoire du départ des Wheeler pour l'Europe fût promptement reléguée dans les oubliettes du passé. En attendant, il lui fallait éviter que la moindre complaisance envers lui-même minât sa position, et demeurer constamment à portée, comme une source de réconfort et de réassurance, jusqu'à ce que la période dangereuse fût passée. Pour commencer, il décida qu'il n'irait pas à son bureau aujourd'hui et qu'il resterait à la maison.

2.

Alors, on ne part plus ?… dit Jennifer cet après-midi-là. Dans leurs maillots de bain, Jennifer et Michael se tenaient debout sur le tapis du living-room, une serviette drapée sur l'épaule. Ils venaient de jouer avec l'appareil d'arrosage de la pelouse, et leur mère les avait rappelés dans la maison, sous le prétexte de « se sécher une minute et de prendre du lait et des biscuits », mais également, ainsi que la suite le prouva, pour apprendre officiellement la nouvelle, de la bouche de leurs parents, qu'en fin de compte on n'irait pas en France.

— … On ne part plus ? répéta Jennifer. Et comment ça se fait ?

— Parce que papa et maman ont décidé qu'il vaudrait mieux ne pas partir maintenant, dit April. Voilà pourquoi.

Quelques instants plus tôt, ils avaient opté pour cette réponse (à quoi bon leur parler déjà du bébé à naître ?) et les mots d'April furent prononcés avec un accent de raideur, d'affectation qu'elle essaya de compenser en ajoutant gentiment :

— … Voilà comment ça se fait.

— Oh.

La neutralité totale de l'expression que prirent alors les visages des deux enfants se trouva d'autant plus soulignée que leurs yeux étaient encore éblouis de soleil, et que leurs lèvres, sous des traces de lait, avaient bleui parce qu'ils étaient restés trop longtemps sous l'eau. Jennifer souleva l'un de ses pieds nus et s'en servit pour gratter une piqûre de moustique sur la cheville de son autre jambe.

— Et c'est tout ce que vous avez à dire ? interrogea Frank avec un soupçon de vivacité qu'il regretta aussitôt. Même pas un « Hurrah » ? Nous pensions que vous seriez contents.

Le frère et la sœur échangèrent un regard rapide et émirent le même sourire timide. Depuis peu il leur était devenu de plus en plus difficile de savoir à quoi s'attendre. Jennifer essuya sa moustache de lait.

— Irons-nous en France plus tard, ou quoi ?

— Eh bien, répondit sa mère, peut-être que oui. Nous verrons. Mais certainement pas avant longtemps. Vous n'avez donc plus besoin de vous tracasser au sujet de ce voyage.

— Alors nous allons rester ici, intervint secourablement Jennifer. Mais pas pour toujours et toujours.

— C'est à peu près cela, Niffer. Maintenant viens faire un baiser à maman, et que diriez-vous si je vous proposais à tous les deux de sortir et de profiter encore du soleil ? Et d'essayer de ne pas vous remettre sous l'eau pendant quelque temps, okay ? Vous avez les lèvres bleues ! Si vous en avez envie, vous pouvez prendre chacun deux autres biscuits.

— Tu sais ce que nous allons faire, Niffer ? dit Michael dès qu'ils se retrouvèrent dehors. Tu connais ce coin, en haut du bois, là où le gros arbre est tombé ? Il y a une petite branche sur laquelle tu pourrais t'asseoir et qui pourrait servir de bar pour glaces. Emmenons nos biscuits là-haut : tu seras la dame qui vient au bar, et moi je serai le glacier.

— Je n'en ai pas envie.

— Viens donc ! Et je te dirai : « Que voudrait manger Madame aujourd'hui ? » Et tu répondras : « Un biscuit, s'il vous plaît. » Et moi, je te dirai…

— Je n'en ai pas envie, je te dis. Il fait trop chaud…

Et elle alla s'asseoir loin de lui sur la pelouse. Pourquoi valait-il mieux ne pas partir maintenant ? Et pourquoi sa mère avait-elle pris un air si bizarre et si triste quand elle avait dit : « C'est à peu près cela » ? Et pourquoi son père était-il resté à la maison au lieu d'aller travailler alors qu'il n'était pas malade ?

Quand Michael eut fini de manger, il dévala comme un fou la pente qui bordait la cour du devant, en battant des bras.

— Regarde-moi, Niffer ! Regarde-moi! Regarde-moi… Je tombe, je vais tomber raide mort !

Il zigzagua, vacilla, tomba, roula sur lui-même plusieurs fois et atterrit à plat ventre sur l'herbe où il ne bougea plus ; de tout son cœur il riait parce qu'il avait dû être bien drôle. Mais Jennifer ne le regardait pas. Elle s'était approchée de la fenêtre panoramique, et elle observait furtivement ce qui se passait à l'intérieur du living-room.

Ils étaient encore assis sur le canapé, légèrement inclinés l'un vers l'autre ; sa mère hochait la tête d'un air approbateur, et son père parlait. C'était amusant de voir ses mains décrire quelques petits gestes dans l'air, sa bouche qui remuait, remuait, sans qu'aucun son n'en sortît. Après quelques instants, sa mère alla dans la cuisine, et son père demeura assis seul. Puis il se leva, descendit à la cave, et en remonta avec sa bêche pour travailler sur le chemin dallé.

— Oh, je ne sais pas si je dois être triste ou ravie !... dit Milly Campbell quelques soirs plus tard en se tortillant au fond des coussins du canapé. Vous comprenez, je trouve que c'est terriblement dommage pour vous deux, et je suppose que vous devez être très déçus ; mais moi, personnellement, je suis aussi heureuse que je peux l'être. Toi aussi, n'est-ce pas, mon amour ?

Et Shep, après avoir avalé une gorgée de gin tonique en tremblant si fort que les cubes de glace vinrent heurter ses dents de devant, déclara que pour sûr lui aussi était ravi.

Mais en vérité il ne se sentait sûr de rien. S'efforçant depuis plusieurs semaines de chasser April Wheeler de ses pensées, il avait tiré quelque consolation d'un rêve éveillé : dix ans avaient passé ; les Wheeler rentraient d'Europe, et les Campbell étaient allés les accueillir au débarcadère ; dès qu'April avait mis le pied sur la passerelle, il s'était aperçu qu'elle s'était épaissie et qu'elle était devenue presque bossue à force d'avoir travaillé pour gagner le pain de la famille ; ses joues n'étaient plus que des bajoues ; elle avait pris une attitude et des manières d'homme ; elle parlait d'un ton sarcastique en louchant à travers la fumée d'une cigarette qu'elle promenait entre ses lèvres. Chaque fois que cette vision s'estompait, Shep dressait alors dans sa tête l'inventaire de ses imperfections présentes (elle avait les hanches trop fortes ; sa voix devenait réellement perçante quand elle s'énervait ; son sourire avait quelque chose d'artificiel et d'agaçant), et chaque fois qu'il voyait une belle fille, sur la plage ou à la lueur des phares au cours de son aller et retour quotidien à Stamford, il en tirait la conviction raffermie que le monde était rempli de femmes plus jolies, plus intelligentes, plus fines et plus désirables qu'April Wheeler. Pendant cette période également, il s'était surveillé pour témoigner à Milly plus d'affection qu'à l'ordinaire ; il avait multiplié les petites attentions ; une fois il avait acheté un chemisier fort coûteux à la meilleure boutique de Stamford, et il le lui avait rapporté (« Comment cela, pourquoi ? Parce que tu es ma petite femme, voilà pourquoi... »), et il avait pris plaisir à la voir s'épanouir à son contact dans une sérénité nouvelle.

Et maintenant, tout était fichu. Les Wheeler ne partaient plus. Milly était assise près de lui, parlait grossesse et bébés, avec son chemisier neuf auquel il manquait déjà un bouton et sa peau grisâtre autour des aisselles ; April Wheeler était aussi fraîche, aussi belle que jamais. Il s'éclaircit la voix pour demander :

— Alors vous projetez de rester ici indéfiniment ? Ou achèterez-vous une maison plus spacieuse ? Ou quoi ?

— Ah ! fit Jack Ordway. Tiens ! Victime d'un défaut dans votre cuirasse anticonceptionnelle... Eh bien, Franklin, je ne peux pas vous dire que je suis désolé. Ici, dans cette vieille cabine, vous m'auriez drôlement manqué, je vous en donne ma parole ! De plus...

Non sans élégance, il s'adossa bien au fond de sa chaise grinçante et balança une cheville par-dessus un genou.

— ... À part cela, si vous me pardonnez ma franchise, tout ce projet d'Europe me semblait un peu...

un tout petit peu dépourvu de réalisme, en somme. Mais bien entendu, cela ne me regarde pas.

— Approchez une chaise, Frank, lui dit Bart Pollock. Quel bon vent vous amène ?…

C'était le jour le plus brûlant de l'année ; le jour par excellence où tout le monde au quinzième étage trouvait particulièrement scandaleux qu'une compagnie comme la Compagnie Knox n'eût pas l'air conditionné. Frank s'était imaginé que le bureau personnel de Pollock, au vingtième étage, serait un peu plus frais. Il s'était imaginé aussi que Pollock l'accueillerait en se levant, peut-être même en allant au-devant de lui la main tendue, et que sitôt les formules de politesse échangées et les formalités terminées (« Frank, je suis enchanté, ravi… ») ils pourraient oublier les affaires en allant boire de la bière dans un bar à air conditionné. Au lieu de cela, ils étaient assis, moites et raides, sous le bourdonnement irritant d'un ventilateur électrique. La pièce était plus petite qu'elle ne paraissait de l'extérieur, et Pollock, qui portait une chemise d'été extraordinairement bon marché et sous laquelle se dessinaient les contours d'un maillot de corps trempé, ressemblait davantage à un vendeur épuisé qu'à un grand directeur. Son bureau, bien que d'une taille en rapport avec les fonctions de Pollock, était encombré de papiers en désordre, tout comme celui de Frank. Le seul objet qui suggérât la situation élevée de Pollock était un plateau en liège et argent, supportant une robuste petite thermos d'eau glacée et un gobelet ; mais un examen attentif révélait que tous ses composants étaient recouverts d'une pellicule de poussière.

— … Mm, dit-il quand Frank eut fini. Eh bien, c'est parfait. Personnellement je suis très content que vous ayez pris cette décision. Maintenant, bien sûr, comme je vous l'ai dit…

Il ferma ses yeux globuleux et se frotta délicatement les paupières. Cela ne signifiait pas qu'il avait tout oublié ; Frank le comprit. Tout allait très bien. Mais le moyen de jubiler dans une pièce comme celle-ci, par une journée pareille ! Et puis enfin, après tout, c'était un entretien d'affaires…

— … Comme je vous l'ai indiqué au cours de notre déjeuner de l'autre jour, tout le projet est encore dans sa phase de développement. Je vous convoquerai de temps en temps pour des conférences quand les choses prendront tournure. D'ici là, je vous conseillerais de continuer la série des « Si nous parlions… » que vous avez inaugurée. Je vais appeler Ted par l'interphone et je lui dirai que je vous ai confié un petit travail. C'est tout ce qu'il a besoin de savoir pour l'instant. D'accord ?

— Modifié vos quoi ?… demanda Mrs. Givings qui, craintivement, fronçait les sourcils devant les trous noirs de son téléphone.

Elle arrivait au terme d'une journée fort triste, fort pénible ; elle avait passé tout l'après-midi à Greenacres : d'abord assise pendant un temps fou sur divers bancs dans le couloir ciré et désinfecté, pour attendre un rendez-vous avec le médecin de John ; ensuite assise et misérablement polie devant le bureau du médecin pendant que celui-ci l'informait que le comportement de John au cours des dernières semaines n'avait pas été « très encourageant, je le crains », et que « je pense que nous ferions mieux d'interrompre ses sorties pendant quelque temps, par exemple pendant cinq ou six semaines ».

— Mais il a été parfait avec nous ! avait-elle menti. C'est cela que je venais vous dire. Oh, la dernière fois, les choses se sont déroulées un petit peu moins normalement, comme je vous l'ai dit, mais en général il a paru très, très détendu. Très, très gai.

— Oui. Malheureusement, nous sommes obligés de ne tenir compte que de nos propres… euh, de nos propres observations à l'intérieur de cette enceinte. Dites-moi, quelle attitude affichait-il à la fin de ses visites ? Comment semblait-il envisager son retour à l'hôpital, chaque dimanche soir ?

— Il n'aurait pu être plus gentil, docteur. Réellement, il se montrait doux et plein de bonne volonté, comme un agneau.

— Oui…

Et le médecin avait taquiné du doigt son fixe-cravate.

— … En vérité, voyez-vous, j'aurais préféré un symptôme plus sain : qu'il eût manifesté quelque répugnance. Disons…

Il avait jeté un coup d'œil à son calendrier.

— … Disons au moins jusqu'au premier dimanche de septembre. À ce moment-là, nous pourrons faire un nouvel essai.

Il aurait pu aussi bien dire jamais. Le premier dimanche de septembre, selon toutes probabilités, les Wheeler seraient en route pour l'autre côté du monde. Alors, complètement épuisée, elle avait appelé les Wheeler au téléphone pour différer le rendez-vous dont ils étaient convenus (pour chaque dimanche, désormais, il lui faudrait trouver de nouvelles excuses), et April Wheeler dont la voix paraissait menue et très lointaine avait essayé de lui faire comprendre que quelque chose était modifié. Pourquoi donc fallait-il que tout changeât toujours, alors que la seule prière que l'on avait toujours humblement adressée à quelque Dieu que ce fût était que certaines choses pussent rester les mêmes ?

— … Modifié vos quoi ?…

Et soudain, Mrs. Givings sentit que son sang recommençait à circuler dans ses veines.

— … Oh, modifié vos plans ? Oh, mais alors vous n'êtes plus disposée à vendre…

Son crayon entreprit de dessiner une rangée d'étoiles noires à cinq branches en travers de son bloc, et il y mit tant d'ardeur, tant de furieuse pression sur le papier que les étoiles imprimèrent leurs joyeux contours sur les pages du dessous.

— … Oh, je suis si heureuse d'apprendre cette nouvelle, April ! Je vous assure que c'est la meilleure que j'aie apprise depuis bien longtemps. Donc, vous allez rester ici avec nous…

Elle eut peur d'éclater en sanglots. Mais heureusement, April se mit à s'excuser « pour tout le mal que vous vous êtes donné afin de mettre la maison en vente » ; Mrs. Givings en profita pour se réfugier dans un petit rire de gorge bienveillant et indifférent, très « femme d'affaires ».

— … Voyons, je vous en prie, ne vous inquiétez pas de cela. Mais non, je me suis donné si peu de mal… Alors, très bien… Très bien, April. Bon. Nous garderons le contact.

Quand elle reposa le téléphone, ce fut comme si elle avait replacé dans un écrin de velours un joyau rare, exquis.

Un mauvais rêve ou le cri aigu d'un oiseau, ou les deux, le réveillèrent très tôt ce matin-là et le remplirent d'un sentiment de crainte : comme si la prochaine inspiration d'air ou le simple fait d'entrouvrir les yeux allait lui rappeler l'existence d'un chagrin, d'un fardeau de mauvaises nouvelles datant de la veille auxquels le sommeil n'avait mis qu'un terme provisoire. Il lui fallut une bonne minute pour être rassuré : les nouvelles n'étaient pas mauvaises, mais bonnes ; la première semaine d'août avait pris fin hier. Le délai limite était arrivé, était franchi. Le débat se trouvait donc clos ; clos sur sa victoire.

Il se souleva sur un coude pour la regarder dans la lumière bleutée ; couchée assez loin de lui, elle lui tournait le dos, et sa figure était cachée sous un fouillis de cheveux ; il se rapprocha, se coula contre elle et passa un bras autour de sa taille. Il arbora un sourire de satisfaction, disposa ses membres dans une attitude de relaxation totale. Mais une demi-heure plus tard, il ne s'était pas rendormi, et il avait envie d'une cigarette ; il contempla le ciel qui prenait ses couleurs du matin.

Ce qu'il y avait de singulier, c'était que tout au long de la semaine précédente, ils n'y avaient fait aucune allusion. Tous les après-midi, en rentrant à la maison, il avait été fin prêt à intercepter au passage le moindre argument qu'elle pourrait lui opposer ; il avait même cessé de boire, pour garder la tête froide en cas de discussion ; mais tous les soirs, ou bien ils avaient parlé d'autre chose, ou bien ils n'avaient rien dit du tout. La veille, elle avait dressé sa planche à repasser devant l'écran de télévision et elle avait travaillé là ; ses yeux par intermittence se levaient au-dessus des glissades fumantes du fer sur le linge pour regarder, dans un froncement de sourcils, les images qui se succédaient sur l'écran.

Pourquoi aurais-tu envie de parler ? semblait répliquer son profil au regard gêné qu'il lui adressait de l'autre extrémité de la pièce. De quoi pourrions-nous parler ? N'avons-nous pas suffisamment parlé ?

Quand elle avait coupé la télévision et replié sa planche à repasser, il s'était décidé à aller vers elle et à lui toucher le bras.

— Tu sais ce que c'est ?

— Ce que c'est quoi ? Que veux-tu dire ?

— Aujourd'hui. C'est le dernier jour de… tu sais bien. Si tu avais voulu exécuter ton projet, ç'aurait été le dernier jour dans les délais.

— Oh. Oui, c'est vrai.

Embarrassé, il lui avait caressé l'épaule.

— Pas de regrets ?

— Eh bien, avait-elle répondu, je suppose que je ferais mieux de ne pas en avoir, n'est-ce pas ? Ils seraient un petit peu tardifs, n'est-ce pas ?

Elle avait maladroitement emporté la planche à repasser : un pied brinqueballait ; elle était arrivée à la porte de la cuisine avant qu'il n'eût songé à l'aider. Alors il avait bondi.

— Allons, laisse-moi porter cela, voyons !

— Oh. Merci.

Au lit, sans échanger une parole, ils avaient fait l'amour avec une tendresse pondérée, réfléchie. Avant de s'endormir, il lui avait dit :

— Écoute, tout ira très bien pour nous.

— Je l'espère, avait-elle murmuré. Je l'espère, beaucoup.

Puis il s'était assoupi ; et maintenant il était réveillé.

Il se leva et se promena en pantoufles à travers la maison silencieuse. La cuisine était éclairée de toutes les teintes du soleil levant (la matinée serait sûrement magnifique) et le calendrier avait perdu toute influence : au mur pendait seulement, grâce à la courtoisie de A. J. Stolper & Sons, un document qui ne servirait plus qu'au paiement des factures et qu'à l'enregistrement des rendez-vous chez le dentiste. Des jours, des semaines pouvaient désormais s'écouler sans qu'on y fît attention ; et il pourrait même se passer un mois avant que quelqu'un eût l'idée d'arracher la page du mois précédent.

Franklin H. Wheeler se versa un jus d'orange glacé, couleur du soleil, et il le but à la table de la cuisine, mais avec lenteur, de peur d'être malade s'il vidait son verre d'une traite. Il avait triomphé, mais il ne se sentait pas l'âme d'un vainqueur. Il avait dirigé avec succès le cours de sa vie, mais plus que jamais il se sentait victime de l'indifférence du monde. Cela ne lui semblait pas juste.

Progressivement pourtant, il parvint à discerner et à identifier le sentiment qui l'avait hanté à son réveil, qui avait failli le faire suffoquer au-dessus de son jus d'orange, et qui à présent l'empêchait de jouir à son aise de l'herbe luisante, des arbres et du ciel de l'autre côté de la fenêtre.

C'était qu'il allait avoir un nouvel enfant, et qu'il n'était pas du tout sûr qu'il eût envie de l'avoir.

« Savoir ce que vous avez, virgule », dit la voix vivante dans le dictaphone, « savoir ce dont vous avez besoin, virgule, savoir ce dont vous pouvez vous passer, deux points. Voilà le contrôle de l'inventaire. »

« À la ligne… »

La mi-août était brusquement passée, et deux semaines s'étaient écoulées, ou peut-être trois, depuis sa dernière conversation avec Pollock ; le temps, maintenant qu'il avait surmonté le besoin de le mesurer et de le répartir, avait recommencé à fuir hors de sa portée. Il était capable de demander : « Vous êtes sûr que nous sommes déjà à vendredi ? » lorsqu'il croyait être encore au mardi ou au mercredi. Aujourd'hui seulement, à l'heure du déjeuner, il avait eu la révélation que l'été approchait de sa fin en passant devant des vitrines où s'étalaient des feuilles d'automne et les mots *Retour à l'école.* Très bientôt, commencerait l'époque des manteaux ; ensuite ce serait Noël.

— La principale chose que j'aie à faire maintenant, avait-il récemment expliqué à April, est d'achever cette série des « Si nous parlions ». Tu comprends, je ne peux guère espérer discuter finances avec lui avant d'avoir terminé cette corvée ; tu es bien de mon avis, n'est-ce pas ?

— Oui. Il me semble que tu ne peux pas agir autrement. Mais tu le sais mieux que moi.

— Justement ; et je ne peux pas aborder ce sujet dès maintenant. D'ailleurs nous ne pouvons pas nous attendre à un changement miraculeux d'un jour à l'autre dans une affaire pareille ; c'est exactement le genre d'affaires qu'il ne faut pas brusquer.

— Ai-je l'air de te brusquer ? Réellement, Frank... De quelle manière faut-il te le dire ? C'est exclusivement à toi d'en décider.

— Je sais, répondit-il. Bien sûr, je le sais. En tout cas, je voudrais me hâter et finir cette maudite série le plus tôt possible. Cette semaine, je resterai probablement tard au bureau pour y travailler deux ou trois soirs.

Et depuis lors, il avait pris l'habitude de rester tard au bureau presque chaque soir. Il ne lui déplaisait pas de dîner seul à New York et de se promener dans la ville avant de prendre l'un des derniers trains. Il éprouvait ainsi un sentiment agréable d'indépendance, de liberté vis-à-vis des horaires de banlieue ; de plus cette pratique lui semblait parfaitement convenir à la nouvelle forme de vie conjugale, mûrie et dépourvue de sentimentalité, qui allait évidemment être la leur désormais.

Le seul ennui, ce fut que son deuxième document de la série « Si nous parlions... » se révéla beaucoup plus difficile que le premier. Il l'avait déjà dicté deux fois, et les deux fois il avait découvert des erreurs grossières de logique ou d'argumentation qui l'avaient obligé à le réviser complètement.

L'horloge du bureau marquait cinq heures quarante-cinq quand il écouta la diffusion de sa troisième et finale mouture ; le silence autour de sa cabine témoignait que le dernier et le plus consciencieux des employés du quinzième étage était rentré chez lui ; bientôt les escouades de femmes de ménage arriveraient avec des seaux et des balais. Quand il entendit la conclusion de son enregistrement, une douce joie l'envahit. Ce n'était pas sensationnel, mais ça irait. Maintenant, il n'avait plus qu'à partir pour aller boire en ville deux bons cocktails.

Il était courbé au-dessus de sa machine pour la fermer, quand le clic-clac de deux talons de femme remonta délicatement le couloir. Il sut tout de suite que c'étaient ceux de Maureen Grube, qu'elle s'était attardée exprès pour rester seule avec lui, et qu'il allait sortir ce soir avec elle. Il valait mieux ne pas regarder ouvertement dans le couloir au moment où elle passerait ; aussi demeura-t-il penché sur le dictaphone, en louchant du côté de sa porte. C'était Maureen, en effet ; le coup d'œil qu'il lança le lui confirma. Il eut le temps de voir deux ou trois centimètres de jupon qui se balançaient harmonieusement à chaque pas sous l'ourlet de la jupe, et de constater que Maureen n'avait pas osé regarder carrément à l'intérieur de la cabine.

Ses pas s'éloignèrent ; il guetta avec confiance leur retour, non sans remettre sa machine en position de marche ; il s'assit de biais sur sa chaise pour faire semblant d'écouter. De cette manière, il put braquer franchement son regard sur le couloir, bien qu'il fût légitimement occupé à travailler, quand elle revint.

« Exemplaire pour verityper », disait le dictaphone. « Titre : Si nous parlions du Contrôle des Inventaires, parenthèse, révision n° 3. À la ligne. Savoir ce que vous avez, virgule, savoir ce dont vous avez besoin, virgule, savoir ce dont vous pouvez vous passer, deux points. Voilà… »

— Oh !…

Elle s'était arrêtée juste dans son champ visuel, et son expression de surprise, particulièrement étudiée, fut quelque peu trahie par la rougeur qui se répandit sur son cou et sur sa figure.

— … Hello, Frank. Si tard au travail ?

Il referma la machine, se mit debout lentement, se dirigea vers elle avec la démarche détendue, presque paresseuse de l'homme qui sait exactement ce qu'il va faire.

— Ohé ! dit-il.

3.

Tous les vendredis et samedis soir, « Pour Votre Plaisir de Danser », le « quartet » de Steve Kovick jouait à la Cabane en Bois, sur la Route n° 12, et ces deux soirs-là (comme Steve aimait à le dire en clignant de l'œil par-dessus le bord de son whisky au gingembre), ça sautait drôlement là-dedans.

Un piano, une contrebasse, un saxo ténor, une batterie : les quatre musiciens se piquaient de jouer en souplesse ; ils pouvaient attaquer n'importe quoi, dans n'importe quel style possible et imaginable, et à en juger par le plaisir qui faisait chavirer leurs yeux ils n'avaient pas la moindre idée de la médiocre qualité de leur musique. Chez les trois exécutants mineurs du « quartet », ce manque de discernement pouvait s'expliquer par leur inexpérience, leur amateurisme, etc. Mais il était plus difficilement excusable chez leur chef, qui tenait la batterie. C'était un homme d'une quarantaine d'années, épais, carré, glabre, qui depuis vingt ans faisait profession de musicien sans avoir jamais appris son métier. Doué d'un sens musical réel, il avait été séduit par les premiers disques et films de

Gene Krupa ; et les seules heures de joie de sa jeunesse avaient été celles où il imitait, en extase, le héros qu'il adorait : d'abord en tapant sur des annuaires de téléphone ou sur des casseroles retournées, plus tard en utilisant une vraie batterie dans la salle de gymnastique (qui puait la sueur et les liniments) de l'école supérieure, jusqu'à ce que, par une nuit de juin à la fin de ses études, le reste de l'orchestre ayant cessé de jouer et des centaines de couples s'étant immobilisés, Steve Kovick eût senti peser sur sa tête ballottante et mastiquant du chewing-gum le ravissement de l'assistance parce qu'il avait exécuté un solo de batterie pendant trois bonnes minutes. Depuis, il n'avait jamais rejoué aussi bien ; jamais plus il n'avait déchaîné une telle admiration, et jamais plus il n'avait lâché ses baguettes frénétiques en se disant qu'il était un grand artiste et qu'il continuerait à progresser. Même à présent, dans la boîte à bière et à pizzas qu'était la Cabane en Bois, il y avait une espèce de majesté condescendante dans la manière dont il présidait la scène ou dont il penchait son front plissé au-dessus de son assortiment de baguettes et de balais et de cymbales, ou dont il rejetait la tête en arrière, d'un air menaçant, pour demander si le projecteur ne pouvait pas être mieux réglé (il s'agissait d'une fraction de centimètre) ; et il y avait aussi une sorte de négligence étudiée dans la manière dont il attaquait les fox-trot préliminaires ou maniait les calebasses pour les intermèdes latino-américains ; tout le monde savait alors qu'il ne faisait que du remplissage, en attendant le moment d'ordonner à ses acolytes de se déchaîner sur l'un des morceaux de Benny Goodman du bon vieux temps.

Alors seulement, une ou deux fois par heure, il se lançait à corps perdu dans son travail. Cognant sur le tambour de basse comme s'il voulait rompre les oreilles de tous les clients de l'établissement, trouvant les sons les plus excentriques, il s'emballait dans un délire de fausse virtuosité qui s'enflait jusqu'à ce que la sueur dégouttât de ses cheveux et qu'il tombât d'épuisement, heureux comme un enfant.

Les habitués de la Cabane en Bois, pour ces soirées dansantes, se recrutaient généralement parmi les élèves de l'école supérieure (car le « quartet » était la seule musique vivante sur des kilomètres à la ronde ; de plus, le patron n'y faisait pas d'histoires, les garçons les servaient sans vérifier leur âge, et le grand parking était complaisamment obscur) ; on y voyait aussi des commerçants des environs qui avaient envie de rigoler, qui serraient leurs épouses dans leurs bras et qui se sentaient tout rajeunis en regardant rigoler les jeunes. Des éléments plus douteux la fréquentaient de temps à autre : des garçons en blouson de cuir noir et en bottes traînaient parmi des relents d'urine près du lavatory « Messieurs », plantaient leurs pouces dans la ceinture de leurs jeans, surveillaient les filles avec de petits yeux menaçants, faisaient de fréquentes incursions au lavabo pour se peigner et se repeigner les cheveux. Enfin on y trouvait la clientèle ordinaire des solitaires d'un certain âge et apparemment privés de foyer, célibataires ou mal mariés, qui venaient chaque soir à la Cabane en Bois, avec ou sans musique, pour boire et faire du sentiment sous le miroir déformant, souillé de crottes de mouche, du bar rustique.

Depuis deux ans, la foule des amateurs de danse s'enrichissait parfois d'un groupe de quatre jeunes adultes pleins de gaieté qui n'appartenaient à aucune catégorie reconnaissable : les Campbell et les Wheeler. Frank avait découvert l'endroit peu après son installation à la campagne (en fait, il l'avait découvert un soir où, après s'être disputé avec sa femme, il était en quête de boissons fortes, et il n'avait pas tardé à l'y conduire pour danser après leur raccommodement).

— Dites donc, êtes-vous déjà allés à la Cabane en Bois ? avait-il demandé aux Campbell au début de leurs relations.

Et April avait dit :

— Oh non, chéri ! Ils détesteraient cela. C'est un endroit terrible…

Les Campbell les avaient alternativement regardés en souriant d'un air indécis : ils étaient prêts à le détester, ou à l'aimer, ou à partager n'importe quelle autre opinion des Wheeler.

— Non, avait insisté Frank, je ne pense pas qu'ils le détesteraient. Je parie au contraire qu'ils s'y amuseront. Ce coin-là exige des goûts un peu particuliers, voilà tout. Vous comprenez, leur expliqua-t-il pour finir, la Cabane en Bois est un endroit si infréquentable qu'il ne manque pas de charme.

Tout d'abord, au cours du printemps et de l'été de 1953, les quatre amis n'y étaient allés que de loin en loin, pour chercher une récréation comique à d'autres distractions plus ambitieuses ; mais dès l'été 1954 ils prirent l'habitude de s'y rendre régulièrement ; pour ne pas leur coûter cher, l'habitude était détestable ; ils le savaient et ce fut par réaction contre cette forme de dégénérescence (entre autres) qu'ils trouvèrent séduisante l'idée de la Compagnie du Laurier. Quand commencèrent les répétitions de *La Forêt pétrifiée*, ils cessèrent pratiquement de fréquenter la Cabane en Bois ; il ne manquait pas d'endroits plus calmes pour boire un verre en rentrant chez eux ; au cours de la longue période difficile qui suivit l'échec de la pièce, ils s'étaient abstenus d'y retourner, dans la crainte superstitieuse que le fait d'y revenir ne constituât l'aveu d'une défaite morale.

— Mais…

— Nom d'un chien ! s'écria Frank certain soir, après qu'eut lamentalement échoué toute tentative de conversation dans le living-room des Campbell. Pourquoi n'irions-nous pas faire un tour à la Cabane en Bois ?

Et voilà pourquoi ils se trouvaient là, bien calmes tous les quatre, commandant tournée sur tournée, se levant et s'accouplant pour danser, revenant à leur table pour regarder les autres couples qui s'ébrouaient au rythme du « quartet ». Malgré la gêne qui avait alourdi l'atmosphère du début de la soirée, celle-ci se poursuivait à présent sans la moindre tension, à ce qu'il semblait, du moins, à Frank. April était aussi lointaine, énigmatique, et absente qu'aux pires moments des semaines précédentes, mais pour Frank il y avait une différence notable : à présent il refusait de s'en préoccuper. Jadis il aurait parlé et plaisanté jusqu'à se griser de mots pour lui arracher un sourire tendre, ou pour essayer à force d'agilité d'esprit de compenser la grossièreté de son attitude envers les Campbell (parce qu'enfin, c'était de la vraie grossièreté que de rester assise là, telle une reine au long col et aux paupières lourdes devant sa cour). Mais ce soir, il était très content de se relaxer sur sa chaise en accompagnant d'une main les rythmes de Steve Kovick, et il se livrait à un minimum de plaisanteries tout en suivant le cours de ses propres pensées.

Sa femme était-elle malheureuse ? Ce serait dommage, mais après tout c'était son problème, à elle. Lui aussi avait quelques problèmes. Cette façon tranchante de penser que ne troublait aucune culpabilité, aucun doute, lui parut aussi neuve et aussi confortable que son costume léger d'automne (en gabardine de laine, d'un marron délicatement foncé, plus jeune et d'un goût plus sûr que la version « senior » du costume de Bart Pollock). Le regain de son aventure avec Maureen avait accru sa confiance et sa vanité ; depuis peu, la physionomie qu'il apercevait en passant devant des miroirs lui réfléchissait un regard droit, hardi. Ce n'était pas encore le visage d'un héros ; mais ce n'était plus le visage d'un enfant s'apitoyant sur lui-même, ni d'un mari misérablement anxieux. C'était plutôt le visage assuré, autoritaire d'un homme qui ne manquait pas de matière grise, et il aimait assez ce genre-là. Son aventure avec Maureen approchait sans aucun doute d'une conclusion élégante (puisqu'elle avait atteint son but) mais en attendant il se sentait le droit de la savourer. En fait, pour l'heure, il ne faisait rien d'autre : les battements érotiques de Steve Kovick lui rappelaient les hanches de Maureen, et tout en contemplant distraitement le tourbillon des danseurs, il s'abandonnait à des souvenirs de volupté.

Les trois dernières fois, le soir, ils n'avaient pu utiliser son appartement parce que sa compagne s'y trouvait ; mais elle avait accepté avec une vivacité étonnante qu'il la menât à l'hôtel. Anonymes et en sécurité derrière une porte fermée à double tour dans une tour à air conditionné, ils avaient dîné avec les côtelettes d'agneau et le vin du service en chambre, pendant que la circulation intense du centre de la ville mugissait à quelque vingt étages plus bas ; ils avaient goûté les délices d'un grand lit profond et large ; ils s'étaient lavés dans le palais fumant d'une salle de bains remplie de serviettes. Et quand il l'avait finalement jetée dans un taxi et que seul il avait repris la direction de la Grande Gare Centrale, il avait eu envie de rire tout haut tant il avait si parfaitement réalisé le rêve de l'homme marié. Pas d'embarras, pas de complications ; derrière soi, rien qu'une chambre sens dessus dessous louée sous un nom d'emprunt ; un ensemble si bien réglé qu'il avait le temps d'attraper le train de dix heures dix-sept. C'était trop beau pour être vrai ; on aurait dit l'une de ces histoires improbables que lui avaient racontées autrefois des soldats plus âgés, plus expérimentés : des histoires de permissions de trois jours soi-disant passées avec des filles de la Croix-Rouge… Évidemment, son aventure avec Maureen ne pouvait pas se prolonger indéfiniment ; il allait y mettre fin. Mais en attendant…

En attendant, pendant le slow qui suivit et encore pendant une autre danse, il se conduisit avec Milly Campbell en cavalier prévenant. Dans ses bras, elle formait un petit paquet humide, malpropre, et elle disait des insanités (« Mon Dieu, voulez-vous que je vous dise quelque chose, Frank ? Je crois qu'il y a des années, des années, des années que je n'ai pas bu autant… »). Mais il craignait de s'entendre dire par April, s'il l'invitait : « Cet endroit est infect ; je t'en prie, rentrons à la maison ! » Or il n'avait nulle envie de rentrer à la maison. Il n'aurait pas demandé mieux d'y rentrer tout seul, en admettant que la chose fût possible (il eut une vision amusante de lui-même, avec un livre et un bonnet de nuit, se préparant à se coucher : tout à fait le style vieux garçon), mais puisque la chose n'était pas possible, il trouvait agréable de rester dans cette boîte bondée, animée, où les consommations étaient bon marché et l'orchestre bruyant, où il pouvait jouir de la paix intérieure que procure un beau costume neuf sur mesure.

— Ah zut ! Dites, Frank, je crois que je ne suis pas très… Excusez-moi une seconde…

Milly marcha d'un pas d'automate vers le lavatory « Dames », ce qui fournit à Frank l'occasion de boire avec dignité un verre tout seul au bar. Quand elle sortit, longtemps après, elle avait l'air épuisée et toute grise sous les lumières bleues.

— … Ah là là !…

Elle s'efforça de sourire, exhala une odeur de vomi.

— … Je crois que nous ferions mieux, Shep et moi, de rentrer à la maison, Frank. J'ai mal au cœur, ou à je ne sais quoi. Et je serais une détestable cavalière. Vous devez penser que je suis…

— Non, ne dites pas de bêtises. Tenez bon une seconde, le temps que je mette le grappin sur Shep…

Il fouilla d'un regard hébété la pièce pleine de danseurs qui lui parut en équilibre instable ; finalement il repéra le gros cou rouge de Shep et la petite tête d'April qui se déplaçaient le long du mur du fond ; il leur adressa un grand signal de détresse ; peu après ils se retrouvèrent dehors tous les quatre, écrasant le gravier de l'allée et complètement perdus au milieu d'une mer sombre de voitures.

— De quel côté ?...

— Là-bas... Par ici...

— Tu es okay, mon chou ?

— Il fait si noir...

À hauteur du menton les toits des voitures formaient une surface ondulée qui s'étendait au sein des ténèbres dans toutes les directions ; sous cette surface s'étiraient d'innombrables rangées obscures d'ailes et d'ailettes, un enchevêtrement de pare-chocs bulbeux et de grilles constellés d'innombrables points de néon réfléchi. À un moment donné, Frank se baissa pour gratter une allumette afin de se repérer : la flamme provoqua un recul précipité de chair humaine à quelques centimètres de son nez (il venait de déranger deux amoureux dans une voiture) ; il se précipita dans une autre allée en s'exclamant :

— Où diable avons-nous parqué ces maudites voitures ? Quelqu'un s'en souvient-il ?

— Ici, appela Shep. Plus loin, au dernier rang. Oh, Jésus ! La mienne est complètement bloquée...

Il avait stoppé l'arrière de sa grosse Pontiac contre un arbre, quelques heures plus tôt. Mais deux autres voitures étaient venues se garer juste devant la sienne ;

il ne lui restait pas assez de place pour manœuvrer à gauche ou à droite.

— … Seigneur, quelle pagaille !

— Ah, les gens mal élevés !

— Ce foutu arbre…

— Écoutez, dit Frank, il nous reste une voiture de libre ; nous pourrions conduire Milly chez elle et revenir chercher Shep ; peut-être qu'à cette heure-là, sa voiture sera…

— Mais vous risquez d'attendre des heures ! objecta faiblement Milly. Et votre baby-sitter vous coûtera une fortune. Oh, mon Dieu !

— Non, attendez ! dit Shep. Nous pouvons tous rentrer dans votre voiture ; ensuite je vous emprunterai votre voiture, je retournerai ici et… Non, zut !

— Oh, voyons !…

La voix d'April trancha dans la confusion avec une telle autorité de femme sobre qu'ils se turent tous.

— … C'est parfaitement simple. Tu vas ramener Milly chez elle, Frank, et tu rentreras ensuite à la maison, ce qui règle le cas des baby-sitters. Quant à Shep et à moi, nous attendrons que sa voiture soit dégagée. C'est la seule solution logique.

— Parfait ! approuva Frank qui s'éloignait déjà en agitant ses clefs de voiture. Tout le monde est d'accord ?

La seule chose dont Shep Campbell se rendit compte, dès que les feux arrière de la voiture des Wheeler s'éloignèrent sur la Route n° 12, c'était qu'il retournait vers la Cabane en Bois (laquelle résonnait maintenant des accords d'une valse lente, sentimentale) avec le coude frêle d'April dans sa main. Au cours de toutes ses rêveries coupables, il n'aurait jamais été capable d'imaginer un meilleur moyen de se trouver seul avec elle, et le côté comique de l'aventure était qu'il n'avait rien fait pour qu'elle eût lieu ; elle avait lieu « parce que c'était la seule solution logique »... ou, non, une minute. Son cerveau brouillé fit un gros effort de raisonnement pendant qu'ils remontaient les marches sous les lampes rouges et bleues. Une minute... Pourquoi n'avait-elle pas reconduit Milly, en laissant Frank derrière ? Cette solution-ci n'aurait-elle pas été logique elle aussi ?

Le temps qu'il découvrît cela, ils étaient de retour au bord de la piste de danse ; gravement elle se tourna vers lui, les yeux fixés sur le revers droit de son veston, et la seule chose à faire consistait à l'enlacer d'une main légère pour conduire une danse. À moins de passer pour un imbécile, il ne pouvait pas lui demander si elle avait obéi à une arrière-pensée ; et supposer que oui aurait été une plus grande imbécillité encore. Il se contenta d'étaler très timidement ses doigts sur le creux des reins d'April, et de caler doucement sa tête en feu contre la chevelure cendrée ; tout en suivant la cadence du « quartet », il rendit grâce, humblement, que le miracle se fût produit, sans chercher à en savoir davantage.

C'était un peu comme l'autre fois, au même endroit, l'été dernier ; mais en beaucoup, beaucoup mieux. L'autre fois, elle avait trop bu, et il s'était aperçu, en la tenant très serrée contre lui et en se frottant plus ou moins, que le plaisir était strictement unilatéral ; elle était nettement trop étourdie par l'alcool pour se rendre compte de ce qu'elle lui accordait ; d'ailleurs elle avait constamment gardé la nuque cambrée pour bavarder de face avec lui, tout comme s'ils s'étaient trouvés assis de part et d'autre d'une table de bridge, au lieu de se souder à lui et de s'abandonner à la pression de son étreinte comme l'aurait fait une amoureuse. Par contre, cette fois-ci, elle avait relativement peu bu, elle ne parlait guère, et elle semblait aussi sensible que lui-même à la moindre subtilité tactile, à chaque tentative pour quêter un avantage et se l'assurer, ainsi qu'aux petites retraites qui précédaient de nouvelles initiatives ; c'était plus que n'en pouvait supporter le cœur timide de Shep.

— Vous n'auriez pas envie de boire un autre verre ?

— Si vous voulez.

Mais quand ils s'installèrent devant le bar, buvant debout et fumant parmi les habitués, il fut incapable de trouver une phrase à lui dire. Il se sentait comme un gosse à son premier rendez-vous, paralysé par le désir secret, ignorant de sa virginité ; il suait à grosses gouttes.

— Dites donc, déclara-t-il enfin presque violemment. Je vais voir où en est la voiture.

Il se jura que si elle lui répondait par la plus légère avance, si par exemple elle murmurait en souriant : « Pourquoi tant vous presser, Shep ? » ou quelque chose de ce genre, il oublierait tout (sa femme, sa peur, tout !) et il la suivrait jusqu'au bout du monde.

Mais dans ses yeux gris il ne lut rien qui suggérât une complicité quelconque ; c'étaient les yeux d'une jeune mère de famille de banlieue, jolie mais fatiguée, qui avait passé l'heure où d'habitude elle allait se coucher ; voilà tout.

— Très bien, dit-elle. Pourquoi pas, en effet ?

Dégringolant les marches de bois, il sortit dans les ténèbres, écrasa férocement les cailloux sous ses talons et il sentit toutes les forces du plausible, du prévisible et de l'ordinaire le ligoter comme des cordes. Il ne se produirait rien. Qu'elle aille au diable ! Pourquoi n'était-elle pas chez elle ? Pourquoi ne pouvait-elle pas aller en Europe, ou disparaître, ou mourir ? Il en avait assez de l'illusion douloureuse, puérile, idiote, qu'il était « amoureux » d'elle. Assez de « l'amour », de toutes les formes de l'amour, de toutes les émotions trompeuses, imbéciles, tout juste bonnes à vous faire perdre du temps !… Mais lorsqu'il atteignit la dernière file de voitures, ses genoux flageolèrent et, tout tremblant, il se concentra sur une prière silencieuse : « Oh mon Dieu, faites que la voiture, s'il vous plaît, soit encore bloquée ! »

Or elle l'était toujours. Les autres automobiles la serraient de près contre l'arbre. Il fit demi-tour, revint vers la Cabane en Bois ; les ampoules bleues et rouges donnèrent de la bande dans sa tête, et il faillit chavirer. Il était bourré d'alcool. Ce dernier verre avait réellement dû... Ouh !... Il sentit ses poumons très, trop gonflés, et il devina qu'il vomirait s'il ne faisait pas quelque chose tout de suite pour empêcher les ampoules de donner de la bande. Alors il se mit à courir sur place, crispant les poings et remontant haut les genoux ; ses souliers martelaient le gravier athlétiquement et en cadence. Il ne s'arrêta que lorsqu'il eut compté cent ; il respira profondément et il constata que les ampoules ne dansaient plus, qu'il s'était calmé et que son sang circulait normalement ; dans la Cabane en Bois, le « quartet » avait attaqué sa propre version grossière de l'un des airs du bon vieux temps, « Collier de Perles » ou « Le Saut d'une Heure » ou quelque chose comme ça, bref l'espèce de musique qui le ramenait toujours à son éducation de base.

Elle avait quitté le bar pour s'asseoir sur une banquette de cuir à côté ; elle se tenait très droite, à demi tournée pour le guetter à travers la fumée, et elle l'accueillit par un petit sourire de bienvenue.

— Nous sommes encore bloqués là-dedans pour un moment, je le crains, annonça-t-il.

— Oh, bah ! Venez vous asseoir une minute. Moi, ça m'est complètement égal ; pas vous ?…

Il aurait voulu se glisser le long de la banquette et poser sa tête sur les cuisses d'April. Au lieu de cela, il s'installa près d'elle, et il commença à déchirer une allumette dans le cendrier, à la fendre à la base avec l'ongle de son pouce, à la peler littéralement en petites lames, tout en fronçant les sourcils aussi sérieusement qu'un horloger en plein travail.

Elle avait le regard perdu au loin, au-delà de la piste de danse, et sa tête scandait légèrement l'air que jouait l'orchestre.

— … C'est le genre de musique qui, en principe, devrait rendre très nostalgiques les gens de notre âge, dit-elle. Vous rend-elle nostalgique, vous ?

— Je me le demande… Pas trop, je crois.

— Moi non plus. J'aimerais bien éprouver un peu de nostalgie, mais je n'y réussis pas. Cet air-là est censé vous rappeler tous vos ravissements insouciants entre vos dix ans et vos vingt ans, et l'ennui, c'est que je n'en ai jamais eu. Je n'ai jamais eu un vrai rendez-vous avant la fin de la guerre, et à ce moment-là on ne le jouait plus nulle part ; ou si on le jouait j'étais trop occupée à être blasée pour le remarquer. Toute cette époque du swing, je l'ai manquée. Le jitterburg. Le truck-on-down. Ou, non, c'était plus tôt, n'est-ce pas ?

Je crois que les gens parlaient du truck-on-down quand j'étais en sixième, à Rye Country Day. Du moins je me rappelle avoir écrit « Artie Shaw » et « Benny Goodman » sur mes livres de classe, sans savoir très bien qui ils étaient, parce que quelques filles plus âgées écrivaient ces noms-là sur leurs livres ; et cela avait l'air d'une chose terriblement sophistiquée, comme de mettre un peu de vernis à ongles sur ses chevilles pour faire tenir ses socquettes. Mon Dieu, comme j'avais envie d'avoir dix-sept ans quand j'en avais douze ! J'avais pris l'habitude de regarder les filles de dix-sept ans monter dans des voitures et filer avec des garçons après l'école, et j'étais absolument persuadée qu'elles avaient des réponses pour tout…

Shep la regardait de si près que tout ce qui n'était pas le visage d'April s'effaça de sa conscience. Peu lui importaient les paroles qu'elle prononçait, et il ne se souciait pas de savoir si elle se parlait à elle-même, ou à lui.

— … Et quand j'ai eu dix-sept ans à mon tour, j'ai été enfermée comme pensionnaire dans cette école sinistre, et les seules occasions que j'aie eues de danser le jitterburg, ça a été avec une autre fille, dans la cave. Nous jouions des disques de Glenn Miller sur le vieux phono portatif qu'elle avait, et pendant toute une heure nous nous entraînions. Voilà tout ce que peut réellement évoquer pour moi cette musique : des bonds de folle dans mon horrible costume de gymnastique, tout autour de cette cave qui empestait la sueur, et avec la conviction que j'étais passée à côté de la vie.

— C'est difficile à croire.

— Quoi, difficile ?

— Que vous n'ayez jamais eu de rendez-vous ou n'importe quoi, pendant tout ce temps-là.

— Pourquoi ?

Il faillit s'écrier : « Oh mon Dieu, April, vous savez bien pourquoi. Parce que vous êtes belle ; parce que tout le monde a dû vous aimer, toujours… » Mais le courage lui manqua. Il se borna à répondre :

— Enfin, voyons, ne vous êtes-vous jamais amusée en vacances ?

— Amusée en vacances ? répéta-t-elle d'une voix morne. Non. Je ne me suis jamais amusée en vacances. Et voyez-vous, Shep, vous venez de mettre le doigt dessus. Décemment je ne peux pas en vouloir à l'école, n'est-ce pas ? Non, en vacances, tout ce que j'aie jamais fait, ç'a été de lire, d'aller toute seule au cinéma, de me disputer avec la tante, la cousine, ou l'amie de ma mère qui jouait les duègnes à côté de moi soit pendant l'été, soit pour Noël. Tout ça a l'air plutôt bizarre, n'est-ce pas ? Vous avez donc tout à fait raison. Ce n'était pas la faute de mon école, pas la faute de qui que ce fût : c'était mon propre Problème Émotionnel. Et voilà une bonne règle empirique pour vous, Shep : si quelqu'un se lamente parce qu'il passe à côté de la vie, il y a quatre-vingt-dix-neuf chances sur cent que la responsabilité en incombe à son propre Problème Émotionnel.

— Je ne pensais à rien de pareil…

Shep était mal à l'aise. Il n'aimait pas les lignes sardoniques qui avaient fait leur apparition aux commissures de la bouche tirées vers le bas, ni la façon dont sa voix s'était étouffée, ni le geste qu'elle eut pour saisir une cigarette et la planter entre ses lèvres… Elle ressemblait trop à l'image cruelle qu'il avait brossée d'elle, mentalement, dans dix ans d'ici.

— … Ce que je voulais tout simplement vous dire, c'est que je ne vous aurais jamais imaginée dans une solitude pareille.

— Bien, répondit-elle. Merci, Shep. J'ai toujours espéré que l'on ne m'imaginait pas au sein d'une solitude pareille. C'était en réalité ce qui pouvait m'arriver de mieux quand je suis allée à New York après la guerre, voyez-vous : que les gens ne m'imaginent pas ainsi…

À présent qu'elle avait fait une allusion à sa vie à New York, il brûlait de lui poser une question qui l'avait toujours obsédé d'une manière morbide : quand elle avait connu Frank, était-elle encore vierge ? Dans la négative, la jalousie de Shep perdrait de son acuité ; dans l'affirmative, et s'il se trouvait obligé de considérer Frank Wheeler comme son premier amant aussi bien que comme son mari, sa jalousie deviendrait intolérable. Jamais il n'avait profité d'une occasion meilleure pour obtenir une réponse, mais en admettant que des mots existassent pour formuler une question de cet ordre, ils lui échappèrent sans espoir. Il ne saurait jamais.

— … Oh, c'était drôle, il me semble, ces années à New York ! disait-elle. J'y pense toujours comme à une époque heureuse, stimulante, et je crois qu'elle l'était en réalité, mais même alors…

Sa voix n'était plus étouffée.

— … Je sentais encore… Je ne sais pas.

— Vous sentiez encore que la vie passait à côté de vous ?

— Vaguement. J'avais encore en tête l'idée qu'il existait quelque part un monde de gens merveilleux, de personnages dorés, et ils me paraissaient aussi loin de moi que les grandes de mon collège quand j'étais en sixième ; des êtres qui savaient tout d'instinct, qui vivaient selon leur bon plaisir et sans effort, qui n'avaient jamais à tirer le maximum d'une mauvaise situation parce qu'il ne leur arrivait jamais de faire quelque chose qui ne fût parfait du premier coup. Une sorte de héros supérieurs, tous également beaux, intelligents, calmes, bons, et j'ai toujours pensé que, lorsque je les découvrirais, je m'apercevrais soudain que j'appartenais à leur espèce, que j'étais l'une d'entre eux, que j'avais toujours voulu être l'une d'entre eux, et que tout ce que j'avais fait en attendant avait été autant d'erreurs ; et qu'ils le savaient, eux aussi. Je ressemblerais au vilain canard parmi les cygnes.

Shep ne quittait pas des yeux son profil ; il espérait que l'attraction silencieuse de son amour la ferait se tourner vers lui et le regarder de face.

— Je crois que je connais cette impression, dit-il.

— J'en doute…

Elle ne le regarda pas, et les petites rides apparurent à nouveau autour de sa bouche.

— … J'espère du moins, dans votre intérêt, que vous ne la connaissez pas. C'est quelque chose que je ne souhaiterais à personne. C'est l'espèce d'illusion la plus stupide, la plus dévastatrice qui existe, et elle ne vous rapporte rien que des ennuis…

Il expira tout l'air de ses poumons et se laissa glisser au fond de son siège. Elle ne tenait pas vraiment à parler ; pas à lui, en tout cas. Elle avait simplement envie de prononcer des mots, de se sentir mieux en jouant les désenchantées, les blasées, et elle l'avait choisi pour auditeur. Elle ne comptait absolument pas sur lui pour participer à cette discussion, pour lui communiquer des idées ; elle lui attribuait le rôle du gros Shep muet et calme en attendant que la voiture fût dégagée, ou qu'elle eût obtenu tout le bénéfice qu'elle cherchait à tirer du son de sa propre voix. Ensuite il la ramènerait chez elle et, en route, elle prononcerait encore quelques phrases pleines de la sagesse du monde ; peut-être même se pencherait-elle vers lui pour lui donner un petit baiser de sœur sur la joue avant de s'extirper de la voiture, de claquer la portière et de se mettre au lit à côté de Frank Wheeler. Et, bon Dieu, que pouvait-il espérer d'autre ? Quand se déciderait-il enfin à grandir, à mûrir ?

— Shep ?…

Ses deux mains graciles, fraîches, s'étaient allongées vers l'une des mains de Shep, et un sourire espiègle vint transformer du tout au tout son visage incliné vers le sien.

— … Oh, Shep… Allons-y !

Il crut qu'il allait s'évanouir.

— Aller où ?

— Là. Un jitterburg. Venez.

Steve Kovick touchait à l'apogée de la soirée. La Cabane en Bois allait fermer ; la plupart des clients étaient partis pour rentrer chez eux ; le patron comptait sa caisse ; et Steve, tel le héros de n'importe quel film d'Hollywood consacré au jazz, savait que, maintenant, son heure avait sonné.

Shep n'avait jamais appris à danser, et encore moins à s'abandonner au jitterburg ; mais aucune puissance sur la terre ne l'aurait à présent arrêté. Tournant, levant lourdement les jambes et piétinant dans le centre enchanté de cette ambiance grisante, il accepta que le bruit, la fumée, les lampes tournoyassent autour de lui, parce que maintenant il était absolument sûr d'elle. Tant qu'il vivrait, il ne verrait jamais rien d'aussi beau que la manière dont elle reculait devant lui jusqu'au bout de leurs bras tendus et de leurs mains réunies, avant de faire une petite révérence rapide, en balançant ses hanches, puis de lui revenir en se tortillant. Oh, regarde-la ! chantait le cœur de Shep. Regarde-la ! Regarde-la ! Il savait que lorsque la musique s'arrêterait, elle tomberait en riant dans ses bras, et elle tomba dans ses bras. Il savait, en la reconduisant tendrement au bar, qu'elle lui permettrait de la garder enlacée tout contre lui pendant qu'ils boiraient un verre, et elle le lui permit. Ils ne se parlaient plus qu'à voix basse, et cet échange de murmures était terriblement suggestif, et il se moquait maintenant de ce qu'il disait (quelle importance ? À quoi correspondaient des mots, voyons ?) parce qu'il ruminait des plans délirants. Dans le champ de sa vision mentale, un motel fit brusquement irruption ; il se vit en train de remplir le registre à la lueur de la lampe du bureau (« Merci, Monsieur ; cela fait six cinquante ; au numéro 12... »), tandis qu'elle attendait dehors dans la voiture ; il se représenta l'intimité provocante, brutale de la cabane avec son fauteuil d'érable, une table et un grand lit bâillant d'impatience... Là, il hésita ; pouvait-on vraiment emmener dans un motel une femme comme April ? mais pourquoi pas ? D'ailleurs le motel n'était pas la seule possibilité qui s'offrait : des kilomètres et des kilomètres d'espace libre l'attendaient dans toutes les directions ; la nuit était tiède, et dans sa voiture il avait un vieux poncho de l'armée ; ils grimperaient en haut d'une douce prairie accueillante, loin des yeux et des oreilles du monde, et ils feraient leur lit parmi les étoiles.

Tout commença dans le parking ; à moins de dix mètres du perron éclairé par des ampoules rouges et bleues, l'obscurité était à peu près totale. Il s'arrêta, la laissa se retourner entre ses bras contre lui, et puis il écrasa sa bouche sur deux lèvres qui s'écartèrent, s'ouvrirent ; il sentit deux mains qui remontaient lentement le long de ses côtes pour se nouer derrière son cou de taureau pendant qu'il la faisait reculer contre l'aile d'une voiture. Ils se désunirent, se rejoignirent pour un nouvel embrassement ; puis il la mena, toute vacillante et trébuchante à travers le parking, qui était à présent presque désert, vers l'endroit très à l'écart où les chromes de sa Pontiac captaient de faibles lueurs d'étoiles sous les arbres noirs qui chuchotaient. Il ouvrit la portière de droite et l'aida à monter ; puis, d'un pas assuré et calme, il fit le tour du capot pour aller ouvrir la portière de gauche. La portière claqua derrière lui, et il y eut à nouveau les bras et la bouche d'April, la peau et la saveur d'April, et les doigts de Shep écartèrent miraculeusement divers obstacles, et il put tenir dans sa main un sein dur qui se tendait…

— Oh, April… Oh mon Dieu, je… Oh, April…

Le halètement de leurs respirations les avait rendus sourds à tout autre bruit : les insectes qui chantaient près de la voiture, la ronde des voitures qui bourdonnaient sur la Route n° 12, les échos plus étouffés de la Cabane en Bois (le rire perçant d'une femme, que noya la tempête du saxo, du piano, de la batterie…).

— … Ma chérie, attendez… Je vais vous emmener ailleurs… Il faut d'abord que nous sortions de…

— Non. Je vous en prie, murmura-t-elle. Ici. Maintenant. Sur la banquette arrière.

La banquette arrière fut donc la cabane du motel, le lit parmi les étoiles. Contrarié dans ses mouvements, luttant dans l'obscurité pour trouver un point d'appui et assurer sa prise au milieu des parfums mêlés de l'essence, des galoches des enfants et du capitonnage de la Pontiac, pendant qu'une brise molle transmettait par vagues les dernières mesures du solo final de Steve Kovick, Shep Campbell parvint enfin à faire valoir tous les droits de son amour.

— Oh, April…

Quand il eut fini, quand il se fut tendrement retiré pour l'aider à rajuster ses vêtements et à s'étendre sur la banquette où il roula son manteau en guise d'oreiller, il s'accroupit gauchement sur les planches devant le siège, et il lui prit les mains.

— … Oh, April, ce n'est pas simplement un hasard, un accident… Écoutez. C'est ce que j'ai toujours… Je vous aime !

— Non. Ne dites pas cela.

— Mais c'est la vérité. Je vous ai toujours aimée. Je ne suis pas simplement… Écoutez-moi.

— Shep, je vous en prie ! Tenons-nous tranquilles pendant cinq minutes, et ensuite vous pourrez me ramener chez moi.

Au prix d'un petit choc, il pensa soudain à ce qu'il avait résolument banni de son esprit toute la soirée ; dans la chaleur de son désir il s'en était souvenu brièvement et sans effet préventif ; pour la première fois, il se sentit oppressé d'un lourd poids moral. Il se rappela qu'elle était enceinte.

— Okay, répondit-il. Je n'oublie rien…

Il libéra l'une de ses mains pour se frotter vigoureusement les yeux et la bouche ; puis il soupira :

— Je pense que vous devez me prendre pour un fichu imbécile.

— Shep, dit-elle, ce n'est pas cela…

Il y avait juste assez de lumière pour lui montrer où était sa figure, pas assez pour qu'il pût en voir l'expression, ou même se rendre compte s'il y avait une expression ou non.

— … Ce n'est pas cela. Franchement. C'est seulement que je ne sais pas qui vous êtes.

Un silence suivit.

— Ne parlez pas par énigmes, murmura-t-il.

— Je ne parle pas par énigmes. Réellement je ne sais pas qui vous êtes…

S'il ne pouvait rien lire sur le visage d'April, du moins il pouvait le toucher. Il le caressa avec la délicatesse d'un aveugle, promena le bout de ses doigts depuis sa tempe jusqu'au creux de sa joue.

— … Et même si je le savais, dit-elle, cela sans doute ne servirait à rien parce que, voyez-vous, je ne sais pas non plus qui je suis.

4.

Trois ou quatre jours plus tard, descendant d'un bus geignard de la Sixième Avenue, Frank Wheeler se dirigea avec une résignation désinvolte vers la rue où habitait Maureen Grube. Il n'avait pas une envie spéciale de la voir ce soir-là, et c'était, se disait-il, tout aussi bien. Sa visite ayant pour but la rupture de leur liaison, il aurait été contrarié si la perspective de la voir engendrait le moindre désir impulsif. Il était toujours surpris et ravi quand ses dispositions coïncidaient avec la nature de ce qu'il avait à faire ; or depuis peu cette précieuse correspondance était devenue chez lui un état quasi permanent. Par exemple, il avait pu boucler la série de ses « Si nous parlions » au prix d'une journée de travail pour chaque document. « Si nous parlions de l'analyse des ventes », « Si nous parlions du calcul du prix de revient », « Si nous parlions de la feuille de paie », tout cela avait été soigneusement placé, avec la « Production » et le « Contrôle de l'Inventaire », dans un joli dossier en carton fort sur le bureau de Bart Pollock.

— Ma foi, Frank, c'est du bon travail ! lui avait déclaré Pollock la veille en feuilletant le dossier. Et je suis d'autant plus content d'avoir ce matin de bonnes nouvelles à vous annoncer.

Les bonnes nouvelles, que Frank écouta avec un parfait sang-froid, se résumaient à ceci : le projet de Pollock avait enfin recueilli les adhésions nécessaires, et il ne lui restait plus qu'à le matérialiser. Lundi prochain, se tiendrait une « conférence d'inauguration officieuse » ; Frank y ferait connaissance de ses nouveaux collègues, et il participerait à « l'ébauche de quelques objectifs » ; après quoi il pourrait se considérer délié de toute obligation à l'égard de Bandy et de son service. En attendant, l'heure était venue, « maintenant, pour nous deux, de nous mettre d'accord sur la question de votre salaire ». Quand ils abordèrent ce sujet, aucune goutte de sueur ne coula dans la chemise de Frank, et le fantôme d'Earl Wheeler ne vint pas planer autour d'eux ; pas une fois, Frank ne détourna les yeux pour se livrer à de mornes réflexions esthétiques sur les meubles du bureau de Pollock, et il ne songea même pas à s'inquiéter de ce que pourrait lui dire April. La discussion se cantonna sur le plan affaires. Ce matin-là, quand il eut serré la grosse main de Pollock, il se trouva plus riche de trois mille dollars par an : augmentation substantielle, satisfaisante, qui allait constituer un fonds confortable où puiser notamment de quoi faire face à l'obstétrique et à la psychanalyse.

— Bien, dit April en apprenant le chiffre. C'est à peu près ce que tu escomptais, n'est-ce pas ?

— À peu près, oui. De toute manière, il est bien agréable que cette question soit réglée.

— Oui. Bien agréable sans doute, en effet…

Ayant donc arrangé ses affaires matérielles avec cette compétence, il pouvait à présent consacrer toute son attention à ses affaires personnelles qui avaient considérablement besoin d'être redressées.

Depuis deux ou trois soirs, sa vie conjugale avait amorcé le virage technique pour le pire qui, autrefois, l'aurait rempli d'anxiété : April s'était réinstallée dans le living-room pour dormir. Mais, Dieu merci, les temps avaient changé ! Cette fois, sa décision n'avait pas été provoquée par une dispute et ne s'accompagnait d'aucune rancune apparente.

— … Je dors très mal actuellement, avait-elle annoncé le premier soir. Je pense que je serai plus à l'aise si je couche seule.

— Okay…

Il avait supposé, cependant, qu'il s'agissait là d'un arrangement provisoire, pour une seule nuit, et le lendemain soir il fut tout désorienté quand il la vit qui retirait de l'armoire à linge des draps et des couvertures pour refaire un lit sur le canapé.

— … Que se passe-t-il ? lui demanda-t-il gentiment en s'appuyant contre la porte de la cuisine avec un verre à la main tandis qu'elle disposait les draps. T'ai-je fait de la peine, ou quoi ?

— Non. Bien sûr que non. Tu ne m'as pas fait de peine.

— Jusqu'à quand as-tu l'intention de coucher ici ?

— Je ne sais pas. Je regrette si cela te dérange.

Il prit son temps pour répliquer ; d'abord il enfonça avec son index les cubes de glace au fond de son verre ; puis il s'éloigna en haussant les épaules d'un air particulièrement las.

— Non, dit-il. Cela ne me dérange pas. Je suis désolé que tu dormes mal en ce moment.

Et c'était bien là la différence très importante : cela ne le dérangeait pas. Cela l'ennuyait bien un peu, mais le déranger ? non, pas du tout. À quoi bon s'émouvoir ? Il s'agissait de son problème, à elle. Quels espaces infinis de bon équilibre, quelle richesse de paix intérieure dans cette nouvelle aptitude à trier et à identifier les faits relevant de leurs personnalités respectives ! Ceci est mon problème, cela est ton problème. Les pressions et tensions des derniers mois leur avaient fait traverser à tous deux une sorte de crise ; maintenant il s'en rendait compte. Ils en étaient arrivés à la période de convalescence, au cours de laquelle un certain éloignement mutuel vis-à-vis des soucis de l'un ou de l'autre était en somme naturel, et probablement un bon signe. Il comprenait bien que, dans le cas d'April, le rétablissement dût se révéler spécialement difficile, et qu'elle eût des moments de dépression, des insomnies. En tout état de cause, il allait pouvoir lui être de quelque secours, dans le sens mûri et réfléchi du terme. La semaine prochaine, ou enfin dès que possible, il ferait les démarches nécessaires pour s'aboucher avec un psychiatre de bonne réputation ; déjà il entrevoyait les discussions préliminaires avec cet homme, qu'il se représentait déjà avec une tête de hibou et une élocution lente, et qui serait peut-être un Viennois (« Je pense que votre propre appréciation de la difficulté est tout à fait correcte, Mr. Wheeler. Nous ne pouvons pas encore prévoir avec exactitude la durée de la thérapeutique appropriée, mais je peux vous certifier ceci : avec votre coopération constante et votre compréhension, il y a toutes raisons d'espérer une rapide… »).

D'ici là, la tâche principale qui l'attendait consistait à mettre un point final à son aventure avec Maureen. Il aurait préféré le décor d'un bar ou d'un café du centre, et telles étaient ses intentions le matin, quand il l'avait coincée dans un recoin du fichier central pour lui donner un rendez-vous, mais :

— Non, venez chez moi, avait-elle chuchoté audessus du grand classeur déplié dont ils se servaient comme paravent. Norma part de bonne heure, et je préparerai un petit souper pour nous deux.

— Non, avait-il répondu. J'aimerais mieux… La vérité est…

Il aurait voulu dire : « La vérité est que je veux avoir un entretien avec vous. » Mais il avait discerné de l'épouvante dans son regard. Allait-elle se mettre à pleurer ou à crier en plein milieu du bureau ? Alors il avait répondu :

— … Je ne voudrais pas vous causer le moindre ennui.

Cela aussi était vrai. Bref, il s'était déclaré d'accord.

Le décor de l'entretien, après tout, n'avait pas beaucoup d'importance ; l'important était l'entretien, et le plus important, dans l'entretien, était de le rendre précis et final. Il se répéta pour la centième fois qu'il n'avait pas à s'excuser, pour rien. Il réfléchit avec consternation à toute l'énergie qu'il avait gaspillée depuis bien des années en se forçant à présenter d'humbles excuses. Dorénavant, et quoi que la vie pût lui apporter, il ne ferait plus d'excuses, plus jamais.

— Je vous demande pardon, appela une voix de femme sur le trottoir. Vous êtes bien Mr. Frank Wheeler, n'est-ce pas ?…

Elle se dirigeait vers lui, une petite valise à la main, et à son sourire de bête de proie, il devina immédiatement qui elle était. Elle l'avait hélé au moment où il avait le pied sur la première des marches de pierre rose de la maison de Maureen.

— … Je m'appelle Norma Townsend, je partage la chambre de Maureen. Je voudrais pouvoir vous dire un mot.

— Naturellement…

Il ne bougea pas.

— … Que puis-je faire pour vous ?

— S'il vous plaît !…

Elle inclina légèrement la tête de côté comme pour réprimander un enfant boudeur.

— … Pas ici…

Et elle désigna un petit bar expresso, deux portes plus loin. Il ne put faire autrement que la suivre, mais il compensa sa docilité par un examen critique de ses fesses impressionnantes et probablement ramollies ; elle marchait en canard, elle portait une robe tubulaire à la mode (un fourreau) en dépit du fait que sa largeur de hanches et sa robuste musculature s'en trouvaient soulignées, et elle laissait derrière elle un sillage de parfum qui avait dû lui être vanté comme poivré et excitant par la démonstratrice de Lord & Taylor.

— … Je ne vous retiendrai pas plus d'une minute… dit-elle en le guidant vers une petite table de marbre.

Elle déposa sa valise à ses pieds, commanda un vermouth doux, agita ses mains dans un grand cliquetis de bracelets accompagné de claquements de fermoir et de gestes précis pour retirer de son sac à main un paquet de cigarettes.

— … J'ai juste le temps de prendre l'apéritif, et il faudra ensuite que je me sauve. Je file au Cap, où je resterai quinze jours. Maureen devait m'accompagner, mais elle a modifié ses plans. Maintenant elle a l'intention de passer toutes ses vacances ici ; je présume que vous êtes au courant. Je l'ignorais, moi, jusqu'à hier soir, et cela me place dans une situation fâcheuse vis-à-vis des amis chez qui nous devions séjourner. Vous êtes sûr que vous ne voulez pas prendre un verre ?

— Non, merci.

L'examinant de près, il fut forcé d'admettre qu'elle n'était pas dépourvue de charme. Si elle consentait à garder ses cheveux flous au lieu de les tirer en arrière, si elle pouvait perdre un peu de chair du côté des joues… mais non : ce ne serait pas suffisant. Il lui faudrait aussi apprendre à ne pas battre des cils si souvent en parlant, apprendre aussi à ne pas dire des phrases comme : « J'ai juste le temps de prendre l'apéritif », ou « Je file au Cap »…

— Il se trouve que je suis très ennuyée au sujet de Maureen en ce moment, disait-elle. Cet embrouillamini de vacances n'est que la dernière d'une longue suite de sottises mais enfin c'est secondaire. La chose principale…

Et ici elle le scruta attentivement.

— … La chose importante, c'est que je me fais de la bile à son sujet. Je la connais depuis bien plus longtemps et, je crois pouvoir ajouter, beaucoup mieux que vous ne la connaissez, Mr. Wheeler. C'est une gosse très jeune, très exposée, très gentille et douce, et elle a eu de drôles d'avatars ces dernières années. Pour le présent, elle a besoin d'être guidée et elle a besoin d'amitiés autour d'elle. Manifestement (et j'espère que vous me pardonnerez de vous parler en toute franchise), manifestement la seule chose dont elle n'ait pas du tout besoin, c'est d'être entraînée dans une aventure qui ne rime à rien avec un homme marié. Attention, je ne... Non, s'il vous plaît, ne m'interrompez pas. Je ne cherche pas à moraliser : la morale ne m'intéresse pas. Je préférerais de beaucoup que nous puissions discuter de cela, vous et moi, en adultes civilisés. Malheureusement, je crains d'être obligée de commencer ce débat par une question maladroite. Maureen paraît être sous l'impression que vous êtes amoureux d'elle. Est-ce exact ?

La réponse était d'une simplicité tellement classique que son énoncé le remplit d'aise.

— Je crains, moi, que cela ne vous regarde nullement.

Elle rejeta son buste en arrière et lui sourit d'un air finaud, observateur, en expulsant par le nez de petits anneaux de fumée et en retirant avec les ongles vernis de son pouce et de son petit doigt un bout de papier à cigarette qui était resté collé à sa lèvre inférieure. Elle lui rappela Bart Pollock lui disant à déjeuner : « Voyons si je suis un bon psychologue. » Il eut envie d'allonger les bras par-dessus la table et de l'étrangler.

— Je crois que vous me plaisez, Frank, lui dit-elle enfin. Puis-je vous appeler Frank, tout simplement ? Et même votre colère ne me déplaît pas ; elle est une preuve d'intégrité…

Elle se pencha à nouveau en avant, but coquettement une gorgée, et appuya un coude sur la table.

— … Oh, voyons, Frank, essayons de nous comprendre mutuellement. Je pense que vous êtes sans doute un très brave garçon, très sérieux, avec une charmante femme et une paire de délicieux enfants quelque part dans le Connecticut ; et je pense que tout ce qui s'est passé doit se résumer à ceci : vous vous trouvez embringué dans une situation très humainement normale, très compréhensible… N'est-ce pas à peu près exact ?

— Pas du tout, répondit-il. Vous êtes loin de compte. Maintenant, à mon tour d'essayer ; okay ?

— Okay.

— Okay. Je pense, moi, que vous êtes sans doute une touche-à-tout insupportable, peut-être une lesbienne refoulée, et, plus précisément…

Il posa un billet d'un dollar sur la table.

— … Une emmerdeuse. Bonnes vacances !

Et en quatre enjambées, dont l'une faillit renverser un garçon efféminé qui portait un plateau de tasses de café, il fut dehors. En gravissant les marches de pierre rose, il crut qu'il ne pourrait pas contenir le gigantesque éclat de rire qui gonflait son torse (la tête qu'elle avait faite !) et, dans l'entrée, il s'appuya contre une rangée de boîtes aux lettres en cuivre poli pour s'en libérer ; seulement il constata qu'au lieu de pouffer bruyamment, il était incapable d'émettre autre chose qu'un petit rire nerveux, plaintif, qui s'échappait par spasmes incontrôlables de la partie supérieure de ses poumons et qui lui faisait mal au diaphragme.

Quand sa crise fut passée, ou presque passée, il revint lentement vers la porte d'entrée, écarta le rideau poussiéreux qui recouvrait le carreau et regarda dans la rue ; il eut le temps d'apercevoir Norma, de dos, qui brandissait son sac pour arrêter un taxi. Elle était raidie par la colère, et il y avait quelque chose d'attendrissant dans sa valise, qui avait l'air d'un objet de luxe et flambant neuf. Sans doute avait-elle consacré des journées entières à découvrir et à acheter la valise de ses rêves, et des semaines à courir les magasins pour se procurer les articles qui chevauchaient aujourd'hui ses profondeurs soyeuses (un nouveau maillot de bain, un pantalon de marin, une lotion solaire, une caméra toute neuve), tout l'équipement soigné choisi pour des vacances de femme. Des hoquets bizarres secouaient encore sa cage thoracique, mais une vague incongrue de tendresse déferla de lui à elle quand il la vit monter dans son taxi et disparaître.

Il éprouvait des remords. Mais ce n'était pas l'heure d'en avoir. C'était l'heure de discuter avec Maureen. Il respira à fond plusieurs fois et sonna ; la porte du vestibule s'ouvrit ; il veilla à ne pas monter trop rapidement l'escalier. Il ne voulait pas être hors d'haleine en arrivant ; tout allait être fonction de son calme.

La porte n'était pas fermée à clef. Il frappa deux ou trois fois, puis il entendit la voix de Maureen, selon toute vraisemblance, dans la chambre à coucher.

— Frank ? C'est vous ? Entrez. J'arrive tout de suite…

L'appartement était d'une propreté scrupuleuse, comme s'il avait été nettoyé en vue d'une réception, et de la kitchenette lui parvint le faible fumet d'un plat mijoté. Ce fut seulement quand il avança sur le tapis qu'il remarqua qu'un phono diffusait l'air qu'il avait confusément entendu de la cage de l'escalier, une moelleuse valse viennoise interprétée par de nombreux violons, bref, ce genre de chose connu sous le nom de musique pour cocktails.

— … Il y a de quoi boire sur la table à café, cria la voix de Maureen. Servez-vous…

Il se servit généreusement un grand verre, et il chercha à se décontracter en s'asseyant bien au plus profond du canapé.

— … Avez-vous fermé la porte ? demanda-t-elle. Bien fermé à clef ?

— Je crois que oui. Que signifie ?…

— Et êtes-vous sûr que vous êtes seul ?

— Bien sûr, que je suis sûr ! Que signifie tout ce mystère ?

Elle ouvrit tout grand la porte de la salle de bains et apparut souriante, sur la pointe des pieds, nue. Puis elle s'élança en ondoyant pour faire le tour de la pièce au rythme de la valse, avec des effets de poignets comme une ballerine amateur, rougissant et essayant de toutes ses forces de ne pas rire pendant qu'elle tournoyait vers lui et que les violons invisibles prenaient mélodieusement leur essor. Il se hâta de poser son verre sur la table et en renversa la moitié, avant qu'elle vînt tomber lourdement dans ses bras et lui coupât la respiration. Elle s'était inondée du même parfum que Norma, et quand elle lui prit la tête entre ses mains pour le baiser de bienvenue, il constata, de très près, qu'elle avait fardé ses yeux plus encore que d'habitude : chaque cil était aussi épais, aussi pointu qu'une patte d'araignée sur sa joue. Quand Frank eut enfin recouvré la liberté de sa bouche, il tenta de prendre une position assise plus à angle droit pour soulager son ventre du poids de Maureen ; mais l'entreprise se révéla difficile du fait qu'elle maintenait ses bras autour de son cou ; dans l'effort athlétique qu'il accomplit, il sentit sa veste et sa chemise se tirer et se tendre douloureusement. Finalement il réussit à dégager une main pour déboutonner son col qui l'étranglait, et il esquissa un pâle sourire.

— Hello ! murmura-t-elle d'une voix presque imperceptible.

Et, l'embrassant à nouveau, elle lui remplit la bouche de sa langue.

Cette fois, elle se heurta au désespoir farouche de l'homme qui se noie et qui veut remonter à la surface ; Frank lutta tant et si bien qu'il parvint à se redresser ; alors elle se recula, le regarda d'un air consterné ; ses seins tremblotaient comme deux petites figures stupéfaites. Pendant une minute il fut incapable de parler ; d'abord il fallait bien qu'il reprît haleine ; puis, au lieu de la regarder, il baissa les yeux vers ses propres mains encore cramponnées aux cuisses de Maureen qui pesaient maintenant en travers des siennes. Il ouvrit les mains, étala ses doigts bien à plat sur la cuisse du dessus, qu'il tapota ensuite légèrement comme s'il s'agissait d'une table de conférence.

— Écoutez, Maureen, dit-il. Je pense que nous devrions parler un peu...

Ce qui arriva après, et même ce qui arriva pendant qu'il parla, ressembla moins à de la réalité qu'à un rêve. Une partie seulement de la conscience de Frank participa à l'action ; le reste jouait le rôle d'un observateur détaché, embarrassé, impuissant, mais plus ou moins confiant qu'il se réveillerait bientôt. La façon dont le visage de Maureen s'assombrit quand il commença sa conférence, dont elle sauta à bas de ses genoux pour se précipiter vers une robe de chambre qu'elle serra autour de sa gorge comme elle aurait serré un imperméable sous une averse, dont elle se mit à marcher de long en large sur le tapis (« Eh bien, dans ce cas il n'y a vraiment rien de plus à dire, n'est-ce pas ? Vous n'aviez pas d'autre but en me donnant rendez-vous, n'est-ce pas ? »), tous ces détails lui parurent exister en tant que souvenirs venimeux avant même qu'ils fussent devenus des faits ; et il en fut de même pour la façon dont il la suivit tout autour de la pièce, en se tordant abjectement les mains et en multipliant ses excuses.

— Voyons, Maureen ! Essayez de vous montrer raisonnable. Si jamais je vous ai donné un motif de croire que je… que nous… que je ne suis pas heureux dans mon ménage, eh bien, je le regrette. Oui, je le regrette.

— Et moi ? Que vous imaginez-vous que je ressente ? Avez-vous réfléchi à la situation dans laquelle vous me mettez ?

— Je regrette. Je…

Et voici quel fut le dernier tableau : Maureen voûtée dans des flots de fumée noire dans la kitchenette, tandis que ses escalopes de veau se transformaient en croûtes de charbon.

— … Ce n'est pas si mal, Maureen. Je veux dire… Nous pouvons encore les manger, si vous voulez.

— Non. C'est fichu. Tout est fichu. Vous n'avez plus qu'à vous en aller, maintenant.

— Oh, voyons ! Il n'y a aucune raison pour que nous…

— J'ai dit : s'il vous plaît, allez-vous-en !

Les bars de la Grande Gare Centrale n'eurent pas assez d'alcool pour brouiller ces images ; dans le train qui le ramenait chez lui, affamé et ivre et épuisé, il essayait encore de raisonner avec elle, les yeux implorants et les lèvres tremblantes.

Sa peur de la voir au bureau le lendemain fut si intense qu'il faillit faire arrêter l'ascenseur ; mais il se rappela qu'elle ne serait pas là : elle était en vacances. Irait-elle rejoindre Norma au Cap ? Non ; plus vraisemblablement, elle emploierait ses quinze jours à trouver une autre situation ; dans l'un ou l'autre cas, il ne la reverrait sans doute jamais. Alors le soulagement qu'il éprouva à cette idée se transforma non sans perversité en une sorte de panique. S'il ne devait jamais la revoir, comment aurait-il une chance de… eh bien, de lui expliquer ?… De lui dire, d'une voix unie qui ne comporterait pas d'excuses, toutes les choses si simples qu'il avait au bord des lèvres ?

Son inquiétude au sujet de Maureen (Ne devrait-il pas lui donner un coup de téléphone ? lui écrire une lettre ?) le préoccupa encore samedi, pendant qu'il travaillait au chemin dallé sous une chaleur torride, pénible, qui l'étourdissait, ou pendant qu'il s'inventait de petites courses pour sortir de la maison, pour rouler sans but sur les routes en monologuant à haute voix. Ce n'est que dimanche après-midi, de bonne heure, alors qu'il était parti pour acheter les journaux et qu'il avait pris le chemin des écoliers que les mots « Oublie-la » s'échappèrent de ses lèvres.

La journée était admirable. Il roulait en haut de la crête ensoleillée d'une longue côte et venait de dépasser un petit bois d'ormes dont les feuilles commençaient à virer au roux, quand il se mit soudain à rire et à frapper du poing le vieux plastique craquelé de son volant. Oublie-la ! Voyons, pourquoi s'hypnotiser sur cette aventure ? L'épisode entier pouvait être maintenant retranché du cours principal de sa vie, comme quelque chose de séparé, de distinct… quelque chose de bref, de futile, et surtout de comique. Norma le dos raidi sur le trottoir avec sa valise à la main, Maureen toute nue sautant à bas de ses genoux, lui-même la suivant au milieu de la fumée de la viande calcinée et se tordant les mains… Tout cela lui semblait à présent aussi drôle que les silhouettes déformées d'un dessin animé au moment où la musiquette s'enfle et où le grand cercle commence à se refermer de tous côtés, enserrant rapidement l'action à l'intérieur d'un anneau de plus en plus petit et l'avalant jusqu'à ce qu'elle ne soit plus qu'un point de lumière tremblotante et que le mot « Fin » s'inscrive en caractères allègres en travers de l'écran.

Il arrêta sa voiture sur un côté de la route pour épuiser son envie de rire ; quand il se sentit mieux, il fit demi-tour et reprit la direction de la maison. Oublie-la ! Sur la Route de la Révolution, il s'attacha à ne penser qu'aux bonnes choses : à la magnificence du temps, à son travail terminé et déposé sur le bureau de Pollock, aux trois mille dollars, et même à la « conférence d'inauguration » qui était prévue pour le lendemain matin. Allons, l'été n'avait pas été si mauvais, après tout. En se rapprochant de la maison, il envisagea le plaisir qu'il aurait à prendre une douche et à se changer ; ensuite il dégusterait un verre de sherry (il passa avec gourmandise sa langue sur ses lèvres) et il somnolerait sur le *Times* en attendant la fin de l'après-midi. Et le soir, si tout allait bien, ce serait le bon moment pour entamer avec April une discussion rationnelle et dictée par le bon sens à propos de cette ennuyeuse histoire du canapé. Quelle qu'en fût leur cause, les tracas d'April pouvaient disparaître ; sans doute auraient-ils déjà disparu s'il avait seulement pris la peine de s'asseoir à côté d'elle et de lui parler.

« Écoute », commencerait-il, « nous avons eu un été pas comme les autres, et je sais que tous les deux nous l'avons subi sous une tension constante. Je sais qu'en ce moment tu te sens un peu seule et troublée ; je sais que les choses ne se présentent pas sous un jour très gai, et crois-moi, je... »

La maison lui parut très propre, très blanche quand elle émergea du fouillis des feuilles vertes et jaunes ; elle n'était pas si vilaine, après tout. Elle avait l'air, comme l'avait dit John Givings, d'un endroit où on vivait… d'un endroit où le processus pénible, difficile, compliqué de la vie en commun pouvait tantôt donner lieu à d'incroyables harmonies de bonheur, tantôt engendrer des désordres frôlant le tragique, en même temps que des intermèdes mineurs et grotesques (« Fin ! ») ; un endroit où des étés entiers pouvaient ne pas ressembler aux précédents, où il était possible de se sentir seul et troublé de différentes manières, où les choses ne se présentaient pas toujours sous un jour riant, mais où tout, en dernière analyse, se passerait très bien.

April travaillait dans la cuisine, où la radio était allumée.

— Houh ! dit-il en posant sur la table les copieux journaux du dimanche. C'est une journée magnifique, tu ne trouves pas ?

— Si. Magnifique.

Il prit une longue douche voluptueusement chaude et il passa un bon moment à se brosser et à se peigner les cheveux. Dans la chambre, il inspecta successivement trois chemises avant de choisir celle qu'il assortirait à son pantalon kaki, étroit et bien repassé ; il se décida en fin de compte pour la coûteuse flanelle de coton à carreaux vert foncé et noirs ; il essaya ensuite différentes manières de la porter, et résolut de replier ses manchettes juste au-dessous du coude, de remonter le col dans le dos et de le déboutonner sur le devant jusqu'à mi-torse. Recroquevillé devant le miroir de la coiffeuse d'April, il utilisa la glace à main de sa femme pour vérifier si, vu de côté, le col avait bonne allure et pour juger de l'effet de profil de ses maxillaires tendus.

De retour dans la cuisine, il feuilleta les journaux tout en claquant des doigts, de temps à autre, pour accompagner le jazz de la radio, et, après plusieurs coups d'œil en direction d'April, il découvrit ce qu'elle avait de différent ; elle portait l'une de ses anciennes robes de grossesse.

— Elle te va bien, dit-il.

— Merci.

— Y a-t-il du sherry ?

— Je ne crois pas. Non. Je crois qu'il est fini.

— Zut ! Et je parie qu'il n'y a pas de bière non plus.

Il songea à prendre un verre de whisky à la place, mais il était encore trop tôt.

— J'ai fait un peu de thé glacé ; si tu en as envie, il est dans la glacière.

— Okay…

Il s'en versa un verre sans en avoir réellement envie.

— … Où sont donc les gosses ?

— Chez les Campbell.

— Oh, pas de chance ! Je leur aurais lu les bandes dessinées…

Il continua à parcourir les journaux pendant quelques minutes, tandis qu'elle s'affairait au-dessus de l'évier ; puis, parce qu'il n'y avait rien d'autre à faire, il se leva, passa derrière elle et lui prit un bras ; elle se raidit.

— … Écoute, commença-t-il. Nous avons eu un été pas comme les autres, et je sais que tu as… que tous les deux nous l'avons subi sous une tension constante. Comprends-tu, je sais que tu…

— Tu sais que je ne couche plus avec toi et tu voudrais savoir pourquoi, dit-elle en dégageant son bras. Eh bien, je regrette, Frank, mais je n'ai pas envie de parler de ça.

Il hésita ; et puis, afin de susciter une humeur plus favorable à leurs rapports, il déposa un baiser respectueux sur la nuque d'April.

— Okay, dit-il. De quoi aurais-tu envie de parler, alors ?

Elle avait fini sa vaisselle et l'eau de l'évier s'était écoulée ; à présent elle rinçait le torchon ; elle ne parla pas avant de l'avoir tordu, essoré et suspendu à un crochet ; alors seulement elle s'écarta de l'évier pour se retourner et le regarder pour la première fois. Elle avait l'air effrayée.

— Ne vaudrait-il pas mieux que nous ne parlions de rien ? demanda-t-elle. Je veux dire : ne pourrions-nous pas prendre chaque jour comme il vient, faire tout notre possible, et ne pas nous croire obligés de parler tout le temps ?

Il lui dédia le sourire d'un psychiatre patient.

— Je ne crois pas avoir suggéré que nous devions parler tout le temps, dit-il. Je n'en avais nullement l'intention, en tout cas. Tout ce que je voulais sug…

— Très bien, dit-elle en reculant d'un nouveau pas. C'est parce que je ne t'aime pas. Comment trouves-tu cela ?

Heureusement le sourire du psychiatre flottait encore sur le visage de Frank.

— Ce n'est guère une réponse, dit-il doucement. Je me demande ce que tu ressens réellement. Je me demande si ce que tu fais en ce moment n'équivaut pas à une sorte de tentative pour t'évader de tout jusqu'à ce que tu sois… eh bien, jusqu'à ce que tu sois examinée. Une sorte de tentative pour démissionner de tes responsabilités personnelles entre maintenant et le moment où tu commenceras ton traitement. Penses-tu que ça pourrait être quelque chose comme cela ?

— Non…

Elle s'était détournée de lui.

— … Oh, je ne sais pas, moi. Si. Comme tu voudras. Arrange cela de la manière qui te convienne le mieux.

— Ma foi, c'est à peine une question de me convenir le mieux, répondit-il. Tout ce que je dis, c'est que la vie doit continuer, avec ou sans examen psychiatrique.

Crois-tu que je ne me rende pas compte que tu viens de passer de mauvais moments ? L'été a été dur. La vérité, c'est que tous les deux nous avons subi une forte tension, et que nous devrions essayer de nous aider mutuellement le plus et le mieux possible. Dieu sait si mon propre comportement a été étrange, ces derniers temps. J'ai même pensé que je ferais peut-être bien d'aller, moi aussi, consulter un psychiatre. En réalité…

Il se tourna et se tint debout devant la fenêtre, mâchoires crispées.

— … En réalité, l'une des raisons qui m'ont fait espérer que nous pourrions reprendre une vie normale est qu'il y a quelque chose dont je voudrais te parler ; quelque chose… de déraisonnable, une sorte de crise de névrose qui s'est déclarée il y a quelques semaines…

Et presque avant qu'il prît conscience de ce qu'il allait dire, il se mit à lui raconter son aventure avec Maureen Grube. Il le fit avec une habileté automatique, la dépeignant sous les traits « d'une fille de New York, d'une fille que je connais à peine » et omettant de préciser qu'il s'agissait d'une dactylo du bureau ; il veilla soigneusement à souligner que de sa part il n'y avait eu aucun entraînement passionnel, et il s'arrangea pour sous-entendre qu'il avait cédé à l'envie qu'elle avait de lui, une envie aussi profonde qu'ingouvernable. Sa voix, douce et forte, avec des chutes occasionnelles ou des hésitations qui ne faisaient que mettre son débit en valeur, combinait la vertu de la confession avec la grâce d'une narration romanesque.

— … Et je crois que j'ai été poussé surtout par le sentiment que ma… eh bien, que ma masculinité avait été plus ou moins menacée par toute cette affaire d'avortement ; par le désir de prouver quelque chose ; je ne sais pas. De toute façon, j'ai tout rompu la semaine dernière. C'est fini maintenant ; bien fini. Si je n'en étais pas sûr, je pense que je n'aurais jamais pu me décider à t'en parler.

Dans la cuisine, pendant une demi-minute, il n'y eut pas d'autre bruit que la musique de la radio.

— Pourquoi ? demanda-t-elle.

Il hocha la tête en continuant de regarder par la fenêtre.

— Je ne sais pas, mon bébé. J'ai essayé de te l'expliquer. J'essaie encore de chercher pour moi-même une explication. C'est ce pourquoi tout à l'heure je parlais de déraison, de névrose. Je…

— Non, dit-elle. Je ne te demandais pas pourquoi tu avais couché avec la fille. Je te demandais pourquoi tu m'en avais parlé. Dans quel but ? Pour exciter ma jalousie ? Pour me rendre amoureuse de toi, me faire retourner dans le même lit que toi, ou quoi ? En vérité, que veux-tu que je te dise ?

Il se retourna pour la regarder ; il sentit qu'il rougissait, que sa figure esquissait un sourire embarrassé qu'il tenta, sans succès, de transformer en sourire de psychiatre.

— Pourquoi ne dis-tu pas ce que tu ressens ?

Elle sembla réfléchir à cette question pendant quelques secondes, puis elle haussa les épaules.

— Je te l'ai dit. Je ne ressens rien.

— En d'autres termes, tu te moques de ce que je fais, tu te moques de savoir avec qui je couche, etc. Exact ?

— Oui. Je pense que c'est cela. Je m'en moque.

— Mais je tiens à ce que tu ne t'en moques pas !

— Je sais que tu y tiens. Et je suppose que je ne m'en moquerais pas si je t'aimais ; mais, vois-tu, je ne t'aime pas. Je ne t'aime pas et je ne t'ai jamais réellement aimé ; je ne m'en étais pas rendu compte avant cette semaine, et voilà pourquoi, depuis, je me suis tue. Tu comprends ?

Elle s'empara d'un chiffon pour essuyer les meubles et s'en alla dans le living-room : c'était une ménagère fatiguée, efficace, qui avait quantité de petites besognes à accomplir.

— Et écoutez bien ceci ! claironna une voix impérieuse à la radio. Maintenant, et pendant toutes les soldes de l'automne, vous trouverez chez Robert Hall tout un stock de shorts et de pantalons de sport à des prix défiant toute concurrence !

Debout, jambes écartées et bras ballants, considérant son verre de thé glacé (auquel il n'avait pas touché) sur la table, il se sentit la tête dans un tel désordre qu'une seule ligne suivie de raisonnement lui apparut ; point de départ : c'était dimanche ; d'où le départ des gosses chez les Campbell ; deuxième conséquence : il ne lui restait plus beaucoup de temps pour parler.

— Oh, maintenant, écoute-moi ! s'écria-t-il en pivotant et en s'élançant dans le living-room à grandes enjambées très décidées. Veux-tu poser ce maudit chiffon et m'écouter une minute. Écoute-moi, je te dis ! Tout d'abord, tu sais sacrément bien que tu m'aimes.

5.

Oh, c'est un si grand plaisir de rouler sans conduire ! dit Mrs. Givings en tenant d'une main ferme la poignée de la portière de droite.

C'était en effet son mari qui prenait toujours le volant quand ils se rendaient à l'hôpital, et elle ne manquait jamais de remarquer la détente que ce changement provoquait en elle. Quand on conduit une voiture toute la journée et tous les jours, soulignait-elle habituellement, il n'y a pas de plus merveilleuses vacances au monde que de s'asseoir et de s'enfoncer dans les coussins à côté d'un chauffeur. Mais la force de l'habitude était puissante : elle continuait à surveiller la route avec autant d'attention que si elle se tenait au volant, son pied droit s'étirait et pressait le tapis caoutchouté du plancher avant chaque virage ou à l'approche d'un signal *Stop*. Parfois, se surprenant en train de jouer ainsi avec des pédales imaginaires, elle contraignait ses yeux à observer le paysage qui s'enfuyait, à force de volonté elle obligeait les nerfs de son dos à se relaxer. En guise de suprême démonstration de son parfait contrôle de soi, elle alla jusqu'à retirer sa main de la poignée de la portière et elle la posa sur ses genoux.

— … Mon Dieu, n'est-ce pas une journée magnifique ? interrogea-t-elle. Oh, regarde ces jolies feuilles qui commencent à changer de couleur. Qu'y a-t-il de plus admirable que le début de l'automne ? Toutes ces teintes merveilleuses, cet air plus vif ! Cela me ramène toujours à… *Attention !*

Son soulier s'aplatit sur le tapis du plancher et son corps se courba dans l'attitude frénétique de quelqu'un qui s'arc-boute pour amortir le choc d'une collision : un camion rouge débouchait d'une route latérale, devant eux.

— Je l'ai vu, chérie…

Howard Givings appuya doucement sur le frein ; le camion eut largement le temps de manœuvrer ; ensuite, remettant progressivement le pied sur l'accélérateur, il dit :

— … Pour l'instant tu n'as qu'à te relaxer ; laisse-moi m'occuper du volant.

— Oh, je sais. Je le ferai. Je te demande pardon. Je sais que je suis une idiote…

Elle aspira plusieurs grandes bouffées d'air et croisa ses mains sur une cuisse où elles se posèrent comme deux oiseaux effarouchés.

— … C'est tout simplement parce que j'ai toujours ces affreux papillons noirs dans l'estomac les jours de visite, surtout quand il y a eu si longtemps…

— Le nom du malade ? s'enquit la secrétaire décharnée qui siégeait au guichet des visiteurs.

— John Givings.

Mrs. Givings accompagna sa réponse d'une petite inclinaison polie de la tête, et elle suivit des yeux le crayon mâchonné qui épluchait une liste de noms tapés à la machine et qui s'arrêta enfin à Givings, John.

— Parenté ?

— Son père et sa mère.

— Voulez-vous signer ici et prendre ce permis… Salle 2 A, en haut et à droite. Ramenez le malade vers cinq heures.

Dans la salle d'attente à l'extérieur de la Salle 2 A, après avoir pressé le bouton de la sonnerie au-dessus duquel était écrit : « Demandez un infirmier », Mr. et Mrs. Givings se joignirent timidement à un groupe d'autres visiteurs qui examinaient une exposition de travaux artistiques exécutés par les malades. Les tableaux comprenaient pêle-mêle un Donald Duck au crayon, parfaitement ressemblant, et une scène compliquée de la crucifixion, en pourpre et en marron, où le soleil, à moins que ce ne fût la lune, était peint du même écarlate que les gouttes de sang qui s'écoulaient à intervalles égaux de la blessure infligée au côté du Sauveur.

Une minute plus tard, ils entendirent un bruit de talons en caoutchouc et de clefs derrière la porte fermée ; celle-ci s'ouvrit sur un robuste jeune homme en blanc, à lunettes, qui cria :

— Permis, s'il vous plaît.

Il permit aux visiteurs de passer, deux par deux, dans la salle d'attente intérieure. C'était une grande pièce relativement peu éclairée, garnie de tables et de chaises recouvertes de plastique pour les parents ou amis des malades qui ne figuraient pas sur la liste des privilégiés. La plupart des tables étaient occupées, mais les conversations ne faisaient pas beaucoup de bruit. Devant la plus proche de la porte un jeune couple de couleur était assis, la main dans la main ; il aurait été difficile d'assimiler l'homme à un malade avant d'avoir remarqué que son autre main serrait le pied chromé de la table dans une étreinte désespérée qui rendait ses articulations toutes jaunes, comme s'il se cramponnait à la rambarde d'un navire par gros temps. Plus loin, une vieille femme peignait la tignasse emmêlée de son fils qui pouvait avoir indifféremment vingt-cinq ou cinquante ans et dont la tête ballottait avec docilité sous les coups de peigne, tout en mangeant une banane pelée.

L'infirmier accrocha son trousseau de clefs à une agrafe placée contre sa hanche, et gagna le couloir de la salle où il commença à appeler d'une voix sonore les noms inscrits sur les permis qu'il avait rassemblés. Le couloir retentissait du bruit de nombreuses radios réglées sur des postes différents ; de la porte, on ne pouvait voir qu'un long ruban de linoléum encaustiqué et les angles en acier de plusieurs lits d'hôpitaux.

Au bout d'un certain temps, l'infirmier revint ; dans sa pimpante tenue blanche il précédait un petit cortège minable. La haute silhouette de John Givings apparut à l'arrière-garde ; il avançait les pieds tournés vers le dedans, boutonnant d'une main son sweater et tenant de l'autre sa casquette d'ouvrier.

— Alors, dit-il pour accueillir ses parents, aujourd'hui on expose les prisonniers au soleil ? Quelle aubaine !…

Il plaça sa casquette bien à plat sur sa tête ; l'image d'un pensionnaire d'une administration publique fut complète.

— … Allons-y !

Personne ne parla dans la voiture avant que celle-ci eût dépassé les rangées de longs bâtiments en briques et les bureaux de l'administration, contourné la pelouse circulaire au centre de laquelle flottaient le drapeau des États-Unis et le drapeau de l'État, gravi la côte noire qui aboutissait à la grand-route. Assise sur la banquette arrière (elle s'y trouvait plus confortablement installée lorsque John était sur le siège avant), Mrs. Givings tenta de jauger l'humeur de son fils en étudiant sa nuque. Puis elle dit :

— John ?

— Mm ?

— Nous avons des bonnes nouvelles. Tu te rappelles les Wheeler, qui te plaisent tant ? Ils nous ont très aimablement demandé de nous arrêter un moment chez eux aujourd'hui, si tu n'y vois pas d'inconvénient ; voilà une première bonne nouvelle ; mais la deuxième, et plus importante, c'est qu'ils se sont ravisés et qu'ils ont décidé de rester ici. Ils ne vont pas en Europe, plus du tout. N'est-ce pas magnifique ?

Et avec un sourire embarrassé, elle vit qu'il se retournait lentement pour la regarder par-dessus le siège.

— Que s'est-il passé ? demanda-t-il.

— Eh bien, sûrement, je ne… Que veux-tu dire avec ton « Que s'est-il passé ? », mon chéri ? Je ne pense pas qu'il soit forcément arrivé quelque chose. J'imagine que tout simplement, après avoir reconsidéré leur projet, ils ont changé d'avis.

— Comment ! Vous ne leur avez même pas demandé ? Voici des gens tout prêts à faire une chose aussi importante ; ils y renoncent, et vous ne posez même pas de question ? Pourquoi ?

— Ma foi, John, parce que je trouvais que ce n'était pas mon affaire. On ne demande rien dans ces sortes de choses, mon chéri, à moins que l'autre personne ne donne spontanément des explications…

Dans un effort pour tempérer la note d'avertissement qu'elle avait mise dans sa voix et qui allait, presque certainement, l'irriter, elle obligea la peau de son front et sa bouche à façonner un gai sourire.

— … Ne pouvons-nous pas nous satisfaire du fait qu'ils restent, sans chercher à savoir pourquoi ? Oh, regarde ce joli vieux silo rouge ! Je ne l'avais pas remarqué auparavant ; et toi ? C'est sûrement le plus gros silo sur des kilomètres à la ronde.

— C'est un très joli vieux silo, maman, dit John. Et c'est une très jolie nouvelle au sujet des Wheeler. Et vous êtes une très jolie personne. N'est-ce pas, papa ? N'est-ce pas qu'elle est une très jolie personne ?

— Très bien, John, dit Howard Givings. Du calme, maintenant.

Mrs. Givings, dont les doigts broyaient et déchiraient une boîte d'allumettes en petits débris humides, ferma les yeux et chercha à se fortifier contre ce qui risquait d'être un après-midi mouvementé.

Son anxiété s'accrut devant la porte de la cuisine des Wheeler. Ils étaient chez eux (les deux voitures étaient au garage) mais la maison avait un air bizarrement malveillant, comme s'ils n'attendaient aucun visiteur. Elle frappa très légèrement au panneau vitré, qui réfléchissait nettement le ciel et les arbres, sa mine qui s'allongeait et, derrière elle, les visages de Howard et de John ; mais elle n'obtint pas de réponse. Elle frappa à nouveau, mais cette fois elle mit une main en visière et colla son nez contre la vitre pour regarder à l'intérieur. La cuisine était vide ; elle distingua sur la table un objet qui ressemblait à un verre de thé glacé ; mais juste à ce moment-là, Frank Wheeler entra précipitamment en venant du living-room : il avait l'air terrible ; l'air de quelqu'un qui allait crier, pleurer, ou commettre un acte de violence. Tout de suite elle comprit qu'il ne l'avait pas entendue frapper et qu'il ignorait sa présence ; il n'était pas venu pour ouvrir la porte, mais pour fuir désespérément le living-room, et peut-être la maison. Elle n'eut pas le temps de faire un pas en arrière : il l'aperçut ; il la surprit penchée en avant, scrutant son visage ; il tressaillit, s'immobilisa, éclaira sa physionomie d'un sourire qui pouvait rivaliser avec le sien.

— Eh bien, dit-il en ouvrant la porte. Ohé, vous tous ! Rentrez donc.

Alors ils se dirigèrent, comme le voulaient les convenances sociales, vers le living-room où se trouvait April, et April aussi avait l'air terrible : elle était pâle, hagarde, elle tordait ses doigts près de sa taille.

— Ravie de vous voir tous, dit-elle d'une voix menue. Voulez-vous vous asseoir ? Je crains que la maison ne soit en grand désordre.

— Sommes-nous très en avance ? s'enquit Mrs. Givings.

— En avance ? Non, non. Nous venions juste de… Avez-vous soif ? Voudriez-vous un petit verre ? Ou un peu de… de thé glacé, par exemple ?

— Oh, non, rien du tout, merci. Réellement, nous ne pouvons rester qu'une minute ; nous nous sommes juste arrêtés en passant pour vous dire bonjour.

Ils se divisèrent en deux groupes mal à l'aise : les trois Givings assis en rang, les deux Wheeler debout et appuyés contre la bibliothèque, se rapprochant puis s'éloignant l'un de l'autre dans le cours de la conversation. Après les avoir observés un moment, Mrs. Givings se hasarda à émettre une hypothèse sur le vrai motif de leur gêne : ils avaient dû se disputer.

— Dites donc… intervint John.

Tous les autres s'arrêtèrent de parler comme par enchantement.

— … Que se passe-t-il, à propos ? Je crois avoir compris que vous aviez changé d'avis. Comment ça se fait-il ?

— Eh bien, dit Frank avec un petit rire embarrassé, eh bien, pas exactement. Vous pourriez dire que nous avons été… euh, forcés de changer d'avis.

— Comment cela se fait-il ?

Frank fit un petit pas de côté pour se tenir tout près de sa femme, légèrement derrière elle.

— Eh bien, répondit-il, je croyais que la raison était assez évidente, à présent.

Et, pour la première fois, les yeux de Mrs. Givings s'avisèrent de la toilette d'April. Une robe de grossesse !

— Oh, April ! s'exclama-t-elle. Mais c'est absolument merveilleux !…

Elle se demanda ce qu'il fallait faire en une occasion pareille : devait-elle se lever et… ma foi, l'embrasser ? Mais April n'avait pas le visage d'une femme qui avait envie d'être embrassée.

— … Oh, je trouve que c'est terriblement passionnant, poursuivit Mrs. Givings.

Il y eut des « Je ne pourrais pas vous dire à quel point je suis contente », et des « Oh, mais je suppose que vous aurez besoin d'une maison plus spacieuse, n'est-ce pas ? » Et à travers toutes ses phrases elle espérait contre toute espérance que John se tiendrait tranquille. Mais…

— Retenez-vous une seconde, maman, dit-il en se levant. Une seconde, s'il vous plaît. Je ne comprends pas très bien…

Et il fixa sur Frank un regard de procureur.

— … Qu'y a-t-il donc de si évident ? Je veux dire : okay, elle est enceinte ; et puis après ? En Europe, les gens n'ont pas de bébés ?

— Oh, John, vraiment ! intervint Mrs. Givings. Je ne pense pas que nous ayons besoin de…

— Maman, voudriez-vous vous tenir à l'écart de ceci ? Je pose au mari une question. S'il ne tient pas à me répondre, je présume qu'il aura assez de bon sens pour me le dire.

— Bien sûr, dit Frank en souriant à ses souliers. Je vous répondrai donc, tout simplement, que nulle part il n'est recommandé à des gens d'avoir des bébés s'ils ne peuvent pas s'en offrir le luxe. Or il se trouve que le seul moyen nous permettant de nous offrir le luxe de celui-ci est de rester. C'est un problème d'argent, voyez-vous.

— Okay…

John approuva de la tête avec une satisfaction visible en regardant successivement les deux Wheeler.

— … Okay ; voilà une bonne raison…

Les deux Wheeler parurent soulagés, mais Mrs. Givings se contracta parce qu'elle savait, par expérience, que quelque chose d'affreux allait se produire.

— … L'argent est toujours une bonne raison…

John commença à faire le tour du tapis, les mains dans ses poches.

— … Mais l'argent n'est presque jamais la vraie raison. Quelle est la vraie raison ? Votre femme vous en a dissuadé, ou quoi ?…

Et il tourna tout l'éclat de son sourire sur April qui était allée à l'autre bout de la pièce pour écraser sa cigarette dans le cendrier. Elle lui lança un rapide coup d'œil de bas en haut, puis de haut en bas.

— … Eh ? insista-t-il. Petite femme a décidé qu'elle n'était pas tout à fait disposée à quitter sa jolie maison ? Non, non, ce n'est pas cela. J'en suis sûr. Elle a l'air trop solide, trop inflexible. Dure, femelle, et bougrement à la hauteur. Okay, donc ; ce serait vous, alors ?…

Et il tournoya pour interroger Frank.

— … Que s'est-il passé ?

— John, je t'en prie ! dit Mrs. Givings. Tu es très…

Mais il n'y avait plus moyen de l'arrêter maintenant.

— Que s'est-il passé ? répéta-t-il. La trouille, ou quoi ? Vous avez décidé que vous vous plaisiez ici, malgré tout ? Vous avez calculé qu'en fin de compte vous seriez plus confortable ici, dans le Vieux Vide Sans Espoir, ou bien… Oh, j'ai trouvé ! Regardez sa tête ! Qu'y a-t-il, Wheeler ? Est-ce que je brûlerais, par hasard ?

— John, tu deviens malhonnête, d'une manière impossible. Howard, s'il te plaît…

— Ça suffit, mon fils ! dit Howard Givings en se levant. Je pense que nous ferions mieux de…

— Mon vieux ! s'écria John en éclatant de son rire énorme. Mon vieux, voulez-vous que je vous dise ? Je ne serais pas surpris que vous lui ayez fait un gosse exprès, de manière à pouvoir passer le restant de vos jours, planqué derrière cette robe de grossesse.

— Maintenant, écoutez ! dit Frank Wheeler dont les poings crispés et un tremblement de la tête aux pieds bouleversèrent Mrs. Givings. Je pense qu'en voilà assez. Mais, bon Dieu, pour qui vous prenez-vous donc ? Vous arrivez ici, et vous débitez toutes les sornettes qui vous passent par la tête… Je pense qu'il est grand temps que quelqu'un vous ordonne de tenir tranquille votre maudite…

— Il n'est pas bien, Frank ! plaida Mrs. Givings qui se mordait l'intérieur des lèvres tant elle était consternée.

— Oh, pas bien, c'est à voir ! Je regrette, Mrs. Givings, mais je me fiche du tiers comme du quart qu'il soit bien, ou malade, ou mort, ou en vie. Je ne demande qu'une chose : c'est qu'il garde ses foutues opinions pour son foutu asile de fous ; elles y seront à leur place !

Pendant le silence pénible qui succéda à cette explosion, et tandis que Mrs. Givings continuait à mâchonner sa lèvre, ils se tinrent tous en groupe au milieu de la pièce. Howard pliait intentionnellement un léger imperméable sur son bras ; April, écarlate, fixait le plancher ; Frank tremblait encore, soufflait bruyamment, et ses yeux reflétaient un terrible mélange de défi et d'humiliation. John arborait, quant à lui, un sourire redevenu serein ; il était le seul à paraître calme.

— Un grand bonhomme que vous avez comme mari, April ! lui dit-il avec un clin d'œil en se coiffant de sa casquette d'ouvrier. Un grand chef de famille, et un bon citoyen. J'en ai de la peine pour vous. Mais peut-être vous méritiez-vous l'un l'autre, non ? D'ailleurs, avec l'air que vous avez maintenant, je commence à avoir de la peine pour lui aussi. Tout bien réfléchi, vous ne devez pas lui donner beaucoup de joies, s'il est réduit à faire des gosses pour prouver qu'il a une paire de…

— Ça suffit, John ! murmura Howard Givings. Regagnons la voiture maintenant.

— April, chuchota Mrs. Givings, je ne puis pas vous dire à quel point je regrette…

— Ça va, interrompit John en s'éloignant avec son père. Je regrette, je regrette, je regrette ! Okay, maman ? Ai-je dit « je regrette » assez de fois ? Moi aussi, fichtre, je regrette. Je parie qu'il n'y a pas deux idiots comme moi dans le monde pour éprouver autant de regrets. Évidemment, si l'on va au fond des choses, je n'ai pas tellement de quoi me réjouir, n'est-ce pas ?…

Et du moins, se disait Mrs. Givings, du moins, il permet à Howard de l'emmener gentiment. Elle n'avait plus qu'à les suivre, à trouver le moyen de franchir tout ce plancher et de sortir de cette maison : alors tout serait terminé.

Mais John n'avait pas encore fini.

— … Dites donc, il y a tout de même une chose dont je me réjouis…

Il s'était immobilisé près de la porte ; se retournant, il repartit d'un grand éclat de rire, et Mrs. Givings crut qu'elle allait mourir sur place quand elle vit son fils tendre un long index tout jauni et le pointer en direction du ventre légèrement arrondi d'April.

— … Vous savez de quoi je me réjouis ? Je me réjouis de ne pas être à la place de ce gosse-là.

6.

Quand les Givings eurent quitté la maison, la première chose que fit Frank fut de se verser trois doigts de bourbon et de les avaler d'un trait.

— Okay, dit-il en se tournant vers sa femme. Okay, ne me dis rien…

La chute du whisky dans son estomac le fit tousser ; il resta quelques instants secoué de convulsions incontrôlables.

— … Ne me dis rien. Laisse-moi deviner. J'ai Été Ignoble à Regarder. Exact ? Oh, et autre chose…

Il la suivit de près dans la cuisine et dans le living-room, les yeux fixés sur sa nuque lisse, luisants de honte, de colère et d'une misérable prière.

— … Autre chose. Tout Ce Que Cet Homme A Dit Est Vrai. Exact ? C'est bien ce que tu allais dire, n'est-ce pas ?

— Apparemment, je n'ai pas à le dire. Tu l'as dit à ma place.

— Oh, mais enfin April, ne vois-tu pas comme c'est faux ? Ne vois-tu pas comme c'est terriblement, affreusement faux, si c'est cela que tu penses ?

Elle pivota et le regarda bien en face.

— Non. Pourquoi est-ce faux ?

— Parce que cet homme est un aliéné…

Il posa son verre sur la croisée de la fenêtre afin de se libérer les mains, et il s'en servit pour exécuter un geste d'ardeur exaltée, les remontant et les étendant vers l'extérieur avec les dix doigts écartés, puis les ramenant crispées et frémissantes sous son menton pour les secouer.

— … C'est un aliéné, je te dis ! Sais-tu quelle est la définition de l'aliéné ?

— Non. Et toi ?

— Oui. C'est l'incapacité d'avoir des rapports avec un autre être humain. C'est l'incapacité d'aimer.

Elle se mit à rire. Sa tête vacilla en arrière, les deux rangées parfaites de sa dentition jaillirent, ses yeux brillèrent et se rétrécirent de plus en plus à chaque nouveau fou rire qui la prenait.

— L'in… répéta-t-elle. L'in… L'incapa… L'incapacité d'ai…

C'était la crise de nerfs. La voyant qui titubait, qui se rattrapait aux meubles, puis qui allait s'appuyer au mur avant de se relancer en avant, avec ses rires en cascade, il se demanda ce qu'il devait faire. Dans les films, quand les femmes devenaient hystériques, les hommes les giflaient jusqu'à ce qu'elles se calmassent ; mais dans les films, les hommes étaient toujours assez maîtres d'eux-mêmes pour que ces gifles prissent leur vrai sens ; or Frank ne l'était nullement ; en réalité il ne sut que rester immobile, la regarder, ouvrir et fermer la bouche comme un idiot.

Finalement elle s'écroula sur une chaise, toujours hilare ; il décida d'attendre la période normale de transition entre le rire et les larmes qui survenait immanquablement dans les films ; mais il la vit s'apaiser au contraire d'une manière étrangement naturelle : tout à fait comme si elle reprenait son souffle après une bonne farce, pas du tout comme si elle sortait d'une crise de nerfs.

— … Oh, s'écria-t-elle, oh, Frank, tu es en vérité un orateur merveilleux ! Si rien qu'en parlant le noir pouvait devenir blanc, tu serais parfait pour exercer ce métier-là… Alors, me voilà cinglée, maintenant, parce que je ne t'aime pas ? C'est vrai ? J'ai mis dans le mille.

— Non. C'est faux. Tu n'es pas cinglée, et tu m'aimes. Voilà ce qui s'appelle mettre dans le mille.

Elle se dressa, s'éloigna, lui tourna le dos ; ses yeux lançaient des éclairs.

— Mais enfin, je ne t'aime pas ! dit-elle. Il suffit que je te regarde pour que mon cœur se soulève. Et c'est vrai : si tu t'approchais de moi, si tu me touchais, je me mettrais à crier.

Il s'approcha, la toucha, et lui dit :

— Oh mon bébé, écou…

Alors elle se mit à crier.

Ce fut plutôt une contrefaçon de cri, car elle le poussa en le regardant froidement dans les yeux ; mais il fut néanmoins assez aigu, perçant et fort pour faire vibrer la maison. Quand le bruit se fut éteint, il lui lança :

— Que le diable t'emporte ! Emporte toutes tes odieuses petites… Viens ici, nom de Dieu !

Elle l'esquiva avec agilité et saisit une chaise pour lui bloquer le passage ; il empoigna la chaise et la jeta contre le mur ; elle retomba avec un pied cassé.

— Et que vas-tu faire à présent ? dit-elle d'un air provocant. Vas-tu me frapper ? Pour me montrer combien tu m'aimes ?

— Non…

Tout à coup il se sentit fort, massivement fort.

— … Oh, non ! Ne t'inquiète pas. Je ne m'en donnerai pas la peine. Tu ne vaux même pas qu'on te frappe. Tu ne vaux même pas la poudre qu'il faudrait pour te faire sauter la cervelle. Tu es…

Il éprouva, au son de sa voix qui s'enflait, un sentiment de liberté merveilleuse parce que les enfants n'étaient pas là. Personne n'était là ; personne n'allait venir ; ils avaient pour eux seuls toute cette maison sonore.

— … Tu es la trompeuse enveloppe creuse, vide, d'une femme…

Depuis des mois, c'était la première occasion qu'ils avaient d'une vraie bagarre, un déballage complet ; il en profita au mieux ; tout en tapant du pied autour d'elle, tremblant et haletant, il lui cria :

— … Pourquoi diable habites-tu chez moi si tu me hais autant ? Hein ? Veux-tu répondre à cela ? Pourquoi diable portes-tu un enfant de moi ?…

Tel John Givings, il désigna le ventre d'April.

— Pourquoi diable ne t'en es-tu pas débarrassée quand tu le pouvais ? Parce que… Écoute. Écoute-moi bien. J'ai quelque chose à te dire…

La forte pression qui commençait à s'apaiser maintenant au-dedans de lui, quand il articula lentement et tranquillement les mots qui suivirent, donna l'impression qu'il n'avait jamais été plus sincère :

— … Devant Dieu je regrette que tu l'aies gardé…

C'était un bon mot de la fin. Il passa devant elle, quitta le living-room, se dirigea vers la chambre à coucher ; d'un coup de pied dans la porte il se retrancha à l'intérieur, s'assit sur le lit et tapa de son poing droit la paume de sa main gauche. Ouf !

Quelle chose il avait dite ! Mais n'était-elle pas vraie ? Ne regrettait-il pas qu'elle ne se fût point avortée ?

— Si, répondit-il à haute voix. Si, je le regrette, je le regrette, je le regrette !

Il respirait par la bouche, vite et pesamment ; son cœur battait comme un tambour ; au bout d'un moment, il ferma ses lèvres sèches et avala sa salive, si bien que le seul bruit dans la chambre ne fut plus que le bruit de râpe que faisait l'air aspiré et exhalé par son nez. Puis, peu à peu, son sang recommença à circuler normalement, et ses yeux distinguèrent les objets qui l'entouraient : la fenêtre, dont les vitres et les rideaux étincelaient des couleurs du soleil couchant ; les flacons clairs et odorants sur la coiffeuse d'April ; la robe de chambre blanche d'April suspendue à un crochet à l'intérieur de la penderie ouverte ; les chaussures d'April bien alignées au bas de la penderie : des talons de sept centimètres, des ballerines, des pantoufles bleues défraîchies.

À présent, tout était calme ; il commença à regretter d'être allé s'enfermer dans la chambre. Il aurait bien voulu, par exemple, boire un autre verre. Puis il entendit qu'on fermait la porte de la cuisine, qu'on rabattait le store derrière la porte ; la vieille panique se leva chez lui en tempête : elle le quittait.

Il se leva d'un bond et traversa sans bruit toute la maison avec l'intention de la rattraper, de lui dire quelque chose, n'importe quoi, avant qu'elle eût mis la voiture en marche ; mais elle ne se trouvait pas dans la voiture, ni aux alentours du garage. Elle n'était nulle part. Elle avait disparu. Il fit en courant tout le tour de la maison par l'extérieur, en la cherchant ; ses grosses joues ballottaient dans sa course ; il avait recommencé distraitement un deuxième tour, quand il l'aperçut dans le bois. D'un pas mal assuré, elle grimpait la colline, et elle paraissait très petite parmi les rochers et les arbres. Il sprinta à travers la pelouse, franchit d'un saut le petit mur de pierre et entreprit l'escalade du bois, à sa poursuite, en se demandant si elle n'était pas devenue folle pour de bon. Que diable faisait-elle là-haut à se promener ? Quand il l'aurait rejointe, lui aurait pris le bras et fait faire demi-tour, aurait-elle le regard vide et souriant d'une démente ?

— N'approche pas ! lui cria-t-elle.

— April, écoute, je…

— N'approche pas. Ne puis-je donc même pas aller dans le bois pour être loin de toi ?

Pantelant, il s'arrêta à dix mètres au-dessous d'elle. Du moins, elle n'était pas folle ; elle avait un visage lucide. Mais ils ne pouvaient pas se disputer là-haut ; des maisons situées sur la descente de la route, on pourrait les voir et les entendre.

— Écoute, April, je ne voulais pas dire cela. Franchement, honnêtement : je ne voulais pas dire que je regrettais que tu ne l'eusses pas fait.

— Tu parles encore ? N'existe-t-il donc aucun moyen de t'empêcher de parler ?

Elle s'était raidie contre un tronc d'arbre, et elle le regardait du haut de sa position.

— Descends, je t'en prie. Que veux-tu faire là-haut ?…

— Tu as envie que je me remette à crier, Frank ? Parce que je crierai, si tu prononces encore un autre mot. Je te jure que je crierai.

Et si elle se mettait à crier ici, sur ce flanc de colline, on l'entendrait dans toutes les maisons de la Route de la Révolution. Et on l'entendrait également sur le sommet du Mont, ainsi que dans la maison des Campbell… Il n'avait plus qu'à revenir seul, à redescendre jusqu'au jardin, puis à rentrer dans sa maison.

Une fois arrivé dans la cuisine, il monta la garde pour la surveiller par la fenêtre, d'abord debout, puis accroupi, puis finalement assis sur une chaise, et assez en retrait dans l'ombre pour qu'elle ne pût pas le voir.

Là-haut, elle paraissait ne rien faire ; elle était toujours debout, appuyée contre l'arbre, et quand le crépuscule assombrit la lumière du dehors, il eut du mal à la distinguer. À un certain moment il aperçut un éclair jaune : elle allumait une cigarette ; puis il guetta la minuscule tache rouge du bout, qui décrivait lentement des arcs de cercle lorsqu'elle portait sa cigarette à la bouche ; quand elle s'arrêta de fumer, les bois étaient plongés dans une obscurité totale.

Il persévéra néanmoins dans son observation du même endroit entre les arbres, jusqu'à ce que sa silhouette pâle vînt le surprendre beaucoup plus près : elle traversait la pelouse pour rentrer. Il s'arrangea pour quitter la cuisine avant qu'elle n'y pénétrât. Puis, caché dans le living-room, il l'entendit qui décrochait le téléphone et qui composait un numéro.

Sa voix était normale, calme. « Allô, Milly ? Ohé… Oh oui, ils viennent de partir. Écoutez, je m'interrogeais tout de même si je ne pourrais pas vous demander un service. Voici : je ne me sens pas très bien ; j'ai l'impression que je couve une grippe, ou quelque chose comme ça, et Frank est à bout de forces. Cela vous ennuierait-il beaucoup de garder les enfants pour la nuit ?... Oh, c'est merveilleux, Milly, merci... Non, ne vous tracassez pas, ils ont pris tous les deux un bain hier soir... Eh bien, je suis sûre qu'ils seront ravis aussi. Chez vous, ils trouvent toujours le temps trop court... Alors, très bien. Je vous appellerai demain matin. »

Puis elle alla dans le living-room et alluma l'électricité ; la lumière brutale les fit tous deux cligner des yeux et loucher. Ce qu'il éprouvait, par-dessus tout, c'était un embarras profond. Elle aussi sembla embarrassée ; mais elle traversa la pièce pour s'allonger sur le canapé, le visage invisible.

En des circonstances se rapprochant de celles-ci, jadis, il serait sorti, il aurait pris sa voiture et roulé pendant des kilomètres, il se serait arrêté dans le premier bar venu, puis dans un autre, dans un troisième et un quatrième, jetant sa monnaie sur des comptoirs mouillés, prêtant une oreille morose aux discussions d'ivrognes entre les serveuses et des ouvriers du bâtiment, faisant tourner les disques bruyants des juke-boxes, repartant, se grisant de vitesse, dévorant la nuit jusqu'à ce qu'il pût dormir.

Mais il ne se sentait nullement disposé à une pareille virée ce soir-là. Jamais il n'avait connu, jadis, d'heures semblables à celles-ci. Il était physiquement incapable de partir, de mettre la voiture en marche, encore moins de conduire. Il avait les genoux en compote, sa tête bourdonnait ; il était humblement reconnaissant à la maison d'avoir une charpente qui le protégeât ; tout ce qu'il put faire, ce fut de trouver le chemin de la chambre et de se réfugier à l'intérieur ; mais cette fois, malgré tout son désespoir, il eut assez de bon sens pour emporter la bouteille de whisky.

Ce fut ensuite une nuit de cauchemars horribles et terriblement précis, pendant lesquels il gigotait en sueur, tout habillé sur le lit. Quelquefois, soit en état de veille soit en rêve, il crut entendre April aller et venir dans la maison ; puis une fois, vers le matin, il aurait pu jurer qu'il ouvrait les yeux et qu'il la voyait assise près de lui sur le bord du lit. Était-ce un rêve ou non ?

— Oh, mon bébé ! murmura-t-il entre ses lèvres enflées et crevassées. Oh, mon bébé, ne t'en va pas…

— Chut, chut, chut. Tout est bien, dit-elle en lui serrant les doigts. Tout est bien, Frank. Rendors-toi.

Le son de sa voix et le contact frais de sa main lui apportèrent un tel miracle de paix qu'il ne se soucia pas de savoir si ce n'était pas un rêve ; ils suffirent à lui permettre de sombrer dans un sommeil moins agité.

Survint ensuite la claire souffrance de panique, à son véritable réveil, tout seul ; à peine venait-il de décider qu'il n'irait pas au bureau qu'il se rappela qu'il était obligé de s'y rendre. C'était le jour de la « conférence d'inauguration ». Tout secoué de frissons, il se força à se lever et à gagner la salle de bains où il se livra aux rites de la douche et du rasoir.

Un espoir illogique, sans fondement rationnel, se leva dans son cœur qu'il fit battre plus vite, pendant qu'il s'habillait : et si ce n'avait pas été un rêve ? et si elle était venue en personne s'asseoir sur le lit ? et si elle lui avait parlé pour de bon de cette manière-là ?… Quand il pénétra dans la cuisine, il fut ébloui.

La table était mise, avec soin : il y avait deux couverts pour le petit déjeuner ; le soleil baignait la pièce qui sentait bon le café et le bacon ; vêtue d'une robe neuve de grossesse, April se tenait devant la cuisinière ; elle leva les yeux vers lui, lui sourit timidement.

— Bonjour, dit-elle.

Il eut envie de tomber à genoux et de lui étreindre les cuisses ; mais il se contint. Quelque chose lui conseillait (peut-être la timidité même du sourire d'April) de s'abstenir, de se borner à jouer le même jeu qu'elle : ce jeu étrange, compliqué, de faire comme si rien ne s'était produit hier.

— Bonjour, répondit-il en évitant plus ou moins son regard.

Il s'assit et déplia sa serviette. Incroyable ! Jamais au lendemain d'une querelle, la matinée ne s'était présentée sous un jour aussi facile… Mais soyons justes, se dit-il en buvant son jus d'orange à petites gorgées, jamais ils n'avaient eu de querelle aussi affreuse. Était-il possible que la bagarre fût terminée ? Mais peut-être les choses prenaient-elles ce cours quand il n'y avait réellement rien de plus à se dire, soit dans la colère soit dans la clémence ? Il fallait bien que la vie, après tout, continuât.

— Il fait certainement très… très beau dehors, n'est-ce pas ? dit-il.

— Oui. Très beau. Voudrais-tu des œufs brouillés ou des œufs sur le plat ?

— Oh, cela n'a pas d'impor… Eh bien, si : des œufs brouillés, je préfère, si ce n'est pas plus compliqué à préparer.

— Parfait. Moi aussi, je prendrai des œufs brouillés.

Et peu après, ils furent installés comme deux bons camarades de chaque côté d'une table bien éclairée, échangeant d'une voix feutrée des petites politesses pour se passer les toasts beurrés. Au début, il était trop intimidé pour manger. Il se rappela la première fois où il avait invité une jeune fille à dîner dehors ; à l'époque il avait dix-sept ans ; la perspective d'enfourner des aliments dans sa bouche et de les mastiquer, juste en face d'elle, lui avait semblé d'une impardonnable grossièreté. Ce qui le sauva maintenant fut la même chose qui l'avait sauvé jadis : la découverte surprenante qu'il mourait de faim.

— C'est bien agréable d'avoir le petit déjeuner sans les enfants, pour une fois.

— Oui…

Elle ne mangeait pas ses œufs, et il s'aperçut que ses doigts tremblèrent légèrement pour atteindre sa tasse de café ; à ces détails près, elle paraissait avoir l'entière possession de ses moyens.

— … J'ai pensé que tu aurais probablement besoin d'un bon petit déjeuner aujourd'hui, dit-elle. Je crois que c'est une journée très importante pour toi, n'est-ce pas ? C'est bien le jour où tu as ta conférence avec Pollock ?

— En effet, oui…

Elle s'était même souvenue de cela ! Mais il masqua son plaisir derrière le petit sourire tordu, méprisant qu'il avait employé depuis des années pour lui parler de Knox, et il ajouta :

— … Une grosse partie.

— Eh bien, dit-elle, j'imagine que c'est une assez grosse partie ; pour eux, en tout cas. Que penses-tu exactement que tu vas faire ? Du moins, jusqu'à ce qu'on t'envoie en tournées, je veux dire. Tu ne m'en as jamais beaucoup parlé.

Elle le faisait marcher, ou quoi ?

— Tu crois ? dit-il. Eh bien c'est que, naturellement, je ne suis pas encore très informé moi-même. Je suppose pourtant que l'affaire consistera en ce que Pollock a appelé « ébaucher des objectifs » ; autrement dit : rester assis en le laissant parler. Faire semblant de s'y connaître en calculatrices. Et bien sûr le ressort principal de toute l'affaire, du moins à mon avis personnel, est que Knox doit se préparer à fabriquer l'une de ces machines formidables, plus formidable que la 500. T'en avais-je parlé ?

— Non. Je ne crois pas.

Et le plus remarquable était qu'elle avait l'air de prendre plaisir à l'écouter.

— Eh bien, tu sais, l'une de ces grandes machines monstrueuses comme l'Univac ; le genre de machine dont on se sert pour prédire le temps, prédire les élections, etc. Et figure-toi que des trucs pareils se vendent deux millions de dollars pièce, vois-tu ; si Knox se mettait à en fabriquer, il faudrait organiser tout un nouveau programme de promotion des ventes et de publicité et de propagande. Je pense que c'est sans doute ce qui va se passer…

Il éprouva la sensation bizarre que ses poumons s'approfondissaient et que l'air s'enrichissait d'oxygène. Ses épaules, qu'il avait tenues crispées et relevées, vinrent progressivement se reposer contre le dossier de sa chaise. Les autres hommes ressentaient-ils la même chose quand ils parlaient de leur travail à leurs épouses ?

— … Au fond, ce n'est qu'une machine à additionner terriblement grosse, terriblement rapide, répondit-il à April qui venait d'exprimer le désir de savoir comment fonctionnait réellement une calculatrice. Seulement au lieu d'éléments mécaniques, tu vois, il y a des milliers de petits tubes à vide…

Et en une minute, il lui dessina sur une serviette en papier un diagramme représentant le passage de vibrations de chiffres binaires à travers un circuit.

— Oh, je vois ! s'exclama-t-elle. Du moins je crois que je vois. C'est réellement très… intéressant, n'est-ce pas ?

— Oh, ma foi, je ne sais pas ! C'est… oui, je pense que c'est assez intéressant, en un sens. Bien sûr, je ne connais guère que le principe de base.

— Tu dis toujours ça. Je parie que tu en sais bien plus que tu ne crois. En tout cas, tu expliques très bien.

— Oh ?…

Il sentit que ses joues souriantes devenaient chaudes ; il baissa les yeux et remit le crayon dans la poche de son costume de gabardine.

— … Eh bien, merci…

Il but les dernières gouttes de sa deuxième tasse de café et se leva.

— … Je crois qu'il faut que je parte maintenant…
Elle se leva également, défroissa sa jupe.

— … Écoute, tout de même, April. C'était réellement très gentil…

Sa gorge se noua. Il sentit qu'il allait pleurer, mais il parvint à refouler ses larmes.

— … Je t'assure que c'était un très chic petit déjeuner, ajouta-t-il en battant des paupières. C'est vrai, tu sais. Je ne crois pas que j'aie jamais eu un… un petit déjeuner plus gentil.

— Merci, répondit-elle. Je suis contente. À moi aussi il a fait plaisir.

Pouvait-il s'en aller tout simplement, comme ça ? Sans ajouter autre chose ? En la regardant, tandis qu'ils se dirigeaient vers la porte, il se demanda s'il devrait dire : « Tu ne peux pas savoir comme j'ai mal quand je pense à hier », ou « Oui, je t'aime », ou quelque chose de ce genre. Mais fallait-il courir le risque d'envenimer les choses ? Il hésita, se tourna carrément vers elle, et il sentit que sa bouche prenait une forme maladroite.

— Alors tu ne… commença-t-il. Est-ce que tu me hais bien ?

Les yeux d'April devinrent graves ; elle sembla satisfaite qu'il lui eût posé cette question, comme si c'était l'une des rares questions au monde à laquelle elle pouvait répondre avec autorité. Elle secoua la tête.

— Non. Bien sûr que non…

Et elle lui ouvrit la porte.

— … Bonne journée !

— Merci. Toi aussi.

Alors, il n'eut aucun mal à prendre une décision ; sans la toucher, il commença, aussi lentement qu'un acteur de cinéma, à se pencher vers ses lèvres.

Le visage d'April, quand le sien se rapprocha, trahit une surprise ou une hésitation momentanée ; puis il s'adoucit ; elle ferma à demi les yeux pour montrer que ce baiser, même rapide, serait un baiser de bonne volonté réciproque, réciproquement gentil. Après, mais après seulement que le baiser fut donné et reçu, il posa une main sur son bras. C'était tout de même une fille qui avait fière allure !

— Okay, alors, dit-il tout bas. À bientôt.

7.

April Johnson Wheeler vit s'écarter le visage de son mari, elle sentit la légère pression d'une main sur son bras, elle entendit son au revoir, et elle lui sourit.

— À bientôt, répondit-elle.

Elle alla se poster sur les marches du perron de la cuisine et, en s'étreignant les bras pour se protéger contre l'air vif du matin, elle le regarda mettre en marche le moteur et faire démarrer la voiture sous le soleil. Le profil empourpré de Frank, incliné et tourné vers l'arrière quand la voiture passa devant elle, ne révélait rien d'autre que le calme d'un homme normalement satisfait de savoir conduire en marche arrière une voiture dans une descente. Elle se dirigea vers un endroit ensoleillé devant le garage pour le suivre des yeux, et elle vit se rapetisser de plus en plus la silhouette cabossée de la vieille Ford. Au bout de l'allée, tandis qu'il manœuvrait pour s'engager sur la route, un reflet du soleil sur le pare-brise lui cacha la figure de Frank. À tout hasard, pour le cas où il regarderait vers la maison, elle leva une main et l'agita ; quand elle l'aperçut à nouveau, elle comprit qu'il l'avait vue :

il était penché en avant et il lui souriait de toutes ses dents, coquet et joyeux dans son costume de gabardine, sa chemise blanche éblouissante et sa cravate sombre ; il répondit à son au revoir d'un petit geste désinvolte de la main ; puis il s'éloigna et disparut.

Le sourire d'April persistait quand elle rentra dans la cuisine et quand elle plongea la vaisselle du petit déjeuner dans un évier fumant et mousseux ; elle souriait encore, de fait, quand elle retrouva la serviette en papier avec le croquis de la calculatrice, et même alors son sourire ne s'éteignit pas : tout simplement il s'élargit, trembla, se figea en grimace tandis que des spasmes secouaient sa gorge, de plus en plus douloureusement, et que des larmes jaillissaient pour couler le long de ses joues au fur et à mesure qu'elle les essuyait.

Elle chercha de la musique sur la radio, pour calmer ses nerfs, et lorsqu'elle eut fini de laver sa vaisselle, elle avait retrouvé son équilibre. Ses gencives étaient irritées parce qu'elle avait fumé trop de cigarettes pendant la nuit, ses mains avaient tendance à trembler et elle entendait son cœur battre plus fort qu'à l'accoutumée ; en dehors de cela, elle se sentait bien. Elle reçut un choc, néanmoins, quand le speaker de la radio annonça : « Il est huit heures quarante-cinq minutes » ; elle avait l'impression qu'il était midi ou même deux heures de l'après-midi. Elle alla baigner son visage dans de l'eau fraîche et respira profondément pour essayer de ralentir le rythme des battements de son cœur. Ensuite elle alluma une cigarette et s'installa devant le téléphone.

— Allô, Milly ?... Ohé. Tout va bien ?... Ma voix est comment ?... Oh. Eh bien, non, réellement, je ne me sens pas mieux ; voilà pourquoi je vous ai appelée... Vous êtes sûre que cela ne vous ennuiera pas ? Vous comprenez, pas pour une autre nuit, non, je ne pense pas ; je pense que Frank aura envie de faire un saut chez vous ce soir et de les ramener ; mais cela dépendra de la tournure des choses... Oui, nous ferions peut-être mieux d'envisager l'hypothèse, juste en cas... Oh, c'est vraiment très gentil de votre part, Milly ; j'apprécie, je vous assure... Oh non, je suis sûre que ce n'est rien de grave ; c'est tout bonnement, vous savez... oui, l'une de ces petites choses... Alors, très bien. Embrassez-les pour moi et dites-leur que l'un de nous deux viendra les chercher soit ce soir soit demain... Quoi ?... Oh, ma foi... non ; non, s'ils sont en train de jouer dehors. Ne les appelez pas...

Entre ses doigts, sa cigarette se brisa ; elle la fit tomber dans le cendrier et se servit de ses deux mains pour empoigner le téléphone.

— ... Donnez-leur simplement... vous savez : donnez-leur à chacun un baiser de ma part, dites-leur que je les aime, dites-leur... vous savez... Très bien, Milly. Merci.

Elle parvint à raccrocher le téléphone avant de se remettre à pleurer. Pour redevenir maîtresse de ses nerfs, elle alluma une nouvelle cigarette, mais elle suffoqua et elle dut courir à la salle de bains où elle demeura debout un bon moment, aux prises avec de violentes nausées, même après avoir rendu le peu qu'elle avait avalé au petit déjeuner. Ensuite elle s'inonda encore le visage d'eau fraîche, se lava les dents ; après quoi il était temps qu'elle agît.

« Y as-tu réfléchi à fond, April ? » lui disait souvent sa tante Claire en brandissant un gros index déformé par les rhumatismes. « N'entreprends jamais une chose sans y avoir réfléchi à fond ; mais quand tu y as réfléchi à fond, alors fais-la le mieux possible. »

La première chose à faire était de mettre la maison en ordre, et notamment le bureau encombré de tous les vestiges datant des heures de la nuit où elle avait essayé de réfléchir à fond. Le cendrier débordait, l'encrier était entouré de cendres éparpillées, la tasse à café contenait un cercle brun séché. Elle n'eut qu'à s'asseoir devant le bureau et à allumer la lampe pour retrouver le parfum désolé et âcre des heures de la nuit.

Dans la corbeille à papier, chiffonnés et froissés, gisaient tous les brouillons malheureux de la lettre qu'elle avait essayé d'écrire. Elle en ramassa un, l'étala bien à plat, mais au début elle ne put pas le lire ; elle fut seulement capable de s'émerveiller de l'écriture : serrée, bien noire, exaspérée, elle ressemblait à des rangs de moustiques écrasés. Puis une partie de la lettre, dans la moitié inférieure de la page, se détacha avec netteté sous ses yeux.

« … les lâches illusions sur l'amour », alors que tu sais aussi bien que moi qu'entre nous il n'y a jamais eu que du mépris, de la méfiance et une dépendance terriblement morbide de l'un et de l'autre vis-à-vis de nos faiblesses mutuelles… voilà la raison. Voilà la raison pour laquelle je ne pouvais m'arrêter de rire aujourd'hui quand tu as parlé de l'incapacité d'aimer, et voilà la raison pour laquelle je ne puis pas supporter de te laisser me toucher, et voilà la raison pour laquelle plus jamais je n'ajouterai foi à ce que tu penses, à plus forte raison à ce que tu dis… »

Elle ne voulut pas aller plus loin parce qu'elle savait que sa lettre ne valait pas la peine d'être relue. C'était une lettre affaiblie par la haine, comme tous les autres brouillons avortés qu'elle avait jetés dans la corbeille ; tous ces papiers, elle les brûlerait.

À cinq heures du matin seulement (quoi ! il n'y avait que quatre heures de cela ?) elle avait finalement renoncé à écrire. Elle s'était contrainte à se lever du bureau, puis, épuisée jusqu'à en avoir mal, elle était allée prendre un grand bain chaud et elle était demeurée longtemps immobile sous l'eau, comme un malade en cure. Après quoi, se sentant distraite et grandement calmée, elle s'était rendue dans la chambre pour s'habiller ; et il était là, couché sur le dos.

Quand elle l'avait vu, à la pâle lumière bleue du matin, vautré dans son costume de sport du dimanche, elle avait éprouvé un choc, comme si elle avait découvert un étranger dans son lit. Quand elle s'était assise, parmi les relents de whisky, pour regarder de plus près ce visage bouffi et endormi, elle avait commencé à comprendre la véritable cause du choc qu'elle venait de ressentir : c'était bien autre chose que la certitude qu'elle ne l'aimait pas ; c'était qu'elle ne pouvait pas, qu'il lui serait impossible de le détester ou de le haïr. Comment quelqu'un pourrait-il le détester ? Il était… eh bien, il était Frank, tout simplement.

Il avait émis un léger ronflement plaintif, et ses lèvres s'étaient entrouvertes, et il avait cherché à tâtons la main d'April. « Oh, mon bébé. Oh, mon bébé, ne t'en va pas… »

« Chut, chut, chut ! Tout est bien. Tout est bien, Frank. Rendors-toi. »

Et cette scène avait eu lieu après qu'elle eut réfléchi à fond.

Aussi n'avait-elle commis aucune déloyauté, aucun mensonge quand elle lui avait dit non ce matin, en réponse à sa question : « Est-ce que tu me hais bien ? » De même qu'elle n'avait pas été déloyale ou hypocrite en lui servant un petit déjeuner soigné, en lui manifestant un intérêt marqué pour son travail, en l'embrassant et en lui disant au revoir. Et ce baiser, par exemple, avait été absolument parfait : un baiser tout à fait honnête, amical, le baiser que l'on donne à un garçon dont on vient de faire la connaissance à une « party », à un garçon qui a dansé avec vous, qui vous a amusée et qui vous a raccompagnée ensuite en parlant de lui-même tout le long de la route.

La seule faute réelle, l'unique erreur, la seule déloyauté qu'elle pouvait se reprocher, c'était qu'elle l'avait toujours pris pour ce qu'il était, rien de plus. Oh, pour un ou deux mois, histoire de se distraire, ç'aurait pu être très bien de jouer ce jeu-là avec un garçon ; mais pendant tant d'années ! Et simplement parce que, à une lointaine époque de solitude sentimentale, elle avait trouvé facile et agréable de croire tout ce qui passait par la tête de ce garçon en particulier, et de le récompenser de ce plaisir en lui débitant ses propres mensonges faciles, agréables, jusqu'à ce que l'un dît ce que l'autre souhaitait le plus entendre, jusqu'à ce qu'il lui dît : « Je t'aime », jusqu'à ce qu'elle lui dît : « Réellement, je t'assure, tu es l'être le plus intéressant que j'aie jamais rencontré. »

Quelle chose subtile, traîtresse, que de se laisser aller pareillement ! Parce qu'une fois que vous commencez, la difficulté est de s'arrêter ; et c'est une difficulté terrible ; bientôt, vous voici disant : « Je te demande pardon, c'est toi qui as raison », et : « Ton avis est certainement le meilleur », et : « Tu es ce qu'il y a de plus merveilleux et de plus précieux sur la terre » ; et tout de suite après, vous savez que toute vérité s'éloigne, est aussi désespérément hors d'atteinte dans son scintillement que le monde des personnages dorés. Ensuite vous découvrez que vous vous lancez dans la vie tout comme la Compagnie du Laurier aborde *La Forêt pétrifiée*, ou comme Steve Kovick manie sa batterie : avec sérieux, avec mollesse, avec des tas de prétentions, quantité d'erreurs ; vous vous surprenez en train de dire oui quand vous vouliez dire non, et : « Dans cette affaire il faut que nous ne fassions qu'un », alors que vous pensez le contraire ; et puis vous respirez de l'essence comme si c'étaient des fleurs, en vous abondonnant aux délires de l'amour sous le poids d'un rouquin maladroit et grognon qui ne vous plaît même pas (Shep Campbell !) ; et enfin vous vous trouvez face à face, dans des ténèbres totales, avec la certitude que vous ne savez pas qui vous êtes.

Et de cela, vous voudriez accuser quelqu'un d'autre ?

Une fois nettoyé le bureau et refait le lit de Frank avec des draps propres, elle partit avec la corbeille à papier pour la cour du fond. Cette journée d'automne était tiède, mais une petite brise aigre faisait voltiger et tourbillonner les feuilles mortes sur la pelouse ; ce spectacle lui rappela les débuts de son enfance, les pommes, les crayons, les vêtements neufs de laine des derniers jours avant l'école.

Elle porta la corbeille de l'autre côté de la pelouse, enfouit les papiers dans le tambour de l'incinérateur et en approcha une allumette. Puis elle s'assit sur le rebord d'une pierre chauffée par le soleil et elle assista à leur anéantissement, l'œil fixé sur la petite flamme presque invisible qui rampait lentement d'abord, puis plus vite, et s'élevait en diffusant de petites ondes de chaleur qui miroitaient sur le paysage. Des oiseaux chantaient, dans les arbres des feuilles bruissaient doucement ; au loin retentissaient des cris d'enfants qui jouaient ; elle écouta attentivement, mais ne sut pas distinguer les voix de Jennifer ou de Michael de celles des fils Campbell ; elle en arriva même à se demander si ces voix venaient bien de la maison des Campbell.

D'ailleurs, de loin, toutes les voix d'enfants se ressemblent.

— Et écoute ! Écoute !... Tu sais ce qu'elle m'a apporté d'autre, Margie ? J'essaie de te raconter quelque chose, voyons.

— Quoi ?

Margie Rothenberg, son petit frère George, Mary Jane Crawford et Edna Slater étaient là à flâner près de la haie où l'herbe ne poussait plus, où il y avait la petite caverne, où ils entassaient leurs trésors.

— J'ai dit : tu sais ce qu'elle m'a apporté d'autre ? Ma mère ? Elle m'a apporté ce beau sweater en cachemire bleu, pour l'école, et des bas qui vont avec, et ce joli petit atomiseur de parfum ? Cette petite bouteille avec une chose qu'on presse ? Avec du vrai parfum dedans ? Oh, et puis nous avons fait une promenade en voiture à White Plains avec Mr. Minton, qui est l'ami de ma mère, et puis nous sommes allées au cinéma, et puis nous avons mangé des crèmes glacées, et je suis restée debout jusqu'à onze heures dix !

— Comment se fait-il qu'elle ne soit restée que deux jours ? demandait Margie Rothenberg. Tu m'avais dit qu'elle devait rester huit jours. George, arrête-toi tout de suite !

— Je n'ai pas dit cela. J'ai dit qu'elle resterait peut-être une semaine. La prochaine fois, c'est probablement ce qu'elle fera, à moins que ce ne soit moi qui aille passer une semaine chez elle, et si je le fais…

— George ! La prochaine fois que tu fourrageras dans ton nez et que tu mettras dans ta bouche ce que tu y trouves, je le raconterai à la maison ! Oui, je le dirai partout !

— … Et si je le fais, tu ne sais pas ? Eh bien si je le fais, je n'irai pas à l'école pendant toute une semaine. Ah, ah ! Eh, Margic ? Tu veux venir à la maison pour voir mon sweater ?

— Je ne peux pas. Il faut que je sois rentrée à la maison pour « Don Winslow ».

— Nous pouvons écouter « Don Winslow » chez moi. Viens donc !

— Je ne peux pas. Il faut que je rentre. Allons, Georgie…

— Eh, Edna ? Eh, Mary Jane ? Vous savez ce que ma mère m'a apporté ? Elle m'a apporté ce beau… Eh, écoute, Edna ! Écoute…

Une fenêtre d'en haut s'ouvrit en grinçant ; elle comprit que si elle se retournait, elle apercevrait confusément la silhouette de tante Claire derrière le store de cuivre.

— Aay-prul !

— … Elle m'a apporté ce beau sweater bleu, c'est du cachemire, et ce beau…

— Aay-prul !

— Qu'y a-t-il ? Je suis là.

— Pourquoi n'as-tu pas répondu, alors ? Je veux que tu rentres immédiatement, que tu te laves et que tu te changes. Ton père vient de téléphoner. Il arrive en voiture ; il sera là dans un quart d'heure.

Alors elle courut à la maison de toute la vitesse de ses petites jambes : c'est à peine si ses espadrilles touchaient terre. Rien de tel ne lui était arrivé jusqu'ici ; non, jamais ! Deux jours entiers avec sa mère, et puis, dès aujourd'hui, dès le lendemain…

Elle grimpa les marches deux par deux, s'engouffra dans sa chambre et commença à se déshabiller avec une telle précipitation qu'elle arracha un bouton de sa blouse ; et elle interrogeait :

— Quand a-t-il appelé ? Qu'a-t-il dit ? Combien de temps restera-t-il ?

— Je ne sais pas, ma chérie ; il m'a dit qu'il se rendait à Boston. Tu n'as pas besoin de déchirer tes affaires ; tu as tout le temps.

Bientôt elle monta la faction sur le porche, habillée de sa robe du dimanche, pour voir poindre dans la rue, la première, la belle voiture de tourisme qui était longue, brillante, haute sur roues... Quand elle la reconnut, à une cinquantaine de mètres de la maison, elle se força à ne pas s'élancer en courant dans le jardin ; elle attendit que l'auto s'arrêtât devant la maison, afin qu'elle pût le voir sortir.

Et oh, comme il était merveilleusement grand, mince, et droit ! Comme le soleil dorait bien ses cheveux et son visage riant.

— Papa !

Elle courut, et puis elle se trouva dans ses bras.

— Comment va ma colombe ?...

Il sentait le linge frais, le whisky et le tabac ; les cheveux courts de sa nuque étaient piquants au toucher, et sa mâchoire ressemblait à une chaude pierre ponce. Mais c'était sa voix qu'elle préférait à tout : une voix aussi profonde, aussi vibrante que si elle sortait d'une jarre de terre.

— ... Sais-tu que tu as grandi d'au moins dix centimètres ? Je ne suis pas sûr de pouvoir me faire obéir d'une aussi grande fille. En tout cas, plus question de te porter ; cela, je ne le sais que trop. Rentrons et allons voir ta tante Claire. Quoi de nouveau ? Comment vont tous tes petits amis ?…

Causant avec tante Claire dans le living-room, il était tout simplement une merveille d'homme. Ses chevilles minces, au-dessous des plis du pantalon qui était relevé juste à bonne hauteur, étaient recouvertes de robustes chaussettes de laine noire rayée ; ses souliers marron foncé étaient posés sur le tapis avec tant de grâce et de distinction (l'un un peu en avant, l'autre légèrement en retrait) qu'elle se dit qu'elle devrait passer un temps fou à les examiner pour enregistrer dans sa mémoire la façon dont les pieds d'un homme devaient être faits. Mais il fallait bien que son regard remontât vers ses genoux de prince, vers sa veste bien cintrée avec le petit ruban fin qui servait de chaîne de montre, qu'elle admirât sa manière de s'asseoir sur une chaise, ses poignets aux manchettes éblouissantes, ses mains dont l'une tenait un grand verre ballon et l'autre gesticulait lentement, avec aisance, dans l'air, sa figure radieuse. Trop de choses, de lui, étaient fascinantes pour que tout pût être embrassé d'un seul coup d'œil.

Il était en train de raconter une bonne histoire.

— … Alors Eleanor se leva et lui dit : « Jeune homme, vous êtes ivre. » Le garçon la regarda et répondit : « C'est bien vrai, Mrs. Roosevelt, je suis ivre. » Et il ajouta : « Mais voici la différence,

Mrs. Roosevelt : moi, demain matin, je serai en pleine forme. »

Le torse épais de tante Claire se plia en deux et April l'imita comme si elle aussi trouvait la plaisanterie extrêmement drôle, bien qu'elle n'en eût pas entendu la première partie et qu'elle ne fût pas très sûre d'avoir tout compris. Mais à peine le rire avait-il fini de résonner dans la pièce qu'il se leva pour prendre congé.

— Mais vous ne… vous ne restez même pas ici pour dîner, papa ?

— Ma colombe, je resterais avec un plaisir infini, mais j'ai ces gens qui m'attendent à Boston, et ils seront très, très fâchés contre ton papa s'il ne s'en va pas tout de suite. Si tu m'embrassais ?

Et alors, se détestant pour ce qu'elle allait faire, elle se mit à jouer une comédie de bébé.

— Mais vous n'êtes même pas resté ici une heure. Et vous… vous ne m'avez même pas apporté un cadeau, et vous…

— Oh, Ape-rull ! protestait tante Claire. Pourquoi cherches-tu à gâcher une visite aussi agréable ?

Mais lui, au moins, n'était plus debout : il s'était accroupi humblement à côté d'elle, et il l'avait embrassée.

— Ma colombe, j'ai bien peur que tu n'aies raison au sujet du cadeau, et je me sens l'âme d'un chien battu. Écoute-moi, cependant. Je vais te dire : toi et moi, nous allons visiter ma voiture, remuer tout ce qu'il y a dedans, et peut-être qu'après tout nous trouverons quelque chose pour toi. Tu veux essayer ?…

La nuit tombait lorsqu'ils quittèrent tante Claire et descendirent ensemble le jardin ; l'intérieur silencieux de la voiture donnait une impression enivrante de puissance et de vitesse. Quand il tourna des boutons sur le tableau de bord, on aurait dit une pimpante maison de cuir. Tout ce dont ils auraient eu besoin pour vivre ensemble s'y trouvait : des sièges confortables, des accessoires de voyage, un briquet pour cigarettes, une petite étagère sur laquelle elle pourrait étendre un napperon pour des sandwiches et du lait qui suffiraient à les nourrir sur la route ; et la banquette avant comme la banquette arrière étaient assez vastes pour que l'on pût y dormir.

— … Le boîtier à gants ? disait-il. Non. Il n'y a rien là-dedans, que quelques vieilles cartes. Eh bien, essayons la valise…

Il se retourna et atteignit la banquette arrière où il défit les courroies d'un gros sac de voyage.

— … Voyons. Des chaussettes ; des chemises ; ça ne va pas. Mon Dieu, c'est un véritable problème ! Tu veux que je te dise quelque chose ? Eh bien, un homme ne devrait jamais voyager sans une provision de bracelets et de paillettes ; qui peut savoir s'il ne rencontrera pas en route une jolie petite fille ? Oh, regarde. Attends une seconde. Voici quelque chose. Pas grand-chose, bien sûr, mais enfin quelque chose…

Il exhuma une longue bouteille brune avec l'image d'un cheval et les mots « Cheval Blanc » sur l'étiquette. Un tout petit objet était attaché à son col par un ruban ; mais il le lui dissimula jusqu'à ce qu'il eut ouvert son canif et coupé le ruban. Alors, le lui présentant, il le posa délicatement dans sa main. C'était un minuscule cheval blanc.

— … Voici, ma chérie, lui dit-il. Et tu pourras le garder toujours.

Le feu s'était éteint. Elle retourna les bouts de papier noircis avec un bâton pour s'assurer qu'ils avaient brûlé ; il ne restait plus que des cendres.

Les voix des enfants la poursuivirent faiblement tandis qu'elle retransportait la corbeille à papier de l'autre côté de la pelouse ; ce ne fut qu'en rentrant et en refermant la porte qu'elle cessa de les entendre. Elle coupa la radio, et la maison devint extraordinairement silencieuse.

Elle remit la corbeille à papier à sa place, s'assit une nouvelle fois devant le bureau, disposa devant elle une feuille blanche. Cette lettre-ci ne lui demanda guère de temps. Elle n'avait qu'une seule chose à dire, une chose très importante, et cette chose-là serait mieux dite en un minimum de mots, si peu de mots qu'ils ne donneraient lieu à aucune déformation, à aucun contresens.

Cher Frank,
Quoi qu'il arrive, je t'en prie,
Ne te reproche rien.

Par la force d'une vieille habitude insidieuse, elle faillit ajouter les mots « Je t'aime », mais elle se reprit à temps et signa de son prénom, « April ». Elle plia la feuille, la mit sous enveloppe, écrivit « Frank » sur l'extérieur, et la laissa exactement au milieu du bureau.

Dans la cuisine, elle descendit sa plus grosse marmite, la remplit d'eau et la mit sur le feu à bouillir. De quelques boîtes en carton dans la cave, elle sortit les autres éléments indispensables : les pinces qui avaient été jadis utilisées pour des bouteilles à stériliser, et la boîte bleue du pharmacien qui contenait les deux parties de la sonde : la poire en caoutchouc et la longue canule en plastique. Elle plongea ces objets dans la marmite qui commençait à fumer.

Le temps qu'elle se livrât aux autres préparatifs, qu'elle installât une réserve de serviettes propres dans la salle de bains, qu'elle eût inscrit le numéro de téléphone de l'hôpital, qu'elle l'eût placé à côté du téléphone, l'eau s'était mise à bouillir. Le couvercle de la marmite se soulevait en frémissant ; la sonde heurtait et roulait contre ses parois.

Il était neuf heures trente. Dans dix minutes elle éteindrait le feu ; puis il lui faudrait attendre un moment, pour que l'eau refroidisse. D'ici là, elle n'avait rien d'autre à faire qu'attendre.

« Y as-tu réfléchi à fond, April ? N'entreprends jamais une chose sans avoir… »

Mais elle n'avait plus besoin de conseils ni de recommandations. Elle était maintenant calme et paisible parce qu'elle savait ce qu'elle avait toujours su, ce que ni ses parents ni tante Claire ni Frank ni personne n'avaient jamais dû lui apprendre : que si l'on voulait faire quelque chose de foncièrement honnête, quelque chose de loyal, il fallait toujours en arriver à faire cette chose-là toute seule.

8.

À deux heures de l'après-midi, Milly Campbell venait de terminer ses travaux ménagers. Elle se reposait sur le coussin de la télévision, littéralement saoulée par les odeurs de poussière, de cire, par le bruit des enfants qui jouaient dehors (six gosses, c'était vraiment trop pour une personne seule, même pendant deux jours), et constamment par la suite elle déclara qu'elle éprouvait « cette impression très précise d'un pressentiment » depuis déjà une bonne minute avant d'avoir entendu le son qui le lui confirma.

C'était un son annonciateur de circonstances critiques (d'un incendie, d'un meurtre, d'une expédition policière) : le ronronnement grave, abominablement bruyant que fait la sirène d'une voiture quand le conducteur vient de démarrer et doit ralentir pour amorcer un virage avant de foncer pleins gaz. Elle arriva à sa fenêtre juste à temps : en bas, par-dessus les cimes des arbres du bas du jardin, la longue forme d'une ambulance déboucha de la Route de la Révolution, attrapa le soleil pour le réfléchir en un éclair aveuglant en se redressant, et se lança sur la Route n° 12 tandis que sa sirène s'enflait et montait de plus en plus vers l'aigu en un hurlement continu, insupportable, qui plana dans les airs longtemps après que l'ambulance eut disparu dans le lointain. Toute soucieuse, Milly se mordit les lèvres.

— Vous comprenez, expliqua-t-elle plus tard, je savais que bien d'autres personnes habitaient sur cette route. Il pouvait s'agir de n'importe qui, mais j'ai eu ce sentiment que c'était April. Je me suis dirigée vers le téléphone pour l'appeler, mais je me suis arrêtée parce que je me suis dit que j'aurais l'air stupide, et puis j'ai pensé qu'elle dormait peut-être.

Alors elle s'assit, troublée, devant le téléphone jusqu'à ce qu'il se mît brusquement à sonner. C'était Mrs. Givings, dont la voix fit vibrer douloureusement l'écouteur contre l'oreille de Milly.

— Savez-vous ce qui est arrivé chez les Wheeler ? Parce que je venais de dépasser leur maison quand j'ai vu une ambulance descendre leur allée et partir… Je suis terriblement inquiète. Je viens d'essayer de les appeler au téléphone ; personne n'a répondu…

— J'ai cru mourir, expliqua Milly ultérieurement. Quand elle eut raccroché, je suis restée assise le cœur au bord des lèvres, et puis j'ai fait ce que je fais toujours quand il se produit quelque chose d'épouvantable. J'ai appelé Shep.

Se frottant paresseusement la nuque devant une fenêtre des Laboratoires de Précision Associés, Shep Campbell était perdu dans une rêverie embrouillée. Depuis une semaine maintenant, depuis l'incroyable soirée à la Cabane en Bois, il n'avait guère été utile aux Laboratoires Associés, à Milly ni à lui-même. Le premier jour, comme n'importe quel gamin mort d'amour, il l'avait appelée d'un taxiphone et avait dit : « April, quand pourrai-je vous voir ? » Or elle lui avait fait comprendre, en beaucoup de mots fort précis, qu'il ne pourrait plus la revoir du tout et qu'il aurait beaucoup mieux fait de ne pas le lui demander. Le souvenir de cette conversation (ou plutôt de ce monologue) l'avait tarabusté toute la nuit ainsi que le lendemain (Mon Dieu, pour quel lourdaud, pour quel niais, elle avait dû le prendre), et l'avait obligé à consacrer de nombreuses heures à répéter à voix basse les paroles froides, réfléchies, compréhensives qu'il prononcerait quand il la rappellerait. Mais lorsqu'il s'était retrouvé dans le taxiphone, il avait tout gâché. Les mots savamment étudiés ne voulaient plus sortir, sa voix tremblait comme celle d'un idiot, il recommença à lui dire qu'il l'aimait, et tout se termina sur une interruption aussi ferme que gentille d'April : « Écoutez, Shep ; réellement je ne tiens pas à vous raccrocher au nez, mais je le ferai si vous ne raccrochez pas le premier. »

Il ne l'avait revue qu'une fois. Hier, quand elle avait conduit ses enfants à la maison, il s'était caché tout tremblant dans la chambre et il avait écarté les rideaux en basin pour la regarder sortir de voiture (une femme enceinte, fatiguée) et il n'avait pas pu l'observer longtemps : son cœur battait trop vite.

— Mr. Campbell, au téléphone ! appela l'une des secrétaires.

Contre toute logique, il se dirigea vers son bureau en pensant qu'il aurait peut-être April au bout du fil. Ce n'était pas April.

— Ohé, mon bébé… Comment ? Écoute, voyons, calme-toi. Qui est à l'hôpital ? Quand ? Oh, Jésus !…

Mais le plus remarquable fut que pour la première fois de toute la semaine il se sentit capable de se rendre utile. Il se laissa tomber légèrement sur le coussin en feutre de sa chaise, ses jambes fléchirent comme s'il s'accroupissait, d'une main il colla le téléphone à son oreille et de l'autre il tint en équilibre son gros crayon noir : un vrai parachutiste tendu, calme, prêt à l'action.

— … Calme-toi une seconde, lui dit-il. As-tu déjà appelé l'hôpital ? Mon chou, c'est la première chose à faire, avant d'appeler Frank… Okay, okay, je vois que tu es toute bouleversée. Je vais appeler l'hôpital et obtenir des renseignements, et je l'appellerai ensuite. Maintenant, écoute, tu vas te calmer un peu, tu m'entends ?…

Son crayon traça un certain nombre de parallèles sur une feuille de bloc.

— … Okay, dit-il. Et pour l'amour de Dieu ne laisse pas supposer aux enfants qu'il s'est passé quelque chose… Aux nôtres ou aux leurs… Okay… Okay, bien. Oui, je te rappellerai.

Puis il eut l'hôpital au bout du fil et vint habilement à bout de tout l'embouteillage du standard, refusant de parler aux voix qui ne pouvaient pas le renseigner, et prenant le ton qu'il fallait, le ton vif et énergique d'un enquêteur, avec ses interlocuteurs informés.

— … Opéré d'urgence de quoi ?… Bien, mais je veux dire un traitement pour quoi ?… Oh. Vous dites qu'elle a fait une fausse couche. Eh bien, pouvez-vous me dire comment elle va ?… Je vois. Et savez-vous combien de temps cela prendra ?… Docteur qui ?…

Son crayon sauta et vacilla quand il écrivit le nom.

— … Okay. Encore une chose : quelqu'un a-t-il prévenu son mari ?… Okay. Merci…

Se voûtant encore davantage au-dessus du téléphone, il appela les Machines Knox à New York.

— … Mr. Frank Wheeler, je vous prie… Il est où ?… Eh bien, faites-le sortir de sa conférence, alors. C'est un cas d'urgence.

Ce fut seulement pendant qu'il attendit la communication avec Frank que ses entrailles commencèrent à se tordre d'angoisse.

Puis Frank arriva en ligne.

— Oh, mon Dieu ! dit-il d'une voix bouleversée, sans timbre.

— Non, attendez, écoutez, Frank ; du calme, mon vieux. Pour autant que je sache, elle va bien. C'est absolument tout ce qu'ils m'ont dit. Maintenant, écoutez. Sautez dans le premier train pour Stamford ; je vous attendrai à la gare, et nous serons à l'hôpital en cinq minutes... Très bien. Je pars tout de suite pour vous cueillir à la gare. Okay, Frank...

Dehors, dans le parking, courant vers sa voiture en enfilant sa veste, Shep sentit que la joie de vivre lui revenait avec l'air frais qui sifflait dans ses oreilles. C'était le vieux sentiment du combat, le sentiment qu'il faisait exactement ce qu'il devait faire, vite et bien, pendant que tous les autres éléments de la situation échappaient à son contrôle.

À la gare, en attendant le train, il rappela Milly (qui s'était calmée) et l'hôpital (il n'y avait rien de nouveau) ; puis il arpenta le quai baigné du soleil de l'après-midi, faisant sonner des petites pièces de monnaie dans sa poche et murmurant pour lui-même : « Allons ! Allons ! » Ce calme paisible autant qu'incongru ressemblait bien lui aussi à la guerre (courir et attendre). Mais soudain le train arriva, fit trembler le quai, et Frank, accroché à une rampe de marchepied, sauta en marche, faillit tomber, se reprit, courut vers Shep avec des yeux de fou et une cravate en désordre.

— … Okay, Frank…

Côte à côte, ils couraient déjà vers le parking avant même que le train fût complètement arrêté.

— … La voiture est là.

— Est-elle… Lui font-ils encore ?…

— La même chose que lorsque je vous ai appelé.

Ils n'échangèrent pas un mot pendant le trajet bref, mais lent à cause des embouteillages, jusqu'à l'hôpital ; d'ailleurs Shep n'était pas sûr que sa voix aurait été efficace s'il avait essayé de s'en servir. Le regard qu'il lisait dans les yeux de Frank, la façon dont il s'était tassé tout tremblant dans la voiture l'avaient rempli de peur. Il savait maintenant que toutes ses possibilités d'agir allaient s'épuiser ; quand il aurait avalé cette dernière côte qui aboutissait à la laide bâtisse brune, il pénétrerait dans un domaine où il ne serait plus d'aucun secours.

Pendant qu'ils poussaient des portes silencieuses marquées : ENTRÉE DES VISITEURS, qu'ils s'arrêtaient pour murmurer quelques mots au bureau des renseignements, qu'ils se précipitaient dans un couloir du pas précipité de concurrents disputant une épreuve de marche, l'esprit de Shep se déconcentra miséricordieusement comme il en avait pris l'habitude à la guerre : une petite voix intérieure lui murmurait : « Ce n'est pas vrai ; cela n'arrivera pas ; ne crois aucun de ceux qui t'entourent. »

— Mrs. qui ? Mrs. Wheeler ? dit une grosse infirmière au bout du couloir en battant des paupières au-dessus de son masque stérilisé. Vous voulez dire l'urgence ? Eh bien, à première vue, je ne sais pas. Je crains de ne pouvoir…

D'un air gêné, elle lança un coup d'œil vers une porte fermée au-dessus de laquelle brillait une lampe rouge ; Frank bondit. Elle se glissa entre lui et la porte, comme pour lui barrer le chemin par la force en cas de besoin, mais Shep empoigna Frank par le bras et le retint.

— Ne peut-il pas entrer ? C'est son mari.

— Non. Certainement il ne peut pas entrer…

Les yeux de l'infirmière s'élargirent avec le sentiment croissant de ses responsabilités. Finalement elle consentit, non sans répugnance, à entrer elle-même et à parler au docteur. Une minute plus tard, celui-ci sortit : c'était un homme frêle, au regard embarrassé, qui avait revêtu la tenue blanche des chirurgiens.

— Lequel d'entre vous est Mr. Wheeler ? demanda-t-il.

Alors il prit Frank par un bras et l'entraîna pour un entretien particulier.

Se tenant respectueusement à distance, Shep permit à la voix intérieure de lui certifier qu'elle ne pouvait pas être mourante. On ne meurt pas comme cela, au bout d'un couloir silencieux, en plein milieu de l'après-midi. Voyons, sacré nom, si elle était en train de mourir, ce garçon de salle ne pousserait pas aussi paisiblement son balai sur le linoléum, certainement il ne fredonnerait pas, et on ne tolérerait pas les gueulantes de la radio à quelques portes de là. Si April Wheeler était en train de mourir, ils n'auraient pas placardé cette affiche sur le mur (avec l'annonce, en caractères entortillés, d'un bal de l'hôpital : « On s'amusera ! On boira ! ») et il n'y aurait pas eu ces fauteuils d'osier près de la table surchargée de magazines. Que diable espérait-on donc que vous alliez faire ? Vous asseoir, vous croiser les jambes et vous plonger dans un numéro de *Life* quand quelqu'un se mourait ? Bien sûr que non. C'était un lieu où des bébés venaient au monde, un endroit où de simples fausses couches étaient soignées et guéries en un rien de temps ; c'était un endroit où vous attendiez en vous rongeant les sangs, jusqu'à ce que vous eussiez reçu l'assurance que tout s'était bien passé ; après quoi, vous n'aviez plus qu'à partir, aller boire un verre et rentrer chez vous.

Expérimentalement, il s'assit dans l'un des fauteuils en osier. L'un des magazines était *U. S. Camera*, et il fut tenté de s'en emparer et de le feuilleter pour y découvrir des photos de femmes nues ; mais il se releva brusquement, fit quelques pas dans un sens, puis dans l'autre. Ce qui l'ennuyait surtout, c'était qu'il avait fort envie d'aller aux toilettes. Il commençait à éprouver une douleur vive, aiguë, dans la vessie, et il se demandait combien de temps il lui faudrait pour sauter jusqu'aux toilettes et revenir.

Mais le docteur était rentré dans la chambre, et Frank se tenait debout, tout seul, en se frottant la tempe avec deux ongles.

— Jésus, Shep, je n'ai même pas pu comprendre la moitié de ce qu'il m'a dit. Il m'a dit que le fœtus était sorti avant qu'ils l'aient amenée ici. Il m'a dit qu'on avait dû l'opérer pour lui retirer le je ne sais quoi, le placenta, et qu'on le lui a bien enlevé, mais qu'elle continue à saigner. Il m'a dit qu'elle avait perdu énormément de sang avant même l'arrivée de l'ambulance et que maintenant ils essayaient d'arrêter l'hémorragie, et il m'a dit des tas de choses que je n'ai pas saisies, sur des capillaires, et il m'a dit qu'elle était sans connaissance. Jésus !

— Si vous vous asseyiez une minute, Frank ?

— C'est aussi ce qu'il m'a dit. Mais pourquoi aurais-je envie de m'asseoir, nom de Dieu ?

Ils demeurèrent donc debout, à écouter le fredonnement du garçon de salle et le bruit mat cadencé de son balai contre le mur, ou bien le son, étouffé par le caoutchouc des talons, des pas d'une infirmière. À un moment donné, les yeux de Frank eurent une lueur de raison qui dura assez longtemps pour qu'il acceptât la cigarette que lui offrit Shep dans un léger excès de gentillesse.

— Cigarette, mon vieux ? Bougez pas. Là, j'ai une allumette…

Et alors, encouragé par la bonne disposition de sa voix, il ajouta :

— … Dites, Frank. Je vais aller nous chercher une tasse de café.

— Non.

— Si, ça nous fera du bien. Je reviens dans une minute. Il s'élança dans le couloir, tourna à droite, emprunta un deuxième couloir jusqu'à ce qu'il eût trouvé les toilettes pour messieurs ; là il se tint tout tremblant et près de geindre pendant que sa vessie se décomprimait lentement. Ensuite il alla à la recherche de la cantine, qui était située à des centaines de mètres de là et qui s'appelait « La Boutique Hospitalière » ; il fonça à travers des jouets, des gâteaux, des revues, pour commander deux cafés ; puis, tenant délicatement les deux récipients en carton pour ne pas se brûler les doigts, il repartit pour le quartier des urgences. Tous les couloirs se ressemblaient, et il alla jusqu'à l'extrémité de l'un avant de découvrir qu'il avait pris la mauvaise direction. Il lui fallut longtemps pour trouver son chemin, et il n'oublia jamais que c'était cela qu'il faisait (courir dans des couloirs en portant deux cafés et en affichant un sourire niais, interrogatif) pendant que mourait April Wheeler.

Il sut qu'elle était morte dès qu'il eut tourné dans le couloir où brûlait la lampe rouge au bout. Frank avait disparu ; toute cette partie du couloir était vide. Il avait encore cinquante mètres à parcourir quand il vit la porte s'ouvrir, quantité d'infirmières se répandre au-dehors et s'égailler dans toutes les directions ; derrière elles, à pas lents, surgirent non pas un mais trois ou quatre médecins ; deux d'entre eux soutenaient Frank, comme deux maîtres d'hôtel polis et pleins de sollicitude auraient aidé un ivrogne à sortir d'un bar.

Shep chercha désespérément des yeux un endroit où poser les deux cafés ; il se baissa, les rangea par terre contre le mur, et prit le pas de course pour aller au-devant des médecins ; il ne les vit que comme une masse informe de vêtements blancs et de visages roses, pourvus de voix discordantes :

— … un choc terrible, naturellement…

— … l'hémorragie était bien trop grave pour…

— … ici, voyez ; essayez de vous asseoir et…

— … les capillaires…

— … en réalité elle avait tout pour avoir une remarquable…

— … non, voyez ; asseyez-vous et…

— … ce sont des choses qui arrivent, il y a réellement…

Ils essayaient d'obliger Frank à s'asseoir sur l'un des fauteuils d'osier, lequel grinçait et dérapait ; mais il s'entêtait à rester debout, silencieux, le visage inexpressif, le souffle court, la tête oscillant légèrement à chaque respiration, le regard vide.

La suite des événements demeura toujours floue dans la mémoire de Shep. Quelques heures avaient dû s'écouler puisque la nuit était tombée quand ils avaient pris le chemin du retour, et ils avaient dû rouler longtemps parce qu'il avait pris le volant et qu'il n'eut pas la moindre idée, plus tard, de la route qu'ils avaient suivie. Une fois, dans une ville quelconque, il s'arrêta devant une épicerie et il acheta une pinte de bourbon, qu'il déboucha pendant que le moteur tournait au ralenti le long du trottoir. Il la tendit à Frank.

— Tenez, mon vieux…

Et il le regarda téter le col de la bouteille, avec des lèvres aussi molles que celles d'un bébé. Ailleurs (ou bien était-ce dans cette même ville ?) il alla dans une cabine téléphonique au bord de la route, et il appela Milly ; quand elle s'écria : « Oh mon Dieu ! Non ! » il la supplia au nom du Christ de ne pas crier, de peur que les enfants ne l'entendissent. Et il fut obligé de rester un bon moment au téléphone, jusqu'à ce qu'elle se fût un peu calmée, en surveillant Frank du coin de l'œil ; dans la voiture, Frank était métamorphosé en statue.

— … Écoute-moi bien maintenant, dit-il à Milly. Je ne peux pas le ramener à la maison avant que les gosses soient endormis ; ce qu'il faut que tu fasses, c'est les mettre au lit le plus tôt possible, et pour l'amour de Dieu essaie de te montrer naturelle. Ensuite je le ramènerai chez nous pour la nuit. Tu comprends, nous ne pouvons pas le laisser rentrer chez lui, dans sa maison…

Le reste du temps, ils roulèrent sans but. Il se rappela plus tard cette randonnée, uniquement sous l'aspect d'une succession de feux rouges ou verts, de fils électriques, d'arbres, de maisons, de centres commerciaux, de côtes interminables sous un ciel pâle. Il se rappela aussi que Frank ne disait rien, sinon qu'en poussant de temps à autre de faibles gémissements il répétait toujours la même phrase :

— … et elle était si gentille ce matin ! N'est-ce pas le comble ? Ce matin, elle était si gentille…

À un moment donné (et Shep fut incapable de se souvenir s'il l'avait avoué au début ou à la fin de la randonnée), Frank murmura :

— … Elle l'a fait volontairement, Shep. Elle s'est tuée.

Alors Shep se réfugia dans son truc d'encaisser en souplesse ; il réfléchirait à cela plus tard.

— Calmez-vous, Frank, répondit-il. Ne dites pas de bêtises. Ce sont des choses qui arrivent, voilà tout.

— Non, pas ça. Ce n'est pas la même chose. Elle voulait le faire le mois dernier, et elle n'aurait couru alors aucun danger. Elle n'aurait couru alors aucun danger, et je l'en ai dissuadée. Je l'en ai dissuadée et hier nous nous sommes disputés, et à présent elle… Oh, Jésus ! Oh, Jésus ! Et elle était si gentille ce matin…

Shep gardait ses yeux fixés sur la route, et il se réjouissait que la route lui offrît tant de distractions l'obligeant à leur consacrer la partie la plus active, la plus alerte de son cerveau. Parce que, comment saurait-il jamais, maintenant, l'exacte quantité de vérité qu'il y avait là ? Et comment saurait-il jamais l'exacte quantité de responsabilités qui étaient les siennes dans cette affaire ?

Seule dans son living-room sans éclairage, beaucoup plus tard, Milly était assise en mâchonnant son mouchoir, avec l'âme d'une terrible poltronne. Jusqu'à un certain moment, elle avait eu une conduite presque exemplaire. Elle s'était arrangée pour bien tenir son rôle devant les enfants et pour les faire se coucher une heure plus tôt, largement avant l'arrivée de Shep ; elle avait préparé quelques sandwiches et les avait déposés dans la cuisine, pour le cas où quelqu'un eût faim ultérieurement. (« La vie continue », lui avait toujours dit sa mère, lorsqu'elle préparait des sandwiches le jour d'un décès.) Elle avait même trouvé le temps d'appeler au téléphone Mrs. Givings, dont la réaction devant la nouvelle avait été de répéter plusieurs fois : « Oh, oh, oh ! » Et elle avait fait de son mieux pour se préparer à accueillir Frank : rester avec lui toute la nuit, lui lire la Bible ou n'importe quoi, le porter dans ses bras, lui permettre de pleurer sur son sein ; oui, tout ce qu'il voudrait.

Mais rien ne l'avait préparée à affronter le vide total, épouvantable des yeux de Frank, lorsque Shep l'aida à gravir les marches de la cuisine.

— Oh, Frank ! s'écria-t-elle.

Et elle commença à pleurer, avant de s'enfuir dans le living-room avec un mouchoir sur sa bouche, et depuis lors elle n'avait pas reparu.

Elle n'avait rien pu faire d'autre que s'asseoir et prêter l'oreille aux bruits confus de la cuisine (une chaise qui grinçait, le cliquetis d'une bouteille contre un verre, et la voix de Shep : « Allons, mon vieux. Buvez-moi ça, maintenant... »). Elle s'efforçait de reprendre courage. Une fois Shep était entré sur la pointe des pieds pour la consulter ; il puait le whisky.

— Oh, mon amour, je suis désolée ! avait-elle chuchoté contre la chemise de son époux. Je sais que je ne suis d'aucun secours, mais je ne peux pas. Je ne puis supporter son regard.

— Okay. C'est okay, mon chou. Tu vas te calmer. Je m'occupe de lui. Il est encore sous la commotion, c'est tout. Jésus, quelle histoire !...

Il avait l'air un peu ivre.

— ... Jésus, c'est affreux. Tu sais ce qu'il m'a dit dans la voiture ? Il m'a dit qu'elle l'avait fait volontairement. Tu crois cela ?

— Qu'elle... quoi ?

— Qu'elle s'était avortée elle-même ; ou avait essayé, en tout cas.

— Oh ! avait-elle murmuré en frissonnant. Oh, c'est terrible ! Tu penses qu'elle l'a fait ? Mais pourquoi l'aurait-elle fait ?

— Comment diable le saurais-je ? T'imagines-tu que je sais tout ? Je ne fais que te répéter ce qu'il m'a raconté, nom d'un chien…

Il s'était frotté la tête avec ses deux mains.

— … Zut, je te demande pardon, mon chou.

— Ça ne fait rien. Tu ferais mieux de retourner là-bas. Je vais y aller, je resterai avec lui pendant un petit moment, et tu pourras prendre un peu de repos. Nous veillerons à tour de rôle.

— Okay.

Mais plus de deux heures s'étaient écoulées depuis lors, et elle n'avait pas encore trouvé la force de tenir sa promesse. Elle ne pouvait que rester assise dans le living-room et se reprocher sa lâcheté. Depuis longtemps elle n'entendait plus aucun bruit dans la cuisine. Que faisaient-ils donc ? Étaient-ils simplement assis, ou quoi ?

Finalement, ce fut la curiosité autant que le courage qui la poussa à se lever, à traverser le living-room et à suivre le couloir jusqu'au seuil de la cuisine tout éclairée. Elle hésita, respira profondément, rétrécit ses yeux pour se préparer à l'éclat des lampes, et entra.

Sur la table de la cuisine, Shep avait couché sa tête entre ses bras, à deux centimètres de l'assiette intacte de sandwiches ; il dormait à poings fermés, et même ronflait légèrement. Frank avait disparu.

Le Domaine du Mont de la Révolution n'avait pas été conçu pour abriter une tragédie. Même pendant la nuit, comme à dessein, les lotissements n'étaient fréquentés ni par des ombres furtives ni par des silhouettes décharnées. L'ambiance était invinciblement riante : celle d'un univers-joujou de maisons blanches et pastel dont les fenêtres éclairées, sans rideaux, clignaient aimablement de l'œil à travers un écran tacheté de feuilles vertes et jaunes. Fièrement, quelques projecteurs se braquaient sur des jardins, sur de belles portes de façade et sur les flancs de voitures couleur de crème glacée.

Un homme courant dans ces rues avec le chagrin du désespoir constituait un spectacle indécent. À l'exception du crissement de l'asphalte sous ses souliers et des sifflements précipités de sa respiration, tout était si tranquille qu'il pouvait entendre les échos de la télévision dans des chambres douillettes derrière les feuillages : notamment le cri d'un comédien, auquel succédèrent des salves d'applaudissements et des éclats de rire, puis l'attaque d'un morceau de musique par un orchestre. Même lorsqu'il quittait la chaussée pour couper au plus près par une cour ou par des petits bois en pente douce, avec la volonté têtue d'un dément pour arriver sur la Route de la Révolution le plus tôt possible, même alors il ne pouvait échapper à l'atmosphère de bonne humeur de l'endroit : les lampes des maisons brillaient, le poursuivaient gaiement au milieu des branchages qui lui fouettaient la figure, et, lorsqu'il perdit l'équilibre et dégringola au fond d'un trou rocheux, il se releva avec un petit seau de plage en fer-blanc émaillé à la main.

Quand, à la base du Mont, il se hissa de nouveau sur l'asphalte, il accepta dans son vertige d'être le jouet d'une illusion cruelle. Tout avait été un cauchemar ; il allait apercevoir, après le prochain tournant, les lampes allumées de sa maison ; il se précipiterait à l'intérieur, et il la trouverait devant sa planche à repasser, ou recroquevillée sur le canapé avec un magazine (« Qu'y a-t-il, Frank ? Tu as ton pantalon tout crotté ! Mais naturellement je vais bien… »).

Hélas, il vit bientôt la maison (il la vit réellement), allongée et laiteuse sous la lumière de la lune, avec ses fenêtres noires : c'était, sur la route, la seule maison où aucune lampe n'était allumée.

Elle avait été très attentive pour le sang. En dehors d'une traînée de gouttes sur le chemin du téléphone, aller et retour, le sang n'était visible que dans la salle de bains, et même là, il avait été en grande partie nettoyé. Deux serviettes épaisses, trempées d'un rouge agressif, gisaient en tas dans la baignoire, près de la bouche d'évacuation. « J'ai pensé que ce serait la manière la plus simple pour que tu te débrouilles », crut-il l'entendre dire. « J'ai pensé que tu n'aurais qu'à envelopper les serviettes dans un journal et les mettre à la poubelle, puis bien rincer la baignoire ensuite. Okay ? » En bas de l'armoire à linge, il découvrit la sonde dans la marmite d'eau froide ; elle l'avait sans doute placée là pour la dissimuler aux infirmiers de l'ambulance. « Tu comprends, j'ai pensé tout simplement qu'il valait mieux ne pas l'exhiber devant n'importe qui ; je ne tenais pas à répondre à tout un tas de questions idiotes. »

Et dans sa tête continua à bourdonner le son de sa voix quand il se mit à l'ouvrage. « Là ; voilà qui est fait », dit-elle quand il eut enfoui les paquets de journaux au fond de la poubelle près de la porte de la cuisine ; et, quand il retourna et s'agenouilla pour effacer la traînée des gouttes de sang, la voix l'accompagnait encore. « Essaie donc une éponge mouillée et un peu de détersif, mon chéri… Là, dans le placard, sous l'évier. Tu devrais y arriver. Tiens, tu vois ? C'est parfait. Je n'en ai pas répandu sur le tapis, j'espère ? Oh, tant mieux. »

Comment pouvait-elle être morte, alors que la maison vivait de ses bruits, de sa présence ? Même une fois terminé son nettoyage, quand il ne lui resta plus qu'à faire le tour de la maison en allumant les lumières, puis en les éteignant au fur et à mesure, même alors il la sentait partout, aussi réelle que le parfum de ses robes dans la penderie de la chambre. Après avoir passé un long moment dans la penderie à embrasser ses vêtements, il retourna dans le living-room et trouva le billet qu'elle lui avait laissé sur le bureau. Il eut à peine le temps de le lire et d'éteindre la lampe qu'il aperçut la Pontiac des Campbell qui ralentissait avant le virage et s'engageait dans l'allée. Il revint promptement dans la chambre et s'enferma dans la penderie, parmi les vêtements. De là il entendit la voiture freiner et s'arrêter à l'extérieur ; puis la porte de la cuisine s'ouvrit et des pas hésitants résonnèrent sur le carrelage.

— Frank ? appela Shep d'une voix rauque. Frank ? Vous êtes là ?

Il l'entendit faire le tour des pièces en trébuchant et en jurant parce qu'il ne trouvait pas les commutateurs de l'électricité ; et enfin il l'entendit partir. Quand le bruit de sa voiture se fut fondu dans la nuit, il sortit de sa cachette, tenant à la main sa lettre, et il s'assit dans l'obscurité près de la fenêtre panoramique.

Mais après cette interruption, la voix d'April ne lui parla plus. Pendant plusieurs heures, il essaya de la capter à nouveau, chuchotant des paroles destinées à recevoir des réponses, revenant de temps à autre dans la penderie, puis fouillant les tiroirs de sa coiffeuse et retournant la cuisine, où il pensait que les étagères, les assiettes et les tasses à café devaient contenir son fantôme, mais il était parti.

9.

Selon Milly Campbell qui, dans les mois qui suivirent, raconta l'histoire bien souvent, tout se termina le mieux possible. « C'est-à-dire », ajoutait-elle en cédant ici à un petit frisson, « c'est-à-dire, en tenant compte du fait que ça a été l'événement le plus horrible que nous ayons vécu jusqu'ici, n'est-ce pas, mon amour ? »

Et Shep confirmait que c'était certainement le plus horrible des événements. Pendant ces récits, son rôle consistait à demeurer assis et à contempler le tapis d'un œil grave, à hocher la tête ou à faire la moue, jusqu'à ce qu'elle l'invitât à corroborer ses dires. Il n'était pas mécontent de lui laisser la parole ; disons plutôt qu'il n'en fut pas mécontent au commencement, pendant l'automne et tout l'hiver. Au printemps, il se prit à souhaiter qu'elle trouvât d'autres sujets de conversation.

Sa gêne devint presque intolérable un certain vendredi soir du mois de mai, quand elle entreprit de raconter toute l'histoire à de nouvelles relations, les Brace (le couple qui avait récemment acheté la maison des Wheeler). D'une part, cela ressemblait à une trahison et à un sacrilège de tout raconter à des gens qui en rentrant reparleraient entre eux de toute l'histoire, et dans cette maison-ci, justement ; d'autre part, les Brace formaient un auditoire plutôt morne : ils faisaient de petits signes polis avec leurs têtes de joueurs de bridge, et ils affichaient de la pitié à l'égard de personnes qu'ils n'avaient jamais connues. Mais il y avait pis encore : la voix de Milly était un tout petit peu trop déformée par le voluptueux plaisir de la narration. Elle se complaît dans son rôle de récitante, se dit Shep en l'observant par-dessus le bord de son verre ballon au moment où elle arrivait à la relation de « ce qui avait été si terrible le lendemain ». Pardieu, elle en tire une vraie jouissance maintenant !

— … Vous comprenez, Shep et moi, nous ne savions plus où donner de la tête, disait-elle. Nous n'avions pas la moindre idée de l'endroit où Frank pouvait bien se trouver ; nous appelions constamment l'hôpital pour savoir si on ne l'avait pas revu là-bas. Et puis il a fallu que nous supportions cette chose horrible avec les enfants en faisant semblant de nous persuader qu'il ne s'était rien passé. Ils se doutaient pourtant qu'il s'était produit quelque chose ; vous savez comme sont les enfants : ils l'ont senti. Quand je leur ai servi le petit déjeuner, Jennifer m'a regardée et a dit : « Milly ? Est-ce que maman va venir nous chercher aujourd'hui, ou quoi ? » Et elle avait un petit sourire, vous savez ? Comme si elle savait que c'était une question idiote, mais qu'elle avait promis à son frère de poser. J'ai failli mourir. J'ai répondu : « Ma foi, ma chérie, je ne sais pas exactement quels sont les projets de ta maman. » N'était-ce pas terrible ? Mais je n'avais rien trouvé d'autre à dire.

« Et puis, vers deux heures, nous avons rappelé l'hôpital et là, on nous a informés que Frank venait de partir ; il était allé signer tous les papiers, et faire ce qu'il faut quand quelqu'un meurt à l'hôpital. Un peu plus tard, il est arrivé ici en voiture. Dès qu'il est entré, j'ai dit : “Frank, y a-t-il quelque chose que nous puissions faire ? Parce que”, ai-je ajouté, “si nous pouvons faire n'importe quoi, vous n'avez qu'à nous le dire.”

« Il a répondu que non ; il pensait bien s'être occupé de tout. Il avait téléphoné à son frère à Pittsfield… Il avait là-bas un frère beaucoup plus âgé que lui, voyez-vous ; en réalité il avait deux frères aînés, mais il n'en parlait jamais ; j'avais oublié qu'il avait une famille… Et il m'a dit que son frère et la femme de son frère allaient arriver le lendemain pour l'aider à propos des gosses et pour les obsèques. Alors j'ai dit : “Très bien, mais je vous en prie, restez ici ce soir avec nous.” J'ai dit : “Vous ne pouvez pas ramener les enfants chez vous tout seul.” Il a dit okay, qu'il voulait bien ; mais il a dit aussi que d'abord il voulait les emmener en voiture quelque part et leur annoncer la nouvelle. Et c'est ce qu'il a fait. Il est sorti dans le jardin ; ils l'ont aperçu, ils ont couru vers lui, et il a dit :

“Ohé !” Et puis il les a faits monter dans sa voiture et il a démarré. Je crois que vraiment, c’est la chose la plus triste que j’aie jamais vue de ma vie. Et je n’oublierai jamais ce qu’a dit Jennifer quand il les a ramenés ce soir-là. L’heure d’aller au lit était déjà passée, et tous deux avaient sommeil. J’étais en train d’aider Jennifer à se préparer pour la nuit et elle m’a dit : “Milly ? Tu veux savoir quelque chose ?” Elle a dit : “Ma maman est au Ciel et nous avons dîné au restaurant.”

— Dieu ! s’exclama Nancy Brace. Mais comment les choses ont-elles tourné finalement ?…

C’était une femme dont le visage pointu portait des lunettes ; avant son mariage, elle avait travaillé comme acheteuse pour l’une des plus importantes maisons de spécialités de New York. Elle aimait les histoires claires, nettes, bien filées, et elle sentait que dans celle-ci il y avait un certain nombre de mailles relâchées.

— … Sa famille est-elle restée ici quelque temps ? Et ensuite ?

— Oh non, expliqua Milly. Tout de suite après les obsèques, ils ont emmené les enfants avec eux à Pittsfield, et Frank les a accompagnés ; il est demeuré là-bas quelques jours, pour la transition ; et puis il est allé s’installer à New York, et il va passer ses week-ends dans sa famille ; voilà comment se sont arrangées les choses maintenant. Je suppose que c’est plus ou moins un arrangement définitif. Ils sont très gentils, le frère et sa femme... Des gens merveilleux, vraiment, très bons pour les gosses ; bien sûr, ils sont, voyez-vous, beaucoup plus âgés...

« Et je crois que nous n'avons plus eu de nouvelles de Frank jusqu'au mois de mars, à peu près, lorsqu'il est venu pour signer la vente de sa maison. C'est naturellement le jour où vous avez fait sa connaissance. Il a passé deux jours chez nous, et nous avons longuement parlé. C'est alors qu'il nous a raconté qu'il avait trouvé la lettre qu'elle avait laissée pour lui. C'est alors qu'il nous a dit que sans cette lettre il se serait probablement tué cette nuit-là.

Warren Brace refoula le flegme de sa gorge et l'avala. Parlant lentement, toujours accroché à sa pipe, le cheveu rare, la lèvre imberbe et enfantine, il travaillait à New York dans une société d'experts-conseils en administration, profession qui convenait fort bien à ce qu'il appelait sa tournure d'esprit analytique.

— Savez-vous ? dit-il. C'est le genre de chose qui vraiment...

Il s'interrompit pour examiner le tortillon de fumée qui s'échappait de son tuyau de pipe mouillé.

— ... Qui vraiment vous incite à méditer.

— Mais comment vous a-t-il semblé par ailleurs ? s'enquit Nancy Brace. Je veux dire : avait-il l'air de...

de s'être un peu accommodé de sa nouvelle situation ?

Milly soupira, baissa sa jupe et blottit ses pieds dans les coussins de son fauteuil dans un mouvement vif et maladroit.

— Eh bien, il a perdu quelques kilos, répondit-elle. Mais je trouve qu'à part cela il paraissait en bonne santé. Il nous a dit qu'il était allé se faire psychanalyser, et qu'il en avait tiré un grand profit ; il nous en a parlé un peu. Et aussi il nous a parlé de son poste… Oui, il a un nouveau poste, très différent, maintenant. Vous comprenez, il travaille toujours vaguement pour Knox, mais c'est sous une nouvelle raison sociale. Je n'ai pas très bien compris. Comment s'appelle cette nouvelle société, mon amour ?

— Bart Pollock et Associés.

— Oh oui ! dit Warren Brace. Ils sont établis dans la Cinquante-Neuvième avenue de Madison. En fait, c'est une nouvelle firme qui monte. Une sorte de relations publiques industrielles sur le marché de l'électronique. Ils ont débuté avec la clientèle de Knox, et je crois maintenant qu'ils ont deux ou trois autres grosses maisons. Dans les prochaines années, ils devraient aller loin.

— Ma foi, continua Milly, en tout cas il semblait très occupé. Et il semblait… oh, je suppose que le mot « heureux » serait déplacé, mais enfin il traduit bien ce que je veux dire. J'ai trouvé en vérité que son attitude était… eh bien, courageuse. Très courageuse.

Bafouillant le prétexte d'aller remplir les verres, Shep se rendit dans la cuisine où il fit un chahut infernal avec des cubes de glace dans l'évier pour ne plus entendre la voix de Milly. Pourquoi fallait-il qu'elle fît de cette histoire un mélo de basse qualité ? Si elle ne pouvait pas dire exactement les choses telles qu'elles étaient, à des gens qui avaient réellement envie d'écouter, pourquoi diable les dire ? Courageux ! Quelle idiotie ! Quel non-sens !

Et oubliant ses invités, ou plutôt prenant la décision brutale qu'ils pouvaient aller au diable avec leurs foutus verres, il s'en versa un pour lui, et un bien raide, qu'il alla boire dans l'obscurité de la cour du fond après avoir un peu claqué la porte derrière lui.

Courageux ! Comme si un homme pouvait être courageux quand il n'était même plus un vivant ! Parce que c'était cela l'essentiel. L'air qu'il avait quand il était venu les voir en cet après-midi de mars ? L'air d'un homme qui marchait, qui parlait, qui souriait, qui était mort.

De prime abord, quand il était descendu de voiture, il avait donné l'impression qu'il n'avait presque pas changé, à cela près qu'il flottait un peu dans son veston et qu'il le portait maintenant avec le bouton du haut boutonné au-dessus de celui du milieu, pour corseter davantage sa poitrine flasque. Mais après avoir entendu sa voix (« Ohé, Milly ! C'est bon de vous voir, Shep ! ») et avoir senti la pression légère, sèche de sa poignée de main, on commençait à s'apercevoir que la vie l'avait quitté.

Il était si fichtrement doux ! Il s'était assis, il avait arrangé le pli de son pantalon au-dessus de ses genoux, il avait chassé d'une chiquenaude quelques petites cendres sur son ventre, et il avait tenu son verre avec le petit doigt en crochet par-dessous pour plus de sûreté. Et il ne riait plus de la même façon : il émettait un petit rire nerveux et uni. Impossible de se le représenter en train de rire réellement, de pleurer réellement, de suer réellement, de se saouler ou de se passionner… ou même de se tenir debout tout seul. Nom de Dieu, il ressemblait à quelqu'un sur les pieds de qui vous pouviez marcher, que vous pouviez secouer et flanquer par terre, quelqu'un qui n'aurait d'autre réaction que de rester là où vous l'aviez projeté et de s'excuser pour s'être trouvé sur votre chemin. Si bien que lorsque finalement il avait sorti l'histoire de la lettre trouvée sur son bureau (« Je crois sincèrement que, sans cette lettre, je me serais tué »), Shep avait dû se retenir pour ne pas lui crier : « Oh, ça va ! Vous êtes un sale menteur, Wheeler ! Jamais vous n'auriez eu le cran de vous tuer ! »

Il y avait même pis que cela : il était assommant. Il avait dû consacrer une bonne heure à parler de sa situation de crétin, et Dieu sait combien d'autres heures sur son autre thème favori : « Mon psychanalyste ceci... mon psychanalyste cela... » Il était devenu l'un de ces êtres qui ont envie et besoin de vous parler tout le temps de leur maudit psychanalyste. « Et, vous comprenez, je crois que nous allons réellement trouver une substance de base : des choses auxquelles je n'avais jamais pensé auparavant au sujet de mes rapports avec mon père... » Christ ! Voilà ce qu'il était advenu de Frank. Voilà ce que vous auriez dû apprendre, puisque vous teniez à savoir comment les choses avaient réellement tourné.

Il avala une grande lampée de whisky, et il vit un fugitif brouillard d'étoiles et de lune à travers le dôme humide de son verre. Puis il repartit pour la maison, mais il n'y rentra pas. Il lui fallut faire demi-tour et se diriger vers l'autre bout du jardin et piétiner là en décrivant de petits cercles : il pleurait.

C'était à cause de l'odeur du printemps dans l'air (la terre et les fleurs), parce que presque exactement une année s'était écoulée depuis l'époque brève de la Compagnie du Laurier ; et se souvenir de la Compagnie du Laurier, c'était se souvenir de la démarche d'April Wheeler sur la scène (« *N'aimeriez-vous pas que je vous aime ?* »), et pour Shep Campbell revivre ces souvenirs ne lui laissait pas d'autre alternative que de faire le tour de sa pelouse, de pleurer et de ressembler à un gros bébé avec son poing dans la bouche, tandis que les larmes inondaient les jointures de ses doigts.

Il trouva si pratique et si agréable de pleurer qu'il n'essaya même pas de refouler ses larmes ; mais il ne tarda pas à se rendre compte qu'il se forçait un peu à sangloter, qu'il exagérait sans nécessité les frissons qui le secouaient. Alors, il eut honte de lui ; il se baissa, posa soigneusement son verre sur l'herbe, tira son mouchoir et se moucha.

Tout l'intérêt de pleurer consistait à cesser de pleurer avant d'avoir trop réfléchi. Tout l'intérêt du chagrin en soi consistait à le supprimer pendant qu'il était encore honnête et sincère, pendant qu'il avait encore un sens. Parce que tout se corrompt si facilement ! Laissez-vous aller et vous commencerez à embellir vos propres sanglots, ou bien vous vous mettrez à raconter l'histoire des Wheeler avec un sourire triste, sentimental, et à dire que Frank est un courageux ; dans ce cas, que diable vous reste-t-il ?

Milly parlait toujours et continuait d'embellir, quand il rentra pour rapporter des verres pleins. Elle était arrivée à la conclusion, et elle se penchait en avant avec ardeur, les coudes appuyés sur ses genoux ridés et légèrement écartés.

— Non, mais voyez-vous, je pense que cette aventure nous a rapprochés encore davantage l'un de l'autre, disait-elle. Shep et moi, je veux dire. Tu ne crois pas, mon amour ?

Et les deux Brace se retournèrent vers lui pour réitérer silencieusement la même question. Ne le croyait-il pas ? Eh bien, ne le croyait-il pas ?

La seule chose à répondre était, bien sûr :

— Si, c'est exact. Réellement c'est vrai.

Et le plus drôle, il le comprit brusquement : le plus drôle, c'est qu'il pensait vraiment ce qu'il venait de dire. En regardant à présent sous la lampe cette petite femme chiffonnée, un peu sotte, il sut qu'il avait dit la vérité. Parce que, nom d'un chien, elle au moins était une vivante, n'est-ce pas ? S'il s'approchait de la chaise où elle était assise et s'il lui caressait la nuque, elle fermerait les yeux et sourirait, n'est-ce pas ? Fichtre oui, elle le ferait ! Et quand les Brace rentreraient chez eux (et, avec l'aide de Dieu, il fallait espérer qu'ils ne tarderaient pas à prendre le chemin du retour), quand les Brace rentreraient chez eux, elle irait dans la cuisine et s'affairerait un peu maladroitement : elle laverait les verres, elle parlerait sur un débit d'un kilomètre à la minute (« Oh, je les aime tellement ! Pas toi ? »). Et puis elle se coucherait, et le matin elle se lèverait et redescendrait l'escalier, avec le dos rond dans sa robe de chambre déchirée qui sentait le sommeil, le jus d'orange, le sirop contre la toux, le vieux désodorisant, et elle continuerait à vivre.

Pour Mrs. Givings également, la mort d'April précéda une époque où se succédèrent le bouleversement, le chagrin et une lente convalescence.

Au début, elle ne pouvait y penser qu'accablée par le sentiment de sa culpabilité personnelle, et il lui fut impossible d'en discuter avec quiconque, même avec Howard. Elle savait que Howard aurait lui aussi insisté sur le fait que ç'avait été un simple accident, dont personne ne pouvait être tenu responsable ; or la dernière chose dont elle avait envie était d'être consolée. Le souvenir de l'ambulance faisant marche arrière dans l'allée des Wheeler pour sortir, au moment même où elle arrivait pour présenter des excuses dont elle avait fait et refait la répétition (« April, pour hier : vous deux, vous avez été merveilleux, mais je ne vous redemanderai jamais de supporter une chose pareille ; Howard et moi nous sommes tombés d'accord : les difficultés inhérentes à John sont tout à fait hors de nos… »), et puis la voix de la petite Mrs. Campbell au téléphone le même après-midi, pour lui annoncer la nouvelle, l'avait remplie d'un remords si profond, si pur qu'il en était presque agréable. Elle fut physiquement malade pendant une semaine.

Était-ce donc là la conséquence de bonnes intentions ? Essayez d'aimer votre enfant, et vous concourez à faire mourir une autre mère.

— Et je sais que vous m'affirmerez qu'il n'y a probablement aucun rapport, expliqua-t-elle au médecin traitant de John. Mais franchement, docteur, je ne vous demande pas votre opinion. Je me borne à vous dire que pour nous il est tout à fait hors de question que nous songions désormais à le remettre en contact avec des gens de l'extérieur. Tout à fait hors de question.

— Mm, fit le médecin. Oui. Ma foi, bien sûr, des problèmes de ce genre sont exclusivement de votre ressort, du vôtre et de Mr.... ah, Mr. Givings, en ce qui concerne la décision à prendre.

— Je sais qu'il est malade..., poursuivit-elle.

Et ici, elle dut renifler pour parer à une menace alarmante de larmes.

— ... Je sais qu'il est malade, et qu'il mérite une grande compassion. Mais il est aussi très destructif, docteur. Infernalement destructif.

— Mm. Oui...

Ensuite ils limitèrent leur visite hebdomadaire à la salle d'attente intérieure de la salle de John. Il ne parut pas s'en formaliser. Deux ou trois fois, il s'enquit des Wheeler, mais naturellement ils ne lui dirent rien. Vers Noël, ils avaient pris peu à peu l'habitude d'espacer leurs visites : d'abord de deux ou trois semaines ; et puis ils restèrent un mois sans aller le voir.

De petites choses font une différence. Un jour de janvier où il tombait de la neige à moitié fondue, le regard de Mrs. Givings s'arrêta par hasard sur un petit épagneul brun métissé qui bâillait à la devanture d'un marchand de chiens. Avec l'impression qu'elle était absurde (jamais au cours de sa vie elle n'avait commis de bêtise pareille sous le coup d'une impulsion) elle entra chez le marchand de chiens, acheta le petit épagneul sans marchander et le ramena chez elle.

Et qu'il était donc plaisant ! Oh, un peu énervant aussi… Il traînait du papier partout, il cassait des tas de choses dans la maison, il avait des puces, etc. Pour devenir un brave animal bien dressé, il lui coûta bien de la peine et du travail… Mais ma foi il les valait !

— Fais la culbute ! lui disait-elle en s'asseyant jambes croisées sur le tapis avec ses après-skis. La culbute, mon garçon !…

Et elle lui pétrissait ses petites côtes frisottées, elle lui massait le ventre avec ses doigts tandis qu'il se tortillait sur le dos, ses quatre pattes gigotant en l'air, ses babines noires retroussées dans une extase indicible.

— … Oh, tu es un si bon petit chien ! Oh, tu es un petit chou avec un si bon petit nez humide, n'est-ce pas ?… N'est-ce pas ? Oh oui, tu l'es ! Oh oui, tu l'es !

Bref, ce fut l'épagneul, plus que n'importe quoi ou n'importe qui, qui lui permit de passer l'hiver.

Les affaires reprirent au début du printemps ; et le printemps ne manquait jamais de lui donner le sentiment que la vie recommençait partout ; il lui restait cependant une épreuve à affronter : la vente de la maison des Wheeler. Sa terreur à l'idée d'une rencontre inévitable avec Frank, dans le cabinet du notaire, pour l'échange des signatures, fut si intense qu'elle n'en dormit pas la nuit précédente. Le rendez-vous se révéla, en fait, beaucoup moins embarrassant qu'elle ne l'avait craint. Frank fut cordial et digne en même temps.

— C'est bon de vous voir, Mrs. Givings !

Ils n'abordèrent que le plan des affaires ; il partit dès que les papiers furent signés. Ensuite, ce fut comme si elle avait condamné sa porte à toute cette histoire.

Les deux mois qui suivirent l'occupèrent sans discontinuer : il y avait de plus en plus de charmantes vieilles maisons à vendre, de plus en plus de nouvelles maisons présentables qui se construisaient, de plus en plus de gens corrects de New York qui venaient visiter : des gens qui désiraient et méritaient bien quelque chose de vraiment gentil, et qui ne songeaient même pas à marchander. Bientôt elle put se dire qu'elle avait « fait » le meilleur printemps de sa carrière d'agent immobilier, et elle en tira une fierté toute professionnelle. Les journées étaient longues, hérissées de difficultés parfois importantes, mais elle en goûtait davantage les exquises fins de soirée qui lui paraissaient, par contraste, plus reposantes.

Entre ses jeux avec l'épagneul et ses bavardages avec Howard, elle se découvrait constamment de petites besognes simples, constructives, à faire dans la maison.

— N'est-on pas réellement bien ici ?… demanda-t-elle un beau soir de mai alors qu'elle était accroupie sur des journaux étalés pour vernir un fauteuil.

Assommé par la lecture du *World-Telegram*, Howard était assis les mains croisées et regardait par la fenêtre. Quant à l'épagneul, il dormait en boule sur son petit coussin personnel, épuisé de bonheur.

— … C'est merveilleux de pouvoir se permettre une détente après une rude journée, dit-elle. Aurais-tu envie d'un peu plus de café, chéri ? Ou d'une tranche de cake ?

— Non, merci. Tout à l'heure, je prendrai peut-être un verre de lait.

Faisant pivoter le fauteuil avec précaution au-dessus des journaux, et s'asseyant sur le plancher pour atteindre le dessous du siège, elle continua à parler tout en promenant son pinceau.

— … Tu ne peux pas savoir comme je suis contente au sujet de la petite maison de la Route de la Révolution, Howard. Tu te rappelles comme elle a eu l'air sinistre tout l'hiver ? Pas chauffée, pas éclairée et… ma foi, tout à fait château de revenants. Elle me donnait la chair de poule… Maintenant, quand je passe devant elle, j'éprouve une telle joie à la voir toute requinquée, pimpante et de nouveau propre, avec de la lumière derrière les fenêtres ! Oh, tu sais, ce sont des gens jeunes et délicieux qui l'habitent, les Brace. Elle, elle se montre très gentille et très amusante dans la conversation ; lui, il est plutôt réservé. Je pense qu'il doit occuper une situation très brillante à New York. Il m'a dit : « Mrs. Givings, je ne saurais trop vous remercier. C'est exactement le genre de maison dont nous avons toujours eu envie. » N'était-ce pas gentil de sa part ? Et, figure-toi, je réfléchissais. Depuis plusieurs années, j'aime cette petite maison, et ses occupants actuels sont les premiers que j'aie trouvés et qui lui conviennent réellement. Vraiment des gens aimables, sympathiques, charmants, comprends-tu ?

Son mari s'agita et rectifia la position de ses chaussures orthopédiques.

— Tu veux dire, exception faite des Wheeler, je suppose ?

— Ma foi, je veux dire tout bonnement des gens sympathiques, répondit-elle. De notre monde. Oh, j'ai beaucoup aimé les Wheeler, mais ils étaient toujours un peu… un peu fantasques, pour mon goût. Un tantinet névrosés. Peut-être ne t'en ai-je pas tellement parlé, mais c'étaient des personnes qui étaient souvent d'un commerce très difficile, sous beaucoup de rapports. En réalité, si la vente de cette petite maison m'a donné tant de mal, c'est principalement parce qu'ils l'avaient laissée péricliter terriblement. Des fenêtres qui ne fermaient plus, une cave inondée, des traits de crayon sur les murs, des taches immondes autour des boutons de porte et sur les meubles… tu comprends, de la négligence, un esprit destructeur… Et cet affreux chemin dallé descendant de la pelouse du devant jusqu'à mi-parcours et se terminant dans une mare de boue !... Peux-tu imaginer quelqu'un laissant se dégrader une propriété comme celle-là ? Il en coûtera une petite fortune à Mr. Brace pour tout nettoyer et tout remettre en état. Non, mais il y a eu pire encore. Ce à quoi je pense va encore beaucoup plus loin...

Elle s'interrompit pour essuyer son pinceau contre le bord du pot de peinture ; elle fronça les sourcils ; ses lèvres s'agitèrent, tant était grand son effort pour trouver les mots justes.

— ... Au fond, ils formaient un jeune ménage assez bizarre. Des irresponsables. La manière réservée dont ils vous regardaient ; la façon dont ils vous parlaient ; il y avait un je ne sais quoi de malsain chez eux... Oh, tiens, autre chose. Sais-tu sur quoi je suis tombée dans la cave ? Complètement morts, flétris, desséchés ? Je suis tombée sur une très grosse boîte de plants de sedum que j'avais rassemblés pour eux (j'y avais passé toute une journée) le printemps dernier. Je me rappelle fort bien avoir sélectionné avec soin les meilleurs plants et les avoir mis très délicatement dans la terre qu'il leur fallait. C'est à cela que je pensais, vois-tu ? Tu ne crois pas que, lorsque quelqu'un s'inflige une certaine somme d'ennuis pour te faire cadeau d'une plante en parfait état, d'une chose qui vit et qui ne demande qu'à pousser, tu ne crois pas que le minimum que tu ferais serait de...

Mais à partir de cet instant, Howard Givings n'entendit plus qu'une mer de silence dont le tonnerre fut le bienvenu : il avait débranché son appareil acoustique.

Pavillons Poche

Titres parus

Peter Ackroyd
Un puritain au paradis

Woody Allen
Destins tordus

Niccolò Ammaniti
Et je t'emmène

Sherwood Anderson
Le Triomphe de l'œuf

Margaret Atwood
Faire surface
La Femme comestible
Mort en lisière
Œil-de-chat
La Servante écarlate
La Vie avant l'homme

Dorothy Baker
Cassandra au mariage

Nicholson Baker
À servir chambré
La Mezzanine

Ulrich Becher
La Chasse à la marmotte

Saul Bellow
La Bellarosa connection
Le Cœur à bout de souffle
Un larcin

Robert Benchley
Le Supplice des week-ends

Adolfo Bioy Casares
Journal de la guerre au cochon
Le Héros des femmes
Un champion fragile
Nouvelles fantastiques

William Peter Blatty
L'Exorciste

Jorge Luis Borges, Adolfo Bioy Casares
Chroniques de Bustos Domecq
Nouveaux Contes de Bustos Domecq
Six problèmes pour Don Isidro Parodi

Mikhaïl Boulgakov
Le Maître et Marguerite
Le Roman théâtral
La Garde blanche

Vitaliano Brancati
Le Bel Antonio

Anthony Burgess
L'Orange mécanique
Le Testament de l'orange
Les Puissances des ténèbres

Dino Buzzati
Bestiaire magique
Le régiment part à l'aube
Nous sommes au regret de…
Un amour
En ce moment précis
Bàrnabo des montagnes
Panique à la Scala
Chroniques terrestres

Lewis Carroll
Les Aventures d'Alice sous terre

Michael Chabon
Les Mystères de Pittsburgh
Les Loups-garous dans leur jeunesse
La Solution finale

Upamanyu Chatterjee
Les Après-midi d'un fonctionnaire très déjanté

Collectif
Rome, escapades littéraires
Saint-Pétersbourg, escapades littéraires
Berlin, escapades littéraires
New York, escapades littéraires

Londres, escapades littéraires
Moscou, escapades littéraires

John Collier
Le Mari de la guenon

Sir Arthur Conan Doyle
Sherlock Holmes : son dernier coup d'archet

William Corlett
Deux garçons bien sous tous rapports

Avery Corman
Kramer contre Kramer

Helen DeWitt
Le Dernier Samouraï

Joan Didion
Maria avec et sans rien
Un livre de raison
Démocratie

E. L. Doctorow
Ragtime

Roddy Doyle
La Femme qui se cognait dans les portes
The Commitments
The Snapper
The Van
Paula Spencer

Andre Dubus III
La Maison des sables et des brumes

Lawrence Durrell
Affaires urgentes

F. Scott Fitzgerald
Un diamant gros comme le Ritz

Zelda Fitzgerald
Accordez-moi cette valse

E. M. Forster
Avec vue sur l'Arno
Arctic Summer

Carlo Fruttero
Des femmes bien informées

Carlo Fruttero et Franco Lucentini
L'Amant sans domicile fixe

Graham Greene
Les Comédiens
La Saison des pluies
Le Capitaine et l'Ennemi
Rocher de Brighton
Dr Fischer de Genève
Tueur à gages
Monsignor Quichotte
Mr Lever court sa chance, nouvelles complètes 1
L'Homme qui vola la tour Eiffel, nouvelles complètes 2
Un Américain bien tranquille
La Fin d'une liaison

Kent Haruf
Colorado Blues
Le Chant des plaines
Les Gens de Holt County

Jerry Hopkins et Daniel Sugerman
Personne ne sortira d'ici vivant

Bohumil Hrabal
Une trop bruyante solitude
Moi qui ai servi le roi d'Angleterre
Rencontres et visites

Henry James
Voyage en France
La Coupe d'or

Erica Jong
Le Complexe d'Icare

Thomas Keneally
La Liste de Schindler

Janusz Korczak
Journal du ghetto

Jaan Kross
Le Fou du tzar

Jhumpa Lahiri
Longues distances

D. H. Lawrence
Le Serpent à plumes

John Lennon
En flagrant délire

Siegfried Lenz
La Leçon d'allemand
Le Dernier Bateau
Une minute de silence
Le Bureau des objets trouvés

Ira Levin
Le Fils de Rosemary
Rosemary's Baby

Norman Mailer
Le Chant du bourreau
Bivouac sur la Lune
Les vrais durs ne dansent pas
Mémoires imaginaires de Marilyn
Morceaux de bravoure
Prisonnier du sexe

Dacia Maraini
La Vie silencieuse de Marianna Ucrìa

Guillermo Martínez
Mathématique du crime
La Mort lente de Luciana B
La Vérité sur Gustavo Roderer

Tomás Eloy Martínez
Santa Evita
Le Roman de Perón

Richard Mason
17 Kingsley Gardens

Somerset Maugham
Les Trois Grosses Dames d'Antibes
Madame la Colonelle
Mr Ashenden, agent secret
Les Quatre Hollandais

James A. Michener
La Source

Arthur Miller
Ils étaient tous mes fils
Les Sorcières de Salem
Mort d'un commis voyageur
Les Misfits
Focus
Enchanté de vous connaître
Une fille quelconque
Vu du pont *suivi de* Je me souviens de deux lundis

Pamela Moore
Chocolates for breakfast

Daniel Moyano
Le Livre des navires et bourrasques

Vítězslav Nezval
Valérie ou la Semaine des merveilles

Geoff Nicholson
Comment j'ai raté mes vacances

Joseph O'Connor
À l'irlandaise

Pa Kin
Le Jardin du repos

Katherine Anne Porter
L'Arbre de Judée

Mario Puzo
Le Parrain
La Famille Corleone *(avec Ed Falco)*

Mario Rigoni Stern
Les Saisons de Giacomo

Saki
Le Cheval impossible
L'Insupportable Bassington

J. D. Salinger
Dressez haut la poutre maîtresse, charpentiers,
suivi de Seymour, une introduction
Franny et Zooey
L'Attrape-cœurs
Nouvelles

Roberto Saviano
Le Contraire de la mort *(bilingue)*

Sam Shepard
Balades au paradis
À mi-chemin

Robert Silverberg
Les Monades urbaines

Johannes Mario Simmel
On n'a pas toujours du caviar

Alexandre Soljenitsyne
Le Premier Cercle
Zacharie l'Escarcelle
La Maison de Matriona
Une journée d'Ivan Denissovitch
Le Pavillon des cancéreux

Robert Louis Stevenson
L'Étrange cas du Dr Jekyll et de Mr Hyde

Quentin Tarantino
Inglourious Basterds

Edith Templeton
Gordon

James Thurber
La Vie secrète de Walter Mitty

John Kennedy Toole
La Bible de néon

John Updike
Jour de fête à l'hospice

Alice Walker
La Couleur pourpre

Evelyn Waugh
Retour à Brideshead
Grandeur et décadence
Le Cher Disparu
Scoop
Une poignée de cendres
Ces corps vils

Hommes en armes
Officiers et gentlemen
La Capitulation

Tennessee Williams
Le Boxeur manchot
Sucre d'orge
Le Poulet tueur et la folle honteuse

Tom Wolfe
Embuscade à Fort Bragg

Virginia Woolf
Lectures intimes

Richard Yates
La Fenêtre panoramique
Onze histoires de solitude
Easter Parade
Un été à Cold Spring
Menteurs amoureux
Un dernier moment de folie

Stefan Zweig
Lettre d'une inconnue *suivi de* Trois nouvelles de jeunesse

Titres à paraître

Kent Haruf
Nos âmes la nuit

Tessa de Loo
Les Jumelles

Robert Silverberg
Le Château de Lord Valentin

Tenessee Williams
Un tramway nommé désir

Composition et mise en pages
Nord Compo à Villeneuve-d'Ascq

Imprimé en Espagne par
Liberdúplex
à Sant Llorenç d'Hortons (Barcelone)
en septembre 2017

Dépôt légal : octobre 2017

N° d'édition : 56471/01 – N° d'impression : 62007